U0617851

京师史学书系

易学研究新视野

从综合百家到融通三教

张涛 著

社会科学文献出版社
SOCIAL SCIENCES ACADEMIC PRESS (CHINA)

自　序

　　呈献给各位读者的这本书，是我近几年所作学术思考、学术探索的一个阶段性总结，主旨是探讨《周易》特别是《易传》（"十翼"）的学派属性和学术品格，探讨易学在儒释道三教文化融合过程中所起的津梁和平台作用。

　　易学一向号称显学，但长期以来，关于《周易》的成书以及学派归属等问题，学术界分歧严重，尤其是关于《易传》的学派属性，更是天水违行，立场迥异。这其中，或信守汉唐学者之说，认定孔子作《易传》，并把《易传》当作分析孔子和儒家思想的基本史料之一；或强调《易传》中占主导地位的思想倾向是道家，包括道家老庄学派和黄老学派。应该说，这两种观点都各有所据，各得其正，各有其合理性和影响力，但又各有所偏，各有所蔽，各有其质疑者和批评者。不妨说，两种观点都少了一些理性思考和包容，而多了一些非理性的任性和党同伐异。后来，又有学者指出《易传》的思想基调是儒道互补，是儒家人文主义与道家自然主义的相互结合、相互补益。应该说，此论是易学研究的一大突破、一大进展，但似乎还没有彻底解决相关问题，还留有继续深化和拓展的空间。经过长时期的考察和研究，20世纪末的最后几年，对于《易传》的学派归属，我们提出了这样的观点：《易传》诸篇乃是儒道互补、以儒为主、综合百家、超越百家的产物，其问世不仅与孔子和儒家、与老庄和道家有着密切的关系，而且与墨家、法家、阴阳家、兵家等也都联系紧密。可以说，诸子各家都从《易经》（《周易》六十四卦卦爻辞）得到了某种启示和沾溉，获得了众多资源和养料，同时又将自己的思想意识、价值取向融入治《易》成果之中，

1

融入《易传》诸篇之中，而《易传》又成为秦汉以后中国思想文化的重要源头和内在灵魂。

上述观点提出后，许多学者给以鼓励和支持。前辈学者余敦康先生评价道："作者独辟蹊径，创立新解，以一种历史的眼光，宏观的视野，指出易学在先秦的形成乃是综合百家、超越百家的产物，体现了中国文化思想兼容并包、开放进取的精神，从而承上启下，成为秦汉思想的内在的灵魂和重要源头，作为一种主旋律与当时的社会政治、经济活动以及思维演进密切相连。就具体的研究成果而言，由于作者把易学置于中国整个文化思想的大格局下进行全方位的审视，对易学的研究对象重新作了界定，这就大大拓宽了易学的研究范围，能够把许多并非以易学名家但确与易学有关的人物、思想囊括进来。"① 同时，也有学者强调，从这一学术观点的推出，人们可以感受到作者兼容并包、打破学派壁垒和专业鸿沟的学术勇气，感受到《周易》所蕴含的会通精神、开放心态及宽广胸怀。凡此种种，都是对我们特别是我们的研究方法、研究成果、学术理念、学术追求的认可和肯定，使我继续探赜索隐，钩深致远，争取以更高的热情和更大的力度进一步做好相关的学术探讨和研究工作。书中的许多章节就是在这样一个认识基础上写成的。

前几年，我主持承担了北京市社科基金重点项目"易学思想与儒释道文化融合"，主要研究《周易》和易学思想在中国儒释道文化发展和融会过程中的地位和作用。我最近几年的一部分学术研究工作，也大体围绕这个课题展开。经过初步探索，我们得出这样的结论：作为群经之首、大道之源，《周易》和易学是儒释道三教共同推崇和尊奉的文化经典，不论是硕学鸿儒还是大德高僧或高道，都对《周易》和易学情有独钟，并且多有体悟和探究。而《周易》与三教广泛结缘，影响三教合一的历史进程，其主要原因恐怕还在于《周易》特别是《易传》的文化特征和思想品格，最根本的就是它的兼收并蓄、综合超越。很难想象，如果像某些学术权威

---

① 余敦康：《〈秦汉易学思想研究〉序》，见张涛《秦汉易学思想研究》，中华书局，2005，第1～2页。

所说的《易传》仅仅属于儒家或道家，那么就很难为儒释道各家所普遍接受、尊崇和研读。《周易》和易学在三教文化融合过程中的这种影响力，反过来又证明《易传》综合百家、超越百家之说是近于历史的真实的。

大体说来，本书的主要内容集中在两个方面，一个方面是《周易》与先秦儒、道、墨、法、阴阳等各家的内在联系，着重揭示诸子各家在早期易学特别是《易传》诸篇成书过程中的重要地位和影响；另一个方面是《周易》和易学与儒释道三教的密切关联，力求展示或凸显在儒释道相向而行、彼此调和、相互取鉴、相互补益、相互融通的进程中《周易》和易学所发挥的津梁和平台作用。这两个方面又有机地联系在一起，互动关联，密不可分，相得益彰。易学融通三教，是基于《周易》特别是《易传》儒道互补、以儒为主、综合百家、超越百家的学术品格和文化风范，而这种学术品格和文化风范又在后来会通三教、促进儒释道文化融合发展的过程中得到更进一步的有力证实。这也是本书的主要思路和论述重点。

书中还安排章节，探讨了《周易》的"自强不息"之说、君子观、缘文化以及汉唐时期的以史解《易》等问题，力求对《周易》思想的传承发展有一个新的更加深刻和广泛的认识。书中还设置章节，论述了杨向奎先生、朱伯崑先生和余敦康先生的易学研究成就，分析了近年来易学研究的新进展。在我看来，这些内容都是对书中主题的必要的辅翼、深化和拓展，也是题中应有之义。

书的末尾安排了几篇附录，原为媒体对我的采访，还有学者为我已出版的几部旧著撰写的书评，今略作修订，呈现出来，目的是帮助读者朋友动态地看问题，更加深刻地了解一个得到时代和社会眷顾、得到家人和师友关爱的作者。也希望这几篇附录能有助于进一步了解书中的主要宗旨和内容，有利于易学同道之间的互动交流。

最后，再次感谢对本书写作、编校和出版给以宝贵指点、热情帮助和大力支持的学术界同人！几位新老研究生同学，任利伟、袁法周、袁江玉、王冉冉、孙世平、陈婉莹、傅海燕、李筱艺、燕文青以及张玲莉、薛明琪诸君，在这个过程中牺牲了个人的学习、工作和休息时间，付出了许多艰辛努力，让我感动，这里也要道一声：谢谢啦！

张　涛

2018 年 12 月

于北京师范大学中国易学文化研究院

目 录
CONTENTS

第一章
《周易》概述

《周易》是中国最古老的文化经典、智慧经典。它有着悠久的成书史、传播史，从中形成了众多的学术流派和浩瀚的研究论著，在中华优秀传统文化的演变和发展进程中影响深远，作用巨大，特别是其中蕴涵的丰富的和谐理念和强烈的创新意识，至今还在为人们所广泛传承和大力弘扬，值得我们认真考察和深度研究。

一 《周易》的结构形式和流传过程

《周易》为群经之首，是我国现存最古老的文化经典，是中华文化重要的源头活水，是中华民族精神和智慧的集中体现，易学思想是中国传统思想文化的主潮、主旋律，对中国传统思想文化发展的影响至深至远。《周易》天人合一、太和中正的和谐思想，自强不息、与时俱进的创新精神，厚德载物、海纳百川的包容态度，居安思危、慎终敬始的忧患意识等，都已融入中华民族的人文心理和价值观念之中，成为民族精神的重要组成部分。《周易》一书以其宏富的内容、精深的思想，传承不绝，历久弥新，数千年来始终受到人们的特别推崇和高度重视。从刘向、刘歆父子的《七略》，到作为中国古代文献总汇的《四库全书》，《周易》一直在其中占据着首要地位。如果说中国传统思想文化的精髓是经学，那么《周易》则是经学的核心。随着历史的发展，《周易》一书得到不断完善和升华，逐渐由原始的占筮之书发展为人文化、哲理化的哲学著作，并对中国传统的政治、经济、军事、法律、教育等制度建设，天文、历法、地理、数学、化学、农林、医药、建筑、史学、文学、艺术等学科发展，都产生了极其深远的影响。

几千年来，人们对《周易》和易学文化的研究从未间断，至今依然热度不减、高潮频起，且已成为全球性、国际性的学术研究课题。目前，我们国家正在和平崛起，经济社会飞速发展，综合国力不断提升，中华民族传统的思想文化也越来越受到人们的关注。若想深入了解、真正认识传统思想文化本身及其演变、发展的规律，《周易》和易学的广泛考察和深度研究便是一条光明大道。由于《周易》素以深秘玄奥、晦涩难懂著称，为了方便读者学习和研究，现有必要对《周易》的基本情况作一简单介绍。

（一）"周易"释名

《周易》之名最早见于《周礼·春官·太卜》："太卜……掌三《易》之法，一曰《连山》，二曰《归藏》，三曰《周易》。其经卦皆八，其别皆六十有四。"① 前人多认为《连山》为夏《易》，《归藏》为殷《易》，《周易》则是周代之《易》。《连山》《归藏》的存在与否、时代关系等问题，一直是易学领域争论的焦点之一，歧说纷然，莫衷一是。1993 年，湖北江陵王家台 15 号墓出土竹简《归藏》，约为战国末期的抄本。根据相关考辨和研究，竹简《归藏》虽不会太古，但《归藏》本为殷商筮书是较有根据的。《连山》《归藏》的结构与《周易》相似，《周易》有可能是在二《易》尤其是殷代《归藏》的基础上损益修改而成的。在周代，三《易》可能同时并存，一起流传。

关于"周"字的含义，前人有不同的说法。据宋代王应麟辑《周易郑康成注》，东汉郑玄曰"《易》之道广矣大矣"②，他认为"周"为"周普""周备"之义。唐代孔颖达则认为"周"乃"周代"之义，其于《周易正

---

① （汉）郑玄注，（唐）贾公彦疏《周礼注疏》卷二十四《春官·太卜》，（清）阮元校刻《十三经注疏》，中华书局影印本，1980，第 802～803 页。

② （宋）王应麟辑，张振峰等点校《周易郑康成注·易赞》，中华书局，2012，第 65 页。

义》卷首曰："《周易》称'周'，取岐阳地名，《毛诗》云'周原膴膴'是也。又文王作《易》之时，正在羑里，周德未兴，犹是殷世也，故题'周'，别于殷。以此文王所演，故谓之《周易》，其犹《周书》《周礼》，题'周'以别馀代。"① 孔氏的这一观点，后为宋代朱熹等人所继承。另外，唐代贾公彦在为《周礼·春官·太卜》作疏时，提出"周"乃"周匝"之义，近人钱基博先生予以高度肯定："周"之言"周匝"也，"周而复始"也。钱先生还认为，此解并非后起于贾公彦，而是自孔子以来易学授受之微言大义，"胥以明易道之屡迁，象昼夜、四时之周而必复其始焉"②。

对于"易"字含义的解释，前人也是众说纷纭。郑玄依据《易纬·乾凿度》，认为"《易》之为名也，一言而含三义：易简一也，变易二也，不易三也"③，即"易"有简易、变易、不易三种意思。孔颖达《周易正义》沿袭此说。另有东汉许慎《说文解字》解"易"为："蜥易、蝘蜓、守宫也。象形。秘书说：'日月为易，象阴阳也。'"④ 此处表达了"易"的两种含义：其一，"易"代表蜥蜴一类的动物，它们能够随周围环境的改变而随时变换自己身体的颜色，"易"即是取象于这种改变、变换的属性，后假借为"变易"之"易"；其二，"易"由日、月组成，日为阳，月为阴，阴阳二气合之为"易"。《说文》以字形、字音而求字义，又颇合《周易》思想要旨，东汉魏伯阳、三国吴虞翻直至清代的姚配中等均力持此说。清初学者毛奇龄更是综合前儒诸说，在《仲氏易》中提出"易"有"变易""交易""反易""对易""移易"五义。⑤ 至20世纪，高亨先生认为，"易"为筮书之通名，又为官名，其本字疑当为"巫见"。⑥ 在当代，台湾学者黄振

① （三国魏）王弼、（晋）韩康伯注，（唐）孔颖达等正义《周易正义》"卷首"，（清）阮元校刻《十三经注疏》，中华书局影印本，1980，第9页。

② 钱基博：《〈周易〉解题及其读法》，严灵峰编辑《无求备斋易经集成》第126册，（台湾）成文出版社，1976，第13页。

③ （宋）王应麟辑，张振峰等点校《周易郑康成注·易赞》，中华书局，2012，第64页。

④ （汉）许慎撰，（清）段玉裁注《说文解字注》，中华书局，2013，第463页下～464页右上。

⑤ （清）毛奇龄：《仲氏易》，严灵峰编辑《无求备斋易经集成》第77册，（台湾）成文出版社，1976，第1～2页。

⑥ 高亨：《周易古经注》，《高亨著作集林》第一卷，清华大学出版社，2004，第26～27页。

华先生上溯至殷商甲骨文，提出"日出为易"①或"日落为易"②，也对我们有一定的启发意义。

《周易》主要阐释阴阳变化、推移及其消长盈虚，从而揭示天地、自然造化、人类社会存在的永恒规律。所以，"易"的基本含义就是易简、变易、不易三义。

（二）《周易》的结构和体例

《周易》包括"经""传"两大部分。"经"由六十四个卦象和起解说作用的卦、爻辞组成，一共分为上、下两经，上经三十卦，下经三十四卦。六十四卦又是由八经卦上下两两相重而成，每卦由阳爻（—）、阴爻（--）两类符号组成，画卦顺序为由下而上。八经卦即乾（☰）、坤（☷）、震（☳）、艮（☶）、坎（☵）、离（☲）、巽（☴）、兑（☱），其基本象征分别为天、地、雷、山、水、火、风、泽。阳爻（—）与阴爻（--）的属性相反，"—"为阳爻，又称刚爻，代表阳刚、尊崇、男性、奇数以及其他象征积极向上的事物；"--"为阴爻，又称柔爻，代表阴柔、卑贱、女性、偶数等代表消极向下的事物。六十四卦由八经卦上下两两相重而成，故每卦由六爻组成，自下而上分别称为初爻、二爻、三爻、四爻、五爻、上爻，阳爻称"九"，阴爻称"六"。上卦又称外卦或上体，下卦又称内卦或下体。例如《泰卦》，自下而上分别为初九、九二、九三、六四、六五、上六，下卦为乾，上卦为坤。六十四卦卦形之后为卦名，卦名之后为卦辞，即解释每卦要义的文辞。又有解释每卦各爻要义的文辞，称为"爻辞"。以《乾卦》为例，"乾，元，亨，利，贞。初九，潜龙勿用。"③其中两两相重的"☰"为卦象，"乾"为卦名，"元，亨，利，贞"为卦辞，"初九"为爻题，"潜龙勿用"为爻辞。除六爻爻辞外，《乾卦》还附有用九，《坤卦》

---

① 黄振华：《论"日出为易"》，见黄振华《论中国哲学与文化》，（台湾）时英出版社，2008，第1~6页。
② 黄振华：《论"日落为易"》，见黄振华《论中国哲学与文化》，（台湾）时英出版社，2008，第7~12页。
③ （三国魏）王弼、（晋）韩康伯注，（唐）孔颖达等正义《周易正义》卷一《乾》，（清）阮元校刻《十三经注疏》，中华书局影印本，1980，第13页。

还附有用六，这是其他卦中所没有的。

《易经》的基本元素为阳爻和阴爻，长期以来一直是学界共识，但近年来随着出土文物的逐渐增多，对于《易经》符号的来源和形成问题又出现了许多新的观点，其中以对"数字卦"的讨论最为突出。"数字卦"的研究源于甲骨文、金文、陶文中由数字组成的奇字。1978 年，张政烺先生在古文字学会的第一届年会上将所谓的"奇字"与《周易》的卦象联系起来，"论证这种仅由五、六、七、八这四个特定数字所构成的复合符号，就是由老阴、少阴、老阳、少阳四个爻所构成的'卦'"①。而数字卦问题自张先生提出后经数位学人补充、论证，逐步发展成为学术界的共识。关于数字卦研究的主要问题大致有：数字卦的占筮方法，数字卦如何向符号卦转变，以及六爻卦（六画卦）与重卦的关联，等等。

进入 21 世纪以来，学界关注数字卦问题的热情越发高涨，并不断推出新的见解。有的学者认为，数字易卦与八卦同体异名，其源头可上溯到八千年前，此后自伏羲至西周初期是其滥觞期，而西周中期以后陶拍易卦的出现，表明《易经》卦序、结构、形式等问题已有定制。②有的学者则由数字卦材料的混乱名称和概念入手，辅之以大量考古发现为依据，认为数字卦反映了中国古代占筮的多元发展及其不成熟的发展状态，而它虽与《周易》有关，但未必就是《周易》的经卦或别卦。③上海科学技术文献出版社于 2010 年推出的《百年易学菁华集成·出土易学文献（壹）》设有"商周数字卦研究"专题，收录近 30 篇学术论文，展现了相关研究的丰富成果。

近年来，清华简中《筮法》《别卦》两篇易类文献的发现及其研究，使数字卦问题再次受到学术界的高度重视。李学勤先生撰文对清华大学藏战国竹简中一篇题名为《筮法》的简文做了详细介绍，包括占筮的理论原则，其中有一系列以数字卦形式表示的具体卦例，用以说明判定卦象吉凶的方

① 大会秘书组：《吉林大学古文字学术讨论会纪要》，《古文字研究》第一辑，中华书局，1979，第 3 页。
② 史善刚：《数学易卦的演变与发展》，台湾《哲学与文化》第三十一卷第十期，2004。
③ 邢文：《数字卦与〈周易〉形成的若干问题》，台湾《台大中文学报》第二十七期，2007。

法。《筮法》篇的出现对数字卦研究有着重要意义。① 李先生还撰文将《筮法》《别卦》与传世《归藏》在卦名、次序、写法等方面进行比对，借以探讨它们之间的内在联系。王化平先生则结合《筮法》撰文，由数字卦材料考察《易经》在西周时期的发展，提出：《筮法》中出现了用阴、阳两爻记录的八经卦，但没有出现重卦。通过对比战国甲骨、竹简上的诸多"易卦"，王先生认为"六爻卦"与重卦有区别，前者在殷商时期就有，后者则要到西周早期以后才出现，数字卦在西周早期以后已经衰落，代之而起的可能是今本《周易》的雏形②。也有学者对上述观点提出异议。如雪苗青先生认为，《筮法》诸例卦被统称为数字卦的唯一理由是基于误解，对于数字卦、示数卦，需区分类型高低，《筮法》是极高深的秘传易术。③ 以上这些，仅仅是近年较有代表性的成果，但已足以说明，数字卦是易学起源和早期发展进程中的一个重要环节，提及易学的起源和早期发展，理应注意数字卦问题。

　　《易传》是解说《易经》的部分，共有十篇，又被称为"十翼"。"翼"为辅助羽翼之义，"十翼"的作用就是辅助阐释经文部分，包括《彖传》（上下）、《象传》（上下）、《系辞传》（上下）、《文言传》《说卦传》《序卦传》《杂卦传》。《彖传》又称《彖辞》，用来说明各卦的基本观念，裁断卦名、卦辞所含的义蕴。孔颖达《周易正义》说："《彖辞》统论一卦之义，或说其卦之德，或说其卦之义，或说其卦之名。"④《彖传》上篇解说上经三十卦，下篇解说下经三十四卦。《象传》亦称《象辞》，重在解说卦名、卦义及爻辞，分为《大象》、《小象》，《大象》解说六十四卦，《小象》解说三百八十六爻辞。《象传》上下两篇分别解说上下经。《系辞传》（上下）是通论性质的著作，从义理方面对经文作了比较全面的辨析和阐发，包括《易》的来源、卦爻的象征意义、《易》中包含的道理、《易》的神妙功用、对人事的

① 李学勤：《清华简〈筮法〉与数学卦问题》，《文物》2013 年第 8 期。
② 王化平：《由数字卦材料看〈易经〉在西周时期的发展》，张涛主编《周易文化研究》第七辑，社会科学文献出版社，2015。
③ 雪苗青：《清华简〈筮法〉的高级性：元符卦和示数卦——与李学勤等先生商榷》，《中州学刊》2017 年第 6 期。
④ （三国魏）王弼、（晋）韩康伯注，（唐）孔颖达等正义《周易正义》卷一《乾·彖》，（清）阮元校刻《十三经注疏》，中华书局影印本，1980，第 14 页。

指导意义、占筮方法、卦爻的分析方法等，还对某些卦爻作了选择性的解释。《文言传》专门解释乾、坤两卦的篇名，孔颖达《周易正义》引庄氏云："文饰，以乾、坤德大，故特文饰，以为《文言》。"①《说卦传》主要解释八卦的性质和象征，即孔颖达所谓："《说卦》者，陈说八卦之德业，变化及法象所为也。"②《序卦传》说明六十四卦的排列顺序与意义，《杂卦传》则是将卦德属性相反的两卦为一对，说明各卦之间的错综关系。韩康伯注曰："《杂卦》者，杂糅众卦，错综其义，或以同相类，或以异相明也。"③

经、传共同组成了流传到现在的《周易》。经文形成的下限大约在殷周之际，带有浓厚的占筮色彩，但也有不少上古传说、历史史实隐含其中。作为传的《易传》（"十翼"），汉唐学者普遍认为是孔子所作。司马迁《史记·孔子世家》曰："孔子晚而喜《易》，序《彖》、《系》、《象》、《说卦》、《文言》。"④班固《汉书·艺文志》承袭此说，加以肯定。自北宋欧阳修作《易童子问》，此说开始受到质疑。多数学者认为，"十翼"非孔子手订，亦非一时一地一人所作，其形成经历了漫长而复杂的过程，大抵形成于战国中后期。经过我们的研究，《易传》不仅与儒家、道家有一定的关联，而且与阴阳家、墨家、法家、兵家等都有一定的关系。除了儒、道两家，阴阳家、墨家、法家、兵家等学派的思想倾向在《易传》中也有不同程度的反映，故而《易传》是综合百家、超越百家的产物。

（三）《周易》的流传

班固在《汉书·艺文志》中说："《易》道深矣，人更三圣，世历三古。"⑤

---

① （三国魏）王弼、（晋）韩康伯注，（唐）孔颖达等正义《周易正义》卷一《乾·文言》，（清）阮元校刻《十三经注疏》，中华书局影印本，1980，第15页。

② （三国魏）王弼、（晋）韩康伯注，（唐）孔颖达等正义《周易正义》卷九《说卦》，（清）阮元校刻《十三经注疏》，中华书局影印本，1980，第93页。

③ （三国魏）王弼、（晋）韩康伯注，（唐）孔颖达等正义《周易正义》卷九《杂卦》，（清）阮元校刻《十三经注疏》，中华书局影印本，1980，第96页。

④ （汉）司马迁撰，（南朝宋）裴骃集解，（唐）司马贞索隐，（唐）张守节正义《史记》卷四十七《孔子世家第十七》，中华书局，2013，第2334页。

⑤ （汉）班固撰，（唐）颜师古注《汉书》卷三十《艺文志第十》，中华书局，1962，第1704页。

这就是说，《易》之成书，经历了伏羲、文王、孔子三位圣人先后创作、推演、加工和阐述，涵盖上古、中古、下古三个阶段。颜师古注《汉书》引孟康曰："《易·系辞》曰：'《易》之兴，其于中古乎？'然则伏羲为上古，文王为中古，孔子为下古。"[①] 我们认为，八卦早已先于《易经》而存在，其间经历了一个漫长的过程。而文本化的《易经》，在占筮的形式、内容、功能上较前代大有进步，并蕴涵了某些条理性、系统性、规律性的特征，显示出理性思维和逻辑推演的因素。春秋时期，诸子蜂起，理性文化逐渐与卜筮文化分离，易学也开始丢掉卜筮的外衣，逐渐理性化、哲理化、抽象化，《易经》开始被赋予各种思想内涵和价值意义。孔子及儒家学派作为诸子百家的一支，在《易经》性质转变的过程中起到了重要作用，他们最大限度地发掘了其中的伦理政治内涵。但是由于战国时期百家争鸣，出现了多家治《易》的局面，其授受源流已难以究考。《史记·仲尼弟子列传》仅对孔子之后《易》的传授作了记载，其先后次序分别为：孔子—（商）瞿—楚人馯臂子弘—江东人矫子庸疵—燕人周子家竖—淳于人光子乘羽—齐人田子庄何。《汉书·儒林传》与此略有不同。《史记》《汉书》所记可能未尽属实，但至少能够说明，《易》在儒家内部的传授是赓续不绝的。

除了通行的传世本《周易》，战国秦汉之时，尚有其他版本系统的《周易》在各地特别是南方楚地流传。长沙马王堆汉墓帛书《周易》经传、上海博物馆藏战国楚竹书《周易》以及阜阳汉简《周易》等，可为其代表。它们与传世本在卦序、文字等方面有某些相异之处，尤其是阜阳汉简《周易》，有可能是著龟家术数之学的代表。这些重要的出土文献及其相关的整理研究成果，对于我们今天校读、研习《周易》和相关易学著作是颇有助益的。

秦代焚书，唯有《易》幸免于难，这是因为其卜筮之书的性质合于秦始皇的思想性格和政治需要。汉代去古未远，象数易学盛行，且逐步迈向正统官学之路，故传授纷繁，流派多歧，大致分为今文、古文两派。其授

---

① （汉）班固撰，（唐）颜师古注《汉书》卷三十《艺文志第十》，中华书局，1962，第1705页。

受源流，可列表如下：

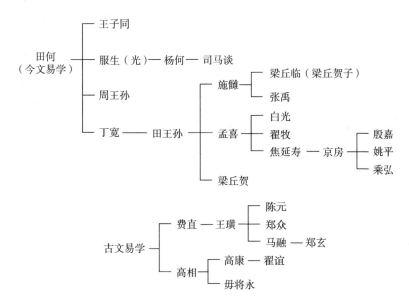

东汉时期，费氏易学兴起，马融继承并发展了费氏治学传统，对古文《周易》文本做了必要的校订，并开启了以传解经的注《易》方式。郑玄学于马融门下，继承了费氏易学，为《易》作注，他兼治今、古文，并用象数、义理，成为后来汉易的集大成者。到了三国魏王肃、王弼为《易》作注时，亦用费氏语，费氏由此大兴。另外，原本《易传》（"十翼"）各篇并未与经文合为一帙，至费直始以传附经。他首先将传文打散来解释经文，其后郑玄又将《彖传》《象传》之文打散分附于经文之后。到了王弼，更进一步将《文言传》也分散附于乾、坤二卦之后。今天流传的就是王弼定本，其中费直的草创之功则是不可磨灭的。梁丘氏、施氏、高氏《易》亡于西晋，孟氏、京氏《易》有书无师。南北朝时期，王弼易学在南朝的影响巨大，而北朝几乎唯传郑玄《易注》。至隋，郑学浸微，王弼易学大盛。唐初，孔颖达作《五经正义》，将王注与晋韩康伯注合为完整的《周易注》，并对经传及注文详加疏解，成《周易正义》，定为经注的标准读本，清代阮元校刻《十三经注疏》，其中《周易》用的即是《周易正义》。唐代中期，李鼎祚不满王注引老、庄入《易》，遂作《周易集解》，多存汉注，后被清代《易》汉学家奉为圭臬。

至北宋，易学的研究和传播步入了一个新的阶段，象数派和义理派均有较大发展和变化。陈抟为宋代象数派的重要倡导者，他提出许多图式，希望以图解《易》。后经种放、刘牧、李之才、周敦颐等学者的传承和发挥，最终形成易学史上的图书之学。胡瑗则是宋代义理派的重要开创者，程颐传胡氏之学，著《易传》（后世称《伊川易传》或《程氏易传》），创立理学派的易学体系。而与此同时的张载则秉持气论学说，著《横渠易说》《正蒙》，创立了气学派的易学体系。南宋时期，义理、象数相互杂陈，各家之学均有流传。理学大师朱熹融会各家之长，著《周易本义》，成为宋代易学的集大成之作。元明两代的易学大体上是对宋代易学的传承和沿袭。在义理方面，先后出现了一批注解和阐发《周易本义》的著作，并逐渐将其推上官方学术权威的宝座。由于朱熹易学并不排斥象数，所以元明时期的图书之学和先天之学也得到了一定程度的发展，尤其是方以智父子将象数之学的研究推向了一个新的高潮。整个明代的易学，基本上就是对程朱易学的注解、诠释，而发明新意、见解独到者并不多见。值得一提的是来知德，他曾撰《周易集注》（又名《易经集注》）一书，创立错综、爻变诸说，颇有可取之处，在易学史上产生了重要影响。另外，蕅益智旭撰《周易禅解》，成为以禅解《易》的典范，很受后人推崇。

明末清初，著名思想家王夫之站在气学派的立场上，广泛吸收宋明易学的成果，对古代义理之学作了一次大总结，成为义理易学的集大成者。明朝的灭亡和清朝入主中原，极大地震动了当时的思想界、学术界。学者、文人纷纷弃虚崇实，学术风气幡然一变。以朴实考证为特色的汉易逐渐受到重视，但宋易因继续得到官方支持而仍然占据统治地位，于是出现了汉易和宋易相互攻讦、诘难的现象。但是由于统治者采取了"兼收并采，不病异同"①的方针，清初易学界出现了汉易、宋易共同繁荣的局面。至顺治、康熙之后，汉易才逐渐占据上风。

到乾嘉时期，复兴汉易成为易学界的学术趋向，代表人物是惠栋、张

---

① （清）永瑢等：《四库全书总目·经部·易类六》"《御纂周易折中》"条，中华书局，1965，第35页上。

惠言。惠栋著《周易述》《易汉学》《易例》《周易古义》等书，发挥汉易，唯汉易是从。张惠言著《周易虞氏易》《周易虞氏消息》《虞氏易事》《虞氏易言》等，力求全面恢复虞翻易学。焦循则是不同于惠栋、张惠言的汉易另一代表人物，其所著《易学三书》，一改惠栋、张惠言的学风，依汉人解《易》的精神，独辟蹊径，建立了自己的易学体系。清儒对汉易的整理和恢复实功不可没。受汉易兴盛的影响，清代易学研究的集大成之作《四库全书总目·经部·易类》带有明显的扬汉抑宋的学术偏见，但其对前代易学的评论还是非常深刻且较为允当的。例如，关于易学发展的轨迹和规律，它指出："《易》之为书，推天道以明人事者也。《左传》所记诸占，盖犹太卜之遗法。汉儒言象数，去古未远也。一变而为京、焦，入于礻几祥，再变而为陈、邵，务穷造化，《易》遂不切于民用。王弼尽黜象数，说以老、庄。一变而胡瑗、程子，始阐明儒理，再变而李光、杨万里，又参证史事，《易》遂日启其论端。此两派六宗，已互相攻驳。又《易》道广大，无所不包，旁及天文、地理、乐律、兵法、韵学、算术，以逮方外之炉火，皆可援《易》以为说，而好异者又援以入《易》，故《易》说愈繁。"① 所论还是较为客观、有一定说服力的。

对图书之学和先天之学的系统考辨，也是清代易学的一大特色。黄宗羲、黄宗炎、毛奇龄、胡渭是其中的代表人物，而胡渭的《易图明辨》更是堪称一代名著。他们在著作中力驳"河图""洛书"之谬，揭示了图书之学的本真面貌，解决了易学史上的许多重大疑难问题。

晚近以来，由于社会变革和文化发展，易学研究的内容和倾向都发生了很大变化，形成了许多新的学术派别，表现出一些新的特色。有的侧重于对《周易》文本的注释，如高亨《周易古经今注》《周易大传今注》；有的从社会历史的角度对《周易》进行研究，如顾颉刚《周易卦爻辞中的故事》《论易系辞传中观象制器的故事》，郭沫若《周易时代的社会生活》，胡朴安《周易古史观》等；有的以现代科学论证《周易》的科学性，如薛学潜《易与物质波量子力学》，丁超五《科学的易》等，开辟了易学研究的新

① （清）永瑢等：《四库全书总目·经部·易类一》，中华书局，1965，第1页。

领域。当今易学研究领域呈现出多角度、多层面、全方位的新时代特点，成绩显著。随着中华民族传统文化的全面复兴和发展，对《周易》及易学文化的研究和推广必将出现新的热潮，取得更大的成就。

二 《周易》核心内容及其当代价值

（一）《周易》的和谐理念

当代著名学者余敦康先生曾说："中国智慧在《周易》，《周易》智慧在和谐。"[①] 和谐是中国传统文化的核心价值与根本精神之一，而追根溯源，《周易》实为其重要渊薮。《周易》通过六十四卦来推衍阴阳变化，又通过卦象的阴阳变化来寻求包括自然、社会在内的天人整体和谐。《周易》将宇宙万物抽象为阴阳二体，用阴阳二爻加以体现。六十四卦通过阴阳二爻之间的关系来体现天地之间的和谐秩序，其基本规则是取决于各爻是否"当位""得中"及"相应"等。《周易》有六十四卦，每卦六爻，各有其位，初、三、五为阳位，二、四、上为阴位，若阳爻居阳位，阴爻居阴位，即为"得位"或"当位"，"得位"为正，象征阴阳各就其位，合于其应然的秩序。六十四卦中，每卦有上体、下体或外卦、内卦之分，二为下体（或称内卦）之"中"，五为上体（或称外卦）之"中"，若爻居中位即为"得中"，象征守持中道，中庸而行，合于阴阳和合的法则，从而体现和谐之道。在当位执中的基础上，若卦中六爻上下相应，即初与四、二与五、三与上，两两相互交感，相互遇合，刚柔相济、彼此推移，就能达到完美的结合，象征着阴阳进入最和谐的状态，即《周易》所说的"太和"。《乾卦·象传》曰："乾道变化，各正性命，保合太和，乃利贞。首出庶物，万国咸宁。"[②] "太和"是和谐的最高形态，和谐是《周易》所追求的终极目标。

[①] 余敦康：《中国智慧在〈周易〉〈周易〉智慧在和谐》，《光明日报》2006 年 8 月 24 日，第 7 版。

[②] （三国魏）王弼、（晋）韩康伯注，（唐）孔颖达等正义《周易正义》卷一《乾·象》，（清）阮元校刻《十三经注疏》，中华书局影印本，1980，第 14 页。

天道的运行、社会的发展都是在变化、摇摆的螺旋式上升中寻求这种和谐的目标。

《周易》所倡导的这种建立在阴阳和谐基础上的和谐，大体上包含有三层含义：一是人与自然（天人）的和谐，二是人际关系（人与人、人与社会）的和谐，三是人自身的心灵和谐。《周易》就是要通过人的发展来协调和沟通社会发展的诸要素，最终使人与自然、人与社会获得更高层次、更高水准、更加全面的发展。也就是说，人的心灵和谐是整个社会保持和谐的基础，从而能够推动人际关系、天人关系走向和谐的局面。这种目标追求成为推动社会发展、文明进步的灯塔，对当今生态文明建设、和谐社会建设和精神文明建设都具有极为重要的启发作用和借鉴意义。

（二）《周易》的创新精神

在阴阳相互激荡、交替运行中，寻求和谐的目标还需要有力的支撑，这个支撑点就是创新。创新从来都是人类社会不断发展、不断进步的动力和源泉，而《周易》则是中华民族创新理念的重要思想源头。《周易》以变化"日新"、生生不已为根本，主张"天行健，君子以自强不息"[1]，颂赞"刚健笃实，辉光日新其德"[2]，要求"去故"[3]"取新"[4]，强调"日新之谓盛德，生生之谓易"[5]。刚健有为、自强不息、推陈出新、革故鼎新是贯穿《周易》全书和整个易学发展史的基本思想线索，创新则是《周易》的重要内涵。

首先，中华民族的创新精神是忧患意识、进取精神的产物，而这种意

---

[1] （三国魏）王弼、（晋）韩康伯注，（唐）孔颖达等正义《周易正义》卷一《乾·象》，（清）阮元校刻《十三经注疏》，中华书局影印本，1980，第 14 页。

[2] （三国魏）王弼、（晋）韩康伯注，（唐）孔颖达等正义《周易正义》卷三《大畜·象》，（清）阮元校刻《十三经注疏》，中华书局影印本，1980，第 40 页。

[3] （三国魏）王弼、（晋）韩康伯注，（唐）孔颖达等正义《周易正义》卷九《杂卦》，（清）阮元校刻《十三经注疏》，中华书局影印本，1980，第 96 页。

[4] （三国魏）王弼、（晋）韩康伯注，（唐）孔颖达等正义《周易正义》卷九《杂卦》，（清）阮元校刻《十三经注疏》，中华书局影印本，1980，第 96 页。

[5] （三国魏）王弼、（晋）韩康伯注，（唐）孔颖达等正义《周易正义》卷七《系辞上》，（清）阮元校刻《十三经注疏》，中华书局影印本，1980，第 78 页。

识和精神的形成可以追溯到《周易》。《周易》带有浓厚的周族性格因素，周族曾因种种原因多次迁徙，在不断迁徙中，周族形成了戒慎警惧、执中守正的忧患意识，并保持着刚健有为、自强不息的进取精神。周文王被拘羑里而推演《易》道，支撑文、武二王革殷建周的正是这种精神和意识。而作为对易学的创新，文王演《易》本身又开启了周王朝在政治、经济、文化制度等方面的革新和发展，使得后人几千年来不断溯其源而扬其波。

中华民族的创新精神是在包容、吸纳、融摄外来文化的基础上形成的，这与《周易》海纳百川的兼容理念有着密切联系。《周易》承认世界的多样性和文化的多元性，强调在多样性、多元性的前提下寻求天地万物之间的联系性和统一性，即"天下同归而殊涂，一致而百虑"①。《周易》要求兼容并包，并施以智慧，从而"厚德载物"；讲求融通，所谓"圣人有以见天下之动而观其会通"，从而"弥纶天地之道"②，以总结规律，科学创新。

中华民族的创新精神是在科学思想、科学方法的指导下总结规律、运用规律的结果，而《周易》正是对天地之道、万物情理的归纳与总结，带有某种规律性。其中的阴阳思想、辩证思维、整体观念、符号系统、感应观念、类比方法、系统原理、数列思想、相对原理、对称图式、互补原理、均衡思想、周期循环思想等，对中国科技、人文思想与创新精神都产生了重要的影响。中国古代高度发达的物质文明，历朝历代的政治改革，无一不是创新精神的体现，并包含着易学的创新理念。

中华民族历经数千年生生不息、日新月异的进步，其发展的内在动力就是创新，而这种创新精神正是易学"变""日新""革故鼎新"等理念的实践性表达。中华民族不断创新的目的就是追求和谐，包括人类个体的身心和谐，人与自然、人与人以及人与社会的整体和谐。目前，中国在建设创新型国家的事业中已经取得了巨大成就，中华民族正在发扬自强不息、厚德载物的精神，迈向实现民族伟大复兴的光辉目标，《周易》经传和易学

---

① （三国魏）王弼、（晋）韩康伯注，（唐）孔颖达等正义《周易正义》卷八《系辞下》，（清）阮元校刻《十三经注疏》，中华书局影印本，1980，第87页。

② （三国魏）王弼、（晋）韩康伯注，（唐）孔颖达等正义《周易正义》卷七《系辞上》，（清）阮元校刻《十三经注疏》，中华书局影印本，1980，第77页。

思想必将在这一进程中起到重要的启发和借鉴作用。而另一方面，易学文化研究也会历久弥新、经久不衰，从而迎来更加深广、更加健康的"《周易》文化热"。

（三）关于《周易》整理的一点建议

我们认为，《周易》的校注、导读等整理工作，可选用中华书局1980年影印阮元校刻《十三经注疏》所收《周易正义》为底本，也可选用《南宋初刻本周易注疏》（上海古籍出版社2014年据日本足利学校藏本影印，郭彧汇校）作底本，校以其他各重要版本，包括传世本和出土的简帛本，综合去取，择善而从。同时，在诠释象数、注解文字、疏通文义的过程中，广泛吸收、借鉴前贤和时哲的各种整理研究成果，其中包括：王弼、韩康伯《周易注》，陆德明《经典释文·周易音义》，孔颖达《周易正义》，李鼎祚《周易集解》，苏轼《东坡易传》，程颐《易传》（《周易程氏传》），朱熹《周易本义》，来知德《周易集注》，王夫之《周易内传》，李光地《周易折中》，陈梦雷《周易浅述》，王引之《经义述闻·周易》，吴汝纶《易说》，尚秉和《周易尚氏学》，高亨《周易古经今注》《周易大传今注》，李镜池《周易通义》，金景芳、吕绍纲《周易全解》，周振甫《周易译注》，黄寿祺、张善文《周易译注》，南怀瑾、徐芹庭《周易今注今译》，唐明邦主编《周易评注》，余敦康《周易现代解读》，陈鼓应、赵建伟《周易今注今译》，刘大钧、林忠军《周易经传白话解》，张政烺《马王堆帛书〈周易〉经传校读》，韩自强《阜阳汉简〈周易〉研究》，濮茅左《楚竹书〈周易〉研究——兼述先秦两汉出土与传世易学文献资料》，连劭名《帛书〈周易〉疏证》等。可以说，这些成果都是进行《周易》整理不可或缺的重要参考资料，我们有必要对其反复研习、认真体会，以期从中获取更多的教益和启发，从而做好《周易》的整理工作，进一步推动易学文化研究、教学事业的深化和发展。

第二章
《周易》经传与诸子百家

《周易》经传与先秦诸子百家之间存在着较为密切的关联。一方面，诸子各家均从《易经》（《周易》六十四卦及卦爻辞）那里吸收、汲取和借鉴了不少思想文化养料和资源，最终形成了自己的思想学说和理论体系；另一方面，诸子各家的理论学说和思想倾向又或多或少、或隐或显地融入《易传》（"十翼"）诸篇之中，使《易传》成为儒道互补、以儒为主、综合百家、超越百家的产物，并得到秦始皇及汉代统治者的喜爱和重视，成为秦汉以降中国思想文化的主潮、主旋律。

一　《周易》经传与儒道互补

《周易》包括经和传两部分。《易经》又分为上经和下经，由六十四卦及其卦爻辞组成。关于《周易》的作者，《周易·系辞下传》提及伏羲作八卦，司马迁曾指出伏羲作八卦，周文王被囚羑里而演为六十四卦三百八十四爻并作卦爻辞，孔子又作《易传》（"十翼"）；班固对此加以继承，并在《汉书·艺文志》中提出"人更三圣，世历三古"① 的说法。在先秦的一些典籍中，如《左传》，已提到用《易经》占卜的事实。这说明，《易经》起源很早。

---

① （汉）班固撰，（唐）颜师古注《汉书》卷三十《艺文志第十》，中华书局，1962，第1704 页。

《易传》共七种十篇，被称为"十翼"，包括《彖传》（上下）、《象传》（上下）《系辞传》（上下）、《文言传》和《说卦传》《序卦传》《杂卦传》，以上均是对《易经》的解释和阐发。关于《易传》的作者，自汉至唐很少有人怀疑，均认为是孔子所作，至北宋欧阳修才开始有所质疑，至今仍然众说纷纭。

关于《易传》的成书和学派属性，学术界至今仍有多种不同的看法。比如，以金景芳先生为代表的一派学者便认为《易传》乃孔子所作，属于儒家的作品。[①] 而以陈鼓应先生为代表的学者则认为《易传》与道家有很大的关系，应属于道家。[②] 此外还有其他观点，例如，有的学者认为《易传》多出自荀子门徒；[③] 有的学者认为《易传》是颜氏之儒的遗著，虽非孔子所作，历史上却是以孔子手著的名义发挥影响的；[④] 还有的学者认为《彖》《象》二传以及《系辞传》的有关章节曾被思孟学派整理、润色过。[⑤] 而经过长期考察和研究，我们认为，《易传》不仅与道家、儒家之说有关联，而且与其他诸子各家的思想也有一定的相通、相近之处，但它又不专属于某家某派，而是儒道互补、以儒为主、综合百家、超越百家的产物。

（一）《周易》经传与儒家的关系

《周易》经传与孔子、与儒家关系密切。孔子对《周易》颇为喜爱甚至热衷，且颇有探索和研究，并以易学传授弟子，教育后学。据《论语·子路》所记，他曾引述《周易·恒卦》九三爻辞"不恒其德，或承之羞"[⑥]，以说明《周易》卦爻辞有益于提高人的道德修养和思想品位。更为重要的

---

① 金景芳：《关于〈周易〉的作者问题》，《周易研究》1988 年第 1 期，第 3 页。

② 陈鼓应：《〈易传·系辞〉所受老子思想的影响》，《哲学研究》1989 年第 1 期，第 35 页。

③ 郭沫若：《青铜时代·〈周易〉之制作时代》，《郭沫若全集·历史编》（第一卷），人民出版社，1982，第 396~400 页。

④ 张岱年：《〈易传〉与中国文化的优良传统》，《张岱年全集》第五卷，河北人民出版社，1996，第 589~590 页。

⑤ 参见刘大钧《关于〈周易大传〉》，《周易概论》（增补修订本），巴蜀书社，2016，第 23 页。

⑥ （清）刘宝楠撰，高流水点校《论语正义》卷十六《子路第十三》，中华书局，1990，第 544 页。

是，孔子认为，善于学《易》的人不必执着于占筮之事，即所谓"不占而已矣"①，从而进一步冲淡和弱化了《易经》的宗教巫术色彩。孔子还强调，学《易》可以使人改过从善。《论语·述而》曾记述孔子之言："加我数年，五十以学《易》，可以无大过矣。"②此处汉代《鲁论》读"易"为"亦"，只是在流传过程中产生的讹误，所以郑玄、陆德明等皆从《古论》对其加以校正。长沙马王堆汉墓帛书《周易》之《要》篇也记述了"夫子老而好《易》，居则在席，行则在橐"的原因："予非安亓（其）用也，予乐亓（其）辤（辞）……夫《易》，岡（刚）者使知瞿（惧），柔者使知圖，愚人为而不忘（妄），惭（渐）人为而去诈（诈）。文王仁，不得亓（其）志以成亓（其）虑。纣乃无道，文王作，讳（违）而辟（避）咎，然后《易》始兴也。"③"《易》，我后亓（其）祝卜矣！我观亓（其）德义耳也。幽赞而达乎数，明（明）数而达乎德，又□□者而义行之耳。赞而不达于数，则亓（其）为之巫；数不达于德，则亓（其）为之史。史巫之筮，乡之而未也，始（恃）之而非也。后世之士疑丘者，或以《易》乎？吾求亓（其）德而巳（已）。吾与史巫同涂而殊归者也。君子德行焉求福，故祭祀而寡也；仁义焉求吉，故卜筮而希（稀）也。祝巫卜筮亓（其）后乎？"④由此可以看出，孔子对《周易》中蕴涵的哲思、义理非常重视和关注。

除了孔子之外，儒家后学与易学关系也非常密切。《史记·仲尼弟子列传》载："孔子传《易》于（商）瞿，瞿传楚人馯臂子弘，弘传江东人矫子庸疵，疵传燕人周子家竖，竖传淳于人光子乘羽，羽传齐人田子庄何。"⑤《汉书·儒林传》说："自鲁商瞿子木受《易》孔子，以授鲁桥庇子庸。子

① （清）刘宝楠撰，高流水点校《论语正义》卷十六《子路第十三》，中华书局，1990，第544页。
② （清）刘宝楠撰，高流水点校《论语正义》卷八《述而第七》，中华书局，1990，第267页。
③ 裘锡圭主编《长沙马王堆汉墓简帛集成》（叁），中华书局，2014，第116页。
④ 裘锡圭主编《长沙马王堆汉墓简帛集成》（叁），中华书局，2014，第118页。文中的"□□"，有的学者释读为"仁存"或"仁守"。
⑤ （汉）司马迁撰，（南朝宋）裴骃集解，（唐）司马贞索隐，（唐）张守节正义《史记》卷六十七《仲尼弟子列传第七》，中华书局，2013，第2672页。

庸授江东骄臂子弓，子弓授燕周丑子家，子家授东武孙虞子乘，子乘授齐田何子装。"① 《史》《汉》所说稍有不同，亦不一定全是事实，但这至少说明，孔子之后，易学在儒家内部一直是前后相继、传承不绝的。除了商瞿，孔子还有可能授《易》于子夏（卜商），所谓"卜商入室，亲授微言"②。而子夏又撰有自己的《易传》，《隋书·经籍志》等对此有明确记载，后世流传的《子夏易传》并不一定是伪书。另外，据有关文献记载，子夏、子张、子贡都曾问《易》于孔子。至战国后期，儒家学派的重要代表人物荀子，善为《诗》《礼》《易》《春秋》，曾屡引《易经》卦爻辞以证己说。《荀子·大略》还阐述了对《易经》的态度，即"善为《易》者不占"③。这与孔子"不占而已矣"的观点是一脉相承的，反映了儒家解《易》的基本特点，即强调《易经》的知识性和学术性，突出其道德内涵和教育意义。

关于《易传》的作者，汉唐时期的学者皆认定是孔子。《史记·孔子世家》说："孔子晚而喜《易》，序《彖》、《系》、《象》、《说卦》、《文言》。读《易》，韦编三绝。曰：'假我数年，若是，我于《易》则彬彬矣。'"④《汉书·儒林传》也说：孔子"盖晚而好《易》，读之韦编三绝，而为之传"⑤。《艺文志》亦云："孔氏为之《彖》《象》《系辞》《文言》《序卦》之属十篇。"⑥ 实际上，从前引《论语·子路》《论语·述而》及长沙马王堆汉墓帛书《周易》之《要》篇等都能看出，孔子对《易》的确精熟异常、理解深刻。若"细籀《论语》"，可以发现，孔子对于宇宙之观念、其任世力行之精神和正名主义，"颇有与《易传》所言暗合处"，二者多相发明，有些语句"几若出诸一人之手……此外，《论语》中论忠恕一贯之道，

① （汉）班固撰，（唐）颜师古注《汉书》卷八十八《儒林传第五十八》，中华书局，1962，第 3597 页。

② （清）李道平撰，潘雨廷点校《周易集解序》，《周易集解纂疏》，中华书局，2004，第 5 页。

③ （清）王先谦撰，沈啸寰、王星贤点校《荀子集解》卷第二十《大略篇第二十七》，中华书局，2016，第 598 页。

④ （汉）司马迁撰，（南朝宋）裴骃集解，（唐）司马贞索隐，（唐）张守节正义《史记》卷四十七《孔子世家第十七》，中华书局，2013，第 2334 页。

⑤ （汉）班固撰，（唐）颜师古注《汉书》卷八十八《儒林传第五十八》，中华书局，1962，第 3589 页。

⑥ （汉）班固撰，（唐）颜师古注《汉书》卷三十《艺文志第十》，中华书局，1962，第 1704 页。

中庸恒谦之德，与《易传》符合处，更俯拾即是"①。尤其值得注意的是，马王堆汉墓帛书《周易》之《要》篇记孔子之言曰："后世之士疑丘者，或以《易》乎？"② 而《孟子·滕文公下》记孔子作《春秋》则曰："知我者其惟《春秋》乎？罪我者其惟《春秋》乎？"③ 这里孔子的口吻与《要》篇所记是颇为相似的。前面述及的《要》篇中还记有孔子的一些话，与《系辞传》等密切相关。如其记孔子曰：《周易》"古之遗言焉，予非安亓（其）用也"。记子赣（贡）言："夫子今不安亓（其）用而乐亓（其）辤（辞）。"这与《系辞上传》"以言者尚其辞"的语意是相近、相似的④。还有，《史记·范雎蔡泽列传》记蔡泽之语："圣人曰：'飞龙在天，利见大人。''不义而富且贵，于我如浮云。'"⑤ "飞龙在天"句为《周易·乾卦》九五爻辞，同时又见于《文言传》。"不义"句为孔子之语，见于《论语·述而》。这里两句连在一起，且冠以"圣人曰"，至少说明《史记》《汉书》关于孔子作《易传》的说法是有一定根据的，包括《系辞传》《文言传》等在内的《易传》诸篇与孔子是有内在联系的，或者说有些内容出于孔子之手并由其弟子及后学加以整理、润饰。的确，《易传》蕴涵着丰富的儒家思想内容，体现了儒家的文化价值理想，特别是其中自强不息、刚健中正的理念，更是彰显出孔子及儒家的道德哲学和人生态度。众所周知，孔子推崇坚强刚毅的意志品格，立志做肩负历史使命和时代责任的志士仁人，为追求人生理想而乐观进取，不断奋斗。他强调"刚、毅、木、讷近仁"⑥，并说自己是"学而不厌，诲人不倦"⑦，"发愤忘食，乐以忘忧，不知老之将至"⑧。

---

① 苏渊雷：《易学会通》上篇《绪论》，《苏渊雷全集·哲学卷》，华东师范大学出版社，2008，第10～12页。

② 裘锡圭主编《长沙马王堆汉墓简帛集成》（叁），中华书局，2014，第118页。

③ （清）焦循撰，沈文倬点校《孟子正义》卷十三《滕文公章句下》，中华书局，2015，第487页。

④ 李学勤：《简帛佚籍与学术史》，江西教育出版社，2001，第259～265页。

⑤ （汉）司马迁撰，（南朝宋）裴骃集解，（唐）司马贞索隐，（唐）张守节正义《史记》卷七十九《范雎蔡泽列传第十九》，中华书局，2013，第2923页。

⑥ （清）刘宝楠撰，高流水点校《论语正义》卷十六《子路第十三》，中华书局，1990，第548页。

⑦ （清）刘宝楠撰，高流水点校《论语正义》卷八《述而第七》，中华书局，1990，第254页。

⑧ （清）刘宝楠撰，高流水点校《论语正义》卷八《述而第七》，中华书局，1990，第270页。

但孔子又反对不讲条件的急躁冒进，要求做到行为适中，认为"过犹不及"①，从而形成了著名的"中庸"之说。这种刚健而用中的思想在《易传》中得到了进一步诠释和发展。再者，《易传》中有关宗法等级和伦理道德的内容也大都来自儒家。《易传》特别重视仁、义、礼、贞，肯定仁与义是人道的基础，并将其同自然万物的演进结合起来。如《说卦传》指出："立天之道曰阴与阳，立地之道曰柔与刚，立人之道曰仁与义。"② 《序卦传》则说："有天地，然后有万物；有万物，然后有男女；有男女，然后有夫妇；有夫妇，然后有父子；有父子，然后有君臣；有君臣，然后有上下；有上下，然后礼义有所错。"③ 这些都带有浓烈的儒家色彩。

（二）《周易》经传与道家的联系

道家也非常重视《易经》的研究，与儒家不同的是，它注重从天道观或者说宇宙观、自然观方面来挖掘《易经》的思想内涵及其价值和影响。道家常以阴阳变异观念解《易》，《庄子·天下》"《易》以道阴阳"④ 一语具有突出的典型意义。可以说，在道家内部，无论是老庄学派还是黄老学派或称稷下道家，都曾从哲学思维的高度致力于易学的发展，从而进一步淡化了《易经》宗教巫术的性质和特点。

我们知道，《易传》总结和综合了多方面的理论成果，利用《易经》的形式系统、框架结构，建立了一个完整的思想体系。当然，《易传》虽然内容丰富，但其主导思想和探索目标还是十分明确的，就是用阴阳刚柔解释《易经》，解释天地万物和一切社会现象。在中国思想文化史上，此举实际上是有其历史渊源和演变过程的。西周末年，太史伯阳父就将地震的成因

---

① （清）刘宝楠撰，高流水点校《论语正义》卷十四《先进第十一》，中华书局，1990，第454页。
② （三国魏）王弼、（晋）韩康伯注，（唐）孔颖达等正义《周易正义》卷九《说卦》，（清）阮元校刻《十三经注疏》，中华书局影印本，1980，第93~94页。
③ （三国魏）王弼、（晋）韩康伯注，（唐）孔颖达等正义《周易正义》卷九《序卦》，（清）阮元校刻《十三经注疏》，中华书局影印本，1980，第96页。
④ （清）郭庆藩撰，王孝鱼点校《庄子集释·杂篇·天下第三十三》，中华书局，2016，第1071页。

解释为阴阳两种对立势力的失调①，但其论尚未达到哲理化的高度。

真正将"阴阳说"纳入哲理范畴的是亦曾做过史官的老子。他将阴阳视为万物产生和发展的基本动力或属性，他说："道生一，一生二，二生三，三生万物。万物负阴而抱阳，冲气以为和。"② 到了战国时期，庄子及其后学也喜谈阴阳，并用其解《易》，说："《易》以道阴阳。"③ 其实《易经》中并无"阴阳"一词，只有《中孚卦》九二爻辞"鸣鹤在阴，其子和之"④ 中出现了一个"阴"字。以阴阳解《易》可以说是易学研究逐步抽象化、哲理化的结果。到了《易传》，以阴阳解《易》的做法已经十分普遍，阴阳变易已被视为《周易》及宇宙万物的普遍法则，从卦象、爻象到各种自然现象、社会现象，都可以用阴阳来理解和诠释，这样就形成了"一阴一阳之谓道"⑤ 的精湛命题。"阴阳说"在《易传》特别是《系辞传》中，已经发展到很高的程度，并且成为它的一个重要理论内容。从这一点来说，道家与《易传》之间是相通的、一致的。

先秦时期，无论是儒家还是道家，都讲究"谦让之德"，且二者极为相似。如《老子》第八章中有言：

> 上善若水。水善利万物而不争，处众人之所恶，故几于道。居善地，心善渊，与善仁，言善信，正善治，事善能，动善时。夫唯不争，故无尤。⑥

老子在此提出"水善利万物而不争"，以及"夫唯不争"云云，可以看出，

---

① 徐元浩撰，王树民、沈长云点校《国语集解·周语上第一》，中华书局，2002，第26页。

② （三国魏）王弼注，楼宇烈校释《老子道德经注校释》第四十二章，中华书局，2008，第117页。

③ （清）郭庆藩撰，王孝鱼点校《庄子集释·杂篇·天下第三十三》，中华书局，2016，第1071页。

④ （三国魏）王弼、（晋）韩康伯注，（唐）孔颖达等正义《周易正义》卷六《中孚》，（清）阮元校刻《十三红注疏》，中华书局影印本，1980，第71页。

⑤ （三国魏）王弼、（晋）韩康伯注，（唐）孔颖达等正义《周易正义》卷七《系辞上》，（清）阮元校刻《十三经注疏》，中华书局影印本，1980，第78页。

⑥ （三国魏）王弼注，楼宇烈校释《老子道德经注校释》第八章，中华书局，2008，第20页。

老子认为自然界的事物也是具有谦让之德的，并通过水的德行来阐明谦让的美德。

还有，《老子》第九章曰：

> 富贵而骄，自遗其咎。功遂身退，天之道。[①]

在此，老子把人的谦让之德和天道联系起来：能够做到谦让，可以称得上符合天道了。故道家提倡的不仅是个人要具有"谦让之德"，同时自然与宇宙之中也贯穿着普遍的谦让之法则。就两者关系而言，道家主张在自然与宇宙的"谦让之法则"的基础上，人生与社会的"谦让之德"才能建立起来。也就是说，自然与宇宙的"谦让之法则"是人生与社会的"谦让之德"的基础。

《周易》经传中有着与此类似的观点。我们知道，《易经》中有专门讲"谦"的《谦卦》，可见，"谦"在作《易》者心目中的重要性。《谦卦·彖传》有言：

> 天道下济而光明，地道卑而上行。天道亏盈而益谦，地道变盈而流谦，鬼神害盈而福谦，人道恶盈而好谦。谦，尊而光，卑而不可逾，君子之终也。[②]

《谦卦·彖传》中的这段话，非常明确地把天道、地道、鬼神、人道所具有的谦逊之德一一列出，并且由此指出谦卑应该是君子终身信奉的原则。可见，《易传》认为不仅人应该具有"谦让之德"，天道、地道甚至鬼神也具有"谦让之法则"，这与道家所认为的"谦让之德"具有一致性。

另外，道家所强调的"谦让之德"，可以让人们保持自己的地位，甚至

---

① （三国魏）王弼注，楼宇烈校释《老子道德经注校释》第九章，中华书局，2008，第21页。

② （三国魏）王弼、（晋）韩康伯注，（唐）孔颖达等正义《周易正义》卷二《谦·彖》，（清）阮元校刻《十三经注疏》，中华书局影印本，1980，第31页。

能够使自己上升至有利的相对较高的位置。故而《老子》第六十六章曰："江海所以能为百谷王，以其善下之，故能为百谷王。是以欲上民，必以言下之；欲先民，必以身后之。"① 《庄子·天下》也有同样的思想倾向："人皆取实，己独取虚。无藏也故有馀，岿然而有馀。"② 因此，在道家看来，如果能够遵守"谦让之德"，就能够使自己处于有利的地位，换句话说，就是能够逢凶化吉，遇难成祥。《易传》中亦有类似的表述和思想。如《系辞上传》曰："谦也者，致恭以存其位者也。"③ 这里强调的是，如果能够做到"谦"，就能够保住自己的地位，这与道家所强调的"江海所以能为百谷王，以其善下之，故能为百谷王"的说法也是一致的④。

再如，"太极"一词是由《尚书·洪范》的"皇极"演化而来的，但先秦时期明确使用"太极"一词的，除了《易传》，即为《庄子》。《庄子·大宗师》："在太极之先而不为高，在六极之下而不为深。"⑤ 这里的"太极"是指空间的最高极限。而《易传》一方面将"太极"作为筮法范畴，用以指大衍之数，也就是蓍草混而未分的状态，另一方面则对"太极"的意蕴做了进一步升华、发展，使其具有宇宙论的哲学意义，即前面所述的"太极生两仪"之说。对于道家与《易传》在这方面的关联，古人早已明确指出。如三国魏阮籍在《通老论》中说："道者，法自然而为化，侯王能守之，万物将自化。《易》谓之'太极'，《春秋》谓之'元'，《老子》谓之'道'。"⑥ 晋代顾荣在与纪瞻共论《易传》之太极时说："太极者，盖谓混沌之时蒙昧未分，日月含其辉，八卦隐其神，天地混其体，圣人藏其身。然后廓然既变，清浊乃陈，二仪著象，阴阳交泰，万物始萌，六合闿拓。《老子》云'有物混

---

① （三国魏）王弼注，楼宇烈校释《老子道德经注校释》第六十六章，中华书局，2008，第169页。

② （清）郭庆藩撰，王孝鱼点校《庄子集释·杂篇·天下第三十三》，中华书局，2016，第1098页。

③ （三国魏）王弼、（晋）韩康伯注（唐）孔颖达等正义《周易正义》卷七《系辞上》，（清）阮元校刻《十三经注疏》，中华书局影印本，1980，第79页。

④ 〔日〕池田知久：《〈周易〉与谦让之德》，朱伯崑主编《国际易学研究》第七辑，华夏出版社，2003，第194页。

⑤ （清）郭庆藩撰，王孝鱼点校《庄子集释·内篇·大宗师第六》，中华书局，2016，第254页。

⑥ （三国魏）阮籍撰，陈伯君校注《阮籍集校注》卷上《通老论》，中华书局，2014，第132页。

成，先天地生'，诚《易》之太极也。"① 唐代孔颖达说："太极，谓天地未分之前元气混而为一，即是太初、太一也。故《老子》云'道生一'，即此太极是也。又谓混元既分，即有天地，故曰'太极生两仪'，即《老子》云'一生二也'。"② 在《易传》中，"易"，实际上就是变化无常的"道"，所谓"《易》之为书也不可远，为道也屡迁，变动不居，周流六虚，上下无常，刚柔相易，不可为典要，唯变所适"③，《易传》"精气为物"④ 的思想和"阴阳不测之谓神"⑤ 等关于"神"的观念，也与道家黄老学派或称稷下道家的精气说，同其对"神"这一概念的解释，有诸多相近、相通之处。《易传》主张特立独行，要求天下无道则隐居避世。如《乾卦·文言传》解"潜龙勿用"曰："龙德而隐者也。不易乎世，不成乎名；遁世无闷，不见是而无闷；乐则行之，忧则违之；确乎其不可拔，潜龙也。"⑥《坤卦·文言传》则曰："天地闭，贤人隐。"⑦ 这与老庄谦退避世的倾向颇为相近。

蒙文通先生指出："《易传》多论天道，言性、命，言感、寂，言道、器，颇近道家，《易》家显然是有取于道家的。"⑧ 的确，像《易传》中阴阳变化这样的内容，孔子平素是很少谈及的。《论语·公冶长》记子贡曰："夫子之文章，可得而闻也；夫子之言性与天道，不可得而闻也。"⑨ 我们还是要强调这样一种观点：就《易传》的思想体系来看，其自然主义的天道

---

① （唐）房玄龄等：《晋书》卷六十八《纪瞻传》，中华书局，1974，第 1819 页。
② （三国魏）王弼、（晋）韩康伯注，（唐）孔颖达等正义《周易正义》卷七《系辞上》，（清）阮元校刻《十三经注疏》，中华书局影印本，1980，第 82 页。
③ （三国魏）王弼、（晋）韩康伯注，（唐）孔颖达等正义《周易正义》卷八《系辞下》，（清）阮元校刻《十三经注疏》，中华书局影印本，1980，第 89～90 页。
④ （三国魏）王弼、（晋）韩康伯注，（唐）孔颖达等正义《周易正义》卷七《系辞上》，（清）阮元校刻《十三经注疏》，中华书局影印本，1980，第 77 页。
⑤ （三国魏）王弼、（晋）韩康伯注，（唐）孔颖达等正义《周易正义》卷七《系辞上》，（清）阮元校刻《十三经注疏》，中华书局影印本，1980，第 78 页。
⑥ （三国魏）王弼、（晋）韩康伯注，（唐）孔颖达等正义《周易正义》卷一《乾·文言》，（清）阮元校刻《十三经注疏》，中华书局影印本，1980，第 15 页。
⑦ （三国魏）王弼、（晋）韩康伯注，（唐）孔颖达等正义《周易正义》卷一《坤·文言》，（清）阮元校刻《十三经注疏》，中华书局影印本，1980，第 19 页。
⑧ 蒙文通著，蒙默编《儒学甄微·经学抉原》，《蒙文通全集》一，巴蜀书社，2015，第 320 页。
⑨ （清）刘宝楠撰，高流水点校《论语正义》卷六《公冶长第五》，中华书局，1990，第 184 页。

观，其由天道推衍人事的整体思维模式，其关于事物发展变化的辩证思想等，有许多都与道家老庄学派和黄老学派相一致。

（三）《易传》与诸子百家

《易传》最终成书于诸子蜂起、百家争鸣之时。如前所述，《易传》与儒、道两家有相通之处，与此同时，墨家、阴阳家、法家、兵家等学派的思想倾向在《易传》中也都有不同程度的反映。

首先看阴阳家。阴阳家是以阴阳作为立论的基础，并成为其思想学说的基本范畴。如前所述，《易传》中也讲阴阳，并且《庄子·天下》指出"易以道阴阳"，从而对《周易》中的哲学范畴进行了限定。《系辞上传》中还指出"一阴一阳谓之道"①，从而把阴阳的对立和变化看成一种规律性的东西。而"一阴一阳"却是阴阳家邹衍所提倡的"阴阳消息"，故而二者在立论方面是有相似之处的。

在天人关系方面，二者也存有相通之处。《史记·太史公自序》言："尝窃观阴阳之术，大祥而众忌讳，使人拘而多所畏；然其序四时之大顺，不可失也。"②接着又指出："夫阴阳，四时、八位、十二度、二十四节各有教令，顺之者昌，逆之者不死则亡。未必然也，故曰'使人拘而多畏'。夫春生夏长，秋收冬藏，此天道之大经也，弗顺则无以为天下纲纪，故曰'四时之大顺，不可失也'。"③由此可知，"阴阳之术"是阴阳家的显著特征，不过他们通过阴阳变化来推测四时顺序，并且倡导顺应自然规律的做法却与《易传》有着相似之处。《系辞上传》中有言："变通配四时，阴阳之义配日月"④，"挂一以象三，揲之以四以象四时，归奇于扐以象

---

① （三国魏）王弼、（晋）韩康伯注，（唐）孔颖达等正义《周易正义》卷七《系辞上》，（清）阮元校刻《十三经注疏》，中华书局影印本，1980，第78页。
② （汉）司马迁撰，（南朝宋）裴骃集解，（唐）司马贞索隐，（唐）张守节正义《史记》卷一百三十《太史公自序第七十》，中华书局，2013，第3965页。
③ （汉）司马迁撰，（南朝宋）裴骃集解，（唐）司马贞索隐，（唐）张守节正义《史记》卷一百三十《太史公自序第七十》，中华书局，2013，第3969页。
④ （三国魏）王弼、（晋）韩康伯注，（唐）孔颖达等正义《周易正义》卷七《系辞上》，（清）阮元校刻《十三经注疏》，中华书局影印本，1980，第79页。

闻"①。《系辞上传》中明确提出如何去象"四时",并且指出"四时"的意义即变通,其最终的目的是希望人们遵守四时之序。故而《革卦·象传》中说"天地革而四时成,汤武革命,顺乎天而应乎人"②,这与阴阳家所提倡的"顺之者昌"也是相通的。由此可见,能够看到四时的规律,并且认为人的行为应该顺应自然规律,这在阴阳家和《易传》中都有非常明显的体现。此外,有些学者研究指出:《易传》所谓"天地革而四时成,汤武革命,顺乎天而应乎人",这"很与阴阳家的五德终始说相近"③。由此可见,阴阳家与《易传》之间有着相似之处。

其次再看墨家。"尚贤"是墨子思想中非常重要的内容,且墨子还有论贤德的专篇《尚贤》。在墨子看来,国家有无贤人是评判一个国家"治厚""治薄"的标志,他指出:"国有贤良之士众,则国家之治厚;贤良之士寡,则国家之治薄。故大人之务,将在于众贤而已。"④ 墨子提出举贤应该以德为标准,而不应该看贤者的出身,主张"列德而尚贤,虽在农与工肆之人,有能则举之,高予之爵,重予之禄,任之以事"⑤。此外,墨子还指出尚贤是古者先王一直遵守的一条治国之道,即"夫尚贤者,政之本也"⑥。

"德"是易学思想中一个非常重要的命题,其中也有很多地方涉及用贤、尚贤的问题,而其尚贤思想与墨家也有相似之处。比如《大畜卦·象传》中有:"大畜,刚健笃实,辉光日新其德,刚上而尚贤,能止健,大正也。'不家食吉',养贤也。"⑦ 意思是说,《大畜卦》刚健笃实,故能辉耀荣光,日增其德,阳刚居上而能崇尚贤人。虽然它没有像《墨子》一样明确提出"德"作为选贤的一种标准,但是却指出了能够"日新其德"之人

---

① (三国魏)王弼、(晋)韩康伯注,(唐)孔颖达等正义《周易正义》卷七《系辞上》,(清)阮元校刻《十三经注疏》,中华书局影印本,1980,第80页。

② (三国魏)王弼、(晋)韩康伯注,(唐)孔颖达等正义《周易正义》卷五《革·象》,(清)阮元校刻《十三经注疏》,中华书局影印本,1980,第60页。

③ 〔日〕本田成之:《中国经学史》,上海书店,2001,第85页。

④ 吴毓江撰,孙启治点校《墨子校注》卷二《尚贤上第八》,中华书局,2006,第65页。

⑤ 吴毓江撰,孙启治点校《墨子校注》卷二《尚贤上第八》,中华书局,2006,第66页。

⑥ 吴毓江撰,孙启治点校《墨子校注》卷二《尚贤上第八》,中华书局,2006,第67页。

⑦ (三国魏)王弼、(晋)韩康伯注,(唐)孔颖达等正义《周易正义》卷三《大畜·象》,(清)阮元校刻《十三经注疏》,中华书局影印本,1980,第40页。

与"尚贤"之间的内在联系。

"时"在《周易》经传中占有很大的比重，且是易学思想的一个重要范畴。《易传》中有很多关于"时"之论述，比如"与时偕行"①"后天而奉天时"②"承天而时行"③"应乎天而时行"④ 等，从中可以看出《周易》对"时"的重视。《墨子》中也有很多关于"时"的论述。如《节葬下》说"若苟乱，是祭祀不时度也"⑤，指出祭祀应该顺应时度。《尚同中》中有这样的论述："故当若天降寒热不节，雪霜雨露不时，五谷不孰，六畜不遂，疾灾戾疫，飘风苦雨，荐臻而至者，此天之降罚也，将以罚下人之不尚同乎天者也。"⑥ 说的是如果出现寒热不符合节气，雪霜雨露不能按时降下等异常现象时，就说明上天要降罪以惩罚那些不能崇尚于天的人。这里提出了雪霜雨露不时，隐含了雪霜雨露的出现都有一定的规律和时间，这与易学中的"后天而奉天时"等思想有一定的相似之处。又如在《号令》中，墨子指出"非时而行者，唯守及掺太守之节而使者"⑦，"踰时不宁，其罪駃"⑧ 等，同样强调了与"时"偕行的重要性。

在易学思想中，天人观念主要体现为天人合一。比如，《周易·乾卦·文言传》曾说：

> 夫大人者，与天地合其德，与日月合其明，与四时合其序，与鬼神合其吉凶。先天而天弗违，后天而奉天时。⑨

---

① （三国魏）王弼、（晋）韩康伯注，（唐）孔颖达等正义《周易正义》卷四《益·象》，（清）阮元校刻《十三经注疏》，中华书局影印本，1980，第53页。
② （三国魏）王弼、（晋）韩康伯注，（唐）孔颖达等正义《周易正义》卷一《乾·文言》，（清）阮元校刻《十三经注疏》，中华书局影印本，1980，第17页。
③ （三国魏）王弼、（晋）韩康伯注，（唐）孔颖达等正义《周易正义》卷一《坤·文言》，（清）阮元校刻《十三经注疏》，中华书局影印本，1980，第18页。
④ （三国魏）王弼、（晋）韩康伯注，（唐）孔颖达等正义《周易正义》卷二《大有·象》，（清）阮元校刻《十三经注疏》，中华书局影印本，1980，第30页。
⑤ 吴毓江撰，孙启治点校《墨子校注》卷六《节葬下第二十五》，中华书局，2006，第261页。
⑥ 吴毓江撰，孙启治点校《墨子校注》卷三《尚同中第十二》，中华书局，2006，第116页。
⑦ 吴毓江撰，孙启治点校《墨子校注》卷十五《号令第七十》，中华书局，2006，第902页。
⑧ 吴毓江撰，孙启治点校《墨子校注》卷十五《号令第七十》，中华书局，2006，第905页。
⑨ （三国魏）王弼、（晋）韩康伯注，（唐）孔颖达等正义《周易正义》卷一《乾·文言》，（清）阮元校刻《十三经注疏》，中华书局影印本，1980，第17页。

这里的"大人"应该是相对于天、地来说的具体层面的概念，其中包含的意思是，"大人"顺应天地之德、日月之明、四时之序及鬼神之意等，顺应先天客观存在的规律，根据后天的条件，顺应天时。这里强调的是，人应该遵守客观规律。此外在《周易·坤卦·文言传》中还有：

> 坤至柔而动也刚，至静而德方，后得主而有常，含万物而化光。坤道其顺乎，承天而时行。积善之家，必有余庆；积不善之家，必有余殃。①

在这段话中，提出了"承天而时行"，即强调在顺应规律的前提下根据时势来决定自己的行动，这一点在墨子思想中也有所体现。如《天志》中说：

> 是以天之为寒热也节，四时调，阴阳雨露也时，五谷孰，六畜遂，疾灾戾疫凶饥则不至。是故子墨子曰：今天下之君子，中实将欲遵道利民，本察仁义之本，天意不可不慎也。②

这里墨子提出"天意不可不慎"之句，"天意"其实更侧重于自然规律的客观性，可见墨子对于自然规律的谨慎遵循。当然，从另一方面也可以看出，墨子是在强调自然规律的前提下，注重发挥人的主观能动性。

另外，墨子天道观中的天志、明鬼，社会政治观中的尚（上）贤、尚（上）同、兼爱、非攻、节用、节葬等，都或多或少、或隐或显地通于或近于《易传》之说。如有的学者指出：墨家在全部思想和行动的正确和错误上有着明确的原则依据，即是否与在上的"天之利"、在中的"鬼之利"、在下的"人之利"相一致。这种"天之利""鬼之利""人之利"虽仍然多少有过于主体性、人间性之嫌，但在《周易·谦卦·象传》等处所能看到的"天道""地道""鬼神（道）""人道"等四个"道"的概念与之是相

---

① （三国魏）王弼、（晋）韩康伯注，（唐）孔颖达等正义《周易正义》卷一《坤·文言》，（清）阮元校刻《十三经注疏》，中华书局影印本，1980，第 18 ~ 19 页。
② 吴毓江撰，孙启治点校《墨子校注》卷七《天志中第二十七》，中华书局，2006，第 298 页。

当接近的，其中保留了浓重的《墨子》思想的色彩。①

墨家的义利观与《易传》也有一定的相似之处。《系辞》上下篇中都有"利天下"之语，如"立成器以为天下利"②"致远以利天下"③ 等，其侧重点在于公利，而墨子提出"兴天下之利"④，也是反对谋取私利。《系辞下传》中有"理财正辞，禁民为非曰义"⑤，指出管理财物，端正言辞，禁止百姓为非作乱就是义。由此可见，《易传》中并非不主张利，而是把利和义结合了起来。关于这一点，《墨子》中也有所体现，如《墨子·经上》中有"义，利也"⑥，《墨子·修身》中有"君子之道也，贫则见廉，富则见义，生则见爱，死则见哀"⑦，提出了"富则见义"，这与《系辞传》中所提倡的把利与义结合起来的看法是一致的。由上可知，墨子的思想在天道和人事方面，都有很多与《易传》存在相通之处，墨子与《易传》之间的密切关系由此可见一斑。

又如法家，其"用狱尚刑"的观点在《易传》特别是《象传》中亦有所体现。《蒙卦·象传》："利用刑人，以正法也。"⑧《噬嗑·象传》："雷电，噬嗑。先王以明罚敕法。"⑨《丰卦·象传》："雷电皆至，丰。君子以折狱致刑。"⑩《旅卦·象传》："山上有火，旅。君子以明慎用刑，而不留

① 参见〔日〕池田知久《〈周易〉与原始儒学》，《清华大学学报》（哲学社会科学版）2002年第3期，第79～80页。

② （三国魏）王弼、（晋）韩康伯注，（唐）孔颖达等正义《周易正义》卷七《系辞上》，（清）阮元校刻《十三经注疏》，中华书局影印本，1980，第82页。

③ （三国魏）王弼、（晋）韩康伯注，（唐）孔颖达等正义《周易正义》卷八《系辞下》，（清）阮元校刻《十三经注疏》，中华书局影印本，1980，第87页。

④ 吴毓江撰，孙启治点校《墨子校注》卷三《尚同中》，中华书局，1993，第118页。

⑤ （三国魏）王弼、（晋）韩康伯注，（唐）孔颖达等正义《周易正义》卷八《系辞下》，（清）阮元校刻《十三经注疏》，中华书局影印本，1980，第86页。

⑥ 吴毓江撰，孙启治点校《墨子校注》卷十（上）《经上第四十》，中华书局，2006，第461页。

⑦ 吴毓江撰，孙启治点校《墨子校注》卷一《修身第二》，中华书局，2006，第11页。

⑧ （三国魏）王弼、（晋）韩康伯注，（唐）孔颖达等正义《周易正义》卷一《蒙·象》，（清）阮元校刻《十三经注疏》，中华书局影印本，1980，第20页。

⑨ （三国魏）王弼、（晋）韩康伯注，（唐）孔颖达等正义《周易正义》卷三《噬嗑·象》，（清）阮元校刻《十三经注疏》，中华书局影印本，1980，第37页。

⑩ （三国魏）王弼、（晋）韩康伯注，（唐）孔颖达等正义《周易正义》卷六《丰·象》，（清）阮元校刻《十三经注疏》，中华书局影印本，1980，第67页。

狱。"① 这些都体现了《易传》不仅蕴涵着"慎刑"的思想，而且以德为主而辅之以刑罚的政治主张也所在多有。

前已提出，《周易》经传中有很多关于"时"的论述，提出了"与时偕行"② 的观点。法家也非常重视"时"的观念，故而提出"动静有时"③"随时以举事"④"观时发事"⑤ 等。更为重要的是，韩非子提出法应该随着时代的变化而转变的思想。如他在《心度》中指出："法与时转则治，治与世宜则有功。故民朴而禁之以名则治，世知维之以刑则从。时移而治不易者乱，能治众而禁不变者削。故圣人之治民治，法与时移而禁与能变。"⑥ 这些都与《易传》"与时偕行"的思想相一致。

和谐是《周易》的根本精神，其经传中蕴涵着丰富的和谐理念。法家虽然非常重视法律的权威和"法"的约束作用，而另一方面，法家也非常重视"和"的作用。如《韩非子·解老》中有："积德而后神静，神静而后和多，和多而后计得，计得而后能御万物，能御万物则战易胜敌，战易胜敌而论必盖世，论必盖世故曰'无不克。'无不克本于重积德，故曰'重积德则无不克。'"⑦ 这里提出"和多而后计得"，可见在法家看来，"和"在成功之中有着重要的地位和作用。另外，《韩非子·难二》中有："举事慎阴阳之和，种树节四时之适，无早晚之失、寒温之灾，则入多。"⑧ 韩非子

---

① （三国魏）王弼、（晋）韩康伯注，（唐）孔颖达等正义《周易正义》卷六《旅·象》，（清）阮元校刻《十三经注疏》，中华书局影印本，1980，第 68 页。
② （三国魏）王弼、（晋）韩康伯注，（唐）孔颖达等正义《周易正义》卷四《益·彖》，（清）阮元校刻《十三经注疏》，中华书局影印本，1980，第 53 页。
③ （清）王先慎撰，钟哲点校《韩非子集解》卷第六《解老第二十》，中华书局，2016，第 159 页。
④ （清）王先慎撰，钟哲点校《韩非子集解》卷第七《喻老第二十一》，中华书局，2016，第 179 页。
⑤ （清）王先慎撰，钟哲点校《韩非子集解》卷第十七《说疑第四十四》，中华书局，2016，第 444 页。
⑥ （清）王先慎撰，钟哲点校《韩非子集解》卷第二十《心度第五十四》，中华书局，2016，第 520 页。
⑦ （清）王先慎撰，钟哲点校《韩非子集解》卷第六《解老第二十》，中华书局，2016，第 149 页。
⑧ （清）王先慎撰，钟哲点校《韩非子集解》卷第十五《难二第三十七》，中华书局，2016，第 399 页。

在此强调"阴阳之和"与"四时之适",更含有把它们作为一种规律去遵守的意味。由此可以看出,法家在主张有所作为之时,是非常注重"和"与"时"的。

此外,前引《韩非子·解老》"计得而后能御万物,能御万物则战易胜敌",体现了法家对人为力量的重视,这与《易传》中自强不息的思想也是一致的。

在这一点上,兵家与《易传》也有很多相似之处。兵家强调战争要讲究"时",如《孙子·火攻》中提出:"发火有时""以时发之"① 等重要思想,强调"时"对于战争的重要性。《易传》中也有关于类似的论述。例如《革卦·彖传》谓:"天地革而四时成,汤武革命,顺乎天而应乎人,革之时大矣哉!"② 强调了"时"对于革命的重要性。又《孙子·兵势》:"凡战者,以正合,以奇胜。故善出奇者,无穷如天地,不竭如山河。终而复始,日月是也;死而复生,四时是也。……战势不过奇正,奇正之变,不可胜穷也。奇正相生,如循环之无端,孰能穷之?"③ 《行军》:"凡军好高而恶下,贵阳而贱阴。"④《九地》:"投之亡地然后存,陷之死地然后生。夫众陷于害,然后能为胜败。"⑤ 这些也都与《易传》之说相通。《周易·蛊卦·彖传》:"终则有始,天行也。"⑥ 而《孙子》谓"终而复始,日月是也"⑦。《系辞下传》曰:"日往则月来,月往则日来,日月相推而明生焉。寒往则

---

① (周)孙武撰,(汉)曹操等注,杨丙安校理《十一家注孙子校理》卷下《火攻篇》,中华书局,1999,第280页。

② (三国魏)王弼、(晋)韩康伯注,(唐)孔颖达等正义《周易正义》卷五《革·象》,(清)阮元校刻《十三经注疏》,中华书局影印本,1980,第60页。

③ (周)孙武撰,(汉)曹操等注,杨丙安校理《十一家注孙子校理》卷中《势篇》,中华书局,1999,第87~90页。

④ (周)孙武撰,(汉)曹操等注,杨丙安校理《十一家注孙子校理》卷中《行军篇》,中华书局,1999,第189页。

⑤ (周)孙武撰,(汉)曹操等注,杨丙安校理《十一家注孙子校理》卷下《九地篇》,中华书局,1999,第261~263页。

⑥ (三国魏)王弼、(晋)韩康伯注,(唐)孔颖达等正义《周易正义》卷三《蛊·象》,(清)阮元校刻《十三经注疏》,中华书局影印本,1980,第35页。

⑦ (周)孙武撰,(汉)曹操等注,杨丙安校理《十一家注孙子校理》卷下《势篇》,中华书局,1999,第88页。

暑来，暑往则寒来，寒暑相推而岁成焉。"① 而《孙子》也提到日月四时之循环。《孙子》中贵阳贱阴的思想，亦深合《易传》扶阳抑阴之倾向。《孙子》所谓"投之亡地然后存"云云，亦同于《系辞下传》："危者使平，易者使倾。其道甚大，百物不废。惧以终始，其要无咎，此之谓《易》之道也。"② 所以，历史上不少学者强调，孙子亦有得于《易》之处。

兵家的重要代表孙膑，屡遭庞涓陷害，身体受到严重摧残，但是仍然保持着坚忍不拔、顽强不屈的个性，这与《易传》中"君子以自强不息"的人格品行是一致的。此外，《周易》中有很多卦的爻辞也都与战争有关，以致魏源发出"《易》其言兵之书乎"③ 的感叹。有的学者曾专门对《周易》与兵法之间的关系作了论述④，由此可见兵家与易学关系之密切，在此不再赘述。

（四）《易传》的性质

正像余敦康先生所指出的那样：《易传》围绕着"一阴一阳之谓道"⑤ 而展开的思想体系，是自然主义与人文主义的有机结合。就《易传》的思想渊源而言，其自然主义的思想与道家有一定的相通之处，其人文主义的思想则与儒家相似。就《易传》所追求的"太和"境界来说，其目的为天人之间的和谐，而先秦道家侧重于自然和谐，儒家注重的则是社会人际关系的和谐。《易传》根据殊途同归、一致百虑的治学旨趣，在总体上反映出儒道互补的特征，把道家的自然主义思想与儒家的人文主义思想有机地结合起来，一方面避免了道家"蔽于天而不知人"的缺陷，另一方面也避免了儒家"蔽于人而不知天"的缺陷，成为当时对整体和谐的最完美的表述。

---

① （三国魏）王弼、（晋）韩康伯注，（唐）孔颖达等正义《周易正义》卷八《系辞下》，（清）阮元校刻《十三经注疏》，中华书局影印本，1980，第87页。
② （三国魏）王弼、（晋）韩康伯注，（唐）孔颖达等正义《周易正义》卷八《系辞下》，（清）阮元校刻《十三经注疏》，中华书局影印本，1980，第90页。
③ 魏源：《孙子集注序》，见《魏源集》上册，中华书局，1976，第226页。
④ 姜柱国：《〈周易〉的兵法》，《中华文化论坛》1996年第3期，第23~30页。
⑤ （三国魏）王弼、（晋）韩康伯注，（唐）孔颖达等正义《周易正义》卷七《系辞上》，（清）阮元校刻《十三经注疏》，中华书局影印本，1980，第78页。

就根本精神而言，《易传》同样是包容两家而又超越两家。在其"太和"思想中，分属阳刚型和阴柔型的儒、道根本精神不再彼此排斥，而是形成了一种刚柔相济、阴阳协调的互补关系，阳刚、阴柔紧密联结，表现为一种中和之美。《易传》所谓"天行健，君子以自强不息"①和"地势坤，君子以厚德载物"②，就是其中一个最好的体现③。我们要强调的是，《易传》不仅与儒家、道家有密切的关联，而且与墨家、法家、阴阳家、兵家等也有一定的关系。除了儒、道两家之外，墨家、阴阳家、兵家、农家等学派的思想倾向在《易传》中也有不同程度的反映。《易传》中这些采自其他各家的思想与道家、儒家思想彼此融会而浑然一体，交相辉映，闪耀出智慧的光芒，也凸显出易学和易学思想的演变和发展特征。

战国中后期，与政治渐趋统一的形势相适应，诸子各家之间出现了互相吸收、互相渗透、互相融合的局面。黄老学派或者说稷下道家的形成，《吕氏春秋》的编撰等，都是这一局面的反映，而包容性、超越性表现得最为突出的就是《易传》诸篇的问世。它并非成于某一时间、某一地点、某一学派、某一学者，而是陆续成于战国中后期易学家之手。它以宽广的文化胸襟，始终保持开放的姿态，成为各家各派各以自己的思想观念治《易》而又彼此影响、彼此交融的范例。它吸收百家、综合百家，又扬弃百家、超越百家，从而承上启下，成为秦汉思想的内在灵魂和重要源头。

众所周知，思想文化的发展，不仅是某一特定时代社会存在的反映，而且是对以往思想资料加以继承和发展的结果。"每一个时代的哲学作为分工的一个特定的领域，都具有由它的先驱传给它而它便由此出发的特定的思想资料作为前提。"④就《易传》这部以筮书形式出现而内容广泛的哲学著作而言，其博大精深的思想体系、独具特色的思维方式、高度凝练的语言表述、兼容并包的学术宗旨，令后来的易学家、思想家和政治家为之叹

---

① （三国魏）王弼、（晋）韩康伯注，（唐）孔颖达等正义《周易正义》卷一《乾·象》，（清）阮元校刻《十三经注疏》，中华书局影印本，1980，第14页。
② （三国魏）王弼、（晋）韩康伯注，（唐）孔颖达等正义《周易正义》卷一《坤·象》，（清）阮元校刻《十三经注疏》，中华书局影印本，1980，第18页。
③ 参见余敦康先生语，朱伯崑主编《周易知识通览》，齐鲁书社，1993，第166~177页。
④ 《马克思恩格斯选集》第四卷，人民出版社，2012，第612页。

服、为之倾倒、为之孜孜探究，成为他们从事社会政治、思想文化活动的重要资鉴。可以说，秦汉时期及其以后的许多重大思想理论问题，都不难在这里找到某种雏形或依据。"秦汉以后中国文化的发展往往要回到先秦来寻找精神的原动力，而找来找去，又往往归结为由《易传》所奠定的易学传统。这种情形决不是什么历史的误会，而主要是由于《周易》的那一套八八六十四卦的符号体系以及囊括天地人三才之道的整体之学，仿佛是一个巨大的海绵体，把这个时期诸子百家所创造的共同成果都吸收容纳进来，并且综合总结成为一种卷之则退藏于密的《易》道，因而理所当然地被后世公认为代表了中国文化的根本精神。"① 我们研究易学文化，对此务必要有充分认识和真正把握。

二 《周易》经传与先秦阴阳家

阴阳家作为我国先秦时期产生的思想流派之一，其学说长期支配着中国人的思维。顾颉刚先生曾说："五行，是中国人的思想律，是中国人对于宇宙系统的信仰；二千馀年来，它有极强固的势力。"② 先秦时期的阴阳家与《周易》经传存在着密切的关联，然而当今学界的相关研究，往往只是偏重于"阴阳"概念的辨析以及这一概念在两者间的流变，存在着明显的薄弱环节。我们拟从阴阳家学说的宏观整体着眼，探讨先秦阴阳家与《周易》经传之间的关联。

（一）阴阳家与《周易》经传的相互影响

长期以来，学者对阴阳家的思想评价不高，甚至认为它们是乱世邪说。如宋代司马光说它是"立邪说以惑众，为世患"③，近世梁启超先生也斥之

① 余敦康：《中国哲学论集》，辽宁大学出版社，1998，第 376~377 页。
② 顾颉刚：《五德终始说下的政治和历史》，《古史辨》第五册，上海古籍出版社影印本，1982，第 404 页。
③ （宋）司马光著，李文泽编《司马光全集》卷七十一《葬论》，四川大学出版社，2010，第 1452 页。

为"邪说以惑世诬民"①。这些不免有所偏激。其论当源自司马谈论及阴阳之术时所谓"大祥而众忌讳，使人拘而多所畏"②之说。司马谈通论六家要旨大意，固言及阴阳家失于拘束，但亦充分肯定其在"序四时之大顺"方面的贡献，并提出阴阳家所定律例并非顺昌逆亡般毫无余地，其贡献更在于将天道之"大经""纲纪"推而广之，是中国早期天人相感、万物相应之论的重要代表。由此可见，阴阳家的学说虽非此时诸子之显学③，但依然是春秋战国时期思想文化成就中不可或缺的组成部分。

关于这一问题的研究，学术界成果颇丰。1935 年《古史辨》第五册下编为阴阳五行学说专题，包括梁启超《阴阳五行说之来历》、吕思勉《辨梁任公〈阴阳五行说之来历〉》、顾颉刚《五德终始说下的政治和历史》、钱穆《评顾颉刚〈五德终始说下的政治和历史〉》、童书业《五行说起源的讨论——评顾颉刚先生〈五德终始说下的政治和历史〉》、刘节《〈洪范〉疏证》、范文澜《与颉刚论五行说的起源》、栾调甫《梁任公五行说之商榷》、谭戒甫《思孟"五行"考》、陈槃《写在"五德终始说下的政治和历史"之后》、徐文珊《儒家和五行的关系》、谢扶雅《田骈和邹衍》等。冯友兰《中国哲学史》中有一节内容专论先秦阴阳五行家思想，其《中国哲学简史》更设有专门论述阴阳家之章节。后有杨向奎《五行说的起源及其演变》，《文史哲》1955 年第 11 期；杨超《先秦阴阳五行说》，《文史哲》1956 年第 3 期；金德建《论邹衍的著述和学说》，《司马迁所见书考》，上海人民出版社，1963；顾颉刚《邹衍及其后继者的世界观》，《中国古代史论丛》第一辑，福建人民出版社，1981；金景芳《西周在哲学上的两大贡献——〈周易〉阴阳说和〈洪范〉五行说》，《哲学研究》1979 年第 6 期；刘起釪《答〈新五行说商榷〉——兼论邹衍"五德终始"之说》，《古史续辨》，中国社会科学出版社，1991；庞朴《帛书五行篇研究》，齐鲁书社，1980；萧萐父《〈周易〉与早期

① 梁启超：《阴阳五行说之来历》，《古史辨》第五册，上海古籍出版社影印本，1982，第 353 页。

② （汉）司马迁撰，（南朝宋）裴骃集解，（唐）司马贞索隐，（唐）张守节正义《史记》卷一百三十《太史公自序第七十》，中华书局，2013，第 3965 页。

③ 《庄子·天下》及《荀子·非十二子》品评战国时期诸子学说，皆未论及阴阳家之流，当代一些思想史著作如劳思光《中国思想史》等在论及先秦思想时亦未收录。但《汉书·艺文志》依旧录入其亡佚著作而独成一家，足见其重要性。

阴阳家言》,《江汉论坛》1984 年第 5 期;彭华《阴阳五行研究》(先秦篇),
华东师范大学历史学系博士学位论文,2004;徐强《顺天应时之道——先秦
阴阳家思想初探》,山东大学哲学与社会发展学院硕士学位论文,2005;耿雪
敏《先秦兵阴阳家研究》,南开大学历史学院博士学位论文,2014;高华平
《阴阳"八卦"的演变及阴阳家与〈周易〉的关系》,《中山大学学报》(社
会科学版)2018 年第 6 期;等等。

在中国思想史上,阴阳五行往往并举。长期以来,学术界普遍接受这
样一种认识:"春秋战国以前所谓阴阳,所谓五行,其语甚希见,其义极平
淡,且此二事从未尝并为一谈。"① 查考传世先秦文献亦可知,"阴阳"概念
最早见于《诗经》②,系代指阳光向背;后又见于《国语》《左传》《庄
子》③ 等典籍,多指天气、气象及以此衍生出的阴阳二气。《易经》(《周
易》六十四卦及卦爻辞)仅有阴阳思想的萌芽,直到《易传》("十翼")
才泛指阴阳二性及一切对立方面。"五行"概念则源于《尚书·洪范》,亦
见于《左传》,均是指金、木、水、火、土这五种世间存在的实物,不曾成
为抽象的元素。《管子》《墨子》《孙子》等文献也提到了"五行",虽然意
义各异,但基本上也是朴素的物质性的。而从《荀子·非十二子》以及帛
书《五行篇》所载则知,儒家思孟学派也有自己的五行学说——仁、义、
礼、智、圣。《易传》却不论五行。如此,人们似乎认定,在传世文献中,
先秦时期,阴阳、五行、易学三者并未合论。《周易》经传作为同一时期的
思想文化经典,与阴阳家学说之间一直存在着千丝万缕、或隐或显的联系。
其一,《易经》卦爻辞中已包含大量对阴阳家学说有影响的观点。阴阳家起
源于先秦时期的方士巫史,《汉书·艺文志》说它"盖出于羲和之官",即
当时执掌天文历法之官。在数术卜筮的神秘宗教文化逐渐走向人文理性的
春秋战国时期,阴阳家学者也相应摆脱了最初的方士身份,从脱离占卜色

---

① 梁启超:《阴阳五行说之来历》,《古史辨》第五册,上海古籍出版社影印本,1982,第 353 页。
② 《诗经·大雅·公刘》:"既景既冈,相其阴阳。"
③ 见《国语·周语上》伯阳父论地震起因为阴阳天地之气不通;《左传·僖公十六年》陨石
于宋五为阴阳之事;《庄子·人间世》阴阳之患,《庄子·大宗师》阴阳之气,《庄子·天
运》阴阳调和。

彩的《易经》中汲取思维养料，充实完善自身观点。其二，阴阳家及其阴阳学说，又为稍后成书的《易传》提供了思想来源和借鉴。

新近发现的清华简及其研究成果使人们在这一问题上推出了一些新的认识和见解。清华简《筮法》是楚文化的代表，其用数字卦占筮，第二十五节将八卦与天干相配①，第二十六节讲各卦之祟②，又以十二地支与六子卦相配③，同时配有卦图以说明四方五行的关系④。《筮法》中干支、阴阳、五行已同《易》筮明确结合，这足以说明，阴阳五行观念与易学全面结合的时间可由汉代孟喜、京房提前至战国时期，并为进一步研究《周易》经传与阴阳家的关系提供了新的素材。

（二）阴阳家对《易经》思想的发挥

《汉书·艺文志》著录阴阳家 21 种 369 篇，其中有代表人物邹衍的《邹子》49 篇，又有《邹子终始》56 篇，可惜均已亡佚。《史记·孟子荀卿列传》所说邹子作《终始》《大圣》《主运》，司马贞《史记索隐》引刘向《别录》也提到"邹子书有《主运篇》"⑤。金德建先生认为，《终始》《大圣》《主运》这三篇都是《邹子》书当中的篇名。⑥ 目前可见的阴阳家之作，主要是散见于《管子》《礼记》《吕氏春秋》《黄帝内经》《春秋繁露》《淮南子》《白虎通义》等文献中，清代马国翰《玉函山房辑佚书》辑有《邹子》一卷。钱穆先生考证，世传邹衍学术，可信者主要包括：燕齐方士所传阴阳方术；《月令》所言五行用次，《管子》集其大成；五德终始说，

---

① 其八卦与天干相配次序为：以乾配甲壬，坤配乙癸，艮配丙，兑配丁，坎配戊，离配己，震配庚，巽配辛。
② 顺序为：乾、坤、艮、兑、坎、离、震、巽，同《周易·说卦传》。
③ 十二地支与六子卦相配次序为：以子午配震，丑未配巽，寅申配坎，卯酉配离，巳亥配兑，辰戌配艮。
④ 清华简卦位图云："东方也，木也，青色。南方也，火也，赤色。西方也，金也，白色。北方也，水也，黑色。奚故谓之震？司雷，是故谓之震，奚故谓之劳？司树，是故谓之劳。奚故谓之兑？司收，是故谓之兑？奚故谓之罗？司藏，是故谓之罗。"见李学勤主编《清华大学藏战国竹简（肆）·筮法》，中西书局，2013，第 111~112 页。
⑤ （汉）司马迁撰，（南朝宋）裴骃集解，（唐）司马贞索隐，（唐）张守节正义《史记》卷七十四《孟子荀卿列传第十四》，中华书局，2013，第 2836 页。
⑥ 金德建：《司马迁所见书考》，上海人民出版社，1963，第 265 页。

因齐人献秦王所用而存，见于《吕氏春秋》。① 新近出土的清华简《保训》提到"测阴阳之物"，有的学者认为，"《保训》或许是阴阳家的著述"②。不管怎样，这些学说中皆可见与《易经》的密切联系。阴阳家的思想观念反映出了《易经》的深刻影响，可以说是《易经》理念的进一步发挥、发展。这主要表现在以下五个方面。

第一，同性类比。《易经》以卦爻比物而成说，而阴阳家抽象出事物特性，并以此类比归结出五德，进而提出五德终始说。这两者之间是明显相通的。

《吕氏春秋·有始览·应同》称："凡帝王之将兴也，天必先见祥乎下民。黄帝之时，天先见大螾大蝼，黄帝曰：'土气胜。'土气胜，故其色尚黄，其事则土。及禹之时，天先见草木秋冬不杀，禹曰：'木气胜。'木气胜，故其色尚青，其事则木。及汤之时，天先见金刃生于水，汤曰：'金气胜。'金气胜，故其色尚白，其事则金。及文王之时，天先见火赤鸟衔丹书集于周社，文王曰：'火气胜。'火气胜，故其色尚赤，其事则火。代火者必将水，天且先见水气胜。水气胜，故其色尚黑，其事则水。水气至而不知，数备将徙于土。"③ 此乃阴阳家说即五德终始之说，马国翰《玉函山房辑佚书》将此段文字列于《邹子》一卷之首。这番话大意是说，见螾蝼虫蚁而知土，见流火而知火，盖源于虫蚁出于土中，而流火则自为火，前后二者虽为不同事物，但却同性而同源，故而可比拟相通，此当为同类事物即拥有相同属性事物之比应。

用抽象的土气、火气代表与土同性的螾蝼虫蚁和流火，与《易经》中用抽象的卦爻比拟具体的事物，其原理同出一辙。《易经》中此类例子不胜枚举，如《艮卦》以不同爻位象征人体不同部位"背""腓""限""身""辅"；《鼎卦》则以爻位象形于鼎器"趾""耳""足"等处；《渐卦》则

---

① 其中五德终始说由于晚起，尚不能完全确定是否为邹子后学所作或他人试图上媚秦王而伪托邹子。见钱穆《先秦诸子系年》，商务印书馆，2001，第 512 页。

② 曾振宇：《清华简〈保训〉"测阴阳之物"新论》，《中原文化研究》2015 年第 4 期，第 28 页。

③ 许维遹撰，梁运华整理《吕氏春秋集释》卷第十三《有始览·应同》，中华书局，2009，第 284 页。

以各爻分别象征鸿鸟栖于"干""磐""陆""木""陵"等。《渐》之初六位卑，故象征鸿鸟栖于树干待飞；九二安稳渐进，故象征鸿鸟安然落于稳固磐石之上；九三皆因爻位居二之上，高于石则为陆——"山上高平曰陆"①，故为平坦开阔之处；六四柔顺，故象征树木之枝条；九五至尊，故象征陵上山顶；上九过高，居于上位，故为高山之巅。②《艺文类聚》卷五十七引班固《拟连珠》释《渐卦》上六爻辞云"臣闻鸾凤养六翮以凌云，帝王乘英雄以济民"③，即取义于此。这些均为爻性与物性相通，故以爻及爻位象征此物。

第二，由类比提升至一种抽象的联系。阴阳家对事物的类比，并不限于同类之间，或者对单一物体的抽象，而是渐渐发展成为一种万物间的联系。这显然继承了《易经》感物成卦的方式。

《吕氏春秋·有始览·应同》强调"类固相召，气同则合，声比则应"④，《庄子·渔父》亦曰"同类相从，同声相应，故天之理也"⑤。也就是说，万事万物之间可以通过其相同的性质联系起来。冯友兰认为这种"感应"就是阴阳家的核心思想，后来这种思想逐渐丰富发展为完整的"天人感应"之说⑥。可见，五德（金、木、水、火、土）由天地间同类事物相感应总结而得，是"天人感应"的早期反映。

其实，邹衍的五德终始说包括五行相生、相胜（克）两个方面。"五行相胜说是晚周五行思想发展的高级阶段，它标志着当时的思想家不仅认识

---

① （唐）陆德明撰，黄焯汇校《经典释文汇校·周易音义》引马融曰，中华书局，2006，第54页。
② 详见（三国魏）王弼撰，楼宇烈校释《周易注（附周易略例）·渐》，中华书局，2011，第286~288页。
③ （唐）欧阳询撰，汪绍楹校《艺文类聚》卷五十七，上海古籍出版社，1982，第1036页。
④ 许维遹撰，梁运华整理《吕氏春秋集释》卷第十三《有始览·应同》，中华书局，2017，第285页。
⑤ （清）郭庆藩撰，王孝鱼点校《庄子集释·杂篇·渔父第三十一》，中华书局，2016，第1021页。郭疏为孔子渔父二人"贤圣相感"之意，二人俱为至贤，同性同心而相感应。而阴阳家类比万物，亦如是而相感。
⑥ 冯友兰先生指出："贯穿于《洪范》的这些论点中，有一个阴阳五行家所谓'天人感应'的思想。这是阴阳五行家的一个中心思想。"见冯友兰《中国哲学史新编》（1983年修订本）第二册，人民出版社，1984，第304页。

到五行之间互相排斥、互相制约的对立性联系，而且认识到五行之间互相依赖、互相促进的同一性联系，也就是说，他们认识到五行之间的矛盾关系。"① 事物之间的感应不仅仅是"生"之单向，而是兼顾了生克双向，是一种全面的互动联系。

这种万事万物间互相联系、互相感应的观点，与《易经》是一脉相承的。如在《易经》中，《咸卦》以人体为象，爻辞有："六二，咸其腓"；"九三，咸其股"；"九五，咸其脢"；"上六，咸其辅颊舌"。② 在这里，"腓""股""脢""辅颊舌"皆为人体不同部位，卦爻取象此处，乃取其相类之特性。如胫腓为足，故六二居下取之为象。足性燥动，故此爻欲前进。而六二阴爻承九五阳爻，动则为凶，不动方为吉，故《咸卦》六二爻辞曰："咸其腓。凶，居吉。"③ 这是《易经》以卦爻感应某物以证吉凶的实例。

同时，《易经》中卦爻之间也相互感应。一方面，这种感应与《吕氏春秋》所说的物类感召相同，卦爻作为一种事物，自然与其他事物一样，其间也存在着相互感应；另一方面，由于卦爻并非具体可见的某事某物，而是抽象的符号，这种感应也是形而上的抽象感应，是具有相若性质的爻"位"决定的，即六爻的乘、承、比、应。这四种感应关系反映了事物的发展规律，也反映了吉凶悔吝。④ 如《中孚卦》九二爻辞："鸣鹤在阴，其子和之。我有好爵，吾与尔靡之。"⑤ 李鼎祚《周易集解》引虞翻曰："二动成坤体《益》，五艮为'子'，震巽同声者相应，故'其子和之'。……五

---

① 宫哲兵：《唯道论的创立——质疑中国哲学史"唯物""唯心"体系》，武汉出版社，2004，第191页。

② （三国魏）王弼、（晋）韩康伯注，（唐）孔颖达等正义《周易正义》卷四《咸》，（清）阮元校刻《十三经注疏》，中华书局影印本，1980，第47页。

③ 如《周易程氏传》所释："二以阴居下，与五为应。故设咸腓之戒。腓，足肚，行则先动，足乃举之，非如腓之自动也。二若不守道，待上之求，而如腓自动，则躁妄自失，所以凶也。安其居而不动，以待上之求，则得进退之道而吉也。"见（宋）程颐撰，王孝鱼点校《周易程氏传·咸》，中华书局，2011，第176页。

④ 如有的学者指出："简言之，六爻位次之间的乘、承、比、应，是《周易》爻象变动过程的四方面因素，亦即从四种角度象征事物在复杂的环境中变化发展的或利或弊的外在条件，以及在一定条件制约下的某些规律。"见黄寿祺、张善文《周易译注·读易要例》，上海古籍出版社，2007，第466页。

⑤ （三国魏）王弼、（晋）韩康伯注，（唐）孔颖达等正义《周易正义》卷六《中孚》，（清）阮元校刻《十三经注疏》，中华书局影印本，1980，第71页。

利二变之正应以，故'吾与尔靡之'矣。"① 九二与九五爻位相应，震巽同声相和，这都是《易经》中卦爻间相感的表现。"六十四卦正是通过阴阳二爻的当位、得中及相应来体现天地之间的和谐秩序"②。这种由类比进而升华为感应的学说，随着自身的不断完善和发展而成为中国古代思想史的重要组成部分，对后代的"格致"思想有一定启发。

第三，转移变化观。在《吕氏春秋·有始览·应同》中，五德并非永恒不变而是不断转化，保持了一种变动的平衡。它并非恒久居于某人，亦不会恒久属于某一性质，在积累到一定程度之后还会回归本初，从而形成一种不停歇的循环。这与《易经》重视卦爻间相应变化的做法有异曲同工之妙。

《吕氏春秋·有始览·应同》已经说明了五德循环的顺序，《文选·晋武帝〈华林园集诗〉》李善注引《七略》亦有此说："邹子有终始五德，言土德从所不胜，木德继之，金德次之，火德次之，水德次之。"③ 又《史记·封禅书》裴骃集解引如淳曰："今其书有《主运》，五行相次转用事，随方面为服。"司马贞索隐曰："《主运》是《邹子书》篇名也。"④ 由此可知，五德互相转化，是邹子五德终始思想的特点。

《易经》中同样重视转化，最典型的就是一卦之上爻所体现的物极必反之理。如《比卦》上六爻辞："比之无首，凶。"⑤ 尚秉和曰："上六乘阳，首为所蔽，故曰无首。"⑥ 而阴爻乘凌于阳爻之上，"阴柔居上，无以比下"⑦，故"无终"⑧ 为凶。由于阴爻居位不正，《比》之九五爻本为吉，此

---

① （清）李道平撰，潘雨廷点校《周易集解纂疏》卷七，中华书局，2004，第518页。

② 张涛：《周易（注评）》前言，凤凰出版社，2011，第8页。

③ （南朝梁）萧统编，（唐）李善注《文选》卷二十《公宴》，中华书局影印本，1977，第286页。

④ （汉）司马迁撰，（南朝宋）裴骃集解，（唐）司马贞索隐，（唐）张守节正义《史记》卷二十八《封禅书第六》，中华书局，2013，第1639页。

⑤ （三国魏）王弼、（晋）韩康伯注，（唐）孔颖达等正义《周易正义》卷二《比》，（清）阮元校刻《十三经注疏》，中华书局影印本，1980，第26页。

⑥ 尚秉和著，张善文点校《周易尚氏学》卷三《比卦第八》，中华书局，2016，第56页。

⑦ （宋）朱熹撰，廖名春点校《周易本义·比》，中华书局，2009，第67页。

⑧ （清）李道平撰，潘雨廷点校《周易集解纂疏》卷二，中华书局，2004，第147页。

时爻象已转化为凶。《乾卦》上九爻辞"亢龙有悔"更是如此:"上九亢阳之至,大而极盛。……上居天位久而亢极,物极则反,故有悔也。"① 《易经》认为,凡事过犹不及,上九居乾卦之极,阳气过盛,故反而转化为凶相。②

中国传统文化中的转化以生化日新、循环往复、阴阳调节为表现形式,这种转化既为邹衍所重,同时也是沟通《易经》与阴阳家学说的桥梁之一。邹衍将《易经》中阴阳吉凶转化的道理推而广之,完善了五德之间的周流变动,从而使循环、变易的学说得到进一步完备。

第四,将"变易"观引入政治学说之中。邹衍的五德终始说被提炼出以"变易"为核心的政治思想,这是对邹衍该学说的进一步深化和应用。顺应时势而变更其策,这是符合《易经》"变易"之说的。

史载,邹子曾为燕昭王师,并曾担任齐国相,对国之大事影响极大③。《盐铁论·论儒》也说,邹子"以变化始终之论,卒以显名"④。据《汉书·严安传》记载,严安曾上书曰:"丞相史上书曰,臣闻《邹子》曰:'政教文质者,所以云救也。'当时则用,过则舍之,有易则易之,故守一而不变者,未睹治之至也。"⑤ 据此可知,邹子以"变化"之学著称。邹子善于天时,其说之重心在五行生克变化,而将五行发展为五德且应用于政治,这源于秦始皇,到汉代则盛极一时。齐国是深受邹子学说影响的诸侯国,作为稷下先生,邹子在当时对齐国文化自当有一定影响力,对后世形成重"时"重"变"的齐学自然也影响深远。

值得注意的是,邹衍此论中有受到《易经》影响的明显痕迹。"变易"

① (三国魏)王弼、(晋)韩康伯注,(唐)孔颖达等正义《周易正义》卷一《乾》,(清)阮元校刻《十三经注疏》,中华书局影印本,1980,第14页。

② 王弼注《老子》时也说过"虽极其大,必有不周;虽盛其美,必有患忧",即是同理。见(三国魏)王弼注,楼宇烈校释《老子道德经注校释》第三十八章,中华书局,2008,第95页。

③ 《史记·孟子荀卿列传》:"(邹子)如燕,昭王拥彗先驱,请列弟子之座而受业,筑碣石宫,身亲往师之。作《主运》。其游诸侯见尊礼如此,岂与仲尼菜色陈蔡,孟轲困于齐梁同乎哉!"见(汉)司马迁撰,(南朝宋)裴骃集解,(唐)司马贞索隐,(唐)张守节正义《史记》卷七十四《孟子荀卿列传第十四》,中华书局,2013,第2835页。

④ (汉)桓宽撰,王利器校注《盐铁论校注》卷二《论儒第十一》,中华书局,1992,第150页。

⑤ (汉)班固撰,(唐)颜师古注《汉书》卷六十四下《严安传》,中华书局,1962,第2809页。

本就是《周易》的核心学问。"变易"来自"阴阳大化的交感,通过乾、坤这道门户,直接贯穿于六十四卦堂奥之中"①,是凝聚遍及万物的卦爻辞的内核,是"万变不离其宗"之"宗"。这种"变"不是无谓之变,须得因事因时因位而定,这与前文所述阴阳家对《易经》理念的继承、发挥是一以贯之的。如《剥卦》上九爻辞:"硕果不食,君子得舆,小人剥庐。"②本已阳实剥尽,硕果尚存,但君子小人身份不同,一得一不得,一吉一凶。"取象既明,而君子小人其占不同,圣人之情,益可见矣。"③《观卦》初六爻辞"童观,小人无咎,君子吝"④同此。这是因身份不同而吉凶各异。又如《颐卦》六三爻辞:"拂颐,贞凶,十年勿用,无攸利。"⑤六三爻失其正,必得蛰伏待机,方可无虞。黄道周举史苏、郭偃之论晋易三君20年后乃定之例,"非谋不卒时,非人不免难,非礼不终年,非义不尽齿,非德不及世,非天不离数"⑥,即是此道。这是因时机不到而吉凶未卜。这些变化的形式和原则,都与邹衍因时而变的治国之道相合。⑦

第五,变化中蕴涵着不变。邹衍之说,不仅注重变化,更强调事物定性"不变"的本质。这与《易经》卦爻重视"守位""当位"的观点是一致的。

《史记·平原君虞卿列传》裴骃集解引刘向《别录》曰:"齐使邹衍过赵,平原君见公孙龙及其徒綦毋子之属,论'白马非马'之辩,以问邹子。邹子曰:'不可。彼天下之辩有五胜三至,而辞正为下。辩者,别殊类使不相害,序异端使不相乱,抒意通指,明其所谓,使人与知焉,不务相迷也。故胜者不失其所守,不胜者得其所求。若是,故辩可为也。及至烦文以相

---

① 刘毓璜:《先秦诸子初探》,江苏人民出版社,1984,第119页。
② (三国魏)王弼、(晋)韩康伯注,(唐)孔颖达等正义《周易正义》卷三《剥》,(清)阮元校刻《十三经注疏》,中华书局影印本,1980,第38页。
③ (宋)朱熹撰,廖名春点校《周易本义·剥》,中华书局,2009,第108页。
④ (三国魏)王弼、(晋)韩康伯注,(唐)孔颖达等正义《周易正义》卷三《观》,(清)阮元校刻《十三经注疏》,中华书局影印本,1980,第36页。
⑤ (三国魏)王弼、(晋)韩康伯注,(唐)孔颖达等正义《周易正义》卷三《颐》,(清)阮元校刻《十三经注疏》,中华书局影印本,1980,第41页。
⑥ (明)黄道周撰,翟奎凤整理《易象正》卷之五《颐》,中华书局,2011,第245页。
⑦ 侯外庐先生等人也有类似论述。见侯外庐等《中国思想通史》(第一卷),人民出版社,1957,第655页。

假，饰辞以相惇，巧譬以相移，引人声使不得及其意，如此，害大道。夫缴纷争言而竞后息，不能无害君子。'坐皆称善。"① 邹衍认为"名"的意义在于定义和区分事物，从而稳定社会秩序，而公孙龙子混淆名实，将使人、事皆不得其所属，不知其当为不当为，社会也会因此陷于混乱。这与荀子对公孙龙子"名以乱实"的批判是相同的。

而《易经》中各爻当位与否也是判断吉凶的主要标准。如《履卦》九二爻辞："履道坦坦。"② 《周易折中》引程颐曰："九二居柔，宽裕得中，其所履坦坦然平易之道也。"又引《集说》梁寅曰："九二以刚居中，是履道而得其平坦者也。持身如是，不轻自售，故为'幽人贞吉'。"③ 此爻为吉，乃居位持中，并稳健以守，与三五相应，不轻易冒进之故。如《蛊卦》九二爻辞："干母之蛊，不可贞。"④ 程颐释曰："九二刚阳，为六五所应，是以阳刚之才在下，而干夫在上"⑤，艮男不能干父蛊，而使弱女代之，是不当其位而谋其政，故必得守正待时而动方可。同为九二，吉凶迥异，只在守位失位之间。这与邹衍主张区分名实、万物不失其所守的观念，可以说是殊途同归。

（三）《易传》对阴阳家朴素论述的总结

先秦阴阳家学说中有着《易经》的影子，这是非常明确的。问世于战国中后期的《易传》（"十翼"），作为中国最早的系统的哲理性著作，是先秦时期丰富多彩的思想学说的进一步总结和升华，它利用"《易经》的形式系统、框架结构，建立了一个完善的思想体系"⑥，而其中又不乏对阴阳家学说的吸纳和借鉴。

① （汉）司马迁撰，（南朝宋）裴骃集解，（唐）司马贞索隐，（唐）张守节正义《史记》卷七十六《平原君虞卿列传第十六》，中华书局，2013，第2866～2867页。
② （三国魏）王弼、（晋）韩康伯注，（唐）孔颖达等正义《周易正义》卷二《履》，（清）阮元校刻《十三经注疏》，中华书局影印本，1980，第27页。
③ （清）李光地纂，刘大钧整理《周易折中》卷第四《离》，巴蜀书社，2010，第48页。
④ （三国魏）王弼、（晋）韩康伯注，（唐）孔颖达等正义《周易正义》卷三《蛊》，（清）阮元校刻《十三经注疏》，中华书局影印本，1980，第35页。
⑤ （宋）程颐撰，王孝鱼点校《周易程氏传》卷第二《蛊》，中华书局，2011，第104页。
⑥ 张涛：《易学·经学·史学》，北京师范大学出版社，2011，第5页。

抄撮前人再杂糅己见以成说，是先秦时期学术的一个典型特色。这种做法贯穿了整个中国思想史，也成为中国古代思想家们的著述方法。哲学史不是堆满死人骨骼的战场①，而是由历代学者不断发挥并经多年积累而成。中国古代思想家们多是在前代学者的基础上阐释发挥，从而形成自己的学说。但在乾嘉朴学兴盛之前，学者对经典中注疏和案（按）语的区分往往并不显著，对自身思想的借鉴或来源也并不作特别说明，故而各种学术往往融会贯通、难以支离。这种现象被称为哲学的"逆生成"②。

阴阳家与《易传》的关系也是如此。《易传》作者在对当时诸子学说理解、吸收的基础上，借助自我附会，将其完美融入《易传》的表述中，表现为将阴阳家朴素而直接的论述提炼、完善成为系统、规范的哲理性、思想性总结，从而体现了《易传》的广博性和包容性。

第一，由"相生"而"生生"。《易传》涵盖了阴阳家所提倡的转化生克之道，认为"化生""生生"是宇宙及万物存在的根本动力和依据。

如前所述，作为阴阳家五德终始说之中心的五种"德"之间的转化表现为彼此生克。在邹衍眼中，这种转化尚是具象的，仅存于其归纳出的这五种"德"之间，而"生生之谓易"，《易传》扩大了这种转化的内涵和外延。

阴阳家用"五德"发挥五行，试图以之解释天地间万物的生克联系，"宇宙间凡是可以用五加以安排的其他一切事物，都以象征的相互联系而与五行并列和结合起来。围绕着这个中央五重秩序的，是一个更大的领域，包括一切只能归入某种其他序列（四数、九数、二十八）的可分类事物，把这些分类配合在一起表现出很大的巧妙性。"③"易有太极，是生两仪，两仪生四象，四象生八卦，八卦定吉凶，吉凶生大业。"④《易传》概述了这种"生"的规则，同时又描述了这种"生"的形式："天尊地卑，乾坤定矣。

---

① 〔德〕黑格尔：《哲学史讲演录》第一卷，商务印书馆，1981，第21页。
② 参见乔清举《论中国哲学的逆形成特点——以老子为例》，《哲学门》第13辑，2006，第123页。
③ 〔英〕李约瑟：《中国科学技术史》第二卷《科学思想史》，上海古籍出版社，1990，第303页。
④ （三国魏）王弼、（晋）韩康伯注，（唐）孔颖达等正义《周易正义》卷七《系辞上》，（清）阮元校刻《十三经注疏》，中华书局影印本，1980，第82页。

卑高以陈，贵贱位矣。动静有常，刚柔断矣。方以类聚，物以群分，吉凶生矣。在天成象，在地成形，变化见矣。是故刚柔相摩，八卦相荡。鼓之以雷霆，润之以风雨。日月运行，一寒一暑。乾道成男，坤道成女。乾知大始，坤作成物。"① 五德相生是建立在万物已成的基础上的，即先有万物而凝聚成五德，其间轮转不息，而《易传》则认为万物依赖于太极、阴阳而生成。如果说阴阳家的观念是对自然现象的提炼与反映，《易传》则是进一步对自然规律的总结和阐释。

"《易》以道阴阳"，阴阳在《易传》中被抽象成了自然"生生"规律的基本要素。周敦颐指出："天以阳生万物，以阴成万物"②。朱熹也说"阴阳者，造化之本，所不能无"③。阴阳消息之下，事物即在这二性之间转化，是乃邹衍"深观阴阳消息而作怪迂之变"的升华。以生死为例，在《易传》中，生死是保持着相互转化的，正如《庄子·知北游》所说"生也死之徒，死也生之始"④。《系辞上传》曰："原始反终，故知生死之说。精气为物，游魂为变，是故知鬼神之情状。"⑤ 生死之间的变化在于气之聚散，聚而为阳则生，散而为阴则死，生死一体而互包。可见，生死之间的转化在《易传》中得到了肯定。

所谓"生生之谓易"，《易传》承认这种"生"的存在，明确提出这样的转化是固有的，并以此建构了一个"天人、乾坤、阴阳、刚柔、仁义循环往复的宇宙环链，而且这种环链是一种具有生命力的无尽的循环往复"⑥。这样的转化存在于各时各处，它将整个社会与世界都作为这个过程的一部

---

① （三国魏）王弼、（晋）韩康伯注，（唐）孔颖达等正义《周易正义》卷七《系辞上》，（清）阮元校刻《十三经注疏》，中华书局影印本，1980，第 75～76 页。

② （宋）周敦颐著，陈克明点校《周敦颐集》卷二《通书·顺化》，中华书局，2009，第 23 页。

③ （宋）黎靖德编，王星贤点校《朱子语类》卷第六十九《易五·坤》，中华书局，1986，第 1735 页。

④ （清）郭庆藩撰，王孝鱼点校《庄子集释·外篇·知北游第二十二》，中华书局，2016，第 735 页。

⑤ （三国魏）王弼、（晋）韩康伯注，（唐）孔颖达等正义《周易正义》卷七《系辞上》，（清）阮元校刻《十三经注疏》，中华书局影印本，1980，第 77 页。

⑥ 曾繁仁：《〈周易〉"生生为易"之生态审美智慧》，见曾繁仁《中西对话中的生态美学》，人民出版社，2012，第 362 页。

分，被认为是宇宙的运转根本。《易传》特别强调转化的过程，认为这个过程与宇宙同在，从不消亡。"宇宙是一大历程，从其自然，可谓之天；从其生生，可谓之易。一切物皆在流转中，看似固定者其实不固定，看似静止者其实非静止。"① 这种从不停歇的转化是一种内在的力量，"其蓬勃生气，盎然充满，创造前进，生生不已；宇宙万有，秉性而生，复又参赞化育，适以圆成性体之大全"②。由此足见转化生机是宇宙自然的内在意义。

有鉴于"生"这种造化的内在力量，《易传》说"唯变所适"。如此即万物皆变化，唯变化不变，这是"不规则中的规则"③，是"易有三义"之道，亦即《周易》的核心思想。

第二，由"序四时"而守"时"。阴阳家追求四时五行相配，以时令安排人事活动，这种顺天应时的观念在《易传》中被推阐为因势利导、顺势而为、尊重规律的理论，并用以指导范围更广阔的人事行为。

《易传》中处处体现重视"时"的观念，如《系辞上传》曰："大衍之数五十，其用四十有九。分而为二以象两，挂一以象三，揲之以四以象四时，归奇于扐以象闰。五岁再闰，故再扐而后挂。"④ 易学最基本的占筮，便是建立在对"时"的象征和持守上。王弼指出："夫卦者，时也；爻者，适时之变者也"⑤。"卦以存时，爻以示变"⑥。惠栋也说："《易》道深矣，一言以蔽之，曰：时中。""《文言》曰：'知进退存亡而不失其正者，其惟圣人乎。'皆时中之义也。知时中之义，其于《易》也思过半矣。"⑦ 这些都直接说明

---

① 张岱年：《人与世界——宇宙观与人生观》《张岱年全集》第一卷，河北人民出版社，1996，第 370 页。

② 方东美：《生生之德》，（台湾）黎明文化事业公司，1987，第 289～290 页。

③ 〔美〕唐纳德·沃著，侯文蕙译：《自然的经济体系——生态思想史》，商务印书馆，1999，第 370 页。

④ （三国魏）王弼、（晋）韩康伯注，（唐）孔颖达等正义《周易正义》卷七《系辞上》，（清）阮元校刻《十三经注疏》，中华书局影印本，1980，第 80 页。

⑤ （三国魏）王弼撰，楼宇烈校释《周易注（附周易略例）·明卦适变通爻》，中华书局，2011，第 409 页。

⑥ （三国魏）王弼撰，楼宇烈校释《周易注（附周易略例）·明爻通变》，中华书局，2011，第 402 页。

⑦ 〔清〕惠栋撰，郑万耕点校《易汉学》卷七《荀慈明易》，《周易述 附易汉学、易例》，中华书局，2007，第 624，626 页。

了象"时"是《周易》对世界根本的认识方式。《易传》之《序卦传》所论为六十四卦之卦序，有学者认为，这种排序是根据天地日月的运行与四时的变化而来，是以这一思想作为"易简"原则构造出来的一个象数体系①。

阴阳家"敬天授时"，"序四时之大顺"，《吕氏春秋》《管子》中详细描述了四时应为之事，说的也是季节时令对人事的影响，而《易传》中的顺应，和前文论及的"生生"也是一脉相承的。《易传》认为，阴阳相生，刚柔相济，变化因此而发生，"时"的概念也因此发生、发展，由简单的时令发展为阴阳变化之道，发展为道德价值、社会规律，纳万物于其中②。"《周易》通过六十四卦来推衍阴阳变化，又通过卦象的阴阳变化来追求包括自然、社会在内的天人整体和谐"③。

阴阳家的天已非仅仅"泛言之自然之天或人格神之天，而此所谓时，亦非泛言之时，此时乃一有种种'节度'之时"④。从中我们已经隐约认识到了需要遵从的不仅仅是可见的天气时令，更包含一些不可见的人事规律。有学者即认为五德终始说已是"关于时间的一种历史观念"⑤，已经开始试图总结社会政治现象。《易传》更是明确了这一点。《易传》中的"时"，"不仅有描述性的意义，也有一个存有论的及道德的意义。若要发展易之形上理论，就一定要引入'时'的观念"⑥。《革卦·象传》言："天地革而四时成，汤武革命，顺乎天而应乎人，革之时大矣哉！"⑦ 这个"时"已经明显超越了气候时令，而是德运所归的天下大势⑧，是程颐所说的天命与人

① 李尚信：《〈序卦〉卦序中的阴阳平衡互补与变通配四时思想》，《周易研究》2000 年第 3 期，第 51 页。
② 参见成中英《〈周易〉的"时中"观念与孔子思想》，《中国哲学》第 14 辑，人民出版社，1988；王新春《〈周易〉时的哲学发微》，《孔子研究》2001 年第 6 期。
③ 张涛：《周易（注评）》前言，凤凰出版社，2011，第 4 页。
④ 唐君毅：《中国哲学原论·原道篇贰》，台湾学生书局，1986，第 185～186 页。
⑤ 葛兆光：《中国思想史》第一卷，复旦大学出版社，2001，第 151 页。
⑥ 成中英：《易学本体论》，北京大学出版社，2006，第 182 页。
⑦ （三国魏）王弼、（晋）韩康伯注，（唐）孔颖达等正义《周易正义》卷五《革》，（清）阮元校刻《十三经注疏》，中华书局影印本，1980，第 60 页。
⑧ 如荀悦《汉纪·高祖皇帝纪卷第四》引此爻辞时曰："夫帝王之作，必有神人之助，非德无以建业，非命无以定众，或以文昭，或以武兴，或以圣立，或以人崇，焚鱼斩蛇，异功同符，岂非精灵之感哉。"见（汉）荀悦、（晋）袁宏著，张烈点校《两汉纪》上册，中华书局，2002，第 57 页。

心①。时运衰变，则王者随之兴替②。这正是关于社会政治发展规律的论断，是《易传》中功成于顺"时"的经典结论。

第三，由观天而"感天"。阴阳家与《易经》相通的观天时以照应人事，在《易传》中彻底发展为"天垂象"的认识万物方式，成为贯穿我国古代思想的天人感应论的基础。

阴阳家观天象而总结出五德，这只是对天道照应人道的简单反映。《易传》对天道、人道有一套系统的论述，郭店楚简《语丛一》中即说："《易》所以会天道、人道也。"③"《易传》特别是《系辞传》对《易经》所包含的'会天道、人道'的思想作了哲学上的发挥，阐明'天道'和'人道'会通之理。"④《系辞下传》曰："有天道焉，有人道焉，有地道焉，兼三才而两之，故六。六者非它也，三才之道也。"⑤《说卦传》曰："立天之道曰阴与阳，立地之道曰柔与刚，立人之道曰仁与义。兼三才而两之，故《易》六画而成卦。"⑥

阴阳家的"天"是具体的自然天象，而《易传》中的"天"则更多地具有非神性、道德性和理性，是抽象概念。《系辞上传》有言："神无方而《易》无体"，"百姓日用而不知"，《易传》的天道虽不可见⑦，但却是恒定的变化规律，只是这种规律并非不能为人所感知。仰以观于天文，俯以察于地理，圣人自得"天道"并通过《易传》表达出来，改变了此前"夫子之言性与天道，不可得而闻"⑧的情况。如此，方能实现《系辞上传》所说的

---

① 程颐曰："汤武之王，上顺天命，下应人心，顺乎天而应乎人也。"见《周易程氏传》卷第四《革》，中华书局，2011，第281页。

② 如黄道周云："王者无百世之运、千年之历，道衰而迁，时过而化，虽王者不能自挽焉。"见（明）黄道周撰，翟奎凤整理《易象正》卷之九《革》，中华书局，2011，第361页。

③ 荆门市博物馆：《郭店楚墓竹简·语丛一》，文物出版社，1998，第194页。

④ 汤一介：《论天人合一》，《中国哲学史》2005年第2期，第5页。

⑤ （三国魏）王弼、（晋）韩康伯注，（唐）孔颖达等正义《周易正义》卷八《系辞下》，（清）阮元校刻《十三经注疏》，中华书局影印本，1980，第90页。

⑥ （三国魏）王弼、（晋）韩康伯注，（唐）孔颖达等正义《周易正义》卷九《说卦》，（清）阮元校刻《十三经注疏》，中华书局影印本，1980，第93~94页。

⑦ 如郑玄注《乾》九五曰："五于三才为天道，天者，清明无形。"见（宋）王应麟辑，张振峰等点校《周易郑康成注·乾》，中华书局，2012，第13页。

⑧ （清）刘宝楠撰，高流水点校《论语正义》卷十六《子路第十三》，中华书局，1990，第184页。

"知周乎万物而道济天下"①。但人道则是可见的行为标准，是"从天道处说下来的人性论的传统中的'客观性原则'"②，是《易传》中所谓"安其身而后动，易其心而后语，定其交而后求"以及"上交不谄，下交不渎"③之类的"君子"的信条。

阴阳家已经初步认识并说明了世界的统一性，将自然与社会混同起来，用自然天象变化来比附、隐喻人事凶吉祸福，宣传天人感应的神秘思想。这种"相关性宇宙论"④，被《易传》总结成天道阴阳与人道仁义之间的关系。《易传》专门将天道和人道作了明确区分，意在说明天道和人道是相对应而存在的，天道并非脱离人而单独存在，天道是人心中的天道，人道是顺应天道的人道。《易传》的"感应"即是天道和人道之间这种关系的形成过程，它承载了天道和人事的一致性，将自然现象与人类生活联系起来考察，是人在了解、掌握并融会贯通天道之后对它的进一步运用。"有天有人，天人有分，察天之分，而知所行矣"⑤，所以说"弥纶天地之道"⑥。荀子说"天人有分"，要"制天命而用之"，也是就这种关系而言的⑦。阴阳家观象而感五德、知王气是一种单纯的个体行为，《易传》深入总结了物物感知的内在逻辑，从而得以推广到社会人事的普遍联系之中。

这种对天道的敬畏，建立在注重变化、尊重规律的基础上。在《易传》中，"天地以顺动，故日月不过，而四时不忒。圣人以顺动，则刑罚清而民服"⑧。只有尊重了规律才能了解天道，掌握天道，最终施行顺势而为的人

---

① （三国魏）王弼、（晋）韩康伯注，（唐）孔颖达等正义《周易正义》卷七《系辞上》，（清）阮元校刻《十三经注疏》，中华书局影印本，1980，第77页。

② 牟宗三：《中国哲学特质》，上海古籍出版社，1997，第60～61页。.

③ （三国魏）王弼、（晋）韩康伯注，（唐）孔颖达等正义《周易正义》卷八《系辞下》，（清）阮元校刻《十三经注疏》，中华书局影印本，1980，第88页。

④ 参见〔美〕史华兹著，程刚译《古代中国的思想世界》，江苏人民出版社，2004，第351页。

⑤ 荆门市博物馆：《郭店楚墓竹简·穷达以时》，文物出版社，1998，第145页。

⑥ （三国魏）王弼、（晋）韩康伯注，（唐）孔颖达等正义《周易正义》卷七《系辞上》，（清）阮元校刻《十三经注疏》，中华书局影印本，1980，第77页。

⑦ 张岱年：《论〈易大传〉的著作年代与哲学思想》，《张岱年全集》第五卷，河北人民出版社，1996，第232页。

⑧ （三国魏）王弼、（晋）韩康伯注，（唐）孔颖达等正义《周易正义》卷二《豫·象》，（清）阮元校刻《十三经注疏》，中华书局影印本，1980，第31页。

道，使天道与人道和谐一体。《易传》对阴阳家"感应"观点的吸收和融会，也为后来的董仲舒等人所继承，成了汉代臻于完善的"天人感应"学说的基础，更进一步地影响了整个中国思想文化史，构成了中国思想文化在以后历史发展中的整体架构和基本的思维方式。

第四，由推"九州"而演万物。阴阳家的"九州""五德终始"是对时间、空间的一种系统性的认识，其中体现的是以小见大、见微知著的推理演绎法，而《易传》的论述或多或少地借鉴了这样的方法。

《史记·孟子荀卿列传》称："驺衍睹有国者益淫侈不能尚德……乃深观阴阳消息而作怪迂之变，《终始》、《大圣》之篇十余万言。其语闳大不经，必先验小物，推而大之，至于无垠。先序今以上至黄帝，学者所共术，大并世盛衰，因载其禨祥度制，推而远之，至天地未生，窈冥不可考而原也。先列中国名山大川，通谷禽兽，水土所殖，物类所珍，因而推之，及海外人之所不能睹。称引天地剖判以来，五德转移，治各有宜，而符应若兹。以为儒者所谓中国者，于天下乃八十一分居其一分耳。中国名曰赤县神州。赤县神州内自有九州，禹之序九州是也，不得为州数。中国外如赤县神州者九，乃所谓九州也。于是有裨海环之，人民禽兽莫能相通者，如一区中者，乃为一州。如此者九，乃有大瀛海环其外，天地之际焉。其术皆此类也。"① 驺衍通过"推而远之"的方法，把天下名山大川分为八十一州，以某一单一物体推测出时气运势。日本学者金谷治先生认为这就是一种"推"的方法，由已知推导出未知，从经验事实推导出未经历②。这种推证法带来了战国时期关于宇宙时空的一种新思路。这种思路也为《易传》所袭用，用于串联经传，将《周易》学说整体化、哲学化，使之富含"条理性、系统性、规律性，显示出理性思维和逻辑推演的因素"③。《易传》"彰往而察来"④，由阴阳到生化出的八类事物到据此所抽象成符号的八卦，

---

① （汉）司马迁撰，（南朝宋）裴骃集解，（唐）司马贞索隐，（唐）张守节正义《史记》卷七十四《孟子荀卿列传第十四》，中华书局，2013，第2834~2835页。
② 辛冠洁：《日本学者论中国哲学史》，中华书局，1986，第149~150页。
③ 张涛：《周易（注评）》前言，凤凰出版社，2011，第4页。
④ （三国魏）王弼、（晋）韩康伯注，（唐）孔颖达等正义《周易正义》卷八《系辞下》，（清）阮元校刻《十三经注疏》，中华书局影印本，1980，第89页。

再重演为六十四卦，最后推广至可以象征万事万物。这种探索万物性质、追寻时空奥秘的行为，在一定意义上改变了先秦时期诸子百家局限于现实之是非曲直的做法，提供了宇宙时空性质证明的最佳依据[①]。

此外，邹衍的五德终始说所包括的五德循环思想被《易传》沿用，用日月相推、寒暑相继来总结、概括时间的循环不止。汉代董仲舒的"三正三统"说及后来的"公羊三世"说，都显然受到了它的深刻影响。

（四）《易传》对百家学术的博纳

综上所述，可以看出先秦阴阳家与《周易》经传的关系：阴阳家学说对《易经》观点有明显的继承，《易传》又将阴阳家发展完善后的思想学说纳入自己的体系，并将其朴素的论说凝聚成为系统的著述。这是一种包容基础上的综合超越、创新发展。《易传》在保持自己特色的同时，也将阴阳家思想发扬光大。在中国崇尚现实主义的学术土壤中，唯有真正具有可行性的思想才能开出茂盛的花。也正因为如此，《易传》中保留着阴阳家学术最具思想性和实用性的精华并将其完善，使其更具现实意义和当代价值，最终取代了阴阳家学说，而阴阳家一派于先秦百家争鸣的时代结束后，就渐渐消失于学术的大化流行的历史浪潮之中。

先秦时期，诸子百家基于同样的时代背景，面对同样的社会现状和问题，所持观点不尽相同却也异流同源——根据古今学者的考辨，法家与兵家相通且源于儒家，法家、兵家又与农家有联系，阴阳家与儒家同源，墨、儒相通，法、道、儒相通，如此，几近各家皆相互可通。诸子百家的观点看似差异悬殊，实则殊途同归。各家之间的外在差异与内涵共通并存，也成为这一时代学术文化的特色之一。这种看似矛盾实则统一的现象，可以借助恩格斯关于矛盾的一句巧妙比喻来形容："某种对立的两极，例如正和负，既是彼此对立的，又是彼此不可分离的，而且不管它们如何对立，它们总是互相渗透的。"[②] 在当时，"与政治渐趋统一的形势相适应，诸子各家

---

① 参见葛兆光《中国思想史》第一卷，复旦大学出版社，2001，第154页。
② 《马克思恩格斯选集》第三卷，人民出版社，2012，第397页。

之间出现了互相吸收、互相渗透、互相融合的局面。黄老学派或者说稷下道家的形成，《吕氏春秋》的编撰，都是这一局面的反映，而包容性、超越性表现得最突出的，就是《易传》诸篇的问世"①。"《易传》作者明确把阴阳与《易经》卦画结合起来，构筑了以阴阳为核心，以《周易》构架为外观的思想结构，这个结合改变了《周易》的面貌，完成了由卜筮之书向哲学的转变"②。《易传》诸篇博纳一时貌离神合之百家学术，抽象其朴素具体陈说而为哲学论断，使得构成中国早期思潮的各派观念浑然一体，成为中国最早的哲学著作，从而使得中国绵延千年的学术争锋因拥有统一稳定的结构支撑而呈现出百虑一致、万流归宗的和谐局面。

事实上，《易传》诸篇并非一人一时之作，它历经春秋战国时期，成于多人之手，增删补订者多为有识于易学之士，最终在战国中后期定型。"秦汉以后中国文化的发展往往要回到先秦来寻找精神的原动力，而找来找去，又往往归结为由《易传》所奠定的易学传统。这种情形决不是什么历史的误会，而主要是由于《周易》的那一套八八六十四卦的符号体系以及囊括天地人三才之道的整体之学，仿佛是一个巨大的海绵体，把这个时期诸子百家所创造的共同成果都吸收容纳进来，并综合总结成一种卷之则退藏于密的《易》道，因而理所当然地被后世公认为代表了中国文化的根本精神。"③ 可见，《易传》吸收百家、综合百家，又扬弃百家、超越百家，从而承上启下、继往开来，成为秦汉思想乃至整个古代中国思想文化的内在灵魂和重要源头，而其中又不乏先秦阴阳家的理论贡献和深刻影响。对此，我们应该给以充分关注和深入研究，从而推动中国易学史、中国学术思想史研究的进一步深化和发展。

三 《周易》经传与法家思想

《周易》经传迎合了战国末年学术融合的发展趋势，消弭了百家争鸣带

---

① 张涛：《秦汉易学思想研究》，中华书局，2005，第 21 页。
② 张立文：《中国哲学范畴发展史》（天道篇），中国人民大学出版社，1988，第 270 页。
③ 余敦康：《中国哲学论集》，辽宁大学出版社，1998，第 376～377 页。

来的学派成见，综合百家，而又超越百家，对轴心时代的各家学术进行了总结，为中国思想文化树立了一个天人整体和谐的价值理想，自觉地接续了中华民族思想的源头，对先秦诸子的学术繁荣起到了巨大的推动作用。而作为先秦诸子重镇之一的法家学派，与《周易》及易学思想的关系或隐或显。因此，探讨、梳理《周易》经传与法家思想的关系，对于深入理解中国思想文化在先秦时期的发展脉络、演进历程，无疑具有重要的学术价值。目前，学术界的研究成果主要集中在分析《周易》中的传统法律思想，以及立足法哲学的视野梳理《周易》与法学的关系等方面。我们力求在此基础上紧密结合《周易》的文本和义理，分别从刑罚观念、和谐思想、因时而变、君之"要"道四个方面探讨《周易》经传与法家思想深层的内在关系，以彰显易学思想与法家思想的互动、交融在中国思想文化史上的价值和影响。

（一）《周易》经传与法家法制思想

我们检索《周易》经传的文本，不难发现法家推崇备至的"用狱尚刑"的观点在《周易》的《彖传》《象传》中多有体现。比如，《豫卦·彖传》："圣人以顺动，则刑罚清而民服。豫之时义大矣哉！"[①]《蒙卦·象传》："利用刑人，以正法也。"[②]《噬嗑·象传》："雷电，噬嗑。先王以明罚敕法。"[③]《丰卦·象传》："雷电皆至，丰，君子以折狱致刑。"[④]《旅卦·象传》："山上有火，旅。君子以明慎用刑，而不留狱"。[⑤]《贲卦·象传》："山下有火，贲。君子以明庶政，无敢折狱。"[⑥]《解卦·象传》："雷雨作，解。君子以

① （三国魏）王弼、（晋）韩康伯注，（唐）孔颖达等正义《周易正义》卷二《豫·彖》，（清）阮元校刻《十三经注疏》，中华书局影印本，1980，第31页。

② （三国魏）王弼、（晋）韩康伯注，（唐）孔颖达等正义《周易正义》卷一《蒙·初六·象》，（清）阮元校刻《十三经注疏》，中华书局影印本，1980，第20页。

③ （三国魏）王弼、（晋）韩康伯注，（唐）孔颖达等正义《周易正义》卷三《噬嗑·象》，（清）阮元校刻《十三经注疏》，中华书局影印本，1980，第37页。

④ （三国魏）王弼、（晋）韩康伯注，（唐）孔颖达等正义《周易正义》卷六《丰·象》，（清）阮元校刻《十三经注疏》，中华书局影印本，1980，第67页。

⑤ （三国魏）王弼、（晋）韩康伯注，（唐）孔颖达等正义《周易正义》卷六《旅·象》，（清）阮元校刻《十三经注疏》，中华书局影印本，1980，第68页。

⑥ （三国魏）王弼、（晋）韩康伯注，（唐）孔颖达等正义《周易正义》卷三《贲·象》，（清）阮元校刻《十三经注疏》，中华书局影印本，1980，第37页。

赦过宥罪。"①

　　《周易》关于刑狱的论述，确实在很大程度上与法家思想有暗合之处。《豫卦·象传》说："圣人以顺动，则刑罚清而民服。"② 豫卦，下体为坤，上体为震。坤的性质为顺，震的性质为动，上体震与下体坤结合起来，便具备了顺以动的特征。这里，顺以动有因顺而动的意蕴。《周易》根据自然界的日月星辰天地以顺动的规律，推天道以明人事，联系到社会运行、统治秩序也必须以顺动，如果人事与天则乖违，那么统治者必然受到惩罚。统治者顺沿民情而动，运用刑罚清明以顺应民心，百姓才能纷纷服从。反之，滥用刑罚则最为悖逆民心。这里，礼乐制度紊乱与否同民心是否顺畅有着重要的关联。"礼乐不兴，则刑罚不中"③。礼乐兴即顺民心，顺民心则刑罚中节。

　　《周易》中《噬嗑》《丰》《旅》《贲》四卦的《象传》较为集中地讲到了刑法问题。《噬嗑》卦，火在上，明照在先；雷在下，威动于后。统治者效法《噬嗑》卦象，做到"明罚敕法"，正其法令，使天下合一。而《丰》卦，雷在上，威动于先；火在下，明照在后，具有既威且明之象，方可"折狱致刑"。"君子"效法雷之威动以"折狱"、电之光明以"致刑"，则处理刑狱之事并不与实情相违背。确如《周易正义》所言，"断决狱讼须得虚实之情，致用刑罚必得轻重之中"④。断案最为关键之处在于，秉持烛明之心，查明情违、虚实，那么致刑便会既果断迅决又无冤情，而不至于随意滥用。

　　与《噬嗑》《丰》二卦重视刑罚的威严有所不同，《旅》卦与《贲》卦则强调刑罚的周密、审慎。《旅》卦火在山上，有止而明之象。君子观此象，"明慎用刑，而不留狱"，悟知"用刑"宜"明慎"，审理案件要明察审慎，不可草率，但也不应稽留，久拖不判。《旅》卦上下卦体反转就是

① （三国魏）王弼、（晋）韩康伯注，（唐）孔颖达等正义《周易正义》卷四《解·象》，（清）阮元校刻《十三经注疏》，中华书局影印本，1980，第52页。

② （三国魏）王弼、（晋）韩康伯注，（唐）孔颖达等正义《周易正义》卷二《豫·象》，（清）阮元校刻《十三经注疏》，中华书局影印本，1980，第31页。

③ （清）刘宝楠撰，高流水点校《论语正义》卷十六《子路第十三》，中华书局，1990，第522页。

④ （三国魏）王弼、（晋）韩康伯注，（唐）孔颖达等正义《周易正义》卷六《丰》，（清）阮元校刻《十三经注疏》，中华书局影印本，1980，第67页。

《贲》卦。《贲》卦上艮为山，下离为火，明在内，止在外，有明而止之象。君子观此象，"以明庶政，无敢折狱"，应当以"文明"理政，而不可以"文饰"断狱。《伊川易传》对此做了如下阐发："君子观山下有火，明照之象，以修明其庶政，成文明之治"。"折狱者，专用情实，有文饰则没其情矣，故无敢用文以折狱也"①。因为"庶政"与民众息息相关，当追求"文明"景象；"折狱"以"明"为本，不可文饰其事。《象传》强调的"无敢折狱"，也正指出了"文饰"不宜滥施的道理。《噬嗑》卦明其刑罚、正其法令，《旅》卦断案慎重迅速而不拖沓，《贲》卦唯恐出差错，而不敢断案。《丰》卦由于威严明察而敢于用刑断案。上述四卦在涉及执法实践层面虽各有侧重，但在所遵循的明察和审慎这一基本原则上则是大体相近的。

除《噬嗑》卦外，《周易》还有《讼》卦来专门阐释法律问题。尽管《讼》卦与《噬嗑》卦不同程度地体现了《周易》以德为主、兼以刑罚的倾向，但应该讲，《讼》卦比《噬嗑》卦论述的法律问题更为深入。《讼》卦从民事纠纷入手，主要讲到了诉讼问题，其核心卦义是希望人们息讼，而不是鼓励人们聚讼纷争。其卦辞曰："讼，有孚窒惕，中吉，终凶。利见大人，不利涉大川。"②《周易》认为，争讼肇起的根源在于诚信的丧失与内心的惕惧，只有持中不偏方获吉祥，如果始终争讼不息就会招来凶险。再者，由于争讼不可终极不止，所以必须有德有位的权威人物来听讼，以此作为息讼的保证。《周易》也注意到，即使有重要的人物出现来调解诉讼，也往往不利于摆脱"争讼"过程中遇到的险境，终不免处于使气好胜的急躁状态，最终陷入争讼的旋涡。

《讼》卦爻辞的思想旨在息讼、无讼，但整个卦义又揭示了不以胜诉为吉的价值观念。《讼卦·象传》曰"终凶，讼不可成也"，更强调争讼不可至于终。《讼卦·象传》曰"君子以作事谋始"③，"谋始"二字与卦辞之

① （宋）程颐撰，王孝鱼点校《周易程氏传》卷第二《贲》，中华书局，2011，第124页。
② （三国魏）王弼、（晋）韩康伯注，（唐）孔颖达等正义《周易正义》卷二《讼》，（清）阮元校刻《十三经注疏》，中华书局影印本，1980，第24页。
③ （三国魏）王弼、（晋）韩康伯注，（唐）孔颖达等正义《周易正义》卷二《讼》，（清）阮元校刻《十三经注疏》，中华书局影印本，1980，第24页。

"终凶"对举，这说明"君子"观《讼》卦之象，应当想到在"作事"之初，须先"谋"其"始"，如判明职分，申明规章，以防范"争讼"于未萌之前。《讼》卦反复告诫人们，从一开始就应理顺各种利害关系，从根本上杜绝"讼"的源头。值得注意的是，《讼》卦的息讼及无讼思想在孔子思想中也有显著的表现。"听讼，吾犹人也。必也使无讼乎！"① 孔子有过听人诉讼、裁断曲直的为官经历，认为"听讼"并不难，"片言可以折狱"②，最为困难的是如何继承发扬周礼，以德礼治国教民，营造出礼让谦逊的社会环境，这恰恰是"无讼"产生的先决政治条件。

（二）《周易》经传与法家伦理思想

《周易》经传讲变化，又讲和谐，强调通过变化以达到整体和谐的最高境界，展示了天道运行、万物化育、阴阳和合的宇宙创生图式。对于宇宙天地万物的生成，《周易》做了最为经典的描绘："天地纲缊，万物化醇，男女构精，万物化生。"③ "大哉乾元，万物资始，乃统天。云行雨施，品物流行。大明终始，六位时成，时乘六龙以御天。乾道变化，各正性命。保合太和，乃'利贞'。首出庶物，万国咸宁。"④ 而我们又知道，《周易》八经卦以乾卦和坤卦最为关键，"乾"象征天、阳、男、父等，"坤"象征地、阴、女、母等，万事万物同出于"太极"，通过阴阳交感合和而成，体现了一种天与人、自然与社会的整体和谐思想。因而，《周易》经传的思想体系在本质上属于"一种统贯天、地、人三才之道的整体之学"⑤。由于世界万物是变动不居的，那么这种和谐便呈现出了一种动态的平衡。先秦时期包括法家在内的诸多学派，都不同程度地受到了这一观念的影响。由此可以

---

① （清）刘宝楠撰，高流水点校《论语正义》卷十五《颜渊第十二》，中华书局，1990，第503页。
② （清）刘宝楠撰，高流水点校《论语正义》卷十五《颜渊第十二》，中华书局，1990，第501页。
③ （三国魏）王弼、（晋）韩康伯注，（唐）孔颖达等正义《周易正义》卷八《系辞下》，（清）阮元校刻《十三经注疏》，中华书局影印本，1980，第88页。
④ （三国魏）王弼、（晋）韩康伯注，（唐）孔颖达等正义《周易正义》卷一《乾·彖》，（清）阮元校刻《十三经注疏》，中华书局影印本，1980，第14页。
⑤ 余敦康：《易学今昔》，中华书局，2016，第28页。

说，《周易》经传所蕴含的变动不居的宇宙观也是法家思想的重要渊源。

"和谐"是《周易》的根本精神，其经传中蕴涵着丰富的和谐理念，而法家在维护法律权威的同时，也注重"和"所发挥的重要作用。韩非提出："积德而后神静，神静而后和多，和多而后计得，计得而后能御万物，能御万物则战易胜敌，战易胜敌而论必盖世，论必盖世，故曰'无不克。'无不克本于重积德，故曰'重积德则无不克'。"① 这里的"和多而后计得"，凸显了"和"即协调、融洽的格局在成就政治大业之中占据的地位和作用。此外，韩非又指出："举事慎阴阳之和，种树节四时之适，无早晚之失，寒温之灾，则入多。"② 韩非在此强调"阴阳之和"与"四时之适"，更含有把它们作为一种规律去遵守的意味。由此可以看出，法家在进行政治实践的时候极度看重"和"与"时"的要素。通过前引《韩非子·解老》的"计得而后能御万物，能御万物则战易胜敌"，不难发现，韩非更看中人为的力量，这与《易传》"天行健，君子以自强不息"的思想理念从某种意义上来说是一致的。

毋庸讳言，《周易》强调天地、阳阴、男女之间的和谐互动，流露出以天为尊、地为卑，阳为尊、阴为卑，男为尊、女为卑的思想倾向，这与法家倡导的法治终极指向有着某种内在关联。"故其治国也，正明法，陈严刑，将以救群生之乱，去天下之祸，使强不凌弱，众不暴寡，耆老得遂，幼孤得长，边境不侵，君臣相亲，父子相保，而无死亡系虏之患，此亦功之至厚者也。"③ 通过《周易》中蕴涵的"变通意识"，极力发挥法律的作用，营造一个具有道德关怀、和谐秩序的社会，进而达到一种和谐的社会状态。可见，法家在解决失序社会存在的种种问题时所追求的和谐理想，明显趋向于《周易》经传所体现出的和谐价值观念。

我们知道，《周易》经传中治国安民的政治观念和措施主要体现在教

---

① （清）王先慎撰，钟哲点校《韩非子集解》卷第六《解老第二十》，中华书局，2016，第149 页。

② （清）王先慎撰，钟哲点校《韩非子集解》卷第十五《难二第三十七》，中华书局，2016，第399 页。

③ （清）王先慎撰，钟哲点校《韩非子集解》卷第四《奸劫弑臣第十四》，中华书局，2016，第109～110 页。

民、利民、慎罚三个方面，圣人通过道德教化来提高民众的道德素质，"举而错之天下之民"，使民众有物质生活保障，对犯法者谨慎动用刑罚，以维护和谐有序的社会秩序，上述观念和措施对于中国传统德治教化思想的形成起到了重要的推动作用。《周易》注重教化及维护君权等政治观念不仅融会了先秦儒家思想，同时也表现出法家思想的面向和色彩。一般认为，法家重法治而轻德治，其实不然，如果深入考察先秦时期法家思想的流变，就会发现从最初的管仲、子产，再到后来的商鞅、慎到，以及申不害、韩非等人，他们不约而同、一以贯之地强调道德教化在法制体系中的突出地位。

作为法家学派的开创者之一，管仲特别重视道德教化在国家政治、社会治理中的积极作用，强调："厚爱利足以亲之，明智礼足以教之。上身服以先之，审量度以闲之，乡置师以说道之，然后申之以宪令，劝之以庆赏，振之以刑罚，故百姓者为善，则暴乱之行无由至矣。"[1] 子产虽然崇尚法制，但也提出了"宽""猛"相济的策略，反映出他对"为政以德"的追求。随着法家思想的演变和发展，道德与法律并重的观念得到了进一步强化："夫刑者，所以禁邪也；而赏者，所以助禁也。羞辱劳苦者，民之所恶也；显荣佚乐者，民之所务也。"[2] "明主之所导制其臣者，二柄而已矣。二柄者，刑、德也。何谓刑德？曰：杀戮之谓刑，庆赏之谓德。为人臣者畏诛罚而利庆赏，故人主自用其刑德，则群臣畏其威而归其利矣。"[3]

对于先秦时期已为儒家所奉行并充分体现其处世原则和道德规范的"仁"与"义"，法家并没有忽视。"仁者，谓其中心欣然爱人也。其喜人之有福而恶人之有祸也，生心之所不能已也，非求其报也。故曰：'上仁为之而无以为也。'义者，君臣上下之事，父子贵贱之差也，知交朋友之接也，亲疏内外之分也。臣事君宜，下怀上宜，子事父宜，贱敬贵宜，知交友朋之相助也宜，亲者内而疏者外宜。义者，谓其宜也，宜而为之。故曰：'上

① 黎翔凤撰，梁运华整理《管子校注》卷一《权修第三》，中华书局，2004，第50页。
② 蒋礼鸿：《商君书锥指》卷二《算地第六》，中华书局，1996，第49页。
③ （清）王先慎撰，钟哲点校《韩非子集解》卷第二《二柄第七》，中华书局，2016，第42页。

义为之而有以为也。'"① 法家认为，只有德化先行，法令随之，家国才能由是而治。法家虽然对"仁"与"义"的道德教化规范颇为重视，但又认为必须将其置于法律制度的有效控制之下。同时，法家也指出："智术之士，必远见而明察，不明察不能烛私；能法之士，必强毅而劲直，不劲直不能矫奸"②。"禁主之道，必明于公私之分，明法制，去私恩"③。这样，法家不惟对"仁"与"义"有深刻的认识，还特别看中执法者的道德品质，主张"任人"是社会治理成功的关键。

在进行社会治理时，人、财、义三者之间的关系究竟应该如何协调处理，才可以出现天下和谐大治的格局？从管仲到商鞅乃至韩非，法家有着一贯的认识，即不仅主张"任人"，也特别重视富民的思想，认为只有民富，法治才能得到倡行。其中，尤以《管子》中"仓廪实则知礼节，衣食足则知荣辱"④ 的观点最具代表性。《周易》对此也有非常深刻的表述："何以守位？曰仁。何以聚人？曰财。理财正辞、禁民为非曰义。"⑤ 也就是说，只有治理财物、用之有方，端正言辞、发之以理，倡导禁止百姓为非乱法"合义"之举，才能"聚人""守位"，合乎"天地之大德"，成就"圣人功业"。《周易正义》进一步阐发道："言圣人治理其财，用之有节；正定号令之辞，出之以理；禁约其民为非僻之事，勿使行恶，是谓之义。"⑥ 此可谓与法家思想有着异曲同工之妙。

（三）《周易》经传与法家历史观

如前所述，《周易》经传蕴涵的和谐思想，所呈现出的动态平衡是以

---

① （清）王先慎撰，钟哲点校《韩非子集解》卷第六《解老第二十》，中华书局，2016，第139~140页。
② （清）王先慎撰，钟哲点校《韩非子集解》卷第四《孤愤第十一》，中华书局，2016，第83页。
③ （清）王先慎撰，钟哲点校《韩非子集解》卷第五《饰邪第十九》，中华书局，2016，第137页。
④ 黎翔凤撰，梁运华整理《管子校注》卷一《牧民第一》，中华书局，2004，第2页。
⑤ （三国魏）王弼、（晋）韩康伯注，（唐）孔颖达等正义《周易正义》卷八《系辞下》，（清）阮元校刻《十三经注疏》，中华书局影印本，1980，第86页。
⑥ （三国魏）王弼、（晋）韩康伯注，（唐）孔颖达等正义《周易正义》卷八《系辞下》，（清）阮元校刻《十三经注疏》，中华书局影印本，1980，第86页。

"变通意识"为前提的，相较儒家、道家等学派而言，法家对此则有更多的继承。面对战国时代趋于动荡而又急剧发展的社会环境，儒家、道家更多地是表现出对旧有传统的赓续，法家则倡导对旧有政治秩序进行适当革新，以不断适应社会发展的实际需要。

与"变通意识"相关，《周易》经传中有很多关于"时"的论述，提出了"与时偕行"的观点。法家也重新审视了"时"的观念，并提出了"动静有时"①、"随时以举事"②、"观时发事"③ 等主张。更为重要的是，韩非提出了法应该随着时代的演变而变化的思想。他指出："法与时转则治，治与世宜则有功。……故圣人之治民治，法与时移而禁与能变。"④ 这些都与《周易》"与时偕行"的思想具有内在的一致性。我们知道，春秋战国之际社会动荡剧烈，原有的政治制度亦随之动摇乃至崩溃。诸子百家皆不满现状，纷纷提出济世良策。儒家祖述尧舜而循周礼，道家托始于黄帝倡导无为逍遥，皆托古因循以救世。唯有法家要求"法与时转，治与时宜"，反对保守的复古思想，力主"变法"。而法家"变法"思想的源头，不能不溯及 "《易》穷则变，变则通，通则久"⑤ 的"变易"理论。

法家认为人类历史是不断变化、不断进步的，大体经历了上世、中世、下世三个阶段，这种历史的进化与发展具有一定的规律性，是不以人的意志为转移的。所以，应根据所处时代面临的现实问题，来制定法律及各项政策措施。《商君书》就此有详尽的论述："当此时也，民务胜而力征。务胜则争，力征则讼，讼而无正，则莫得其性也。故贤者立中正，设无私，而民说仁。当此时也，亲亲废，而上贤立矣。凡仁者以爱利为务，而贤者

---

① （清）王先慎撰，钟哲点校《韩非子集解》卷第六《解老第二十》，中华书局，2016，第159 页。

② （清）王先慎撰，钟哲点校《韩非子集解》卷第七《喻老第二十一》，中华书局，2016，第179 页。

③ （清）王先慎撰，钟哲点校《韩非子集解》卷第十七《说疑第四十四》，中华书局，2016，第 444 页。

④ （清）王先慎撰，钟哲点校《韩非子集解》卷第二十《心度第五十四》，中华书局，2016，第 520 页。

⑤ （三国魏）王弼、（晋）韩康伯注，（唐）孔颖达等正义《周易正义》卷八《系辞下》，（清）阮元校刻《十三经注疏》，中华书局影印本，1980，第 86 页。

以相出为道。民众而无制，久而相出为道，则有乱。……然则上世亲亲而爱私，中世上贤而说仁，下世贵贵而尊官。上贤者以道相出也，而立君者使贤无用也。亲亲者以私为道也，而中正者使私无行也。此三者非事相反也，民道弊而所重易也，世事变而行道异也。"① 法家认为，上世处于蒙昧阶段，"民知其母不知其父，其道亲亲而爱私"，中世应当以道德观念的"仁"来维持社会秩序，而到了下世，情况又有所不同，面对以强凌弱、以众暴寡、争夺激烈的混乱局面，必须"立官""立君"以"定分""立禁"，加强"法治"。确实如法家所论，处于三个不同时代的人，后世如再遵循前一时代原有既定的规则，社会一定会出现混乱局面。所以，在历史的形势变化以后，社会治理所要施行的标准也应随之改变。

进而，《商君书》指出："因世而为之治，度俗而为之法。故法不察民之情而立之，则不成。"② "先王当时而立法，度务而制事。法宜其时则治，事适其务故有功。然则，法有时而治，事有当而功；今时移而法不变，务易而事以古，是法与时诡，而事与务易也；故法立而乱益，务为而事废。故圣人之治国也，不法古，不循今，当时而立功，在难而能免。今民能变俗矣，而法不易；国形更势矣，而务以古。夫法者，民之治也，务者，事之用也。国失法则危，事失用则不成。故法不当时，而务不适用，而不危者，未之有也。"③ "故圣人之为国也，观俗立法则治，察国事本则宜。不观时俗，不察国本，则其法立而民乱，事剧而功寡。"④ 法家主张，法须和时代、民俗相宜，时代民风在变化，法自然也要相应做出调整；如果时移而法不变，那么法与时违，不仅不能治国，反而会使国家陷入混乱。正是由于法家有着上述清醒而深刻的历史认识，商鞅变法才得以顺乎历史潮流，从而为建立封建专制的中央集权政体打下坚实的基础，为中华民族由战乱走向安定、由割据走向统一作出了重大的贡献，在中国历史上产生了深远影响。

---

① 蒋礼鸿：《商君书锥指》卷二《开塞第七》，中华书局，1996，第51~53页。
② 蒋礼鸿：《商君书锥指》卷三《壹言第八》，中华书局，1996，第63页。
③ 蒋礼鸿：《商君书锥指》卷五《六法》，中华书局，1996，第147~148页。
④ 蒋礼鸿：《商君书锥指》卷二《算地第六》，中华书局，1996，第48页。

韩非秉持应时而变的历史发展观，提出了著名的"世异则事异，事异则备变"的主张："上古之世，……有圣人作，构木为巢，以避群害，而民悦之，使王天下，号之曰有巢氏。……中古之世，天下大水，而鲧禹决渎。近古之世，桀纣暴乱，而汤武征伐。今有构木钻燧于夏后氏之世者，必为鲧禹笑矣；有决渎于殷周之世者，必为汤武笑矣。……是以圣人不期修古，不法常可，论世之事，因为之备。宋人有耕者，田中有株，兔走触株，折颈而死；因释其耒而守株，冀复得兔。兔不可复得，而身为宋国笑。今欲以先王之政，治当世之民，皆守株之类也。"① 韩非依据"上古竞于道德，中世逐于智谋，当今争于气力"的三世之说，认为当今正处于诸侯争霸的战国时代，现实情况是"力多则人朝，力寡则朝于人"，因此就要把握"争于气力"的时代脉搏，与时俱进地加强法治，惩治奸邪，奖励耕战，富国强兵。韩非强调"法治"，所谓"奉法者强则国强，奉法者弱则国弱"②，因为只有"法"才是争于气力时代"所以治"的有效途径，对于法术的选择要远远在道德之上。因此，他批评儒家在"争于气力"的特殊时代还大讲仁义德治，幻想以道德的力量来恢复秩序，实在是迂腐之见，犹如"守株待兔""负薪救火"而为天下人所笑。

（四）《周易》经传与法家政治思想

需要指出的是，对于《周易》及易学思想与法家学派的关系，我们通过分析马王堆帛书《周易》中的《要》篇，也能得到较为深入的理解。帛书《周易》之《要》篇在阐发《易》有天道、地道、人道及四时之变后，又论述了《易》"有君道"："又有君道焉，五官六府不足尽称之，五正之事不足以产之。而《诗》《书》礼乐不□百扁（篇），难以致之。不问于古法，不可顺以辝（辞）令，不可求以志善。能者繇（繇）一求之，所胃（谓）得一而君（群）毕者，此之胃（谓）也。"③ 意谓君主无论采取何种

---

① （清）王先慎撰，钟哲点校《韩非子集解》卷第十九《五蠹第四十九》，中华书局，2016，第483~484页。

② （清）王先慎撰，钟哲点校《韩非子集解》卷第二《有度第六》，中华书局，2016，第33页。

③ 裘锡圭主编《长沙马王堆汉墓简帛集成》（叁），中华书局，2014，第119页。

政治措施，旨在因顺阴阳、谐和四时、理顺五行，从而达到天人和谐的理想政治境界。为此，君道必须合于天地之道、合于阴阳之道。这里的"君道"不应是从一般意义上而言的，而是君主治理天下所追求的最高与终极之道，是"要"之"道"，亦是"道"之枢纽。法家主张："道也者，万物之要也。为人君者，执要而待之"①。"事在四方，要在中央，圣人执要，四方来效"②。如果联系到这些论述，或许能够发现，"君道"实就君之要道而言。"要"是中国古代思想中的重要哲学范畴，而《要》篇以"要"命名，又以这一段话作结，或有此深意。

帛书《周易》中《要》篇提出的君之要道的观点，在思想意涵上与法家确实有相似之处。商鞅曾指出"故其治国也，察要而已矣"③，"察要"的思想于此已初见端倪。韩非将法家法、势、术三者集于一身，在此基础上予以深化，明确提出了治"要"的思想，这与儒家"博而寡要，劳而少功"④ 的繁文缛节颇异其趣。韩非认为："毋失其要，乃为圣人。圣人之道，去智与巧；智巧不去，难以为常。……因天之道，反形之理，督参鞠之，终则有始。"⑤"毋失其要"是指能理解万物之要，处世事而能把握其要，只有行其要，执其枢纽，才能收到事半功倍之效。而"智与巧"则属于偏离天道的爱恶私见。不摒弃主观偏狭之见，就无法从整体上把握统摄宇宙法则与人类社会于一体的天道。

至于如何协调人、道、法三者的关系，韩非强调："道"是"法"之根本，"法"则因"道"而彰显。"法"作为联结"道"与"人"的重要枢纽，其上一层级是"天道"，其下一层级为"人"，而天道是形成自然万物的根源所在。由此可以看出，韩非主张的"法"是依据"天道"而产生的。

---

① 黎翔凤撰，梁运华整理《管子校注》卷十《君臣上第十三》，中华书局，2004，第563页。

② （清）王先慎撰，钟哲点校《韩非子集解》卷第二《扬权第八》，中华书局，2016，第47页。

③ 蒋礼鸿：《商君书锥指》卷一《农战第三》，中华书局，1996，第23页。

④ （汉）司马迁撰，（南朝宋）裴骃集解，（唐）司马贞索隐，（唐）张守节正义《史记》卷一百三十《太史公自序第七十》，中华书局，2013，第3965页。

⑤ （清）王先慎撰，钟哲点校《韩非子集解》卷第二《扬权第八》，中华书局，2016，第49页。

推而广之，统治者若能依循天道而立"法"，秉持君之要道，则能以简御繁，秩然有序，从而达到治平之世的理想境界。秉于治"要"的思想，韩非较为深刻地阐释了"法"的本质。他说："古之全大体者，……不以智累心，不以私累己；寄治乱于法术，托是非于赏罚，属轻重于权衡；不逆天理，不伤情性。……祸福生乎道法而不出乎爱恶，荣辱之责在乎己而不在乎人。"① 在韩非看来，"大体"是指全而无失的天道，而治世之大体就是拟准天道而制定的"法"；天道"不逆天理"，"不伤情性"，"法"则是依据天道，同时能够反映社会运行与民间实情的条令规章。

韩非对于"法"与"礼"之间关系的认识，也寄寓了其治"要"的思想理念，应该说，这在很大程度上受到了他的老师荀子的影响。荀子认为"礼者，法之大分，类之纲纪也"②，"缘义而有类"③，"以圣王为师，法其法以求其统类"④。荀子认为，圣王制作礼文的前提，首先是要对纷繁复杂的社会现象、事物，一一辨别，加以厘清，进而通其脉络，考其文理，再以一套社会系统化的架构予以统摄。在荀子看来，这一架构的建立无疑是圣王制礼的根据，而只有通过分析古代圣王创建的制度，汲取他们运用"礼义之统"的治理经验，并将之贯通于现世的社会治理情境之中，才能"无法者以类举"⑤。荀子有关社会系统化的架构和礼法的认识，不仅包含着对"道"的体认，也体现了君主要道的思想。这样看来，帛书《易传》中《要》篇的主旨，不仅与兼具法家思想倾向的荀子有着某种内在的渊源，而且也与《商君书》《韩非子》中的法家学说有着特别的呼应之处。

众所周知，儒家主张的教化是以开启人的道德自觉为前提的，而法家

---

① （清）王先慎撰，钟哲点校《韩非子集解》卷第八《大体第二十九》，中华书局，2016，第225页。

② （清）王先谦撰，沈啸寰、王星贤点校《荀子集解》卷第一《劝学篇第一》，中华书局，2016，第14页。

③ （清）王先谦撰，沈啸寰、王星贤点校《荀子集解》卷第八《君道篇第十二》，中华书局，2016，第276页。

④ （清）王先谦撰，沈啸寰、王星贤点校《荀子集解》卷第十五《解蔽篇第二十一》，中华书局，2016，第481页。

⑤ （清）王先谦撰，沈啸寰、王星贤点校《荀子集解》卷第五《王制篇第九》，中华书局，2016，第179页。

则立足于社会治理的立场来考察个人行为的动机与诱因。韩非根据已然的经验事实，从人所具有的好利恶害的心理出发，意识到"夫智，性也"①，人受到"欲利之心"的驱使，必然伴随着算计之心，这是人心之"智"的重要面向。对于人心所表现出的不同特征，韩非归纳出诸如"自为心""私心""贤之心""阿辟之心""恩爱之心""奸诈之心""忿争之心""欲利之心"几种类型。在韩非看来，人所自为者，无非名与利，尤以"自为心"最为突出，"人情皆喜贵而恶贱"②"富贵者，人臣之大利也。人臣挟大利以从事，故其行危至死，其力尽而不望"③。因此，他根据人情所好之贵、安、佚、名、禄、赏等欲求，及人情所恶之贱、危、劳、刑、罚等嫌避之事，主张依法设置赏罚，强调明主在政治管理上必须"设利害之道，以示天下而已矣"④。这种基于"人情"的赏罚措施，确实是韩非禁邪防奸的重要而特别的手段。从中我们不难发现，韩非总结出的"人情者有好恶，故赏罚可用"⑤的刑罚观念，又与《周易》经传之间存在着一定的渊源关系。

其实，如前所述，《周易》经传中蕴涵的法律、变革观念与法家思想有着密切的关联，更值得关注的是，法家赏罚严明、变革制宜的主张与《周易》究刑论法的原则有着某种程度的契合，这在《噬嗑》卦、《鼎》卦中有着突出的表现。因此，很有必要立足于"君之要道"，从法家所审视的"人心"与"人情"的视角，对二者的关系做进一步的探讨。

《噬嗑》卦本义指口中上下齿列的咬合若合符节，引申为施用刑罚时必须确定法令，明察果断、量刑得当。法家虽偏好刑名法术，但并未主张一

---

① （清）王先慎撰，钟哲点校《韩非子集解》卷第十九《显学第五十》，中华书局，2016，第505页。

② （清）王先慎撰，钟哲点校《韩非子集解》卷第十六《难三第三十八》，中华书局，2016，第404页。

③ （清）王先慎撰，钟哲点校《韩非子集解》卷第十八《六反第四十六》，中华书局，2016，第456页。

④ （清）王先慎撰，钟哲点校《韩非子集解》卷第四《奸劫弑臣第十四》，中华书局，2016，第107页。

⑤ （清）王先慎撰，钟哲点校《韩非子集解》卷第十八《八经第四十八》，中华书局，2016，第470页。

味地施行严刑峻法。韩非由于崇尚法严刑苛，往往为后世所诟病，但他也曾提出法的制定应在天理人情之内制定的主张。在他看来，"不逆天理""不伤性情"的法制虽然严苛，但如果从大处着眼，而不局限在细枝末节处，这样制定的刑罚才能体现出张弛有度、背者必罚、称情当罪的原则，也就自然会取得令受刑者信服且易于悔改的良好社会效果。《鼎》卦九四爻辞说："鼎折足，覆公悚，其形渥，凶。"① 如果变法革新失宜过分，将会像鼎器不堪重负而折断鼎足，继而倾覆王公美食那样，鼎身也会受到沾濡，招致凶险。因此，变法革新应因时、因地、因事而制宜，切不可操之过急，矫枉过正，以致受挫折而致凶。《鼎》卦借"烹饪器具"为喻以阐明革故鼎新的大义，立足于强调"去故取新"、法制昌明的宗旨，阐明了除旧布新时应懂得变法制法、务求知人善任、使政治趋吉避凶的道理。

《周易》包含的丰富而深刻的变法革新思想，在《鼎》卦中得到了集中阐述。《鼎》卦借助六爻的喻象集中呈现了本卦的核心意义，即"鼎器功用之所能成，事物新制之所以立，必须依赖多方面的纯正、坚实'力量'的协心撑持"②。对于变法革新的思想主张，法家也有较为充分而深刻的论述。例如，慎到指出："治国无其法则乱，守法而不变则衰"③，"臣尽智力以善其事"④。变化的目的在于配合时宜，公平公正，具体的办法则在于厘清每个人的职守，分清各个职守的权力以及责任的边际。在人与事的相互配置方面，务求任贤使能。韩非也主张明变以求治，"世异则事异，事异则备变"，"法与时转则治，治与世宜则有功"，即"法"因道而全，对理想的君德特别强调明智，具备合天理的智慧和操守，才能制定出"不逆天理，不伤情性"的合宜适度之良法，使"夫物者有所宜，材者有所施，各处其宜，故上下无为"⑤。

---

① （三国魏）王弼、（晋）韩康伯注，（唐）孔颖达等正义《周易正义》卷五《鼎》，（清）阮元校刻《十三经注疏》，中华书局影印本，1980，第61页。

② 黄寿祺、张善文：《周易译注》，上海古籍出版社，2007，第297页。

③ 许富宏：《慎子集校集注·逸文》，中华书局，2013，第78页。

④ 许富宏：《慎子集校集注·民杂》，中华书局，2013，第32页。

⑤ （清）王先慎撰，钟哲点校《韩非子集解》卷第二《扬权第八》，中华书局，2016，第47页。

从治"要"的视野出发，儒家重视法先王而好古，法家注重法后王而崇时变法；儒家在政治人事上重德尚贤，法家重智用贤而不尚贤。这些都应引起我们的关注。就《周易》经传中所表现出的重视刑罚之治、合时合理的变法革新以及任贤使能的主张来看，《周易》的相关思想无疑也是具有法家倾向的。

四　《周易》经传与墨家思想

墨子是春秋战国时期著名的思想家、教育家、科学家、军事家、社会活动家，他提出的兼爱、非攻、尚贤、节用、非命等命题，是先秦思想史上的重要内容。而由其所开创的墨家学派，更逐步发展成为与儒家并立的"世之显学"①，在当时有着广泛的社会影响力。作为诸子百家的重要代表之一，墨家学派中的许多思想与《周易》经传之间有着千丝万缕的联系。诚如有的学者所指出的："墨子既通儒学，娴于《诗》《书》，意其当亦精于《周易》，虽未明引，而理或在其中。今遍检《墨子》一书……多有与《周易》经传相通者。"② 具体来说，一方面，春秋时期摆脱了宗教巫术束缚的《易经》，以其特有的思维方式影响着当时的知识阶层，成为墨家学派理论思想的一个重要来源；另一方面，墨家学派在社会政治观、历史发展观等方面的见解，为之后陆续形成的《易传》诸篇所借鉴吸收。关于墨家思想与《周易》的关系，学术界已有涉及。如日本学者池田知久先生在《〈周易〉与原始儒学》一文中指出，《周易·谦卦·象传》等处所能看到的"天道""地道""鬼神（道）""人道"等，保留了浓重的《墨子》思想的色彩。③ 孙熙国《〈周易〉古经与墨家思想》一文认为，墨家思想的许多方面

---

① （清）王先慎撰，钟哲点校《韩非子集解》卷第十九《显学第五十》，中华书局，2016，第499页。

② 连劭名：《〈墨子〉与先秦易学》，张涛主编《周易文化研究》第六辑，社会科学文献出版社，2014，第189页。

③ 参见〔日〕池田知久《〈周易〉与原始儒学》，《清华大学学报》（哲学社会科学版）2002年第3期，第80页。

能在《易经》中见其端绪。① 赵丽萌的硕士学位论文《先秦儒墨引〈易〉思想研究》则通过分析《周易》与《墨经》在篇章词句和逻辑理路上的关联，认为《墨经》中的部分理论思想有着《周易》的烙印。② 但就整体而论，这一问题仍有进一步研究之必要。因为，系统探讨墨家学派与《周易》经传之间的联系和互动，不仅有助于对墨家思想的进一步研究，也是对先秦易学史的有益补充和完善。

（一）《墨子》与《周易》

中国易学有着悠久的历史。最迟在西周初年，随着《易经》的成书，易学就产生了。人们常说的《周易》，包括《易经》和《易传》两个部分。《易经》本为卜筮之书。春秋时期，《易经》作为传统礼制的一部分，在周王室及各诸侯国间广泛流传。春秋中后期，社会大变革带来了思想文化领域的新旧交替，中国步入了"轴心时代"。此时的《易经》开始逐渐摆脱宗教巫术的桎梏，向着人文化、哲理化的方向迅速发展。在此过程中，以孔子为代表的儒家学者发挥了重要的作用，前文已有所述。从相关文献中可以看出，孔子已将《周易》视为道德训教之书，强调最大限度地发掘其中的伦理政治内涵，并加以适当引申，从而发挥它在现实社会生活中的借鉴和教育作用。孔子之后，儒家学者对《周易》的兴趣依然不减。《史记·仲尼弟子列传》与《汉书·儒林传》所述的《周易》传授谱系虽有不同，但至少说明，易学在儒家内部一直是前后相继、传承不绝的。

我们知道，墨子原为儒者出身，所谓"学儒者之业，受孔子之术"③，就《墨子》书中对《诗》《书》文句的随意称引来看，墨子对儒家所推崇的传统文化是颇为熟悉的，所以很难想象其对《易经》会一无所知。此外，值得注意的是，墨子长时间生活于保存了大量周代典章文物的鲁国，而鲁国的学《易》之风是非常浓厚的。例如，早在鲁昭公二年，韩宣子奉晋侯之命出使鲁国，就"观书于太史氏，见《易象》与《鲁春秋》曰：'周礼

---

① 孙熙国：《〈周易〉古经与墨家思想》，《周易研究》2001年第4期，第48～59页。
② 赵丽萌：《先秦儒墨引〈易〉思想研究》，曲阜师范大学硕士学位论文，2018，第49页。
③ 何宁：《淮南子集释》卷二十一《要略》，中华书局，1998，第1459页。

尽在鲁矣。吾乃今知周公之德，与周之所以王也'"①。由此可知《易经》在当时的地位。总之，就客观条件而论，墨子接触《易经》并非无稽之谈。并且，他完全有可能像那个时代的许多具有人文精神的官僚学者那样（如孔子），从《易经》那里得到不少理论上的启发，这在他的天道观中体现得尤为突出。

天人关系是我国传统哲学中的一个非常重要的问题，许多杰出的思想家为此阐发过精辟的见解，墨子也不例外。在他看来，人是值得尊重的，人通过劳动使自己与禽兽从根本上区别开来："今人固与禽兽、麋鹿、蜚鸟、贞虫异者也。今之禽兽、麋鹿、蜚鸟、贞虫，因其羽毛以为衣裘，因其蹄蚤以为绔屦，因其水草以为饮食。故唯使雄不耕稼树蓺，雌亦不纺绩织纴，衣食之财固已具矣。今人与此异者也，赖其力者生，不赖其力者不生。君子不强听治，即刑政乱；贱人不强从事，即财用不足。"② 墨子虽然强调人的主观能动性，但是也非常重视天命，"天之所欲则为之，天所不欲则止"③。墨子认为天是有意志的："天之意，不欲大国之攻小国也，大家之乱小家也。强之劫弱，众之暴寡，诈之谋愚，贵之傲贱，此天之所不欲也。"④ 正因为这样，墨子强调，"今天下之君子，中实将欲尊道利民，本察仁义之本，天之意不可不慎也"⑤。因此，顺应天命成为墨子思想的一个非常重要的组成部分："观其行，顺天之意，谓之善意行；反天之意，谓之不善意行。观其言谈；顺天之意，谓之善言谈，反天之意，谓之不善言谈。观其刑政，顺天之意，谓之善刑政；反天之意，谓之不善刑政。故置此以为法，立此以为仪，将以量度天下之王公大人卿大夫之仁与不仁，譬之犹分黑白也。是故子墨子曰：今天下之王公大人士君子，中实将欲遵道利民，本察仁义之本，天之意不可不顺也。顺天之意者，义之法也。"⑥

① （晋）杜预集解，（唐）孔颖达等正义《春秋左传正义》卷四十二《昭公二年》，（清）阮元校刻《十三经注疏》，中华书局影印本，1980，第2029页。
② 吴毓江撰，孙启治点校《墨子校注》卷八《非乐上第三十二》，中华书局，2006，第375页。
③ 吴毓江撰，孙启治点校《墨子校注》卷一《法仪第四》，中华书局，2006，第29页。
④ 吴毓江撰，孙启治点校《墨子校注》卷七《天志中第二十七》，中华书局，2006，第297页。
⑤ 吴毓江撰，孙启治点校《墨子校注》卷七《天志中第二十七》，中华书局，2006，第297页。
⑥ 吴毓江撰，孙启治点校《墨子校注》卷七《天志中第二十七》，中华书局，2006，第301页。

众所周知，《庄子·天下》中有"《易》以道阴阳"① 之语。《易经》原文之内虽无"阴阳"二字，但谁都无法否认阴阳之学是《易经》的核心所在，其独具象征意义的"一""- -"两个基本符号，为人们生动地呈现出阴阳变异的世界图式。应当说，受这种天道观启发、影响的并不仅仅是某一位、某一派思想家，而几乎是当时知识阶层一种普遍思维模式，墨子也是如此。如上所述，墨子思想体系中的"天"，虽然有着某种宗教的性质，然而，"墨子的天道思想同时又不是西周以来无条件的上帝，他在'天'的性质上附加了使天老爷也难接受的条件，那便是天等于一个'方法'"②。至于这个"方法"，墨子是如此说的："凡回于天地之间，包于四海之内，天壤之情，阴阳之和，莫不有也，虽至圣不能更也。何以知其然？圣人有传：天地也，则曰上下；四时也，则曰阴阳；人情也，则曰男女；禽兽也，则曰牝牡雄雌也。真天壤之情，虽有先王，不能更也。"③ 墨子进一步指出，真正的圣王之道，就是以此"天壤之情，阴阳之和"为前提的。他说："《周颂》道之曰：'圣人之德，若天之高，若地之普，其有昭于天下也。若地之固，若山之承，不坼不崩。若日之光，若月之明，与天地同常。'则此言圣人之德章明博大，埴固以修久也。故圣人之德，盖总乎天地者也。"④由此可见，墨子的天道理论，并非仅仅停留于"天之意不可不慎"的层面，探讨符合"天意"的圣人之道无疑才是其旨趣之所在。而这一切恰好是以《易经》阴阳理论为出发点的。事实上，如果将墨子有关天道的相关阐述与之后《文言传》中的"与天地合其德"云云加以对比，可以发现二者之义如出一辙。⑤ 总之，《易经》是春秋时期各知识阶层较为重视的一部典籍，墨子接触《易经》并非无稽之谈。追本溯源，墨家的部分理论中有《易经》思维模式的烙印自然也属情理之中。

---

① （清）郭庆藩撰，王孝鱼点校《庄子集释·杂篇·天下第三十三》，中华书局，2016，第1071页。

② 侯外庐等：《中国思想通史》（第一卷），人民出版社，1957，第219页。

③ 吴毓江撰，孙启治点校《墨子校注》卷一《辞过第六》，中华书局，2006，第47页。

④ 吴毓江撰，孙启治点校《墨子校注》卷二《尚贤中第九》，中华书局，2006，第78页。

⑤ 参见胡自逢《先秦诸子易说通考》，（台湾）文史哲出版社，1980，第43页。

（二）《周易》经传与墨家政治思想

在中国学术思想史上，春秋战国是一个极其辉煌的时代。群贤并起，百家争鸣。对一时代之思潮，梁启超先生曾下过经典的定义："凡'思'非皆能成'潮'，能成'潮'者，则其'思'必有相当之价值，而又适合于其时代之要求者也。"① 所以此时期的思想发展也自有其轨迹可循，具体说来，"与政治渐趋统一的形势相适应，诸子各家之间出现了互相吸收、互相渗透、互相融合的局面。黄老学派或者说稷下道家的形成，《吕氏春秋》的编撰，都是这一局面的反映，而包容性、超越性表现得最突出的，就是《易传》诸篇的问世"②。《易经》人文化趋向始于春秋时期，历经数百年的积累在战国中后期随着《易传》的出现从而建立起了一个囊括众家的理论体系。《易传》以开放的姿态、广博的胸襟，将各家各派的思想学说吸收过来为己所用，墨家也在其列，而其对《易传》的影响首先表现在政治思想领域。

自古至今，历代思想家、易学家都十分注重总结、提取《周易》之中所蕴含的经世之道。"《周易》历来为统治阶级重视，重要的原因在于，它是能够为历代王朝之政道和治道提供借鉴的一部不可或缺的重要典籍。"③我们知道，《周易》歌颂变革之道，但其所追求的社会变革又不是毫无目的、毫无秩序的，其"向往的理想社会确实是一种有君臣上下之分、尊卑贵贱之别的等级社会，但这里的等级关系不是那种建立在强权和暴力基础上的简单的统治与被统治的关系，而是像自然界阴阳、刚柔之间的对立统一关系一样，相互联系，相互感应，协调配合，相辅相成"④。因此，在施政理念与社会组织方面，《易传》并不认可法家的绝对君权理论。相反，墨家思想中以兼爱、尚同为主要内容的政治思想，却与《易传》所强调的天

---

① 梁启超：《清代学术概论》，东方出版社，1996，第1页。

② 张涛：《秦汉易学思想研究》，中华书局，2005，第21页。

③ 张涛：《〈周易〉的和谐思想》，张涛主编《周易文化研究》第一辑，东方出版社，2009，第15页。

④ 张涛：《秦汉易学思想研究》，中华书局，2005，第404~405页。

人整体和谐的政治观有着不少共通之处。

首先是兼爱。墨家认为，圣人治理天下，应该考察乱之所起，而乱之所起的缘由便是不相爱。儿子不爱惜父亲，弟弟不爱惜兄长，大臣不爱惜君王，父亲不疼爱儿子，兄长不疼爱弟弟，君王不爱惜大臣，这一切汇集到一起便构成了混乱的根源。正所谓："臣子之不孝君父，所谓乱也。子自爱不爱父，故亏父而自利；弟自爱不爱兄，故亏兄而自利；臣自爱不爱君，故亏君而自利。此所谓乱也。虽父之不慈子，兄之不慈弟，君之不慈臣，此亦天下之所谓乱也。父自爱也，不爱子，故亏子而自利；兄自爱也，不爱弟，故亏弟而自利；君自爱也，不爱臣，故亏臣而自利。是何也？皆起不相爱。虽至天下之为盗贼者，亦然。"① 因此，"若使天下兼相爱，国与国不相攻，家与家不相乱，盗贼无有，君臣父子皆能孝慈，若此则天下治"。可见，墨家"兼爱"的主旨既不是要否认社会等级，也不是在提倡宗教式的、无差别的"爱"，而是将社会政治稳定的关键归结为人与人关系的融洽和谐。父子、兄弟相爱，家才能和睦，国才能稳定。对此，《周易·家人·象传》中也说："父父，子子，兄兄，弟弟，夫夫，妇妇，而家道正。正家而天下定矣。"② 这里强调的是家庭和睦，才能使得天下稳定有序，这与墨家所强调的通过父子、兄弟、君臣之间相爱以求治理天下的思路是一致的。另外尤其值得一提的是在《家人卦》九五爻辞《象传》中有"'王假有家'，交相爱也"③ 之语，更是与墨家所强调的"兼相爱，交相利"非常相似。

其次是尚同。墨家非常重视尚同，并且把尚同作为治理天下的一个非常重要的因素，"故古者圣人之所以济事成功，垂名于后世者，无他故异物焉，曰：唯能以尚同为政者也"④，"尚同为政之本，而治国之要也"⑤。"尚同"，并不意味着立场的缺失。相反，墨家尚同思想的根本是强调天下同

---

① 吴毓江撰，孙启治点校《墨子校注》卷四《兼爱上第十四》，中华书局，2006，第151页。
② （三国魏）王弼、（晋）韩康伯注，（唐）孔颖达等正义《周易正义》卷四《家长·象》，（清）阮元校刻《十三经注疏》，中华书局影印本，1980，第50页。
③ （三国魏）王弼、（晋）韩康伯注，（唐）孔颖达等正义《周易正义》卷四《家人·九五·象》，（清）阮元校刻《十三经注疏》，中华书局影印本，1980，第50页。
④ 吴毓江撰，孙启治点校《墨子校注》卷三《尚同中第十二》，中华书局，2006，第119页。
⑤ 吴毓江撰，孙启治点校《墨子校注》卷三《尚同下第十三》，中华书局，2006，第139页。

"义"，也就是说人们的言行、思想、行政决策、世事的道理等都要和同于一，只有这样才能避免天下大乱，实现社会的和谐。墨子曾说："闻善而不善，皆以告其上。上之所是必皆是之，上之所非必皆非之。上有过则规谏之，下有善则傍荐之。上同而不下比者，此上之所赏而下之所誉也。"① 可见，所谓的尚同是希望通过上下一心，同心同德，由此来达到社会的和谐、安定。墨家的这种理念也为《易传》所采纳，成为其政治理念中的重要组成部分。例如，《周易·同人卦》强调要"和同于人"，只有"和同于人"才能避免一些咎害，尤其是《同人卦》九四爻辞《象传》强调："'乘其墉'义弗克也，其吉，则困而反则也。"② 意思是说：高居城墙之上，说明九四在"和同于人"的意义上是不能发动进攻的，获得吉祥的原因是困陷不通时能够回头遵循正确的法则。从整体来说，《同人卦》就是强调要"和同于人"，其实也就是强调人与人之间的和谐。

《易传》除了在天人整体和谐的政治理念方面深受墨家思想的沾溉，在一些具体的政治举措方面，更是直承墨家的思想。例如，有学者指出，《周易·节卦》之中"俭德辟难"的训导，其源头就在于墨家所倡导的"俭节则昌，淫佚则亡"的"尚节"理论。③

另外，如前文所述，墨家重德行、尚贤人的思想与《易传》亦有相通之处，两者之间有着明显的承继关系。《系辞上传》："履信思乎顺，又以尚贤也。是以'自天祐之，吉无不利'也。"④ 这句话可以看出《易传》已经把"尚贤"作为一个非常重要的内容。此外，《颐卦·象传》曰："天地养万物，圣人养贤以及万民，颐之时大矣哉！"⑤ 这里将"天地养万物"与"圣人养贤以及万民"作为一种非常重要的规律性的东西进行阐述，这与墨

---

① 吴毓江撰，孙启治点校《墨子校注》卷三《尚同上第十一》，中华书局，2006，第108页。
② （三国魏）王弼、（晋）韩康伯注，（唐）孔颖达等正义《周易正义》卷二《同人·九四·象》，（清）阮元校刻《十三经注疏》，中华书局影印本，1980，第30页。
③ 参见慧超《试论〈墨子〉和〈周易〉的节俭思想》，《河南师范大学学报》（哲学社会科学版）2005年第5期。另外，孙熙国《〈周易〉古经与墨家思想》一文对此也有所涉及。
④ （三国魏）王弼、（晋）韩康伯注，（唐）孔颖达等正义《周易正义》卷七《系辞上》，（清）阮元校刻《十三经注疏》，中华书局影印本，1980，第82页。
⑤ （三国魏）王弼、（晋）韩康伯注，（唐）孔颖达等正义《周易正义》卷三《颐·象》，（清）阮元校刻《十三经注疏》，中华书局影印本，1980，第80页。

子所提倡的"尚贤，政之本也"的观点是一致的。由上可见，无论是墨子还是《易传》，都存在"尚贤"的思想，且两者有明显的相似之处。

通过考镜源流，我们不难发现，《易传》的社会政治理论中有着墨家学派的深刻烙印。不论是整体的政治理念还是具体的政治举措，莫不如是。可见，要对《易传》中所蕴含的政治智慧做出一个准确的评价，是离不开墨家这一重要思想源头的。

（三）《周易》经传与墨家历史发展观

中国历代思想家一直非常关注人类自身的发展进程，注重总结其特点和规律，从而形成了自己的历史发展观。自先秦起，历史发展观就在思想史上占有特别突出的地位，陆续成书于战国中后期的《易传》诸篇正体现了这一特征。《易传》肯定事物的变化、发展，强调"穷则变，变则通，通则久"①，而变化的根本要义就在于"日新""生生"，它推天道以明人事，强调人类历史是进化的、发展的，并呈现出盛极则衰、物极必反的趋势，而汤武革命那样的变革则是"顺乎天而应乎人"的，也是历史演进的关键环节。《易传》这种以变为本的历史发展观对后世的易学家、思想家产生了巨大而深刻的影响，究其源头，墨家思想的启示不可忽视。

目前，学术界对于墨家的历史发展观有着一种较为普遍的认识，即"墨子的历史观是进化史观"②，这在《墨子》一些篇章中有过具体的叙述：

> 古之民未知为宫室时，就陵阜而居，穴而处。下润湿伤民，故圣王作为宫室。……古之民未知为衣服时，衣皮带茭，冬则不轻而温，夏则不轻而清。圣王以为不中人之情，故作诲妇人治丝麻、捆布绢，以为民衣。……古之民未知为饮食时，素食而分处。故圣人作诲男耕稼树艺，以为民食。其为食也，足以增气充虚、强体适腹而已矣。……古之民未知为舟车时，重任不移，远道不至。故圣王作为舟车，以便民

---

① （三国魏）王弼、（晋）韩康伯注，（唐）孔颖达等正义《周易正义》卷八《系辞下》，（清）阮元校刻《十三经注疏》，中华书局影印本，1980，第86页。

② 吴怀祺、林晓平：《中国史学思想通史·总论·先秦卷》，黄山书社，2005，第286页。

之事。其为舟车也，完固轻利，可以任重致远。①

在这里，暂不论墨子的这种观点是否合理，仅就其内容而言，就可见其对《易传》的影响。《系辞下传》中说："古者包牺氏之王天下也，仰则观象于天，俯则观法于地，观鸟兽之文与地之宜，近取诸身，远取诸物，于是始作八卦，以通神明之德，以类万物之情。作结绳而为网罟，以佃以渔，盖取诸《离》。包牺氏没，神农氏作，斫木为耜，揉木为耒，耒耨之利，以教天下，盖取诸《益》。日中为市，致天下之民，聚天下之货，交易而退，各得其所，盖取诸《噬嗑》。神农氏没，黄帝、尧、舜氏作，通其变，使民不倦，神而化之，使民宜之……上古穴居而野处，后世圣人易之以宫室，上栋下宇，以待风雨，盖取诸《大壮》。古之葬者，厚衣之以薪，葬之中野，不封不树，丧期无数，后世圣人易之以棺椁，盖取诸《大过》。上古结绳而治，后世圣人易之以书契，百官以治，万民以察，盖取诸《夬》。"② 《易传》此处叙述的主要内容虽然是圣人模拟六十四卦而治民，但其中所勾勒出的社会历史发展进化简图，流露出了乐观主义态度和进化史观，与墨家学派对上古历史的认知一脉相承。之前学术界在论及此处时，大都谈到墨家历史观对法家商鞅、韩非的影响，其实《易传》也是如此。事实上，它不但借鉴了墨家对上古历史的具体描述，更充分汲取了墨家历史观中的核心思想——对"时"的重视。

"时"是墨家思想中的一个重要范畴，《墨子》各篇中也有很多关于"时"的论述，如《七患》中说："故时年岁善，则民仁且良；时年岁凶，则民吝且恶。夫民何常此之有？为者寡，食者众，则岁无丰。故曰：'财不足则反之时，食不足则反之用。'故先民以时生财，固本而用财，则财足。"③ 可见，"时"决定着人民的善恶，而一句"先民以时生财"更体现出"时"对于人民的重要意义。其实，"时"不仅对人民有着重要意义，对

---

① 吴毓江撰，孙启治点校《墨子校注》卷一《辞过第六》，中华书局，2006，第44~46页。

② （三国魏）王弼、（晋）韩康伯注，（唐）孔颖达等正义《周易正义》卷八《系辞下》，（清）阮元校刻《十三经注疏》，中华书局影印本，1980，第86~87页。

③ 吴毓江撰，孙启治点校《墨子校注》卷一《七患第五》，中华书局，2006，第35页。

帝王也是如此。《墨子》所引《大雅》之语"有周不显，帝命不时"①，强调帝王受命也是需要一定时机的。

墨子重视"时"的重要性，他认为祭祀、饮食等应顺应时势。如在《节葬下第》中，他指出"若苟乱，是祭祀不时度也"②，在《非攻下》中指出商纣王"祀用失时"③ 是导致其灭亡的原因之一。在《节用上》中还有"饮食不时"④ 之语，从一个侧面也体现了墨子对按时饮食的重视。另外，墨子思想中，"时"还有另一层含义：自然和社会的普遍规律。如前文已有所述，墨子认为任何自然现象的发生都有一定的规律和时间，这正是《易传》"后天而奉天时"的思想。所以，"时"在墨家理论体系中是一个不可或缺的命题，它虽没有一个明确的、概念性的界定，但却是历史发展观之下的一种思维方式。《易传》亦如是。

"时"是《易传》中经常出现的一个词语，就其在上下文中的意义而论，大体上有两种含义。一是传统意义中时空的观念，如《观卦·象传》中："观天之神道，而四时不忒。"⑤《系辞上传》中："广大配天地，变通配四时。"⑥ 二是指某种特定的条件与情况，如《易传》中多次出现的"颐之时大矣哉"⑦ 和"大过之时大矣哉"⑧ 等。此外，还有称"时义"或"时用"的，如"豫之时义大矣哉"⑨ 和"睽之时用大矣哉"⑩，也可归于第二

① 吴毓江撰，孙启治点校《墨子校注》卷八《明鬼下第三十一》，中华书局，2006，第335页。
② 吴毓江撰，孙启治点校《墨子校注》卷八《节葬下第二十五》，中华书局，2006，第261页。
③ 吴毓江撰，孙启治点校《墨子校注》卷五《非攻下第十九》，中华书局，2006，第217页。
④ 吴毓江撰，孙启治点校《墨子校注》卷六《节用上第二十》，中华书局，2006，第243页。
⑤ （三国魏）王弼、（晋）韩康伯注，（唐）孔颖达等正义《周易正义》卷三《观·象》，（清）阮元校刻《十三经注疏》，中华书局影印本，1980，第36页。
⑥ （三国魏）王弼、（晋）韩康伯注，（唐）孔颖达等正义《周易正义》卷七《系辞上》，（清）阮元校刻《十三经注疏》，中华书局影印本，1980，第79页。
⑦ （三国魏）王弼、（晋）韩康伯注，（唐）孔颖达等正义《周易正义》卷三《颐·象》，（清）阮元校刻《十三经注疏》，中华书局影印本，1980，第40页。
⑧ （三国魏）王弼、（晋）韩康伯注，（唐）孔颖达等正义《周易正义》卷三《大过·象》，（清）阮元校刻《十三经注疏》，中华书局影印本，1980，第41页。
⑨ （三国魏）王弼、（晋）韩康伯注，（唐）孔颖达等正义《周易正义》卷二《豫·象》，（清）阮元校刻《十三经注疏》，中华书局影印本，1980，第41页。
⑩ （三国魏）王弼、（晋）韩康伯注，（唐）孔颖达等正义《周易正义》卷四《睽·象》，（清）阮元校刻《十三经注疏》，中华书局影印本，1980，第50页。

种。因囿于《易传》各篇的表述形式，"时"虽多次出现，却始终没有一个正式的、从概念范畴角度所作的解释，也就是说《易传》并没有说明"时"具体是什么。这从另一个角度反映出"时"并不是一个完全独立的概念，而是阐述一个命题或者一个理论时的思想基础。《周易》原为卜筮之用，虽然在《易传》诸篇的形成后，一个以阴阳学说为基础的庞大思想体系得以建立，但其始终没有摆脱原始《易经》的框架结构。因此探讨圣人因占施教之旨、趋吉避凶之道，一直是传统易学的重要组成部分，所谓"君子知微知彰，知柔知刚，万夫之望"①。故而"时"在易学中有着不可替代的重要性，虽说其内涵相比先秦墨家更加丰富，但却不能因此无视墨家学派的发凡起例之功。

综上所述，墨家思想在历史发展观方面对《易传》的影响同样巨大，这不仅包括对上古历史演变的具体描述，还包括"时"的观念，而这种理念正是源自对人类历史发展、变化趋势的肯定。故而，在评述《易传》的历史观思想时，应当对墨家的理论贡献予以充分重视。

（四）墨家思想与易学思想的融通

除了社会政治观、历史发展观，墨家学说还有许多内容与易学思想存在相似、相通之处。如《墨子·非命下》说：王公大人勤于国事，是"以为强必治，不强必乱，强必宁，不强必危，故不敢怠倦"。卿大夫勤于政务，是"以为强必贵，不强必贱，强必荣，不强必辱，故不敢怠倦"。农夫勤于耕种，是"以为强必富，不强必贫，强必饱，不强必饥，故不敢怠倦"。妇人勤于织作，是"以为强必富，不强必贫，强必煖，不强必寒，故不敢怠倦。"② 墨子所推崇的这种人生态度，与《易传》自强不息、健行不息的精神是颇为相通、相近的。

虽然《墨子》中没有具体地称《易》引《易》之处，但不能因此无视墨家学派与《周易》经传之间的联系，更不能忽略其理论体系中的易学因

① （三国魏）王弼、（晋）韩康伯注，（唐）孔颖达等正义《周易正义》卷八《系辞下》，（清）阮元校刻《十三经注疏》，中华书局影印本，1980，第88页。
② 吴毓江撰，孙启治点校《墨子校注》卷九《非命下第三十七》，中华书局，2006，第418页。

素。正如有的学者所指出的那样："'《贵义篇》，翟闻之：同归之物，信有误者。'按此文孙诒让释之云：《易·系辞》云'天下同归而殊涂'，孔《疏》云'言天下万事，终则同归于一'。盖谓理虽同归，而言不能无误。然则墨子此语与《易·系辞》同……"① 可见，探讨墨家与《周易》经传的互动并不是好为异论之举。先秦是传统易学发展的一个重要阶段，在此时期，易学完成了由《易经》到《易传》的转变。在墨家思想的基础上，探讨传统《易经》思维对其影响，以及墨家思想学说对《易传》的启示，从而进一步深化先秦易学史、经学史的研究，才是我们的目标。

五 《周易》经传与先秦兵家

兵家是先秦诸子的一个重要代表，与《周易》经传之间有着密切的联系。一方面，《易经》作为当时知识阶层所倚重的文化经典，从战争社会观、战争规律观、作战指导观等方面对兵家诸子的理论建构发挥了积极的作用；另一方面，先秦兵家的最新军事理论成果及其在社会政治领域内的创获，也给此后出现的《易传》以深刻启示。先秦兵家与《周易》经传之间的这种互动关系值得我们关注。

宋代罗泌曾说："天下有自然之势，其未至也必至，……世之日伪，俗之日浇，此势之必不可复也。彼有血气者必有争，争则斗，斗而不胜必至于剥林木，林木未利，必至于造五兵。五兵之作，其可复乎？有甚而已。自剥林木而来，何日而无战？大旱之难，七十战而后济；黄帝之难，五十二战而后济；少昊之难，四十八战而后济；昆吾之难，五十战而后济；牧野之师，血流漂杵；齐宋之战，龙门溺骖。"② 与世界其他文明区域一样，战争一直是中华文明发展历程中一个无法回避的话题。春秋战国时期，在空前频繁的军事征伐的背景下，中国传统军事思想逐步走向成熟，其一个重要标志便是一批元典性的著作陆续形成，以及宣扬"生聚训练之

---

① 陈柱著，张峰校注《墨学十论》，华东师范大学出版社，2015，第41～42页。
② （宋）罗泌：《路史·有巢氏》，《丛书集成初编》，中华书局影印本，1985，第24页。

术，权谋运用之宜"①的兵家学派的出现。作为先秦诸子文化的代表之一，兵家的理论学说与《周易》之间有着千丝万缕的关系。具体来说，一方面，大体成书于西周初年的《易经》中，就有许多地方对军事问题进行了探讨。在春秋人文理性思潮的影响下，《易经》开始摆脱宗教巫术的束缚，其军事思想成为早期兵家建构其理论学说的重要来源之一。另一方面，兵家学派的军事理论和社会政治观，又为之后陆续形成的《易传》诸篇所借鉴、吸收。虽然学术界对先秦兵家思想以及《周易》军事思想的研究已经取得了不少成就，但在论及二者之相互关系时，大都集中于《孙子兵法》与《周易》②，相对忽略了由兵家学派的整体视角切入所作的进一步深入研究。有鉴于此，我们拟从先秦兵家的角度探讨其与《周易》经传的关系，力图在深入研究先秦兵家思想的同时，对先秦易学史作一个有益的补充。

（一）《周易》经传对兵家思想的影响

众所周知，中国易学有着悠久的历史。至迟在西周初年，随着《易经》的成书，易学就产生了。相比甲骨卜辞，《易经》筮辞不论在内容上、形式上还是在功能上都更加复杂，其展现出的理念也更有条理、更有系统，因而《易经》逐渐成为先秦占筮之术的一个重要代表，在社会生活的许多领域得到了广泛的应用，其中自然包括军事活动。从武王伐纣之前姜太公焚龟折蓍以坚其心的传说，到《左传》所谓僖公二十五年晋文公出兵援助周王室之初"筮之遇《大有》☰☰之《睽》☰☰"③ 的记载，均充分说明了《易经》在西周春秋时期的军事活动中发挥着不可忽视的作用。郭沫若先生曾

---

① （清）永瑢等：《四库全书总目·子部·兵家类》，中华书局，1965，第835页。
② 关于这一问题，在中国大陆，于国庆《〈师〉卦之兵法及其对〈孙子兵法〉的影响》（《周易研究》，2006年第3期）、金玉国《〈易经〉与〈孙子兵法〉比较研究》（《军事历史研究》，2006年第2期）、薛德钧《易经与孙子兵法》（济南出版社，2007）、韩荣国《〈周易〉对〈孙子兵法〉的影响》（《滨州学院学报》，2011年第5期）等是近几年直接探讨这一问题的代表性成果。而在台湾，胡自逢《先秦诸子易说通考》、陈伯适《孙子兵法研究》、王智荣《易学与兵学之研究》中都有论及《周易》对《孙子兵法》影响的内容。
③ （晋）杜预集解，（唐）孔颖达等正义《春秋左传正义》卷十六《僖公二十五年》，（清）阮元校刻《十三经注疏》，中华书局影印本，1980，第1820页。

经指出："《易经》中战争文字之多，实在任何的事项之上。"① 据有的学者统计，《易经》中"除了《师》卦专门讲战争外，尚有《坤》《屯》《蒙》《需》……30 个卦及 71 个象、象、爻辞提及战争字眼"②。春秋中期以降，随着思想文化领域的新旧交替，《易经》开始摆脱宗教巫术的桎梏，向着人文化、哲理化的方向迅速发展，其在军事活动中的意义已不仅仅是一个占卜问吉的手段，而是从思想理论的高度在日趋频繁、激烈的战事中给予人们切实的指导。史载，晋楚邲之战前，晋国的荀首（知庄子）就对先縠擅自调动军队的行为表示了忧虑，而他所依据的正是《易经·师卦》初六爻"师出以律，否臧凶"的观点："《周易》有之，在《师》䷆之《临》䷒，曰：'师出以律，否臧，凶。'执事顺成为臧，逆为否。众散为弱，川壅为泽。有律以如己也，故曰律。否臧，且律竭也。盈而以竭，夭且不整，所以凶也。不行谓之《临》，有帅而不从，临孰甚焉！此之谓矣。果遇，必败，嬴子尸之。虽免而归，必有大咎。"③ 可见，《易经》在其独有的卦爻辞结构的基础上所昭示出的对战争的种种理解，已被时人奉为圭臬。虽然这一时期的整体军事理论仍未跳出"古司马法"的框架，其特点正如《汉书·艺文志·兵志略序》所指出的"下及汤武受命，以师克乱而济百姓，动之以仁义，行之以礼让"④，但《易经》在战争社会观、战争规律观、作战指导观等方面所取得的理论创获，对之后兵家诸子的理论形成都产生了积极且直接的影响。

首先，在战争社会观方面，《易经》所宣扬的"义战"思想为先秦兵家学者所承继。自《孙子兵法》开篇提出"兵者，国之大事，死生之地，存

---

① 郭沫若：《中国古代社会研究》第一篇《〈周易〉时代的社会生活》，《郭沫若全集·历史编》第一卷，人民出版社，1982，第 51 页。

② 王智荣：《易学与兵学之研究》，见刘大钧总主编《百年易学菁华集成·〈周易〉与中国文化》肆，上海科学技术文献出版社，2010，第 2015 页。

③ （晋）杜预集解，（唐）孔颖达等正义《春秋左传正义》卷二十三《宣公十二年》，（清）阮元校刻《十三经注疏》，中华书局影印本，1980，第 1879~1880 页。

④ 黄朴民：《古司马法与前〈孙子〉时期的中国古典兵法》，《光明日报》2011 年 12 月 15 日，第 11 版。

亡之道，不可不察也"① 以来，"慎战"就一直是历代兵家理论建构的重要
前提。事实上，《易经》中就已经有了丰富的慎战思想，对此学者们言之颇
详②。在《易经》的作者看来，"慎战"虽不意味着"避战"，但鉴于战争
的破坏性和残酷性，选择战与不战时必须对自身所处的环境和面临的形势
加以全面的分析和冷静的判断，而这当中首要考虑的因素就是战争的正义
性——必须是有德之人发动的"义战"。《周易·复卦》上六爻曰："迷复，
凶。有灾眚。用行师，终有大败，以其国君凶，至于十年不克征。"③ 是说
此爻有迷而不反之义，其身内怀阴柔之质，本无中正之德，如果用兵则为
不义之战，故而必有大败，甚至会影响其国君的安危。相反，《周易·谦
卦》上六爻虽然也为阴爻，但以柔顺谦逊之德身居高位，背逆者寡，顺从
者众，正所谓"谦极有闻，人之所与，故可用行师"④。换言之，其发动的
战争是得到人们拥护的，是正义性的，故其爻辞为"利用行师征邑国"⑤。
同样，专门阐述行军用兵之道的《周易·师卦》中，开篇即言"师，
贞"⑥，将"师出有名"置于首要的位置，其理正如宋代程颐所说："师之
道，以正为本。兴师动众以毒天下，而不以正，民弗从也。"⑦ 汉代学者曾
将春秋至战国军事思想发展概括为"出奇设伏，变诈之兵并作"，认为其与
之前"动之以仁义，行之以礼让"⑧ 的做法截然不同。即便如此，"义战"
的思想在先秦兵家典籍中仍是屡见不鲜。如《孙子兵法》有言："道者，令

---

① （周）孙武撰，（汉）曹操等注，杨丙安校理《十一家注孙子校理》卷上《计篇》，中华书
　　局，1999，第 1 页。
② 例如，于国庆《〈师〉卦之兵法及其对〈孙子兵法〉的影响》（《周易研究》2006 年第 3
　　期）一文，姜国柱《中国军事思想通史·先秦卷》（中国社会科学出版社，2006）第二章
　　第二节"《周易》的军事思想"，都有论及此内容的地方。
③ （三国魏）王弼、（晋）韩康伯注，（唐）孔颖达等正义《周易正义》卷三《复》，（清）
　　阮元校刻《十三经注疏》，中华书局影印本，1980，第 39 页。
④ （宋）朱熹撰，廖名春点校《周易本义·谦》，中华书局，2009，第 87 页。
⑤ （三国魏）王弼、（晋）韩康伯注，（唐）孔颖达等正义《周易正义》卷二《谦》，（清）
　　阮元校刻《十三经注疏》，中华书局影印本，1980，第 31 页。
⑥ （三国魏）王弼、（晋）韩康伯注，（唐）孔颖达等正义《周易正义》卷二《师》，（清）
　　阮元校刻《十三经注疏》，中华书局影印本，1980，第 25 页。
⑦ （宋）程颐撰，王孝鱼点校《周易程氏传》卷第一《师》，中华书局，2011，第 41 页。
⑧ （汉）班固撰，（唐）颜师古注《汉书》卷三十《艺文志第十》，中华书局，1962，第 1762 页。

民与上同意也，故可以与之死，可以与之生，而不畏危。"① 《吴子兵法》写道："圣人绥之以道，理之以义，动之以礼，抚之以仁。此四德者，修之则兴，废之则衰，故成汤讨桀而夏民喜悦，周武伐纣而殷人不非。举顺天人，故能然矣。"② 《孙膑兵法》亦谓："故城小而守固者，有委也；卒寡而兵强者，有义也。夫守而无委，战而无义，天下无能以固且强者。"③ 凡此种种，都包含着对战争正义性的肯定。虽说除《易经》外，《孙子兵法》之前的一些典籍中也有肯定"义战"重要性的，像《尚书·仲虺之诰》谓"有夏昏德，民坠涂炭，天乃锡王勇智，表正万邦"④，《左传》引《军志》亦言"有德不可敌"⑤ 等等，但《易经》的独创之处则在于其指明了"义战"之所以重要的原因，即能团结上下、凝聚意志，这恰好是战争取胜的先决条件。正如《六韬》所说："战必以义者，所以励众胜敌也。"⑥ 从这个角度来看，《易经》"义战"的理论在思想性与深刻性上达到了一个相当的高度。因此，在探讨先秦兵家"义战"思想的渊源时，《易经》是一个不可忽视、无法回避的重要环节。

其次，在战争规律观方面，《易经》将军事统帅的素养视为取得胜利的第一要务。正所谓"天下安，注意相；天下危，注意将"⑦。春秋战国是一个社会动荡、战事频仍的时代，军事统帅素质的高低在很多时候直接决定了战争的成败。《易经》特别强调统帅的素养，在《师卦》六五爻"长子帅

---

① （周）孙武撰，（汉）曹操等注，杨丙安校理《十一家注孙子校理》卷上《计篇》，中华书局，1999，第3页。

② 《吴子兵法·图国第一》，见骈宇骞、李解民、盛冬铃等译注《武经七书》，中华书局，2007，第89页。

③ 张震泽：《孙膑兵法校理·见威王》，中华书局，1984，第20页。

④ （旧题汉）孔安国传，（唐）孔颖达等正义《尚书正义》卷八《仲虺之诰第二》，（清）阮元校刻《十三经注疏》，中华书局影印本，1980，第161页。

⑤ （晋）杜预集解，（唐）孔颖达等正义《春秋左传正义》卷十六《僖公二十八年》，（清）阮元校刻《十三经注疏》，中华书局影印本，1980，第1824页。

⑥ 《六韬·龙韬·奇兵》，见骈宇骞、李解民、盛冬铃等译注《武经七书》，中华书局，2007，第432页。

⑦ （汉）司马迁撰，（南朝宋）裴骃集解，（唐）司马贞索隐，（唐）张守节正义《史记》卷九十七《郦生陆贾列传第三十七》，中华书局，2013，第3253页。

师，弟子舆尸，贞凶"[1] 中，通过"长子"与"弟子"这种颇具指代意义的对比，形象地说明任将不专、不得其人的严重后果。尤其是在《师卦》开篇的爻辞之中提出的"丈人吉，无咎"的思想，把此问题的讨论提升到了一个新的高度。具体而言，在此处的语境下，"丈人"并不仅仅意味着老成持重。和颐曰："丈人者，尊严之称。帅师总众，非众所尊信畏服，则安能得人心之从？"[2] 即是说，行军用兵，贵在使上下一心、群听不惑，故统帅须有使人畏服之能。而要做到这一点，除了个人的亲和力外，更要依靠严明的军纪军法。正像汉儒郑玄解释的："丈之言长，能御众，有正人之德，以法度为人之长。"[3] 因此，《师卦》所说的"丈人"，是能践行"师出以律，否臧凶"思想的人，是依法治军、赏罚分明之人。在先秦兵书之中，"兵法并举""以法治军"是一个经常出现的内容，[4] 吴起就明确提出过"以治为胜"的观点，他指出："若法令不明，赏罚不信，金之不止，鼓之不进，虽有百万，何益于用？"[5]《尉缭子》也说："凡兵制必先定。制先定则士不乱，士不乱则刑乃明。"[6] 很显然，这正是对《易经》"有正人之德，以法度为人之长"的"丈人"思想的继承和发展。

此外，结合《周易·师卦》六爻以及其他卦的一些爻辞来看，作为军队统帅的"丈人"，还需要有正确判断战场形势、分析敌我双方实力的能力。如《周易·泰卦》上六爻曰："城复于隍，勿用师，自邑告命，贞吝。"[7] 此爻处于"《泰》极而《否》"[8] 的特殊阶段，上下不通，人心离散，此时出兵自然不是什么明智之举，故不如"勿用师"以待客观形势的转变

---

[1] （三国魏）王弼、（晋）韩康伯注，（唐）孔颖达等正义《周易正义》卷二《师》，（清）阮元校刻《十三经注疏》，中华书局影印本，1980，第25页。

[2] （宋）程颐撰，王孝鱼点校《周易程氏传》卷第一《师》，中华书局，2011，第41页。

[3] （宋）王应麟辑，张振峰等点校《周易郑康成注·师》，中华书局，2012，第19页。

[4] 对此，可参见解文超《先秦兵书研究》（上海古籍出版社，2007）中编第二章第三节中的相关内容。

[5] 《吴子兵法·治兵第三》，见骈宇骞、李解民、盛冬铃等译注《武经七书》，中华书局，2007，第106页。

[6] 钟兆华：《尉缭子校注》卷第一《制谈第三》，中州书画社，1982，第10页。

[7] （三国魏）王弼、（晋）韩康伯注，（唐）孔颖达等正义《周易正义》卷二《泰》，（清）阮元校刻《十三经注疏》，中华书局影印本，1980，第28页。

[8] （宋）朱熹撰，廖名春点校《周易本义·泰》，中华书局，2009，第76页。

为好。又如《师卦》六四爻曰："师左次，无咎。"①"左次"，即为退避之义。战场上虽离不开强勇果敢，但复杂万变的形势往往要求统帅采取"以退为进"的策略，所谓"度不能胜，而完师以退，愈于覆败远矣"②。可见，不论是战前准备还是战事爆发，统帅都应本着一种谋定而后动的态度。孙子曾说："夫未战而庙算胜者，得算多也；未战而庙算不胜者，得算少也。多算胜，少算不胜，而况于无算乎？吾以此观之，胜负见矣。"③相比于孙子的这一思想，虽然《易经》的观点还显得过于粗略，但从思想发展的角度来看，其前车之功却是不容抹杀的。总之，《易经》中有关"丈人"的理论实质上是关于一位优秀统帅所具有的基本素质的探讨，反映了对战争规律的肯定。有鉴于早期兵家的典籍，如《军志》《军政》今天只是残存了片言只语，难以窥其全貌，《易经》的理论无疑更显得弥足珍贵。唐人李荃在解释《孙子兵法·计篇》"将者，智、信、仁、勇、严也"时说："此五者，为将之德，故《师》有'丈人'之称也。"④明确指出了《易经》的"丈人"思想对于《孙子兵法》所起的启发作用。不仅《孙子兵法》如此，《吴子兵法》中的"五慎"⑤、"四机"⑥，《孙膑兵法》中的"王者之将"⑦，究其内涵又何曾置《易经》相关的理论创获于不顾？因此，如果说自先秦兵家时代起，"为将之道"就成为中国古代兵家思想的一个核心问题的话，那么考镜源流便可发现，《易经》的发凡起例之功是不容忽视的。

再次，在作战指导观方面，《易经》所蕴涵的变易思维模式对先秦兵家的相关理论也起了潜移默化的影响。学术界以往论及先秦兵家在战术指挥

① （三国魏）王弼、（晋）韩康伯注，（唐）孔颖达等正义《周易正义》卷二《师》，（清）阮元校刻《十三经注疏》，中华书局影印本，1980，第25页。
② （宋）程颐撰，王孝鱼点校《周易程氏传》卷第一《师》，中华书局，2011，第44页。
③ （周）孙武撰，（汉）曹操等注，杨丙安校理《十一家注孙子校理》卷上《计篇》，中华书局，1999，第20页。
④ （周）孙武撰，（汉）曹操等注，杨丙安校理《十一家注孙子校理》卷上《计篇》，中华书局，1999，第7页。
⑤ 《吴子兵法·论将第四》，见骈宇骞、李解民、盛冬铃等译注《武经七书》，中华书局，2007，第114页。
⑥ 《吴子兵法·论将第四》，见骈宇骞、李解民、盛冬铃等译注：《武经七书》，中华书局，2007，第115页。
⑦ 张震泽：《孙膑兵法校理·八阵》，中华书局，1984，第65页。

方面的种种创获时，大都只是关注到了其与道家学派之间的关系①，事实上，《易经》所起的作用同样十分巨大。我们知道，《易经》八卦以及六十四卦的基础是阴（"--"）阳（"—"）两个符号，这二者之间既表现为一种相互变易、彼此转化的互动，又在整体上呈现出一种相辅相成、相济互补的联系。因此，《易经》在谈及事物的变易转化时，特别注重正反两方面的全面性把握。如《坤卦》："君子有攸往，先迷后得主，利。"②《讼卦》六三爻："食旧德，贞厉，终吉。"③《家人卦》九三爻："家人嗃嗃，悔厉，吉。妇子嘻嘻，终吝。"④ 在这几段文字中，一件事情的好与坏、吉与凶、得与失，往往同时并举，并不偏废，这样就能在一种普遍联系、相互制约的视角下研究并把握事物的发展规律。可以说，这既是一种思维方式，也是一种理念追求。先秦兵家学者在讨论战场指挥、战术原则的时候，将其运用得淋漓尽致、炉火纯青。如《孙子兵法》在总结战术原则时说："乱生于治，怯生于勇，弱生于强。治乱，数也；勇怯，势也；强弱，形也……故善战者，求之于势，不责于人，故能择人而任势。"⑤ 在这里，孙子将治乱、勇怯、强弱两两并举加以论述，其遵循的正是《易经》那种阴阳对立统一的变易思维模式。所以有的学者指出："《孙子兵法》之基本哲理，亦在于道化二元……'常'与'变'，'正'与'奇'，'实'与'虚'，'静'与'动'，'守'与'攻'，'合'与'分'……孙子兵道之二元素即同《易》道之阴阳，二者循环互生，互为表里，故阴阳之衍，化育万物，而常变之用，兵道无穷"。"孙子所言谋略、形势、攻守、奇正、虚实等等思想，不外乎在于从知与行当中确立敌我的变化关系，并在敌我不

---

① 例如，李桂生先生提道："在作战指导方面，兵家极具道家之色彩，主要体现为辩证思想和柔弱胜刚强的思想。"见李桂生《诸子文化与先秦兵家》，岳麓书社，2009，第311页。
② （三国魏）王弼、（晋）韩康伯注，（唐）孔颖达等正义《周易正义》卷一《坤》，（清）阮元校刻《十三经注疏》，中华书局影印本，1980，第17页。
③ （三国魏）王弼、（晋）韩康伯注，（唐）孔颖达等正义《周易正义》卷二《讼》，（清）阮元校刻《十三经注疏》，中华书局影印本，1980，第24页。
④ （三国魏）王弼、（晋）韩康伯注，（唐）孔颖达等正义《周易正义》卷四《家人》，（清）阮元校刻《十三经注疏》，中华书局影印本，1980，第50页。
⑤ （周）孙武撰，（汉）曹操等注，杨丙安校理《十一家注孙子校理》卷中《势篇》，中华书局，1999，第94～98页。

断的消长变化中，获得知胜之道，这种动态的变化理论，在《易》当中可以得到最基础最根本的认识"①。又如，《孙膑兵法》说"夫兵者，非士恒埶（势）也"②，而讨论作战方法的《奇正》篇③，也运用了相同的思维方式分析了战场形势的转变，指出："天地之理，至则反，盈则败……代兴代废，四时是也。有胜有不胜，五行是也。有生有死，万物是也。有能有不能，万生是也。有所有余，有所不足，形势是也……故善战者，见适（敌）之所长，则智（知）其所短；见适（敌）之所不足，则智（知）其所有余。"④ 相较于《孙子兵法》，《孙膑兵法》对"兵道之二元素"的论述更加全面、深刻。需要指出的是，兵家这种论述方式正是中国古代哲人常说的"反复"："凡事物由成长而剥落，谓之反；而剥落之极，终而又始，则谓之复……中国哲学所谓复，则主要是更新再始之义，无综合意思，故与西洋哲学中所谓否定之否定不尽同。"⑤ 而反复的观念最早见于《易经》，如《泰卦》"无平不陂，无往不复"⑥，《复卦》"反复其道，七日来复"⑦，等等。《司马法》有言"大小、坚柔、参伍、众寡、凡两，是谓战权"⑧；《尉缭子》说过"凡我往则彼来，彼来则我往，相为胜败，此战之理然也"⑨；《六韬》提到"一喜一怒，一予一夺，一文一武，一徐一疾者，所以调合三军，制一臣下也"⑩。在分析这些文字时，我们不可能对《易经》的相关内容视而不见。

兵家作为先秦时期一个开放性的思想流派，在理论上与诸子之间都有

① 陈伯适：《孙子兵法研究》，（台湾）文史哲出版社，2006，第114～115页。
② 张震泽：《孙膑兵法校理·见威王》，中华书局，1984，第19页。
③ 此篇见于所谓的"下编十五篇"之中，学术界大都认为其不属于《孙膑兵法》。虽然这一问题悬而未决，但并不影响我们此处的讨论。
④ 张震泽：《孙膑兵法校理·奇正》，中华书局，1984，第192～193页。
⑤ 张岱年：《中国哲学大纲·宇宙论》，《张岱年全集》第二卷，河北人民出版社，1996，第132页。
⑥ （三国魏）王弼、（晋）韩康伯注，（唐）孔颖达等正义《周易正义》卷二《泰》，（清）阮元校刻《十三经注疏》，中华书局影印本，1980，第28页。
⑦ （三国魏）王弼、（晋）韩康伯注，（唐）孔颖达等正义《周易正义》卷三《复》，（清）阮元校刻《十三经注疏》，中华书局影印本，1980，第38页。
⑧ 王震：《司马法集释·定爵第三》，中华书局，2018，第115页。
⑨ 钟兆华：《尉缭子校注》卷第三《战权第十二》，中州书画社，1982，第53页。
⑩ 《六韬·龙韬·奇兵》，见骈宇骞、李解民、盛冬铃等译注《武经七书》，中华书局，2007，第432～433页。

着密切的联系①，所以不能否认兵家学者从《易经》汲取养料的可能。就史料而论，《易经》对当时的知识精英有着极强的吸引力。春秋时期，《易经》作为传统礼制的一部分，在周王室及各诸侯国间广泛流传。前文所引鲁昭公二年，韩宣子奉晋侯之命出使鲁国，在鲁国太史处看到《易》，可知《易经》在当时的地位。再者，鲁昭公三十二年，史墨在与赵简子讨论"季氏出其君，而民服焉，诸侯与之"时，提出了"社稷无常奉，君臣无常位，自古以然"的观点，其重要依据之一就是《易经》，"在《易》卦，雷乘乾曰《大壮》☳，天之道也"②。根据易学的理论，乾卦代表天子，震卦代表诸侯，大壮卦为上震下乾，象征了臣强君弱、君臣易位的形势。在这里，《易经》所起作用已不再是原始的占卜问吉，而是一种知识背景和思想工具，故像孔子那样的学者才会"居则在席，行则在橐"③地研读《易经》。因此，即使在理论的精致程度上远不能与日后的《易传》相提并论，但《易经》"已经蕴涵着某些条理性、系统性、规律性的东西，成为后来占筮活动中推论的依据，成为人类认识进一步发展的中介和前提，显示出某种理性思维和逻辑推衍的因素"④，所以就当时的学术背景来看，《易经》能从战争规律、作战指导等领域提出一些颇值得称道的观点，应当也不是一件突兀的事。

（二）先秦兵家军事思想对《易传》的影响

在中国学术思想史上，春秋战国是一个极其辉煌的时代。群贤并起、百家争鸣是此阶段思想发展的潮流。正所谓"凡'思'非皆能成'潮'，能成'潮'者，则其'思'必有相当之价值，而又适合于其时代之要求者也"⑤，所以此时期的思想发展也自有其轨迹可循。具体说来，"与政治渐趋

---

① 探讨兵家思想与各家诸子理论之间的关系是先秦兵家研究的重点之一，如张文儒《中国兵学文化》（北京大学出版社，1997）、李桂生《诸子文化与先秦兵家》（岳麓书社，2009）中有涉及这一方面的内容。

② （晋）杜预集解，（唐）孔颖达等正义《春秋左传正义》卷五十三《昭公三十二年》，（清）阮元校刻《十三经注疏》，中华书局影印本，1980，第2128页。

③ 裘锡圭主编《长沙马王堆汉墓简帛集成》（叁），中华书局，2014，第116页。

④ 张涛：《秦汉易学思想研究》，中华书局，2005，第4页。

⑤ 梁启超：《清代学术概论》，东方出版社，1996，第1页。

统一的形势相适应，诸子各家之间出现了互相吸收、互相渗透、互相融合的局面。黄老学派或者说稷下道家的形成，《吕氏春秋》的编撰，都是这一局面的反映，而包容性、超越性表现得最突出的，就是《易传》诸篇的问世"①。《易经》人文化趋向始于春秋时期，历经数百年的积累，在战国中后期，随着《易传》的出现终于建立起了一个囊括众家的理论体系。《易传》以开放的姿态、广博的胸襟，将各家各派的思想学说吸收过来为己所用，兵家学派也在其列。所以追本溯源，《易传》中的许多理论，直接体现出了先秦兵家的最新理论成果。

　　具体说来，这首先表现在军事思想领域之中。王夫之曾将春秋战国之交视为"古今一大变革之会"②，这从军事发展的角度来看亦是如此。战国之世，各国统治者纷纷进行内政改革，奖励耕战、富国强兵，从而促使着各国战争机器加速运转，对外兼并战争空前惨烈，这就直接导致兵家的思想理论进入了一个新的发展阶段，即"兵学本身不再局限于单纯的'军法'或'兵法'，而是大量汲取了儒、墨、道、法的政治伦理观念，呈现出政治主导军事的时代特色"③，而"兵家把战争性质作为重要理论问题，反映出儒家伦理对兵家思想的重铸"。在此背景之下，"民"成为先秦兵家诸子论兵之时的一个重要甚至可以说是核心的命题。《孙子兵法·地形》篇中说："故兵有走者，有弛者，有陷者，有崩者，有乱者，有北者。凡此六者，非天之灾，将之过也。"④ 所以，优秀的将领必须是善抚士卒之人，即如接下来《孙子兵法·地形》篇所言："进不求名，退不避罪，唯人是保，而利合于主，国之宝也。视卒如婴儿，故可与之赴深溪；视卒如爱子，故可与之俱死"⑤。《司马法》中除了言及作战需以民众的利益为本外，也明确地谈到

---

① 张涛：《秦汉易学思想研究》，中华书局，2005，第21页。
② （清）王夫之著，舒士彦点校《读通鉴论》下册卷末《叙论四》，中华书局，2013，第976页。
③ 黄朴民：《先秦军事思想发展的概况及其特色》，《济南大学学报》（社会科学版）2000年第4期，第6页。
④ （周）孙武撰，（汉）曹操等注，杨丙安校理《十一家注孙子校理》卷下《地形篇》，中华书局，1999，第222页。
⑤ （周）孙武撰，（汉）曹操等注，杨丙安校理《十一家注孙子校理》卷下《地形篇》，中华书局，1999，第227页。

了赢取"民心""军心"的问题,所谓"凡战,定爵位,著功罪,收游士,申教诏,讯厥众,求厥技,方虑极物,变嫌推疑,养力索巧,因心之动"①。"将心,心也;众心,心也"②。"凡战,有天,有财,有善……人勉及任,是谓乐人"③。1972年,随竹简《孙膑兵法》一起出土的银雀山汉墓竹简兵法佚文《兵失》篇中有言:"兵失民,不知过者也。兵用力多,功少,不知时者也。兵不能胜大患,不能合民心者也。"④ 这同样肯定了民心的重要性。而在《客主人分》篇中,这种思想更是被发挥到了极致。在其著者看来,即使粮草再充足,装备再精良,如果是"民有余粮弗得食"⑤,那么"甲坚兵利不得以为强,士有勇力不得以卫其将"⑥,同样不能取得战争的胜利。武器、装备、粮草虽是战争胜败的关键性因素,但在其主体"人"的面前,仍然是要退居次席的。这些理论成果在《易传》诸篇中有着深刻的体现。例如,《师卦·彖传》有言:"刚中而应,行险而顺,以此毒天下而民从之,吉又何咎矣。"⑦ 战争是残酷的,所谓"师旅之兴,不无害于天下",故在冷兵器时代,军心士气、民心所向对战争成败起着决定性的作用。《彖传》的作者认为,《师卦》之所以为"吉""无咎"的原因,在于其用兵行师能得众人之心,即"民从之"。与之相同,《师卦·象传》也说:"地中有水,师。君子以容民蓄众。"⑧ 从理论的高度将"师之道"的着眼点汇集到民众的身上。如果说《易经》中的主要军事思想,如"师,贞,丈人吉","师出以律","师左次"等所涉及的内容是军队管理与战术指挥的话,那么《易传》则明确将军心、民心问题纳入其军事理论之中。

除此之外,先秦兵家学派对《易传》军事思想的影响还表现为从哲学

① 王震:《司马法集释·定爵第三》,中华书局,2018,第93页。
② 王震:《司马法集释·定爵第三》,中华书局,2018,第104页。
③ 王震:《司马法集释·定爵第三》,中华书局,2018,第109页。
④ 张震泽:《孙膑兵法校理·兵失》,中华书局,1984,第170页。
⑤ 张震泽:《孙膑兵法校理·客主人分》,中华书局,1984,第156页。
⑥ 张震泽:《孙膑兵法校理·客主人分》,中华书局,1984,第157页。
⑦ (三国魏)王弼、(晋)韩康伯注,(唐)孔颖达等正义《周易正义》卷二《师·彖》,(清)阮元校刻《十三经注疏》,中华书局影印本,1980,第25页。
⑧ (三国魏)王弼、(晋)韩康伯注,(唐)孔颖达等正义《周易正义》卷二《师·象》,(清)阮元校刻《十三经注疏》,中华书局影印本,1980,第25页。

的高度对军事规律的总结，即用"中"这个极富抽象意义的概念来评判战场上的得失。《吴子兵法·应变》列举了作战时可能遇到的一些情况，如"敌众我寡"，"敌近而薄我，欲去无路，我众甚惧"，"遇敌于溪谷之间，傍多险阻，彼众我寡"，"左右高山，地甚狭迫，卒遇敌人，击之不敢，去之不得"，"暴寇之来，掠吾田野，取吾牛羊"，等等，论之所至，共有十数种情形，可见战场形势的复杂与多变，因而在总结经验、提炼规律的时候，无疑需要一个更高层次的范畴。当时的兵家学者大都使用"道"这个词来阐述自己对战争规律的认识，如："兵者，诡道也"①。"威王问九，田忌问七，几知兵矣，而未达于道也"②。"凡战之道，既作其气，因发其政，假之以色，道之以辞"③。"讲武料敌，使敌之气失而师散，虽形全而不为之用，此道胜也"④。"凡兵之道，莫过于一。一者，能独往独来"⑤。从军事哲学的高度探索战争规律的这些论述，可以说是古代军事理论走向成熟的重要表现。《易传》作者在阐述军事问题时，虽没有使用"道"这个范畴，但却使用了其异名同旨的一个概念——"中"。宋代陈淳说："中者，天下之大本。只是浑沦在此，万般道理都从这里出，便为大本。"⑥ 在易学思想体系里，"中"即"道"，这并不仅仅因为某些爻因得中而吉，某些爻因失中而凶，更因为"中"代表着理性的秩序与处事原则，象征着一种进退存亡而不失其正的圣人境界。《周易·夬卦》九二爻辞曾说："惕号，莫夜有戎，勿恤。"⑦《夬卦》为决断之义，其九二爻处中居柔，象征军队的统帅内怀兢惕，外申号令。这样，即使面对敌人夜袭这种突发状况，也能从容应对。可见，《易经》此处涉及的还是具体的军队管理和军事指挥问题，而《象传》

---

① （周）孙武撰，（汉）曹操等注，杨丙安校理《十一家注孙子校理》卷上《计篇》，中华书局，1999，第 12 页。

② 张震泽：《孙膑兵法校理·威王问》，中华书局，1984，第 29 页。

③ 王震：《司马法集释·定爵第三》，中华书局，2018，第 136 页。

④ 钟兆华：《尉缭子校注》卷第一《战威第四》，中州书画社，1982，第 16～17 页。

⑤ 《六韬·文韬·兵道》，见盛冬铃、李解民、盛冬铃等译注《武经七书》，中华书局，2007，第 386 页。

⑥ （宋）陈淳著，熊国祯、高流水校《北溪字义》卷下《中和》，中华书局，1983，第 47 页。

⑦ （三国魏）王弼、（晋）韩康伯注，（唐）孔颖达等正义《周易正义》卷五《夬》，（清）阮元校刻《十三经注疏》，中华书局影印本，第 57 页。

则从"中"的角度解读此爻，指出："有戎勿恤，得中道也。"① 此处的"中道"，实际上指的就是战争自身的特点和规律，而"得中道"，即意味着对战争规律的体认和践行。由此，对此爻的理解无疑上升到了一个更高的层面。诸如此类的例子在《易传》里尚有许多，如《同人卦·象传》中所谓"同人之先，以中直也。大师相遇，言相克也"②，《师卦·象传》中所谓"长子帅师，以中行也"③ 等。再者，在易学体系下，"中"的最高境界是为"太和"，所谓"保合太和，乃利贞"④。为了达到这种最高程度的和谐，《易传》又提出了"时"的理论，故历代易学大家往往将"时"看作实现"太和"的必由之路。如程颐说："易，变易也，随时变易以从道也。"⑤ 惠栋说："《易》道深矣，一言以蔽之，曰：时中……知时中之义，其于《易》也思过半矣。"⑥ 无独有偶，兵家学者强调战争要讲究"时"，阐述过"发火有时""以时发之"等重要思想，肯定了"时"在战争中的关键作用。可见，《易传》在理论上的进步无疑与先秦兵家之间有着密切的关系。

总之，《易传》的作者对于兵家诸子在新时期所取得的理论成就并没视而不见，而是持一种积极的态度予以吸收借鉴，从而使其军事思想相比《易经》有了进一步的发展，这在分析《周易》的军事思想时应当给予充分注意。

（三）先秦兵家政治思想对《易传》的影响

除了军事思想之外，先秦兵家学派对《易传》的影响还表现在社会政治思想方面。自古至今，历代思想家都十分注意总结汲取《易传》之中

---

① （三国魏）王弼、（晋）韩康伯注，（唐）孔颖达等正义《周易正义》卷五《夬·九二·象》，（清）阮元校刻《十三经注疏》，中华书局影印本，第57页。

② （三国魏）王弼、（晋）韩康伯注，（唐）孔颖达等正义《周易正义》卷二《同人·九五·象》，（清）阮元校刻《十三经注疏》，中华书局影印本，1980，第30页。

③ （三国魏）王弼、（晋）韩康伯注，（唐）孔颖达等正义《周易正义》卷二《师·六五·象》，（清）阮元校刻《十三经注疏》，中华书局影印本，1980，第25页。

④ 对"太和"内涵的分析，可见张涛《〈周易〉的和谐思想》，张涛主编《周易文化研究》第一辑，东方出版社，2009，第10~11页。

⑤ （宋）程颐撰，王孝鱼点校《周易程氏传·易传序》，中华书局，2011，第1页。

⑥ （清）惠栋撰，郑万耕点校《易汉学》卷七《荀慈明易》，《周易述 附易汉学、易例》，中华书局，2007，第624~626页。

所蕴涵的经世之道。"《周易》历来为统治阶级重视，重要的原因在于，它是能够为历代王朝之正道和治道提供借鉴的一部不可或缺的重要典籍。"① 这就是说，在政治思想领域，《周易》尤其是《易传》诸篇有着不可忽视的现实指导意义，历代统治者对其青睐有加的主要原因即在于此。追本溯源，《易传》的社会政治理论中有着先秦兵家的深刻烙印，具体而言，《易传》的忧患意识和损上益下的民本思想，都可以从兵家学派的政治主张中窥见其端倪，有必要加以具体分析。

《易》为忧患之作，成于殷周之际的《易经》卦象和卦爻辞，其中即隐含有自我反思的忧患思想。《周易·系辞下传》："《易》之兴也，其当殷之末世，周之盛德邪？当文王与纣之事邪？是故其辞危。危者使平，易者使倾。其道甚大，百物不废。惧以终始，其要无咎。"② 这番话更是把这种思想发挥到了极致——在一种理智且富于远见的精神状态下，本着浓厚的社会责任感，通过自我反思，拨乱反正，化险为夷，实现个人、家庭乃至国家层面上的转危为安。因此，《易传》的社会政治理论无疑是以其忧患意识为基本出发点的，而这在先秦兵家学派那里可以得到相同的认识。兵家学者有关忧患的种种论述在很多地方是基于战场上行军用兵的考虑，如《孙子兵法》说："是故智者之虑，必杂于利害。杂于利，而务可信也；杂于害，而患可解也。"③ 尽管如此，其落脚点仍是"用兵之法"，但是随着政治主导军事、国力决定胜败的趋势日益明显，兵家学者开始将忧患之思更多地运用于社会政治的讨论之中。例如，魏武侯对于魏国外部的政治形势多有忧患："今秦胁吾西，楚带吾南，赵冲吾北，齐临吾东，燕绝吾后，韩据吾前。六国之兵四守，势甚不便。"面对这种情况，名将吴起指出："夫安

---

① 张涛：《〈周易〉的和谐思想》，张涛主编《周易文化研究》第一辑，东方出版社，2009，第15页。
② （三国魏）王弼、（晋）韩康伯注，（唐）孔颖达等正义《周易正义》卷八《系辞下》，（清）阮元校刻《十三经注疏》，中华书局影印本，1980，第90页。
③ （周）孙武撰，（汉）曹操等注，杨丙安校理《十一家注孙子校理》卷中《九变篇》，中华书局，1999，第173页。

国家之道，先戒为宝。今君已戒，祸其远矣。"① 在这里，武侯和吴起讨论的就不单单是一个军事问题，而是扩展到了国家战略安全的层面。又如，根据《六韬》所载，周武王向姜太公询问用兵之道，太公却开导武王不应拘泥于此，指出："圣王号兵为凶器，不得已而用之。今商王知存而不知亡，知乐而不知殃。夫存者非存，在于虑亡；乐者非乐，在于虑殃。今王已虑其源，岂忧其流乎！"② 此说的真实与否固然有待考证，但由此可见《六韬》作者对于忧患意识的态度，即将此视作治国安邦的重要前提，其内涵也已经超出了单纯的军事思想领域。所以，在忧患意识问题上，先秦兵家与《易传》有着相同的视角和出发点，只不过后者在理论的深度和系统化方面更进了一步。

先秦兵家在政治思想领域对《易传》的另一个重要影响就是民本思想。先秦兵家具有强烈的天人思维。《孙子兵法》有言："经之以五事，校之以计，而索其情：一曰道，二曰天，三曰地，四曰将，五曰法。道者，令民与上同意也，故可与之死，可与之生，而不畏危。天者，阴阳、寒暑、时制也。地者，远近、险易、广狭、死生也。将者，智、信、仁、勇、严也。法者，曲制、官道、主用也。"③ 这里总结的五事之中，"道、将、法都是人事，五事实际上就是天、地、人三事"④。此外，《司马法》曰："先王之治，顺天之道，设地之宜，官民之德，而正名治物"⑤。"凡战，若胜，若否，若天，若人"⑥。《孙膑兵法》言："天时、地利、人和，三者不得，虽胜有央（殃）。"⑦ 凡此种种，体现的都是这种天人思维。这种思想虽然强调对规律的遵循以及天人的整体和谐，但却尤其突出人的重要性，所谓"间

---

① 《吴子兵法·料敌第二》，见骈宇骞、李解民、盛冬铃等译注《武经七书》，中华书局，2007，第96页。
② 《六韬·文韬·兵道》，见骈宇骞、李解民、盛冬铃等译注《武经七书》，中华书局，2007，第386页。
③ （周）孙武撰，（汉）曹操等注，杨丙安校理《十一家注孙子校理》卷上《计篇》，中华书局，1999，第2～8页。
④ 李桂生：《诸子文化与先秦兵家》，岳麓书社，2009，第395页。
⑤ 王震：《司马法集释·仁本第一》，中华书局，2018，第23页。
⑥ 王震：《司马法集释·严位第四》，中华书局，2018，第178页。
⑦ 张震泽：《孙膑兵法校理·月战》，中华书局，1984，第59页。

于天地之间，莫贵于人"①，所以尽管战争为死生之地，伤亡不可避免，但兵家学者还是将"民"视为战争成败的一个重要的决定性因素。那么应当如何争取民心，怎样才能真正地"重民""爱民"呢？兵家学者认为，除了要求军队统帅在指挥作战时"进不求名，退不避罪，唯人是保，而利合于主"② 外，更要求君主使民以时，即"无丧其利，无夺其时，宽其政，夷其业，救其弊，则足以施天下"③。与此同时，还要减少对百姓的役使，这样"民无二事，则有储蓄"④，"民富"才能成为可能。总之，先秦兵家民本理论的核心就在于勿夺民时、勿损民财，通过上层权力的规范为下层财富的积累创造条件，这样国家就会成为一个稳定的整体，才能在战争中立于不败之地。《易传》正是基于这样一种思路明确提出了损上益下、惠民富民的民本思想。

（四）兵家思想与《周易》之相通

清代学者魏源曾说："《易》其言兵之书乎！'亢之为言也，知进而不知退，知存而不知亡，知得而不知丧'，所以动而有悔也，吾于斯见兵之情。"并指出："夫经之《易》也，子之《老》也，兵家之《孙》，其道皆冒万有，其心皆照宇宙，其术皆合天人、综常变者也"⑤。魏氏此处之论虽是基于《孙子兵法》而言，但实际上却适用于整个先秦兵家。由上所论可知，虽然现存先秦兵家典籍中没有发现具体称引《周易》的地方，但不能因此无视兵家学派在《周易》形成和易学早期发展过程中所起的积极作用，也不能忽略先秦兵家理论体系中的易学因素。兵家之说与《周易》经传之间的相似、相通之处，再次向人们昭示了《易传》综合百家、超越百家的学术特征和文化品格。因此，以先秦兵家为切入点，通过探讨传统《易经》和易学思维对他们的影响以及兵家思想学说对《易传》的启示，进一步深

---

① 张震泽：《孙膑兵法校理·月战》，中华书局，1984，第 59 页。
② （周）孙武撰，（汉）曹操等注，杨丙安校理《十一家注孙子校理》卷下《地形篇》，中华书局，1999，第 227 页。
③ 钟兆华：《尉缭子校注》卷第五《兵教下第二十二》，中州书画社，1982，第 71 页。
④ 钟兆华：《尉缭子校注》卷第三《治本第十一治本》，中州书画社，1982，第 50 页。
⑤ 魏源：《孙子集注序》，见《魏源集》上册，中华书局，1976，第 226 页。

化先秦易学史、经学史的研究，才是我们追求的最终目标。

六　《周易》经传与《晏子春秋》

晏子（晏婴）是春秋时期齐国著名的政治家、外交家、思想家。他一生历任三朝卿相，在内政外交方面颇有建树。晏子死后，后人将他的言行辞令、逸闻掌故加以整理，汇编为《晏子春秋》一书，成为后人了解晏子生平思想的基本文献。作为一部深受先秦齐文化浸润的典籍，《晏子春秋》与《周易》经传之间有着十分密切的联系。具体来说，一方面，已经摆脱了宗教巫术束缚的《易经》（六十四卦及卦爻辞），以其特有的思维方式影响着春秋时代的知识阶层，成为《晏子春秋》思想理论的一个重要来源；另一方面，《晏子春秋》的学术风格、政治理想和处世之学，作为战国齐地学术文化的重要组成部分，颇为其后陆续形成的《易传》（"十翼"）诸篇所借鉴和吸收。关于《晏子春秋》与《周易》的关系，台湾学者胡自逢先生在其《先秦诸子易说通考》一书中虽有所涉及，但所言不详。因此，系统、全面地探讨《晏子春秋》与《周易》经传间的内在联系和互动关系，不仅是对《晏子春秋》研究的进一步深化和发展，更是对先秦易学史的有益补充和完善。

（一）《晏子春秋》中《易经》思维模式的烙印

中国易学有着悠久的历史。至迟在西周初年，随着《易经》的成书，易学就产生了。人们常说的《周易》，包括《易经》和《易传》两个部分。《易经》本为卜筮之书。春秋时期，《易经》作为传统礼制的一部分，在周王室及各诸侯国间广泛流传。史载，鲁昭公二年，韩宣子奉晋侯之命出使鲁国，"观书于太史氏，见《易象》与《鲁春秋》曰：'周礼尽在鲁矣。吾乃今知周公之德，与周之所以王也'"[①]。可知《易经》在当时的地位之重

[①]　（晋）杜预集解，（唐）孔颖达等正义《春秋左传正义》卷四十二《昭公二年》，（清）阮元校刻《十三经注疏》，中华书局影印本，1980，第2029页。

要。春秋中后期，社会大变革带来了思想文化领域里的新旧交替，中国步入了"轴心时代"。此时的《易经》开始逐渐摆脱宗教巫术的桎梏，向着人文化、哲理化的方向迅速发展。这种变化在沐浴着"洋洋哉，固大国之风也"①的齐国文化阶层中有着较为充分的体现。据《左传·襄公九年》载，穆姜在鲁成公十六年迁往东宫时，曾用《易经》占卜自己的前途，结果"遇《艮》之八䷳，史曰：'是谓《艮》之《随》䷐。《随》，其出也。君必速出。'"，而穆姜不以为然，她说："亡！是于《周易》曰：'《随》，元亨利贞，无咎。'元，体之长也。亨，嘉之会也。利，义之和也。贞，事之干也。体仁足以长人，嘉德足以合礼，利物足以和义，贞固足以干事。然故不可诬也，是以虽《随》无咎。今我妇人而与于乱，固在下位，而有不仁，不可谓元。不靖国家，不可谓亨。作而害身，不可谓利。弃位而姣，不可谓贞。有四德者，《随》而无咎。我皆无之，岂《随》也哉？我则取恶，能无咎乎？必死于此，弗得出矣。"② 在此，穆姜并未囿于传统筮法，而是从伦理道德的角度对卦辞进行了阐释。穆姜为齐人，孔颖达认为"宣元年'夫人妇姜至自齐'，此即穆姜也"③。因此，穆姜此说体现了齐国人文理性思潮的发展。另如，《左传·襄公二十五年》："棠公死，偃御武子以吊焉。见棠姜而美之，使偃取之。偃曰：'男女辨姓，今君出自丁，臣出自桓，不可。'武子筮之，遇《困》䷮之《大过》䷛。史皆曰：'吉！'示陈文子，文子曰：'夫从风，风陨，妻不可娶也。且其繇曰：'困于石，据于蒺梨，入于其宫，不见其妻，凶。'困于石，往不济也。据于蒺梨，所恃伤也。入于其宫，不见其妻，凶，无所归也。'"④ 陈文子的这段解释，兼取"象""辞"，文意晓畅，寓讽谏于平实之中。据《史记·田敬仲完世家》所记世

---

① （汉）司马迁撰，（南朝宋）裴骃集解，（唐）司马贞索隐，（唐）张守节正义《史记》卷三十二《齐太公世家第二》，中华书局，2013，第1820页。

② （晋）杜预集解，（唐）孔颖达等正义《春秋左传正义》卷三十《襄公九年》，（清）阮元校刻《十三经注疏》，中华书局影印本，1980，第1942页。

③ （晋）杜预集解，（唐）孔颖达等正义《春秋左传正义》卷二十五《成公元年》，（清）阮元校刻《十三经注疏》，中华书局影印本，1980，第1892页。

④ （晋）杜预集解，（唐）孔颖达等正义《春秋左传正义》卷三十六《襄公二十五年》，（清）阮元校刻《十三经注疏》，中华书局影印本，1980，第1983页。

系，陈文子即陈完曾孙陈须无。陈氏自陈完迁居齐国起，改田姓、取齐女，已经完全融入齐国上层社会，所以此时的陈文子完全可以视作齐国贵族阶层的代表。故此论同样是齐人重《易》的一个表现。我们知道，晏子出身贵族世家，对传统礼制有着特殊的偏好。现存与晏子有关的材料里，随处可见他对传统礼制的称颂，如："礼之可以为国也久矣，与天地并。君令臣共，父慈子孝，兄爱弟敬，夫和妻柔，姑慈妇听，礼也。君令而不违，臣共而不贰；父慈而教，子孝而箴；兄爱而友，弟敬而顺；夫和而义，妻柔而正；姑慈而从，妇听而婉，礼之善物也。"① 可以想见，《易经》作为周代礼制重要的组成部分，晏子自然谙熟于胸，而且他完全有可能像同时代的许多具有人文精神的官僚学者那样（如陈文子），从《易经》那里汲取经验和智慧。而这种思想上的承继关系上升到理论层面，就反映到《晏子春秋》这部文献之中。

在很长的一段时间里，人们对《晏子春秋》一书看法不一，有人甚至斥之为六朝时伪作。清代曾有学者认为此书成于战国，但此论并没有得到学界的广泛认同。直到 1972 年山东临沂银雀山汉墓《晏子春秋》残简的出土，《晏子春秋》的成书问题才基本上有了定论。虽然目前学术界在成书的具体时间和作者方面并未达成一致，但大都认为它是一部记载晏子思想言行的先秦典籍。前面说过，《易经》原本只为卜筮之用，但是与其他卜筮方法相比，在构成其基础的八卦和阴阳符号中，已经蕴涵着某种理性思维和逻辑推衍的因素。更为重要的是，"《易经》的一些卦爻辞以自然现象比拟人事，注意到天道与人事的一致性，意识到吉凶得失不是固定不变的，而是可以转化的，且对人们有一定的劝诫和教育意义，表现出某种人文化、哲理化的倾向"②。在《晏子春秋》中，《易经》这种天人之学有多处体现，比如："景公问晏子曰：'圣人之不得意何如？'晏子对曰：'上作事反天时，从政逆鬼神，借敛殚百姓；四时易序，神祇并怨；道忠者不听，荐善者不行，谀过者有赏，救失者有罪。故圣人伏匿隐处，不干长上，洁身守道，

---

① （晋）杜预集解，（唐）孔颖达等正义《春秋左传正义》卷五十二《昭公二十六年》，（清）阮元校刻《十三经注疏》，中华书局影印本，1980，第 2115 页。

② 张涛：《秦汉易学思想研究》，中华书局，2005，第 4 页。

不与世陷乎邪,是以卑而不失义,瘁而不失廉。此圣人之不得意也。''圣人之得意何如?'对曰:'世治政平,举事调乎天,借敛和乎百姓;乐及其政,远者怀其德;四时不失序,风雨不降虐;天明象而赞,地长育而具物;神降福而不靡,民服教而不伪;治无怨业,居无废民:此圣人之得意也。'"① 晏子此处所阐述的圣人之道,囊括了天地、四时、人民、万物等诸多方面,尤其是四时、风雨二句,充分阐述了圣人调和天时、因时施教之道,同此后《文言传》"与天地合其德"之义如出一辙。② 总之,《易经》是春秋时期贵族知识阶层较为重视的一部典籍,晏子接触《易经》并非无稽之谈。追本溯源,《晏子春秋》的理论框架中有《易经》思维模式的烙印,自然也是情理之中的事情。

(二)《易传》对《晏子春秋》政治观的继承

在中国学术思想史上,诸子蜂起、百家争鸣的春秋战国时期是一个极其辉煌的时代。梁启超在总结一时代之思潮时曾说:"凡'思'非皆能成'潮',能成'潮'者,则其'思'必有相当之价值,而又适合于其时代之要求者也。"③ 所以此时期的思想发展也自有其轨迹可循,具体说来,"与政治渐趋统一的形势相适应,诸子各家之间出现了互相吸收、互相渗透、互相融合的局面。黄老学派或者说稷下道家的形成,《吕氏春秋》的编撰,都是这一局面的反映,而包容性、超越性表现得最突出的,就是《易传》诸篇的问世"④。《易经》人文化趋向始于春秋时期,在战国中后期随着《易传》的出现而建立起了一个囊括众家的理论体系。《易传》以开放的姿态、广博的胸襟,将各家各派的思想学说吸收过来为己所用,《晏子春秋》也在其列。

自刘向整理《晏子春秋》以来,后人对晏子思想的学派归属一直是众说纷纭、莫衷一是。班固将其归为儒家,柳宗元则认为其体现的是墨家学

---

① 吴则虞:《晏子春秋集释》第三卷《内篇问上第三》,中华书局,1962,第230页。
② 参见胡自逢《先秦诸子易说通考》,(台湾)文史哲出版社,1980,第66页。
③ 梁启超:《清代学术概论》,东方出版社,1996,第1页。
④ 张涛:《秦汉易学思想研究》,中华书局,2005,第21页。

说，清人洪亮吉则在考据辨析的基础上提出了非儒非墨的观点。但无论哪一种说法，都无法准确、全面地总结《晏子春秋》一书的思想特点。究其原因，首先在于晏子本人的思想是无法用后世"九流十家"的标准来简单划分的，诚如有的学者所论："晏子崇尚礼法，仁政爱民，自是儒家传统；崇尚节俭，反对战争，又显然是墨家主张；提倡法治，乃是法家气派；在统治百姓方面，晏子主张顺应自然，岂不又是道家作风？"① 众所周知，晏子所在的齐国是一个经济发达、文化积淀深厚的东方大国，而"周初姜太公封于齐，采取了'因其俗，简其礼'的政策，使齐文化从其建构之初就具备了兼容性和开放性的特征，并成为东夷文化、姜炎文化、商文化、周文化的融合体"②。任何人都无法摆脱环境和时代的影响，在齐文化背景下成长起来的晏子，其思想也较为真实地反映了齐地兼容并蓄的文化特点。因此，作为记述晏子思想的文献，《晏子春秋》同样不能简单地从"九流十家"的视角来加以区分。有的学者就认为，《晏子春秋》作为一部历史人物传记，显示出超越诸子学说的意图，是试图综合诸子学说、重新探讨治国之道一个重要表现③。而其后的历史发展更证明，在政治统一趋势的推动下，这种兼收并蓄、融会贯通的思想风格，最终成为春秋战国时期学术思潮的主旋律，并随着《易传》诸篇的问世而达到了高潮。《周易·系辞下传》说："天下同归而殊涂，一致而百虑。"④ 可见，《晏子春秋》试图超越诸子学说的尝试，与《易传》所提倡的综合百家、超越百家的学术风格可谓一脉相承，二者在学术理念上的承继与发展，体现了春秋战国时期思想发展的轨迹⑤。

在政治思想领域，《晏子春秋》也给《易传》以深刻的影响。自古至

---

① 孙彦林、周民、苗若素：《晏子春秋译注·前言》，齐鲁书社，1991，第1~2页。
② 安作璋、高广政：《论晏子和齐文化》，王振民主编《晏子研究文集》，齐鲁书社，1998，第448页。
③ 刘宝才、李仙娥：《晏子·〈晏子春秋〉·超越儒墨》，王振民主编《晏子研究文集》，齐鲁书社，1998，第38页。
④ （三国魏）王弼、（晋）韩康伯注，（唐）孔颖达等正义《周易正义》卷八《系辞下》，（清）阮元校刻《十三经注疏》，中华书局影印本，1980，第87页。
⑤ 张涛：《秦汉易学思想研究·前言》，中华书局，2005，第1~7页。

今，历代思想家、易学家都十分注意总结提取《周易》之中所蕴涵的经世之道。"《周易》历来为统治阶级重视，重要的原因在于，它是能够为历代王朝之政道和治道提供借鉴的一部不可或缺的重要典籍。"① 这就是说，在政治思想领域，《周易》尤其是《易传》诸篇有着不可忽视的现实指导意义，历代统治者对其青睐有加的主要原因即在于此。而考镜源流，《易传》的社会政治理论中就有着《晏子春秋》的深刻烙印。具体而言，《易传》以刚柔相济、阴阳协调为基点的君臣共治思想和以"损上益下"为标志的民本思想，直接承继于《晏子春秋》的政治观。

首先看《晏子春秋》的君臣思想理论。书中有两次谈到了"和"与"同"的问题。"和"的思想在中国源远流长，"和""同"之辩也是中国古代思想史上的一个重要命题。西周末年，史伯第一次从哲学的高度探讨了"和"的思想内涵。春秋战国时期，"和""同"成为许多思想家关注的一对范畴，而不同的思想家所阐发的角度各有不同。如孔子所说的"君子和而不同，小人同而不和"② 是从理想人格的角度进行的总结，而晏子的立足点则在于政治思想领域，他以"和""同"之辩为出发点，向齐景公阐述为君之道。"所谓和者，君甘则臣酸，君淡则臣咸。今据（即佞臣梁丘据——引者）也甘君亦甘，所谓同也，安得为和！"③ 就前后语境而论，晏子辨析"和""同"的主要目的在于纠正景公偏颇的君臣观，主张君主不能将下臣视为毫无主体意识的附庸品，和谐有序的政治秩序有赖于君臣双方的协调互补。这在《晏子春秋·外篇》中有着更为具体的表述："君所谓可，而有否焉，臣献其否，以成其可；君所谓否，而有可焉，臣献其可，以去其否。是以政平而不干，民无争心。"④ 身为君主，即使有着超凡的个人能力，在政治生活中仍然无法避免出现"君所谓可，而有否焉"的情况，如此就需要臣子贡献其力。所以，《晏子春秋》进一步提出重贤的理念。在《晏子春

---

① 张涛：《〈周易〉的和谐思想》，张涛主编《周易文化研究》第一辑，东方出版社，2009，第 15 页。
② （清）刘宝楠撰，高流水点校《论语正义》卷十六《子路第十三》，中华书局，1990，第545 页。
③ 吴则虞：《晏子春秋集释》第一卷《内篇谏上第一》，中华书局，1962，第 67 页。
④ 吴则虞：《晏子春秋集释》第七卷《外篇第七》，中华书局，1962，第 443 页。

秋·内篇谏下》中，晏子对齐桓公统治的总结是"用管仲而霸，嬖乎竖刁而灭"，充分肯定了贤人能臣在巩固、维系统治中所起的作用。与之后的法家不同，晏子认为臣子必须拥有其独立的政治人格，所谓"臣闻古者之士，可与得之，不可与失之；可与进之，不可与退之"①。当然，如同阴阳不可颠倒，臣子也不能僭越礼法，而这也正是《易传》所倡导的君臣思想。如《屯卦》九五爻辞原为"屯其膏，小贞吉，大贞凶"，《象传》则进行了更为深入的阐发："'屯其膏'，施未光也。"② 六爻之中五为君位，"施未光也"也就意味着君臣上下并未建立起有机的联系，正如程颐所说的："五居尊得正，而当屯时，若有刚明之贤为之辅，则能济屯矣。以其无臣也，故屯其膏。"③ 我们知道，《周易》歌颂变革之道，但其所追求的社会变革又不是毫无目的、毫无秩序的，其"向往的理想社会确实是一种有君臣上下之分、尊卑贵贱之别的等级社会，但这里的等级关系不是那种建立在强权和暴力基础上的简单的统治与被统治的关系，而是像自然界阴阳、刚柔之间的对立统一关系一样，相互联系，相互感应，协调配合，相辅相成。"④ 所以，在君臣关系领域，《易传》不同于法家的绝对君权论，其所认可的是一种君臣共治模式，也就是说把君臣双方视为一个阴阳协调的、和谐统一的政治共同体。君主臣子犹如一身，彼此相亲相辅，互相合作；君主不可垄断其权力，臣下也不可结党谋私。可见在君臣关系问题上，《晏子春秋》与《易传》有着相同的视角与出发点，只不过后者在理论的深度和系统化方面更进一步。

在政治思想领域，《晏子春秋》对《易传》的一个重要影响就是民本思想。民本思想，简单说来就是一种以民心向背作为评判政治得失标准的理论。作为与极端的君主专制思想相对立的一种政治思潮，民本思想对古代社会的发展起了积极的推动作用，在我国政治思想史上占有十分重要的地

---

① 吴则虞：《晏子春秋集释》第一卷《内篇谏上第一》，中华书局，1962，第29页。
② （三国魏）王弼、（晋）韩康伯注，（唐）孔颖达等正义《周易正义》卷一《屯》，（清）阮元校刻《十三经注疏》，中华书局影印本，1980，第20页。
③ （宋）程颐撰，王孝鱼点校《周易程氏传》卷第一《屯》，中华书局，2011，第25页。
④ 张涛：《秦汉易学思想研究》，中华书局，2005，第404~405页。

位。近来有学者指出，中国古代的民本思想是一个可以包容传统政治思维全部内容的学说体系，在不同时期表现出不同的思想内涵①。因此，《晏子春秋》所倡导的民本理论自然有其独特之处。概而言之，其比较看重社会财富的分配与民众实利的取得，即："以谋盛国者，益臣之禄；以民力盛国者，益民之利。故上有羡获，下有加利，君上享其名，臣下利其实。"② 也就是说，国家的发展是建立在君、臣、民各得其利的基础上的。再如，《晏子春秋·内篇谏上》记载，齐景公时，齐国"霖雨十有七日"，晏子请求景公发粟救民而无果，便毅然"分家粟于氓，致任器于陌"。之后，他再次劝谏景公救济灾民。在晏子的一力促成下，景公采取了一系列措施，"家有布缕之本而绝食者，使有终月之委；绝本之家，使有期年之食；无委积之氓，与之薪橑，使足以毕霖雨。令柏巡氓，家室不能御者，予之金；巡求氓寡用财乏者，死三日而毕，后者若不用令之罪。公出舍，损肉撤酒，马不食府粟，狗不食饘肉，辟拂嗛齐，酒徒减赐。三日，吏告毕上：贫氓万七千家，用粟九十七万钟，薪橑万三千乘；坏室二千七百家，用金三千。公然后就内退食，琴瑟不张，钟鼓不陈。晏子请左右与可令歌舞足以留思虞者退之，辟拂三千，谢于下陈，人待三，士待四，出之关外也。"③ 可见，这不仅是单纯的救灾举措，更是一个系统的民生改善计划，其核心则不外乎上出其财，下得其利。而《易传》的民本思想正是在此思路上发展而来的，简而言之，其倡导的是一种损上益下、惠民富民的学说。《周易·益卦·象传》中说："损上益下，民悦无疆。自上下下，其道大光。"④ 损上益下，既是手段，也是目标。对掌握大部分财富的社会中上层而言，必须将利益惠及到下层，这样社会才能稳定和谐，才能处于良性发展之中，而这就是"损上益下"。当然，其目的并不是消除社会等级的差别，而是要求统治集团勇于进取，善于发现并及时纠正各种社会弊端，将社会发展带来的利益

---

① 参见张分田《民本思想与中国古代统治思想》，南开大学出版社，2009，第96页。
② 吴则虞：《晏子春秋集释》第三卷《内篇问上第三》，中华书局，1962，第179页。
③ 吴则虞：《晏子春秋集释》第一卷《内篇谏上第一》，中华书局，1962，第13～14页。
④ （三国魏）王弼、（晋）韩康伯注，（唐）孔颖达等正义《周易正义》卷四《益·象》，（清）阮元校刻《十三经注疏》，中华书局影印本，1980，第53页。

散布到下层之中。可见，《易传》的民本思想延续了《晏子春秋》民本理论的思路，并在其天人整体思维的基础上有了进一步发展，无疑是对我国传统政治理论的极大丰富。

（三）《晏子春秋》对《易传》处世哲学的影响

司马迁在《史记·管晏列传》中对晏子的一生作了评论，他说："既相齐，食不重肉，妾不衣帛。其在朝，君语及之，即危言；语不及之，即危行。国有道，即顺命；无道，即衡命。以此三世显名于诸侯。"[①] 并由此发出了"假令晏子而在，余虽为之执鞭，所忻慕焉"[②] 的感叹，可知晏子在后人心目中之地位历经数百年而不变。即便在今天，晏子也称得上家喻户晓、妇孺皆知。究其原因，在于晏子并不仅是一个高居庙堂、忧国忧民的社稷之臣，更是一个能在动荡不安、民不聊生的黑暗时代独善其身的智者，而晏子的处世之道与人生智慧也是《晏子春秋》全书所要表达的一个主要内容。例如，尚俭是晏子的一个重要思想，他不但要求君主以俭治国，也要求臣子以俭处世，此论在《晏子春秋·内篇杂下》中有系统表述："晏子方食，景公使使者至，分食食之，使者不饱，晏子亦不饱。使者反，言之公。公曰：'嘻！晏子之家若是其贫也！寡人不知，是寡人之过也。'使吏致千金与市租，请以奉宾客。晏子辞。三致之，终再拜而辞曰：'婴之家不贫，以君之赐，泽覆三族，延及交游，以振百姓，君之赐也厚矣，婴之家不贫也。婴闻之，夫厚取之君而施之民，是臣代君君民也，忠臣不为也；厚取之君而不施于民，是为筐箧之藏也，仁人不为也；进取于君，退得罪于士，身死而财迁于它人，是为宰藏也，智者不为也。夫十总之布，一豆之食，足于中，免矣。'"[③] 我们知道，晏子一生历经灵公、庄公、景公三朝，其所处之时代大都政治黑暗，社会动荡，而以俭养德、以正修身是晏子能在混

---

① （汉）司马迁撰，（南朝宋）裴骃集解，（唐）司马贞索隐，（唐）张守节正义《史记》卷六十二《管晏列传第二》，中华书局，2013，第 2583 页。

② （汉）司马迁撰，（南朝宋）裴骃集解，（唐）司马贞索隐，（唐）张守节正义《史记》卷六十二《管晏列传第二》，中华书局，2013，第 2586 页。

③ 吴则虞：《晏子春秋集释》第六卷《内篇杂下第六》，中华书局，1962，第 411 页。

乱的局势下独善其身的一个重要因素。对此，清人俞樾已有论及："古之君子，敝车羸马，菲衣恶食，其自奉有啬于厮养者，岂徒俭哉，盖处乱世之道也。……菜羹疏食而能饱，荜门圭窦而能安，亲僮仆之役而能不以为劳，闻妻子饥寒愁苦之声而能不以为耻，则无往而不可。世之人所以贬其道、屈其守者，岂有他哉，饥寒之弗能忍，而劳辱之弗能堪也。当晏子时，齐多故矣，而卒有以自全，故曰：晏子非徒俭者也。"① 应当说，俞樾此论切中肯綮，因为仅仅从品德的角度看待晏子的以俭处世是不全面的，晏子所言所行还蕴涵着丰富的人生经验和智慧，而这也为《易传》所吸收、借鉴。《周易·否卦·象传》说："天地不交，否。君子以俭德辟难，不可荣以禄。"②《否卦》与《泰卦》相反，描述的是天地背道而行、闭塞不通，自然万物无法互相感应、畅通发展的情况。当否之世，小人得势，君子失利。如何谨思慎行、避免灾祸，《象传》给出的答案是"以俭德辟难，不可荣以禄"。孔颖达《正义》曰："君子于此否塞之时，以节俭为德，辟其危难，不可荣华其身，以居禄位。此若据诸侯公卿言之，辟其群小之难，不可重受官赏；若据王者言之，谓节俭为德，辟其阴阳已运之难，不可重自荣华而骄逸也。"③ 除了《否卦》的"君子以俭德辟难，不可荣以禄"之外，《夬卦》的"君子以施禄及下，居德则忌"④、《小过卦》的"君子以行过乎恭，丧过乎哀，用过乎俭"⑤ 等，是从不同层面在《晏子春秋》以俭养德、以正修身理念的基础上所总结出的人生经验和智慧。

另外，君子如何在复杂的政治生活中生存，也是《晏子春秋》关注的话题。在《内篇问下》里，叔向问晏子，人怎样算是"保其身"，晏子的回

---

① （清）俞樾：《宾萌集》一，《春在堂全书》（第叁册），凤凰出版社影印本，2010，第782页。
② （三国魏）王弼、（晋）韩康伯注，（唐）孔颖达等正义《周易正义》卷二《否·象》，（清）阮元校刻《十三经注疏》，中华书局影印本，1980，第29页。
③ （三国魏）王弼、（晋）韩康伯注，（唐）孔颖达等正义《周易正义》卷二《否·象》，（清）阮元校刻《十三经注疏》，中华书局影印本，1980，第29页。
④ （三国魏）王弼、（晋）韩康伯注，（唐）孔颖达等正义《周易正义》卷五《夬·象》，（清）阮元校刻《十三经注疏》，中华书局影印本，1980，第56页。
⑤ （三国魏）王弼、（晋）韩康伯注，（唐）孔颖达等正义《周易正义》卷六《小过·象》，（清）阮元校刻《十三经注疏》，中华书局影印本，1980，第71页。

答简明扼要："不庶几，不要幸，先其难乎而后幸，得之时其所也，失之非其罪也，可谓保其身矣。"据清人孙星衍的解释，"要"与"徼"通。①《左传·文公十二年》云："寡君愿徼福于周公、鲁公以事君。"杜预注曰："徼，要也。"② 可知晏子在此就是告诫叔向不要贪求意外之得，在无法掌控外部变化的时候，坚持心中之准绳、维持自身之正道才是"保其身"的根本。公元前 548 年，崔杼杀齐庄公而立齐景公。面对崔氏咄咄逼人的态势，晏子坚决不与之合作，并直斥崔杼的弑君行为："呜呼！崔子为无道，而弑其君，不与公室而与崔庆者，受此不祥。"崔杼"将杀之，或曰：'不可！子以子之君无道而杀之，今其臣有道之士也，又从而杀之，不可以为教矣。'"见到这种情况，崔杼无奈将晏子"舍之"③。后来庆封掌权，崔氏灭族，晏子也并没有受到冲击。我们知道，春秋战国时期的政局大都动荡不安，胸怀理想的君子如何应对汲汲于利禄的小人，是一个十分现实的问题。而《晏子春秋》以晏子的实例告诉我们，即便是君子不能以一己之力决定客观局势时，与小人同流合污亦不是君子所应有的保身之道；相反，划清界限，坚守立场，使小人畏而远之，如此才是真正的明哲保身。这种理念同样被《易传》继承了下来。《周易·遁卦·象传》说："天下有山，遁。君子以远小人，不恶而严。"④ 按，《遁卦》上乾下艮，二阴自下浸长，为小人势力渐盛之象。但是正如《象传》所言，"遁"是有原则、有条件的。宋儒胡瑗就认为："今居遁之时，若默然无畏而以严厉加于小人，而欲亟斥之，则必反罹害于己。虽然，亦不可枉尺直寻，依违苟从以求自免，但不加害于小人，常使己自有威严，使小人不敢侵害于己可也。"⑤

　　《周易》原为卜筮之用，虽然在《易传》诸篇推出后，形成一个以阴

① 吴则虞：《晏子春秋集释》第四卷《内篇问下第四》，中华书局，1962，第 267 页。
② （晋）杜预集解，（唐）孔颖达等正义《春秋左传正义》卷十九下《文公十二年》，（清）阮元校刻《十三经注疏》，中华书局影印本，1980，第 1851 页。
③ 吴则虞：《晏子春秋集释》第五卷《内篇杂上第五》，中华书局，1962，第 299 页。
④ （三国魏）王弼、（晋）韩康伯注，（唐）孔颖达等正义《周易正义》卷四《遁·象》，（清）阮元校刻《十三经注疏》，中华书局影印本，1980，第 48 页。
⑤ （宋）胡瑗：《周易口义》卷六，《文渊阁四库全书》第 8 册，台湾商务印书馆影印本，1986，第 323 页。

阳学说为基础的庞大思想体系，但其始终没有摆脱原始《易经》的框架结构，探讨圣人因占施教之旨、趋吉避凶之道，一直是传统易学中的重要组成部分，即所谓"君子知微知彰，知柔知刚，万夫之望"①。而回溯《易传》处世之学的理论来源时，我们无疑应当重视《晏子春秋》在其中的重要影响。

（四）《周易》经传与《晏子春秋》的相互影响

综上所述，虽然《晏子春秋》中没有出现具体地称《易》引《易》之处，但不能因此无视《晏子春秋》这一先秦典籍与《周易》经传之间的联系，更不能忽略《晏子春秋》理论体系中的易学思想因素。当然，这不是脱离《晏子春秋》文本本身而强为之说，也不是将易学视为一个大而无当的东西。先秦是中国易学史上的一个重要阶段，其间易学完成了由《易经》到《易传》的发展。以《晏子春秋》为基础，探讨传统《易经》思维对它的影响以及其思想学说对《易传》的启示，从而进一步深化先秦易学史、经学史、思想文化史的研究，才是我们的宗旨所在。

七　蔺相如与《周易》和谐智慧

春秋战国是中国古代历史上剧烈动荡的时期，在这一特殊时期的历史舞台上曾经活跃着这样一组鲜活的历史人物，他们个性独特，思想深邃，四处奔走，鼓吹理想，每每用汪洋纵横之论来说服王侯公卿，常常殚精竭虑运筹天下于股掌之中，在相当大的程度上影响着时代的发展和历史的走向。在他们当中，有的成为伟大的思想家、理论家，有的成为杰出的政治家、社会活动家，这其中就包括蔺相如，一位智勇双全、以和为贵的杰出人物、一代名相。有关他的事迹在当时便家喻户晓，在后世也广为传颂，给人们留下了深刻而鲜活的历史印象和记忆。

---

① （三国魏）王弼、（晋）韩康伯注，（唐）孔颖达等正义《周易正义》卷八《系辞下》，（清）阮元校刻《十三经注疏》，中华书局影印本，1980，第88页。

蔺相如有着自己独特的人生智慧和人格魅力。相对于其他以思想和理论见长的诸子而言，他并没有为后人留下皇皇巨著，而是以成功的政治实践见长，在应对和处理内政、外交、军事等国家重大事务时，头脑冷静，嗅觉敏锐，手法灵活，思想变通，既据理力争、丝毫不让，彰显出一派正气凛然、从容不迫的英雄气度，又为人低调、不计前嫌，树立了忧国忧民、以和为贵的士者风范，从而上演了一幕幕激动人心、令人惊叹的历史大戏。在蔺相如智勇双全的表象之下，应该还蕴涵着更为深层而丰富的人生智慧和境界，这一点绝不同于战国时代某些热衷于争战、以诈取利的人士，他的这种人生智慧和境界的精神内核即是——和谐。

（一）蔺相如和谐智慧的社会历史文化背景

人们一说到蔺相如，就要谈到将相和，就要谈和谐，而和谐、创新又是中国文化两大根本精髓之所在。蔺相如的和谐智慧从何而来，渊源何自？

首先，蔺相如的和谐智慧根植于特定的社会政治背景，即春秋战国特别是战国末期，社会从分裂走向统一成为历史发展的必然大势。随着社会经济的发展，经过连年兼并和掠夺战争，至春秋时代，周初八百国仅存几十国。而进入战国时期，秦、魏、楚、齐、韩等国相继进行了不同程度的变法和改革，这些国家无论在国力上还是在军事上得以迅速发展和扩张，小国基本灭绝殆尽，出现了韩、赵、魏、齐、楚、燕、秦七国争雄的局面，史称战国七雄、七雄并峙。客观地讲，战国初中期，齐、楚、秦相对强大，韩、赵、魏、燕次之，七国势均力敌、彼此对峙；战国末期，秦、楚最为强大，统一中国的概率也最大。据统计，整个战国时代共有战争二百二十二次，新兴商人地主阶层与旧贵族领主对土地所有权的争夺推动了兼并战争，战国社会逐渐从分裂走向统一。在这一战争频仍、生灵涂炭的历史进程中，涌现出了许多历史英雄人物，无论是军事家孙膑、纵横家苏秦，抑或是门下士蔺相如，尽管他们的思想背景、政治诉求、军事主张不尽相同，但他们都力图在冲突与对抗中谋求和解与统一，冲突论、制衡论、统一论最终的理论取向都是由战争走向和平。毋庸讳言，蔺相如所代言的是六国旧贵族势力，他所推崇的政治军事和解之道具有一定的保守性，但也代表了推动社会从分裂走向统一的一股力量。总而言之，正是社会从分裂走向统一的历史大势决定了蔺相如相对温和的政治军事态度和取向，即充分利用各种制衡与和解手段以实现赵国国家利益的最大化，这体现为一种由冲突而统一的和谐智慧。

其次，蔺相如的和谐智慧在很大程度上来自《周易》的深刻的启示和影响。

《周易》是中国最古老的智慧经典，从殷周之际到战国中后期，从《易经》到《易传》，从卜筮之书到人文哲理之书，《周易》经传的相继推出，实质上反映了中国文化根本精神形成的历史进程。这一历史进程结出的最为丰硕的智慧果实，就是和谐，《周易》的整个思想理论体系都是围绕着和谐这一主题来建构的。可以说，中国的智慧在《周易》，《周易》的智慧在和谐，易学思想是中国传统思想的主潮、主旋律，同时也是中国传统政治社会不断发展的一个重要的动力之源。长期以来，一些人仅将《周易》视为算命、堪舆之书，过度引申、扭曲并夸大其术数的特点和色彩，而忽视了易学更是一种大智慧。历代成功人士诸如政治家、军事家、文史家、艺术家等都钟情于它，用它来指导自己的实践。所以说，《周易》是中国和谐智慧的集大成之经典，是中国文化和谐精神与灵魂的母体和根基。

有人会说，中国的和谐智慧与蔺相如的和谐智慧来源于孔子和儒家。这一说法值得商榷。在战国之世，儒家虽是显学，但作为"九流十家"的代表之一，其实际的影响未必如后世人们所追慕的那样大，真正有影响的是《周易》。以诸子百家与《易传》的关系为例，儒家、道家、墨家、兵家、农家、阴阳家等学派的思想倾向在《易传》中也有不同程度的反映。应该说，诸子百家不同程度地接受《周易》特别是《易传》思想，而《易传》在形成过程中不断吸收了诸子百家和谐思想的精华，是综合百家、超越百家的智慧结晶。诚如余敦康先生所言："秦汉以后中国文化的发展往往要回到先秦来寻找精神的原动力，而找来找去，又往往归结为由《易传》所奠定的易学传统。……（易学）仿佛一个巨大的海绵体，把这一时期诸子百家所创造的共同成果都吸收容纳进来，并且综合总结成为一种卷之则退藏于密的《易》道，因而理所当然地被后世公认为代表了中国文化的根本精神。"① 这样看来，孔子、老子、孙子等都从《周易》那里汲取有用的养料并加以发展。所以，要选一本书作为中国和谐智慧经典的代表，就只能是《周易》，而不是《论语》《老子》或《孙子兵法》，等等。

三晋地区在春秋时期就有较为深厚的《周易》研究氛围和基础，这在《左传》《国语》中都有所反映。据统计，现存《左传》《国语》中有关讲述、引论《周易》的条目计有 22 条②。这 22 条基本上涉及了一些主要的春秋列国，其中有关晋国晋人的有 13 条，过半数——"毕万筮仕于晋"③、"晋献公筮嫁伯姬于秦"④、"秦伯伐晋"⑤、"秦伯师于河上，将纳王"⑥、"晋师救郑"⑦、"晋楚遇于鄢陵"⑧、"晋侯求医于秦"⑨、"孔成子立灵公"⑩、"魏献子问于蔡墨"⑪、"晋赵鞅卜救郑"⑫、"襄公有疾，召顷公而告之"⑬、"公子（重耳）亲筮之"⑭、"秦伯纳公子（重耳）"⑮。这 13 条载录了春秋时期晋国上层人士结合《周易》进行占筮以求吉凶祸福的事迹，包括出仕、娶妻、

---

① 余敦康：《中国哲学论集》，辽宁大学出版社，1998，第 376~377 页。

② 高亨：《周易杂论》，《高亨著作集林》第一卷，清华大学出版社，2004，第 493 页。

③ （晋）杜预集解，（唐）孔颖达等正义《春秋左传正义》卷十一《闵公元年》，（清）阮元校刻《十三经注疏》，中华书局影印本，1980，第 1786 页。

④ （晋）杜预集解，（唐）孔颖达等正义《春秋左传正义》卷十四《僖公十五年》，（清）阮元校刻《十三经注疏》，中华书局影印本，1980，第 1807 页。

⑤ （晋）杜预集解，（唐）孔颖达等正义《春秋左传正义》卷十四《僖公十五年》，（清）阮元校刻《十三经注疏》，中华书局影印本，1980，第 1805 页。

⑥ （晋）杜预集解，（唐）孔颖达等正义《春秋左传正义》卷十六《僖公二十五年》，（清）阮元校刻《十三经注疏》，中华书局影印本，1980，第 1820 页。

⑦ （晋）杜预集解，（唐）孔颖达等正义《春秋左传正义》卷二十三《宣公十二年》，（清）阮元校刻《十三经注疏》，中华书局影印本，1980，第 1878 页。

⑧ （晋）杜预集解，（唐）孔颖达等正义《春秋左传正义》卷二十八《成公十六年》，（清）阮元校刻《十三经注疏》，中华书局影印本，1980，第 1917 页。

⑨ （晋）杜预集解，（唐）孔颖达等正义《春秋左传正义》卷四十一《昭公元年》，（清）阮元校刻《十三经注疏》，中华书局影印本，1980，第 2024 页。

⑩ （晋）杜预集解，（唐）孔颖达等正义《春秋左传正义》卷四十四《昭公七年》，（清）阮元校刻《十三经注疏》，中华书局影印本，1980，第 2051 页。

⑪ （晋）杜预集解，（唐）孔颖达等正义《春秋左传正义》卷五十三《昭公二十九年》，（清）阮元校刻《十三经注疏》，中华书局影印本，1980，第 2122 页。

⑫ （晋）杜预集解，（唐）孔颖达等正义《春秋左传正义》卷五十八《哀公九年》，（清）阮元校刻《十三经注疏》，中华书局影印本，1980，第 2165 页。

⑬ 徐元诰撰，王树民、沈长云点校《国语集解·周语下第三》，中华书局，2002，第 88 页。

⑭ 徐元诰撰，王树民、沈长云点校《国语集解·晋语四第十》，中华书局，2002，第 340 页。

⑮ 徐元诰撰，王树民、沈长云点校《国语集解·晋语四第十》，中华书局，2002，第 342 页。

嫁女、立君、夺国、出兵、作战等重大问题。这从一个侧面反映了春秋时期晋国军事政治文化在列国中具有举足轻重的特点。对于先秦时期的三晋文化而言，这不能不说是一个很值得深入研究的历史文化特点和现象，即以《周易》来占筮吉凶、推导人事的现象在当时的三晋上层社会是较为普遍的。而由春秋至战国，特别是战国中后期，与政治渐趋统一的形势相适应，在理性精神和人文主义的浸润下，诸子各家之间出现了互相吸收、互相渗透、互相融合的局面，《易传》诸篇问世，其吸收百家、综合百家，又扬弃百家、超越百家，易学从此获得飞跃发展，先秦易学实现了由宗教巫术向人文理性的转化，实现了占筮与理性、象数与义理的统一，以"一阴一阳之谓道"的易学和谐智慧代表了当时所能达到的最高思维水平，也成为秦汉乃至中国传统文化思想的内在灵魂和重要源头。作为战国中后期三晋地区成长起来的蔺相如，如同其他战国诸子一样，对于《周易》和易学也应该是非常精通的，受《周易》的沾溉和影响应是巨大的、毋庸置疑的。因而我们有理由相信，蔺相如和谐智慧的形成应与《周易》思想之间存在一定程度上的内在联系，这从蔺相如几则著名的历史事迹中可以得到某种验证。

（二）易学视角下蔺相如的历史事迹

有关蔺相如的历史事迹，很好地体现了易学的和谐智慧，即"仇必和而解"，忧患意识，变通趋时。

1. 完璧归赵与渑池之会——"仇必和而解"，蔺相如外交的制衡之术

关于易学的和谐智慧，宋代张载曾有一句精辟的阐述："有象斯有对，对必反其为。有反斯有仇，仇必和而解。"① 意思是事物都有对立面，有对立即产生冲突，但冲突中并不是一方消灭另外一方，而是在不断摩擦、冲突中相反相成、协调配合，最终趋向和解与发展。这正体现了易学和谐智慧的中和、"太和"之道，"仇必和而解"，在冲突中走向和谐。在完璧归赵与渑池之会的外交活动中，蔺相如便展示了"仇必和而解"的和谐

---

① （宋）张载著，林乐昌校释《正蒙合校集释·太和篇第一》，中华书局，2012，第84页。

智慧。

在完璧归赵的故事中，秦王用十五城为诱饵欲诈取和氏璧，给或不给都会引发外交乃至军事冲突。蔺相如立足和谐之道，一方面清醒地面对现实，对具体形势做出了初步判断，"秦以城求璧而赵不许，曲在赵。赵予璧而秦不予赵城，曲在秦"，指出以和氏璧换城存在可能性，否则战争在所难免。进而制定最终目标，"城入赵，而璧留秦；城不入，臣请完璧归赵"[①]，在与秦周旋、求同存异的前提下确保赵国的权益。其携璧入秦后，发现秦王并无诚意，于是及时调整策略，第一步，以人璧俱碎来威慑秦王，引导秦王走上以城换璧的外交议题；第二步，以让秦王斋戒沐浴为名，拖缓秦王强行夺璧之心，并伺机完璧归赵；第三步，当庭对质秦王，外交辞辩有理有节、滴水不漏，同时主动请就汤镬，表演了一出果敢的攻心自救之戏，秦王由怒生敬，"卒廷见相如，毕礼而归之"[②]。在蔺相如与秦王、赵国与秦国之间实现了"仇必和而解"的理想结果，蔺相如不辱使命，秦王又不失风范，因而说"完璧归赵"集中体现了易学"阴阳合德，而刚柔有体"[③]的和谐之道。而在渑池之会中，蔺相如"刚柔有体"地化解了一场外交斗争，也很好地体现了其"仇必和而解"的外交制衡之术，在有效地化解赵、秦两国之间的冲突中，一方面确保了两国和平相处，一方面又最大限度地维护了赵国的既有利益。

2. 将相和——"和"从忧患生，蔺相如的内政平衡之术

《周易》是一部忧患之书，其成书的过程及其文辞和蕴涵的思想，无不反映出深刻的忧患意识。可以说，易学和谐智慧的一个突出体现就是忧患意识。《周易·系辞下传》这样写道："《易》之兴也，其当殷之末世，周之盛德邪？当文王与纣之事邪？是故其辞危。危者使平，易者使倾；其道甚

---

① （汉）司马迁撰，（南朝宋）裴骃集解，（唐）司马贞索隐，（唐）张守节正义《史记》卷八十一《廉颇蔺相如列传第二十一》，中华书局，2013，第2944页。

② （汉）司马迁撰，（南朝宋）裴骃集解，（唐）司马贞索隐，（唐）张守节正义《史记》卷八十一《廉颇蔺相如列传第二十一》，中华书局，2013，第2945~2946页。

③ （三国魏）王弼、（晋）韩康伯注，（唐）孔颖达等正义《周易正义》卷八《系辞下》，（清）阮元校刻《十三经注疏》，中华书局影印本，1980，第89页。

大，百物不废。惧以终始，其要无咎，此之谓《易》之道也。"① 对此，宋代李觏有言："作《易》者既有忧患矣，读《易》者其无忧患乎？苟安而不忘危，存而不忘亡，治而不忘乱，以忧患之心，思忧患之故，通其变，使民不倦，神而化之，使民宜之，则自天祐之，吉无不利矣。"② 在将相和的故事中，蔺相如对舍人的一段肺腑之言堪称对易学忧患意识在处理内政问题上的经典实践："相如虽驽，独畏廉将军哉？顾吾念之，强秦之所以不敢加兵于赵者，徒以吾两人在也。今两虎共斗，其势不俱生。吾所以为此者，以先国家之急而后私仇也。"③ 蔺相如对廉颇有"惧"之心，但这种"惧"心，不是狭隘的私仇所致，而是李觏所讲的"苟安而不忘危，存而不忘亡，治而不忘乱，以忧患之心，思忧患之故"，是为求赵国和平稳定发展而产生的忧患意识，因为他清楚地知道"惧以终始，其要无咎"，对廉颇采取"惧"的谦让之举有助于化解二人之间的隔阂与矛盾，从而实现将相和，确保"强秦不敢加兵于赵"的安全稳定的政治军事局面。因此说，是蔺相如特意导演了一出"将相和"的喜剧，他的内政平衡之术之所以取得了显著成效，根本之处在于他的和谐智慧中包含着深深的忧患意识，"和"从忧患生，蔺相如坚守的正是《易》之道也。

3. 赵括之败——胶柱鼓瑟，蔺相如的军事合变之论

众所周知，《周易》是讲变化的书，易学和谐智慧的魅力也是体现在变化过程之中的。围绕着阴阳之道，《周易》讲求在变化中实现太和之境，《周易·乾卦·象传》对此有着经典阐述："乾道变化，各正性命，保合太和，乃利贞。"④ 简而言之，和谐之境是在变化中实现的，不懂得变化之道，便很难了解和掌握事物发展的规律。蔺相如有着变通的军事思想，他曾批评赵括用兵："王以名使括，若胶柱而鼓瑟耳。括徒能读其父书传，不知合

---

① （三国魏）王弼、（晋）韩康伯注，（唐）孔颖达等正义《周易正义》卷八《系辞下》，（清）阮元校刻《十三经注疏》，中华书局影印本，1980，第90页。

② （宋）李觏撰，王国轩点校《李觏集》卷第三《易论第十三》，中华书局，2011，第53页。

③ （汉）司马迁撰，（南朝宋）裴骃集解，（唐）司马贞索隐，（唐）张守节正义《史记》卷八十一《廉颇蔺相如列传第二十一》，中华书局，2013，第2948页。

④ （三国魏）王弼、（晋）韩康伯注，（唐）孔颖达等正义《周易正义》卷一《乾·象》，（清）阮元校刻《十三经注疏》，中华书局影印本，1980，第14页。

变也。"① 这句话可以从两个层面来理解，第一，批评赵括只会纸上谈兵，军事理论和实践相脱离，并指出在注意军事理论与实践相结合的同时，应根据具体的战争形势制定和采取新的战略方针，不然会犯了"胶柱鼓瑟"的错误。第二，批评赵王用人失当。《周易·师卦》上六爻辞言："大君有命，开国承家，小人勿用。"其《象传》曰："'小人勿用'，必乱邦也。"② 赵王不听众人进谏，"以名使括"，最终导致任用小人以乱邦本的结局。蔺相如一番军事合变之论，深谙《易》道变通之理，他所说的"胶柱鼓瑟"的比喻无疑是对易学变通精神最为形象和凝练的总结。无奈赵国的最高决策者不知合变，蔺相如的合变思想最终未能挽救赵国覆灭的命运。

总之，在蔺相如的人生智慧中闪动着璀璨的和谐之光，有关他的思想与易学和谐智慧之间的内在联系，仍将是一个引人深思、给人启迪的具有重要思想价值的问题，有待人们继续深入挖掘和探讨。

八　秦始皇与秦代易学

长期以来，人们往往习惯于以尊崇法家思想、实行焚书坑儒来概括秦始皇的指导思想和文化政策，以《易》为占筮之书而免于秦火来简单解说秦始皇与《周易》的关联，解说《周易》和易学在秦朝的命运，使得秦易成为秦代历史特别是思想文化史研究中的薄弱环节。我们有必要重新审视秦始皇不焚《周易》一事，从而揭示其根本原因和深刻影响，展示秦始皇与《周易》的种种关联，展示易学在秦代思想文化发展中的重要地位和作用。秦代易学的发展，主要表现为秦始皇君臣对《周易》及其思想的借鉴和发挥。秦始皇统一天下，不仅在大肆焚书时留下《周易》，且对其颇为喜爱和重视，这一方面是因为《周易》乃卜筮之书，而宗教巫术等神秘主义的东西在秦地一直较为活跃，秦始皇本人对此亦深信不疑，另一方面也是

---

① （汉）司马迁撰，（南朝宋）裴骃集解，（唐）司马贞索隐，（唐）张守节正义《史记》卷八十一《廉颇蔺相如列传第二十一》，中华书局，2013，第2951页。

② （三国魏）王弼、（晋）韩康伯注，（唐）孔颖达等正义《周易正义》卷二《师·象》，（清）阮元校刻《十三经注疏》，中华书局影印本，1980，第25~26页。

更重要的方面则是因为《周易》的宇宙观等思想内涵和整体思维方式合于秦始皇的思想性格与政治需要。秦朝的许多社会政治思想和措施是通过对《周易》的直接取资表现出来的。在秦始皇焚书坑儒之后，众多学派将《周易》作为护身符，将易学作为避风港和借以表达自己思想主张的工具，易学几乎成为显学，其包容性、超越性和影响力进一步增强，并从此开始了一个以易学为中心而综合、融通、发展诸子百家之学的新时代。

（一）《周易》的宗教巫术形式与秦文化传统

如前所述，春秋战国时期，《周易》逐渐演变成为一部蕴藏着深邃的哲学和社会政治思想理论的文化典籍，人文化、哲理化也由此成为易学发展的主流。然而，"自古圣王将建国受命，兴动事业，何尝不宝卜筮以助善！……王者决定诸疑，参以卜筮，断以蓍龟，不易之道也"①。受社会认知和思维水平的限制，《周易》以其人文理性与宗教巫术相结合的特点，一直发挥着占筮吉凶、预测未来的功能。秦始皇统一天下，结束了长期割据纷争的局面，中国历史翻开了新的一页，易学也开始进入一个新的发展阶段。春秋战国时期的历史大变革至此基本完成，但社会思想意识中的变革并未随之立即终结，统一的思想文化并未迅即建立起来，人们还需要借助各种方式和途径去把握自己的前途命运。这样，以占筮为外在形式，以求变为根本意蕴的易学就得到了赖以延续和发展的土壤和空间。再者，就文化渊源而言，秦文化曾深得周文化的沾溉和影响，可以说是在固有文化基础上对周文化的继承和发展。根据文献特别是考古资料，早在居于西陲时，秦人就学习、利用了周人的制陶工艺。立国于西周故地后，他们更在农业、青铜手工业以及文字、礼仪制度等各个方面广泛吸收周文化的成分。而《周易》乃周文化特别是周朝礼制的重要组成部分，势必为秦人所熟悉。还有，经济、社会、文化原本比较落后的秦国，宗教巫术等神秘主义因素更为活跃，并与各种政治、军事等活动密切相关。凡有重大决策，他们一般都要求神问卜或观天视日。《周易》在其间的作用是显而易见的。如秦文公"至汧渭

---

① 《史记》卷一百二十八《龟策列传第六十八》，中华书局，2013，第3889页。

之会"，"乃卜居之，占曰吉，即营邑之"①。又如穆公"伐晋，卜徒父筮
之，吉。涉河，侯车败"②。秦始皇统一天下后，这一传统得到延续和发展，
而且进一步贯彻到政治制度建设中。据《史记·秦始皇本纪》，秦始皇在中
央政府设有太卜官，作为九卿之一奉常的属官，同时还在朝廷内养有"候
星气者至三百人"③。值得注意的是，秦始皇本人也曾倾心于占卜吉凶。秦
始皇三十六年，有人通过使者献上玉璧，且言"今年祖龙死"。"于是始皇
卜之，卦得游徙吉"。始皇乃"迁北河、榆中三万家"④，并于次年出游各
地。所以，《史记·日者列传》指出："自古受命而王，王者之兴何尝不以
卜筮决于天命哉！其于周尤甚，及秦可见。"⑤当然，在这一过程中，用作
占卜工具的肯定不止《周易》一种，如卜徒父占卜用的卦辞就不见于《周
易》，或出于与《周易》同类的其他筮书杂辞。当时在秦地流行较广的卜筮
之书还有《日书》等，中下层社会尤甚。但不管怎样，重视宗教巫术的社
会文化氛围，必然使《周易》和易学受到特别重视。李斯建议秦始皇焚书，
其中提道："非博士官所职，天下敢有藏《诗》《书》、百家语者，悉诣守、
尉杂烧之"。"所不去者，医药、卜筮、种树之书"⑥。在这里，《周易》以
及其他卜筮之书确实得到了一种特别关照和特殊保护。

（二）秦始皇君臣对《周易》和易学的取鉴

我们说，除了占卜吉凶，最使秦始皇倾心并将其更多地贯彻落实到实际
行动中去的，则是《周易》深邃的思想内涵、独特的思维方式和宽广的学术

① （汉）司马迁撰，（南朝宋）裴骃集解，（唐）司马贞索隐，（唐）张守节正义《史记》卷
　五《秦本纪第五》，中华书局，2013，第228页。
② （晋）杜预集解，（唐）孔颖达等正义《春秋左传正义》卷十四《僖公十五年》，（清）阮
　元校刻《十三经注疏》，中华书局影印本，1980，第1805页。
③ （汉）司马迁撰，（南朝宋）裴骃集解，（唐）司马贞索隐，（唐）张守节正义《史记》卷
　六《秦始皇本纪第六》，中华书局，2013，第325页。
④ （汉）司马迁撰，（南朝宋）裴骃集解，（唐）司马贞索隐，（唐）张守节正义《史记》卷
　六《秦始皇本纪第六》，中华书局，2013，第326~327页。
⑤ 《史记》卷一百二十七《日者列传第六十七》，中华书局，2013，第3879页。
⑥ （汉）司马迁撰，（南朝宋）裴骃集解，（唐）司马贞索隐，（唐）张守节正义《史记》卷
　六《秦始皇本纪第六》，中华书局，2013，第322页。《史记》卷八十七《李斯列传第二十
　七》也载有李斯焚书之议，文字略异。

胸襟。还是先让我们看曾经作为秦始皇政治纲领和教科书的《吕氏春秋》与《周易》的种种关联。《吕氏春秋》杂取道、儒、阴阳、法、墨、兵、农、名、纵横诸家之说，同样也吸收了易学研究的成果。它提出的宇宙生成论，在总体框架上与《易传》大致相同，是一个天地和合而生成万物的模式。《大乐》提出："太一出两仪，两仪出阴阳。阴阳变化，一上一下，合而成章。浑浑沌沌，离则复合，合则复离，是谓天常。……四时代兴，或暑或寒，或短或长，或柔或刚。万物所出，造于太一，化于阴阳。"① 这与《易传》太极生两仪以及阴阳刚柔之说，是有某种内在联系的。而"太一"和"太极"是相近的，虞翻、孔颖达都曾将太一解释为太极。由这一段话亦可看出，《吕氏春秋》将阴阳二气的对立统一和相互作用视为宇宙万物生成和发展的根源，这显然是受到《易传》阴阳变化思想的某些影响。再者，《易传》物极必反、盛极必衰的思想在《吕氏春秋》中也有反映。《知分》说："天固有衰嗛废伏，有盛盈蚠息；人亦有困穷屈匮，有充实达遂。"② 《博志》认为，"全则必缺，极则必反，盈则必亏"③。《似顺》提出："至长反短，至短反长，天之道也。"④ 这很容易使我们联想到《易传》中类似的语言。另外，《易传》终则有始、剥极必复、复极反剥等关于事物发展循环性的论述，也深深影响着《吕氏春秋》。它认为"天道圜"，指出："天地车轮，终则复始，极则复反，莫不咸当。"⑤ 其他事物的运动发展也都是带有循环色彩的："日夜一周，圜道也。……物动则萌，萌而生，生而长，长而大，大而成，成乃衰，衰乃杀，杀乃藏，圜道也。……水泉东流，日夜不休。上不竭，下

---

① 许维遹撰，梁运华整理《吕氏春秋集释》卷第五《仲夏纪·大乐》，中华书局，2017，第108~109页。
② 许维遹撰，梁运华整理《吕氏春秋集释》卷第二十《恃君览·知分》，中华书局，2017，第554~555页。
③ 许维遹撰，梁运华整理《吕氏春秋集释》卷第二十四《不苟论·博志》，中华书局，2017，第653页。
④ 许维遹撰，梁运华整理《吕氏春秋集释》卷第二十五《似顺论·似顺》，中华书局，2017，第658页。
⑤ 许维遹撰，梁运华整理《吕氏春秋集释》卷第五《仲夏纪·大乐》，中华书局，2017，第109页。

不满，……圜之道也。"① 圜道就是循环之道。还有，《吕氏春秋》"世易时移""因时变法"的理论主张，虽根源于在秦国有悠久传统的法家思想，但与《周易》变革之说亦存在某种关联。而当这种变革思想与学先王之成法的主张牵合在一起时，自然会使人们想到"易有三义"，而变易与不易并存其中。《吕氏春秋》曾明确强调上下等级秩序的不可变易性。《圜道》说："主执圜，臣处方，方圜不易，其国乃昌。"② 其目的在于维护建立不久的封建等级制度，代表了当时即将或已经夺取政权的地主阶级特别是军功地主的政治要求和经济利益。另外，《吕氏春秋》吸收、借鉴《易传》尚贤、养贤思想，指出"先王之索贤人无不以也，极卑极贱，极远极劳"③，统治者还应接受贤士忠谏，实行较为开明的贤人政治。它强调尚贤、养贤是治国之本，认为"身定，国安，天下治，必贤人"④。它说："国虽小，其食足以食天下之贤者，其车足以乘天下之贤者，其财足以礼天下之贤者，与天下之贤者为徒，此文王之所以王也。"⑤《吕氏春秋》倡导多元性、综合性的思想意识，有着明显的兼容百家的倾向，是对先秦诸子的一次总结。它以道家思想为主，吸收了儒家、法家、阴阳家乃至农家的思想，被后世称为杂家。这与《易传》"天下同归而殊涂，一致而百虑"的宗旨和风格不无关系，只是范围和规律上不如《易传》而已。《易传》坚持推天道以明人事的整体思维方式，通过自然来论证人事，如《系辞上传》："乾坤定矣，……贵贱位矣。"⑥本于此，《吕氏春秋》特别是其十二纪，在论述自然和人事时，将二者作为一个整体来进行系统考察。它自己在总括全书要旨的《序意》中说："盖闻

① 许维遹撰，梁运华整理《吕氏春秋集释》卷第三《季春纪·圜道》，中华书局，2017，第79页。
② 许维遹撰，梁运华整理《吕氏春秋集释》卷第三《季春纪·圜道》，中华书局，2017，第79页。
③ 许维遹撰，梁运华整理《吕氏春秋集释》卷第二十二《慎行论·求人》，中华书局，2017，第613页。
④ 许维遹撰，梁运华整理《吕氏春秋集释》卷第二十二《慎行论·求人》，中华书局，2017，第613页。
⑤ 许维遹撰，梁运华整理《吕氏春秋集释》卷第十五《慎大览·报更》，中华书局，2017，第373页。
⑥ （三国魏）王弼、（晋）韩康伯注，（唐）孔颖达等正义《周易正义》卷七《系辞上》，（清）阮元校刻《十三经注疏》，中华书局影印本，1980，第75页。

古之清世，是法天地。凡《十二纪》者，所以纪治乱存亡也，所以知寿夭吉凶也。上揆之天，下验之地，中审之人，若此则是非可不可无所遁矣。"① 司马迁也曾指出："吕不韦乃使其客人人著所闻，集论以为八览、六论、十二纪，二十余万言。以为备天地万物古今之事，号曰《吕氏春秋》。"② 可见，《吕氏春秋》的著述原则亦与《易传》包容三才之道的天地人一体观不无关系。《吕氏春秋》有八览，每览八篇（今本《有始览》七篇，而《序意》末尾残缺的《廉孝》可能原亦是本览的一篇），成八八六十四这样的整齐数字，这或许也是受了《周易》有六十四卦的影响③。另外，《吕氏春秋》中《务本》《慎大》《召类》等篇曾引《易经》之文，《壹行》则记述了孔子卜得贲卦之事。所以，有的学者指出，作为秦汉学术思想大综合的重要准备和发端，《吕氏春秋》采集诸家之说，进行加工改制，试图构筑一个具有整体结构的理论框架，"试图形成一个新的天道、地道、人道相统一的庞大的思想体系，在一定意义上它是不自觉的在更高层次上对《易经》的重复，只是不再像《易经》那样，带有筮书的性质"④。值得注意的是，秦始皇后来废逐了吕不韦，但《吕氏春秋》不仅没有遭到禁毁，而且它的一些重要思想依然为秦始皇所用，其中就包括易学思想。

秦始皇的许多社会政治思想和措施往往是通过对《周易》的直接取鉴表现出来的。由秦代刻石文字中可以清楚地看出这一点。如始皇封禅文刻石曰："事天以礼，立身以义。事父以孝，育民以仁。"⑤ 泰山刻石曰："贵贱分明，男女礼顺，慎遵职事。昭隔内外，靡不清净，施于后嗣。"琅邪刻石则宣传"圣智仁义"，又强调"尊卑贵贱，不逾次行"。会稽刻石亦曰："饰省宣义，有子而嫁，倍死不贞。防隔内外，禁止淫泆，男女絜诚。夫为

① 许维遹撰，梁运华整理《吕氏春秋集释》卷第十二《季冬纪·序意》，中华书局，2017，第274页。
② （汉）司马迁撰，（南朝宋）裴骃集解，（唐）司马贞索隐，（唐）张守节正义《史记》卷八十五《吕不韦列传第二十五》，中华书局，2013，第3030页。
③ 参见熊铁基《秦汉新道家略论稿》，上海人民出版社，1984，第33页。
④ 刘长林：《中国系统思维》，中国社会科学出版社，1990，第143页。
⑤ （汉）班固撰，（唐）颜师古注《汉书》卷六《武帝纪第六》颜师古注引应劭语，中华书局，1962，第191页。

寄猏，杀之无罪，男秉义程。妻为逃嫁，子不得母，咸化廉清。"① 另外，据《史记·货殖列传》，巴寡妇清能守家业，"用财自卫，不见侵犯。秦皇帝以为贞妇而客之，为筑女怀清台"②。这个"女怀清台"就是后来贞女台、贞女山之滥觞。上述思想显然属于儒家伦理道德的范围，但其表述方式似乎与《易传》有着更为直接的渊源关系。如封禅文刻石所谓"立身以义""成人以仁"，与《说卦传》的"立人之道曰仁与义"，在思想上和表述上都极为相似。诸刻石中关于尊卑、贵贱、男女之别的文字，亦与《易传》所说不无关系。《周易·家人》卦辞言"利女贞"，《彖传》进而指出："家人，女正位乎内，男正位乎外。男女正，天地之大义也。家人有严君焉，父母之谓也。父父、子子、兄兄、弟弟、夫夫、妇妇而家道正。正家而天下定矣。"③ 上引秦代诸刻石的有关文字与此可谓若合符节。

以变为本的《周易》倡导社会变革，但其前提是在总体上维护现有社会秩序和等级制度的稳定，并非召唤一种人类社会的无序状态，所以《易传》提出了"天尊地卑，乾坤定矣"，"贵贱位矣"的不易之义。《易传》向往的理想社会确实是一种有君臣上下之分、尊卑贵贱之别的等级社会，但这里的等级关系不是那种建立在强权和暴力基础上的简单的统治与被统治的关系，而是像自然界阴阳、刚柔之间的对立统一关系一样，相互联系、相互感应、协调配合、相辅相成，也就是《易传》所崇尚的"太和"、中正状态。在《易传》看来，人们必须通过顺应、效法自然的和谐而求得社会秩序、人际关系的和谐，从而实现天人整体和谐。这是《易传》要求确立和巩固等级秩序的理论前提。秦始皇似乎也注意到了这一点。琅邪刻石说："皇帝之德，存定四极。诛乱除害，兴利致福。节事以时，诸产繁殖。黔首安宁，不用兵革。六亲相保，终无寇贼。欢欣奉教，尽知法式"。"功盖五

---

① （汉）司马迁撰，（南朝宋）裴骃集解，（唐）司马贞索隐，（唐）张守节正义《史记》卷六《秦始皇本纪第六》，中华书局，2013，第308、310、329页。以下所引刻石文字均出于此。

② （汉）司马迁撰，（南朝宋）裴骃集解，（唐）司马贞索隐，（唐）张守节正义《史记》一百二十九《货殖列传第六十九》，第3929页。

③ （三国魏）王弼、（晋）韩康伯注，（唐）孔颖达等正义《周易正义》卷四《家人·彖》，（清）阮元校刻《十三经注疏》，中华书局影印本，1980，第50页。

帝，泽及牛马。莫不受德，各安其宇"①。碣石刻石说："遂兴师旅，诛戮无道，为逆灭息。武殄暴逆，文复无罪，庶心咸服。惠论功劳，赏及牛马，恩肥土域。皇帝奋威，德并诸侯，初一泰平。""地势既定，黎庶无繇，天下咸抚。男乐其畴，女修其业，事各有序。惠被诸产，久并来田，莫不安所"②。会稽刻石说："圣德广密，六合之中，被泽无疆。皇帝并宇，兼听万事，远近毕清。运理群物，考验事实，各载其名。贵贱并通，善否陈前，靡有隐情"。"大治濯俗，天下承风，蒙被休经。皆遵度轨，和安敦勉，莫不顺令。黔首修洁，人乐同则，嘉保太平。后敬奉法，常治无极，舆舟不倾"③。云梦秦简《为吏之道》也有一些类似的语言，如"和平勿怨"，"兹（慈）下勿陵，敬上勿犯，听间（谏）勿塞"，"恿（勇）能屈，刚能柔，仁能忍"，"正行修身"，"上明下圣"，"除害兴利，兹（慈）爱万姓"，"施而喜之，敬而起之，惠以聚之，宽以治之"，等等。④ 不可否认，秦始皇的初衷，确实是想把整个社会带入《易传》所推崇的那种以自然和谐为依据的太平境界。

　　《周易》在秦始皇进行政治制度建设过程中，也起着重要的启示作用。秦始皇以"皇帝"为号，这是中国政治制度史上的一件大事，而种种迹象表明，这件大事又与秦始皇对《周易》的取鉴存在某种关联。据《史记·秦始皇本纪》，秦始皇统一天下后，王绾、冯劫、李斯等大臣与博士议曰："古有天皇，有地皇，有泰皇，泰皇最贵。"于是他们建议秦始皇号为"泰皇"。秦始皇决定"去'泰'著'皇'，采上古'帝'位号，号曰'皇帝'。"⑤ 这里的"泰皇"就是"泰一"，也就是"太一"，也就是《易传》

① （汉）司马迁撰，（南朝宋）裴骃集解，（唐）司马贞索隐，（唐）张守节正义《史记》卷六《秦始皇本纪第六》，中华书局，2013，第311页。
② （汉）司马迁撰，（南朝宋）裴骃集解，（唐）司马贞索隐，（唐）张守节正义《史记》卷六《秦始皇本纪第六》，中华书局，2013，第318页。
③ （汉）司马迁撰，（南朝宋）裴骃集解，（唐）司马贞索隐，（唐）张守节正义《史记》卷六《秦始皇本纪第六》，中华书局，2013，第329页。
④ 陈伟主编《秦简牍合集》壹（上），武汉大学出版社，2014，第1322～1335页。
⑤ （汉）司马迁撰，（南朝宋）裴骃集解，（唐）司马贞索隐，（唐）张守节正义《史记》卷六《秦始皇本纪第六》，中华书局，2013，第300页。

的"太极"。"泰皇的高于天、地两皇，犹之乎'太极'的高于阴阳两仪。"① 秦始皇本人也将皇帝之义与《周易》之旨挂上了钩。琅邪刻石曰："应时动事，皇帝之事。"这里应时而动的观念应该是源于《易传》趋时说的。如《乾卦·彖传》说："六位时成，时乘六龙以御天。"② 《文言传》提到："夫大人者，与天地合其德，与日月合其明，与四时合其序，与鬼神合其吉凶。先天而天弗违，后天而奉天时。"③ 《系辞下传》则指出："变通者，趣时者也。"④ "君子藏器于身，待时而动，何不利之有？"⑤ 《易传》还屡屡强调"与时偕行"⑥，"应乎天而时行"⑦。这些无不打动秦始皇的心弦，并在一定意义上成为他兼并天下、雷厉风行地进行一系列社会政治改革的理论依据。

秦始皇确定"度以六为名"⑧，也反映出《周易》的深刻影响。《史记·秦始皇本纪》载，秦始皇统一天下后，规定："数以六为纪，符、法冠皆六寸，而舆六尺，六尺为步，乘六马。"⑨ 关于此事的来源，或以为与秦始皇尚水德有关。秦人以颛顼高阳氏为祖，颛顼被称为北方之帝或黑帝，北方属水，属阴，而上、下、东、西、南、北"六合"按数字排列，其数为六。此论可备一说。我们要指出的是，这其中也有受《周易》启示的因素。《周易》以"六"作为阴爻的代表，与水、与阴皆可联系起来，必为秦始皇所

---

① 童书业：《〈三皇考〉序》，《顾颉刚全集·古史论文集》卷二，中华书局，2010，第219页。

② （三国魏）王弼、（晋）韩康伯注，（唐）孔颖达等正义《周易正义》卷一《乾·彖》，（清）阮元校刻《十三经注疏》，中华书局影印本，1980，第14页。

③ （三国魏）王弼、（晋）韩康伯注，（唐）孔颖达等正义《周易正义》卷一《乾·文言》，（清）阮元校刻《十三经注疏》，中华书局影印本，1980，第17页。

④ （三国魏）王弼、（晋）韩康伯注，（唐）孔颖达等正义《周易正义》卷八《系辞下》，（清）阮元校刻《十三经注疏》，中华书局影印本，1980，第85页。

⑤ （三国魏）王弼、（晋）韩康伯注，（唐）孔颖达等正义《周易正义》卷八《系辞下》，（清）阮元校刻《十三经注疏》，中华书局影印本，1980，第88页。

⑥ （三国魏）王弼、（晋）韩康伯注，（唐）孔颖达等正义《周易正义》卷四《益·彖》，（清）阮元校刻《十三经注疏》，中华书局影印本，1980，第53页。

⑦ （三国魏）王弼、（晋）韩康伯注，（唐）孔颖达等正义《周易正义》卷二《大有·彖》，（清）阮元校刻《十三经注疏》，中华书局影印本，1980，第30页。

⑧ （汉）司马迁撰，（南朝宋）裴骃集解，（唐）司马贞索隐，（唐）张守节正义《史记》卷二十八《封禅书第六》，中华书局，第1635页。

⑨ （汉）司马迁撰，（南朝宋）裴骃集解，（唐）司马贞索隐，（唐）张守节正义《史记》卷六《秦始皇本纪第六》，中华书局，2013，第302页。

重。此其一。其二，《易》卦六爻乃象征天地人及其统一，具有包容宇宙万物的含义。《易传》对此曾有较为系统的阐发。《系辞下传》说："《易》之为书也，广大悉备，有天道焉，有人道焉，有地道焉。兼三才而两之，故六。六者非它也，三才之道也。"① 《说卦传》则进一步指出："昔者圣人之作《易》也，将以顺性命之理，是以立天之道曰阴与阳，立地之道曰柔与刚，立人之道曰仁与义。兼三才而两之，故《易》六画而成章。"② 这合于秦始皇气吞天下、统御宇内的宏大气势，自然会引起他的共鸣。此外，《周易》中提到"六"的地方还有不少，如《乾卦·象传》："大明终始，六位时成，时乘六龙以御天。"③ 此处"六位"既是指六爻之位，也是指上下四方之位，与"六合"之意相合，自然令秦始皇感兴趣。其三，以邹衍为代表的阴阳家在推出五德终始理论的过程中，本身就已取资于《周易》，借鉴、吸收了不少易学研究成果。这里还要顺便提一下汉朝"数用五"的问题。贾谊曾向汉文帝建议"数用五"，后来汉武帝下诏"数用五"。《汉书·武帝纪》颜师古注引张晏曰："汉据土德，土数五，故用五。"④ 张晏此说确有道理，确实应注意五德终始理论的影响。但我们认为，同样不能忽视易数在其中的作用。五为天数而居中之说始于《易传》，此后五才与土德结合起来。再者，《易传》及汉代易学的中正说，虽以每卦六爻的二、五为中，但又以居于阳位的五为主，即扬雄所概括的"中和莫盛乎五"⑤。《系辞下传》还提到"三与五同功而异位，三多凶，五多功，贵贱之等也"⑥。也就是说，三爻、五爻虽然同为奇位之阳功，但五以君位为贵，三为贱。另外，

① （三国魏）王弼、（晋）韩康伯注，（唐）孔颖达等正义《周易正义》卷八《系辞下》，（清）阮元校刻《十三经注疏》，中华书局影印本，1980，第90页。
② （三国魏）王弼、（晋）韩康伯注，（唐）孔颖达等正义《周易正义》卷九《说卦》，（清）阮元校刻《十三经注疏》，中华书局影印本，1980，第93~94页。
③ （三国魏）王弼、（晋）韩康伯注，（唐）孔颖达等正义《周易正义》卷一《乾·象》，（清）阮元校刻《十三经注疏》，中华书局影印本，1980，第14页。
④ （汉）班固撰，（唐）颜师古注《汉书》卷六《武帝纪第六》，中华书局，1962，第200页。
⑤ （汉）扬雄撰，（宋）司马光集注，刘韶军点校《太玄集注》卷第十《玄图》，中华书局，1998，第213页。
⑥ （三国魏）王弼、（晋）韩康伯注，（唐）孔颖达等正义《周易正义》卷八《系辞下》，（清）阮元校刻《十三经注疏》，中华书局影印本，1980，第90页。

即使五行意义上的五，也与《周易》的阴阳之说存在某种关联。许慎《说文解字》曰："五，五行也。从二，阴阳在天地间交午也。"① 可见，五乃取义于阴阳之气的交互作用。这是对《易传》"一阴一阳之谓道"的阐述和发挥。实际上，此前刘向在《说苑·辨物》中就已说过："夫占变之道，二而已矣。二者，阴阳之数也。故《易》曰：'一阴一阳之谓道。'道也者，物之动莫不由道也。是故发于一，成于二，备于三，周于四，行于五。是故玄象著明，莫大于日用；察变之动，莫著于五星。天之五星，运气于五行。其初犹发于阴阳，而化极万一千五百二十。"②《说文》之义与此是一致的。丁山先生认为，五与互字形相近、古义相通、古音全同，甚至认为五乃古文互，皆有《说文》所谓"交午"也就是交互之义③。而在这里，五当指阴阳二气之间的相互作用，其中体现了《周易》阴阳学说的基本精神和主旨。对此，贾谊、汉武帝等人肯定也是注意过的。在深受《周易》启示和影响这一点上，汉朝的"数用五"与秦始皇的"数以六为纪"可谓彼此相通。

龙在中国传统文化中的独特地位是与《周易》和易学密切相关的。正是在很多学人诠释、阐发《周易》关于龙的描述的过程中，龙文化逐步形成和发展起来。我国先民对龙的崇拜和神化由来已久，但按现有文献，最早"屡称于龙"④，赋予龙以帝王之象的则是《周易》，且其六爻亦为龙的象征，所谓"时乘六龙以御天"⑤。而秦始皇又是最早直接被人们以龙相称的帝王。据《史记·秦始皇本纪》，时人称秦始皇为"祖龙"，始皇本人也以"祖龙"之称而得意，说："祖龙，人之先也。"⑥ 纬书《河图》甚至说

---

① （汉）许慎撰，（清）段玉裁注《说文解字注·十四篇下》，上海古籍出版社，1981，第728页。

② （汉）刘向撰，向宗鲁校证《说苑校证》卷十八《辨物》，中华书局，1987，第443页。

③ 丁山：《数名古谊》，载《历史语言研究所集刊》第一本第一分，商务印书馆，1928。

④ 马王堆汉墓帛书《周易》之《二三子》，见裘锡圭主编《长沙马王堆汉墓简帛集成》（叁），中华书局，2014，第40页。

⑤ （三国魏）王弼、（晋）韩康伯注，（唐）孔颖达等正义《周易正义》卷一《乾·象》，（清）阮元校刻《十三经注疏》，中华书局影印本，1980，第14页。

⑥ （汉）司马迁撰，（南朝宋）裴骃集解，（唐）司马贞索隐，（唐）张守节正义《史记》卷六《秦始皇本纪第六》，中华书局，2013，第326页。

他"名祖龙",还记有这样的神话传说:"秦王政以白璧沈河,有黑头公从河出,谓政曰:'祖龙来!'授天宝,开,中有尺二玉牍。"① 秦始皇如此钟情于龙,与《周易》应该有某种内在联系。在他统一天下后,有人建议他尚水德,并提到:"黄帝得土德,黄龙地螾见。夏得木德,青龙止于郊,草木畅茂。……昔秦文公出猎,获黑龙,此其水德之瑞。"② 这一神话传说的盛行,当与秦始皇对龙的喜好有关。而且《周易·乾卦》所描写的龙,其由潜于水底到跃而飞天的变化发展,可以视为秦始皇事业由积聚力量到发展壮大这一历程的写照。特别是"飞龙在天"的形象,颇近于秦始皇意得欲纵、志得意满,使我们不禁想起贾谊在著名的《过秦论》中所描述的场景:"及至始皇,奋六世之余烈,振长策而御宇内,吞二周而亡诸侯,履至尊而制六合,执敲扑以鞭笞天下,威振四海。……天下已定,始皇之心,自以为关中之固,金城千里,子孙帝王万世之业也。"③ 大致成书于这一时期的长沙马王堆汉墓帛书《周易》之《二三子》有相当大的篇幅谈论"龙之德"(即龙的特性、品德),反复强调"龙大矣",认为"龙形迁假,宾于帝,倪神圣之德也"④ 以及"神贵之容也,天下之贵物也"⑤。《缪和》则说:"夫《易》,明君之守也"⑥。这些似乎都与秦始皇不无关系。

在人生理想观方面,秦始皇也颇得《周易》之沾溉。《易传》热切追求天人合一、天人合德,推天道以明人事,试图从整个宇宙的广阔视野上来考察人生,确定人生的价值取向和行为准则。它一方面要求人们顺天而动,适应自然,使人类与自然相互协调,另一方面又主张发挥人的主体意识和

---

① 〔日〕安居香山、〔日〕中村璋八辑《纬书集成·河图考灵曜》,河北人民出版社,1994,第 1195 页。《河图天灵》也载有这一传说,文字略异,见该书 1184 页。

② (汉)司马迁撰,(南朝宋)裴骃集解,(唐)司马贞索隐,(唐)张守节正义《史记》卷二十八《封禅书第六》,中华书局,2013,第 1635 页。

③ (南朝梁)萧统编,(唐)李善注《文选》卷五十一《过秦论》,中华书局影印本,1977,第 708 ~ 709 页。

④ 马王堆汉墓帛书《周易》之《二三子》,见裘锡圭主编《长沙马王堆汉墓简帛集成》(叁),中华书局,2014,第 40 页。

⑤ 马王堆汉墓帛书《周易》之《二三子》,见裘锡圭主编《长沙马王堆汉墓简帛集成》(叁),中华书局,2014,第 41 页。

⑥ 马王堆汉墓帛书《周易》之《缪和》,见裘锡圭主编《长沙马王堆汉墓简帛集成》(叁),中华书局,2014,第 122 页。

能动作用，"财成天地之道，辅相天地之宜"①，对自然界加以合理引导、开发，使之造福人类。本着这种精神，《易传》又要求人们效法天地自然生生不已、健动不怠的本性，做到刚健中正，保持一种积极进取、兢兢业业、自强不息、及时立功的人生态度和开拓精神，即所谓"天行健，君子以自强不息"②。《易传》的趋时说也蕴涵这样的思想内容。《易传》这种自强不息、刚健有为、及时立功的人生理想观一经推出，便产生了巨大的感染力和感召力，成为中华民族千古一脉、世代相承的精神动力，成为有志之士矢志不渝、一以贯之的人生追求。秦始皇的人生理想、人格风范于此也多有取资。他"奋六世之余烈，振长策而御宇内"③的壮举，反映出的就是这种刚健雄毅、奋励威猛的精神。而且马王堆汉墓帛书《二三子》提到"龙大矣……尊威精白坚强，行之不可挠也"④。这不由得也使我们联想到秦始皇的所作所为。不过，与此同时，秦始皇又极力证明自己是遵从天意，顺天而动。他的传国玉玺即刻有"受命于天，既寿永昌"的文字⑤。为了显示天命所归，他还指使千人到泗水中，试图捞出没失的周鼎。《周易·鼎卦》曾将鼎当作政治权力的象征，当作社会变革、朝代更迭的指示器。秦始皇寻鼎之举当是注意到《周易》此义的结果。

秦始皇对待《周易》的政策并非帝王的个人行为，其朝廷重臣也曾看好《周易》，研习易学。提出焚书之议的李斯就是其中的一位。据《史记·李斯列传》，李斯身为秦朝丞相，富贵已极，但却郁郁不欢，喟然而叹："嗟乎！吾闻之荀卿曰'物禁大盛'。夫斯乃上蔡布衣，间巷之黔首，上不

---

① （三国魏）王弼、（晋）韩康伯注，（唐）孔颖达等正义《周易正义》卷二《泰·象》，（清）阮元校刻《十三经注疏》，中华书局影印本，1980，第28页。

② （三国魏）王弼、（晋）韩康伯注，（唐）孔颖达等正义《周易正义》卷一《乾·象》，（清）阮元校刻《十三经注疏》，中华书局影印本，1980，第14页。

③ （南朝梁）萧统编，（唐）李善注《文选》卷五十一《过秦论》，中华书局影印本，1977，第708页。

④ 马王堆汉墓帛书《周易》之《二三子》，见裘锡圭主编《长沙马王堆汉墓简帛集成》（叁），中华书局，2014，第42页。

⑤ 张守节《史记正义》引韦曜《吴书》，见（汉）司马迁撰，（南朝宋）裴骃集解，（唐）司马贞索隐，（唐）张守节正义《史记》卷六《秦始皇本纪第六》，中华书局，2013，第291页，注七。

知其驽下，遂擢至此。当今人臣之位无居臣上者，可谓富贵极矣。物极则衰，吾未知所税驾也！"① 有的学者认为，此处李斯所言"物极则衰"云云，很有可能是受了战国时代易说的影响。② 再者，上面提到的刻石文字，有一些可能出于李斯之手笔。还有，李斯曾说："五帝不相复，三代不相袭，各以治，非其相反，时变异也。"③ 除了法家的思想因素，其中明显有《周易》及时变化之说的影子。此外，李斯为荀子弟子，"知六艺之归"④，对《周易》的根本意蕴必定有所认识。这样，李斯后来建议焚书，自然就对《周易》网开一面了。就对待《周易》的态度而言，秦始皇、李斯君臣可谓相得益彰、彼此呼应。当然，由于自身思想理论的贫乏，加之受急功近利和实用主义思想的左右，秦始皇君臣的易学思想及以此为本采撷的诸家思想，并未交织融会成一个体系，更谈不上什么系统性、深刻性。

（三）秦始皇不焚《周易》的影响和意义

对于极讲实用的秦始皇来说，《周易》确实是一部有用之书。据《史记·秦始皇本纪》，在焚书事件的第二年，他说道："吾前收天下书，不中用者尽去之，悉召文学方术士甚众，欲以兴太平。"⑤ 由此可见，秦始皇所焚之书皆为于其"不中用者"，也就是无用之书，而不在此列的《周易》等未禁之书自然就是有用之书了。我们知道，六经乃先王之政典，并非儒家所专有。特别是作为人类智慧结晶的《周易》，得到秦始皇的偏爱、保护和运用本是很自然的事情，然而到了汉代，出于政治目的，许多学人将秦始皇作为自己的对立面，历数其对六经的摧残，以受害者自命。那些治经儒生尤其如此。他们对秦始皇爱好《周易》一事自然讳莫如深，极力回避，在谈

---

① （汉）司马迁撰，（南朝宋）裴骃集解，（唐）司马贞索隐，（唐）张守节正义《史记》卷八十七《李斯列传第二十七》，中华书局，2013，第3076页。

② 朱伯崑：《易学哲学史》第一卷，华夏出版社，1995，第40页。

③ （汉）司马迁撰，（南朝宋）裴骃集解，（唐）司马贞索隐，（唐）张守节正义《史记》卷六《秦始皇本纪第六》，中华书局，2013，第321页。

④ （汉）司马迁撰，（南朝宋）裴骃集解，（唐）司马贞索隐，（唐）张守节正义《史记》卷八十七《李斯列传第二十七》，中华书局，2013，第3092页。

⑤ （汉）司马迁撰，（南朝宋）裴骃集解，（唐）司马贞索隐，（唐）张守节正义《史记》卷六《秦始皇本纪第六》，中华书局，2013，第325页。

到六经中唯有《易》幸免于秦火时，只好反复从其为卜筮之书立说，强调"秦燔书，而《易》为卜筮之事，传者不绝"①。"及秦禁学，《易》为卜筮之书，独不禁。"② "及秦焚《诗》《书》，以《易》为卜筮之书，独不焚。"③ 如前所述，这种对秦始皇不焚《周易》原因的解说并不全面。秦始皇不焚《周易》而视其为有用之书，不仅是基于《周易》作为卜筮之书所起到的推断吉凶的作用，而且更重要的是基于它极强的思想性，基于它的宇宙观、人生理想观等思想观念颇合于秦始皇的思想性格和政治需要。明于此，我们才能全面、深入地认识《周易》和易学在秦代的命运。

可以说，在秦始皇焚书坑儒之后，《周易》就成了诸家思想的护身符和烟幕弹，易学就成了其避风港，成了"学者们的安全瓣"，"学者们要趋向到这儿来，正是理所当然的事"④。各种学派纷纷明修栈道，暗度陈仓，借助《周易》、利用易学来宣传自己的学说主张。这样，易学就获得了一个绝好的发展机会，解《易》述《易》以及与易学有关的著作也层出不穷。《礼记》中的《中庸》，一向被说成子思的作品。虽然郭店楚简中的有关内容证明此说有一定根据，但曾经后人加工、润饰过的今本《中庸》，其最后定型则大体是在秦代。对此，前人已多有考证。所以，马非百先生径将其著录于《秦集史·艺文志》。值得注意的是，《中庸》的思想是源于《周易》的，其宇宙观、人生理想观等基本上是《易传》中同类观念的继承和发展。唯其如此，唐文治先生说："《中庸》其准《周易》而作乎！"⑤ 熊十力先生指出："《中庸》本演《易》之书。"⑥ 杨向奎先生则强调，《中庸》"完全

① （汉）班固撰，（唐）颜师古注《汉书》卷三十《艺文志第十》，中华书局，1962，第1704页。
② （汉）班固撰，（唐）颜师古注《汉书》卷八十八《儒林传第五十八》，中华书局，1962，第3597页。
③ （汉）荀悦、（晋）袁宏著，张烈点校《汉纪·孝成皇帝纪二》卷二十五，《两汉纪》上册，中华书局，2002，第434页。
④ 郭沫若：《青铜时代·〈周易〉之制作时代》，《郭沫若全集·历史编》第一卷，人民出版社，1982，第402页。
⑤ 唐文治：《中庸大义序》，唐文治、顾实撰，李为学整理《中庸讲疏两种》，中华书局，2019，第1页。
⑥ 熊十力：《原儒》下卷《原内圣第四》，刘梦溪主编，王守常编校《中国现代学术经典·熊十力卷》，河北教育出版社，1996，第313页。

可以纳入《易传》的行列中，变作'十一翼'，不会有'非我族类'之感"①。马王堆汉墓帛书《周易》之《二三子》《易之义》《要》《缪和》《昭力》等篇也大致撰成于秦初至秦末汉初之间②。这种形势和氛围亦为易学在入汉以后全面兴盛、迅速发展奠定了坚实的基础。更为重要的是，焚书坑儒虽然表面上结束了思想文化史上诸子蜂起、百家争鸣的局面，但却从此开始了一个以易学为中心而综合、融通、发展诸子百家之学的新时代。

众所周知，在人类文明史上，任何思想学说，如果没有吸纳、融摄其他学说的态度和能力，就不可能长期生存并发展壮大。那些具有强大生命力和影响力的思想学说，都是适应时代发展和社会政治需要，在保持自我、自信的基础上，对其他学说采取宽容和开放的态度，从中吸取各种养料，以丰富和发展自己。战国秦汉之际，随着政治统一形势的发展和稳固，诸子百家为了保持自身的生命力，往往既相互对立、相互碰撞、相互攻讦，又相互吸引、相互渗透、相互认同。这样，在当时的思想文化领域就出现了一种兼收并蓄、综合融会的趋势。荀子、庄子后学及韩非等都曾做过这种努力。但真正具有相当规模的综合融会可以说有三次：一次是黄老之学的形成，一次是《吕氏春秋》的撰著，而最为成功、规模最为宏大的一次就是《易传》的问世。秦始皇的指导思想和文化政策也是诸子各家彼此渗透、相互融合这一趋势的反映，表现出对诸子学说等各种思想的兼收并蓄、综合融会。鲁迅先生在谈到秦始皇时曾经指出："他收罗许多别国的'客卿'，并不专重'秦的思想'，倒是博采各种的思想的。"③ 的确，在秦始皇周围，曾经聚集了来自各地和各个学派、保持各种思想倾向的士人。在秦始皇身上，阴阳家、法家、儒家、道家、墨家等学派的思想因素均有所显现。比如，对阴阳家，他接受了五德终始说；对法家，他兼取法、术、势而尤重于势，并大搞严刑峻法；对儒家，他接受了伦理道德思想和宗法等

① 杨向奎：《〈易经〉中的哲学与儒家的改造》，《北京大学学报》（哲学社会科学版）1995 年第 2 期，第 34 页。

② 陈鼓应：《易传与道家思想》，中华书局，2015；朱伯崑：《帛书易传研究中的几个问题》，见朱伯崑主编《国际易学研究》第一辑，华夏出版社，1995。

③ 鲁迅：《华德焚书异同论》，王世家、止庵编《鲁迅著译编年全集》第 15 卷，人民出版社，2009，第 211 页。

级观念，"观其大一统，尊天子，抑臣下，制礼乐，齐律度，同文字，攘夷狄，信灾祥，尊贞女，重博士，无不同于儒术"①；对道家，他看好了其"太平""无极"等观念及方仙道术等末流之事；对墨家，他则钟情于尚同思想。司马迁在《史记·礼书》中说："至秦有天下，悉内六国礼仪，采择其善，虽不合圣制，其尊君抑臣，朝廷济济，依古以来。"②在秦始皇那里，实用就是一切，任何思想学说只要有利于自己统治的稳固和延续，都可以拿来一用。对易学思想亦是如此，何况它已经包容、融会了诸子之说的精华。此举本身就是对《易传》百虑一致、殊途同归的学术宗旨和治学风格的认同。

如果说，《易传》诸篇的相继问世，标志着诸子各家彼此渗透、相互融合的思潮达到高峰，那么应该说，在秦始皇尊崇易学之后，这一思潮则表现得更为强劲和明朗。秦汉易学家、思想家和政治家大都注意通过研《易》说《易》来融摄各家之说，博采众家之长，其思想内容和思想方法也带有明显的包容性、融合性、超越性。如前所述，秦始皇本人的社会政治思想就是对法家、阴阳家、儒家、道家等诸家思想有用成分的综合摄取。入汉以后，在思想文化领域，综合性、包容性、超越性更成为一个极为突出的特点，而这正是中国古代思想文化在该时期得到进一步发展的重要标志，也是多姿多彩、既古老又常新的中华文明不断发展的重要环节。而秦汉思想对后世思想发展的影响，也主要表现在易学思想方面。在一定意义上讲，这一切均应首先归功于秦始皇存《易》用《易》、自觉不自觉地以易学作为治国理政的指导思想。

遗憾的是，秦始皇喜欢和熟悉《周易》，但却没有把握住其变动不居、物极则反、盈不可久的根本意蕴，用《易传》的话说就是"知进而不知退，知存而不知亡，知得而不知丧"③，没有及时改变治国方略和手段以顺应人

---

① 夏曾佑：《中国古代史》，河北教育出版社，2000，第253页。

② （汉）司马迁撰，（南朝宋）裴骃集解，（唐）司马贞索隐，（唐）张守节正义《史记》卷二十三《礼书第一》，中华书局，2013，第1368页。

③ （三国魏）王弼、（晋）韩康伯注，（唐）孔颖达等正义《周易正义》卷一《乾·文言》，（清）阮元校刻《十三经注疏》，中华书局影印本，1980，第17页。

心，与民休息；他钟情于龙，但却只是以"飞龙在天"自赏，没有意识到向"亢龙有悔"转化的趋势。特别是他幻想使自己的皇位"二世三世至于万世，传之无穷"，自己的意志和命令也要"垂于后世，顺承勿革"①，更是有悖于《周易》的变化之道。结果，"高而无民，贤人在下而无辅"②，他和他的继承者也就真正成了"动而有悔"的"亢龙"。位极人臣的李斯，虽然注意过《周易》盛衰变化之道，但却没有贯彻于实际行动中，既没有以此道进说始皇父子以延续秦朝的统治，也没有以此道约束自身而保全身家性命，最终落了个可悲的结局。

有趣的是，秦朝君臣所力保和喜爱的《周易》和易学，又成了加速其自身灭亡的重要因素之一。秦朝末年，随着阶级矛盾的日益激化，整个社会又被拖入激烈动荡和严重危机之中，《周易》再一次受到全国上下的重视。人们或利用它占卜吉凶，以求把握自己的前途、命运；或利用它进行反秦革命，以求举事成功。《系辞上传》有言："君子居则观其象而玩其辞，动则观其变而玩其占。是以自天祐之，吉无不利。"③ 对《易》占来说，"君子将有为也，将有行也，问焉而以言，其受命也如响，无有远近幽深，遂知来物"④。"后人读《易》，会因文王被囚而武王革命，联想到自己的困境，而寄望于'革命'。尤其是在秦始皇禁书坑儒的措施下受迫害的'儒生'、'术士'"，"由习《易》而联想到自身的困境而寄望于反秦革命，似乎是理所当然的"⑤。而作为起义农民的首领，陈胜、吴广在大泽乡起义前，曾寻访当地的卜者占卜吉凶。这位卜者生活在民间，但却深谙《周易》变易之道，明于天下大势，加上具有反秦情绪，且同情起义农民，所以对陈

① （汉）司马迁撰，（南朝宋）裴骃集解，（唐）司马贞索隐，（唐）张守节正义《史记》卷六《秦始皇本纪第六》，中华书局，2013，第308页。
② 《周易·乾卦·文言传》以及《系辞上传》均有此表述。见（三国魏）王弼、（晋）韩康伯注，（唐）孔颖达等正义《周易正义》，（清）阮元校刻《十三经注疏》，中华书局影印本，1980，第16页、第80页。
③ （三国魏）王弼、（晋）韩康伯注，（唐）孔颖达等正义《周易正义》卷七《系辞上》，（清）阮元校刻《十三经注疏》，中华书局影印本，1980，第77页。
④ （三国魏）王弼、（晋）韩康伯注，（唐）孔颖达等正义《周易正义》卷七《系辞上》，（清）阮元校刻《十三经注疏》，中华书局影印本，1980，第81页。
⑤ 陈启云：《中国古代思想文化的历史论析》，北京大学出版社，2001，第253页。

胜、吴广讲"足下事皆成，有功"，还启发他们去求得鬼神的帮助。于是，陈胜、吴广"鱼腹丹书"，揭竿而起，发动了大规模的农民起义,[①] 最终使秦王朝二世而亡。在剧烈的历史变动时期，《周易》的卜筮形式和变易之道又一次发挥了它的非凡作用，显示出它的巨大影响。这是当初存《易》用《易》的秦始皇所始料不及的。"据说，历史喜欢作弄人，喜欢同人们开玩笑，本来要进这间屋子，结果却跑进了那间屋子。在历史上，凡是不懂得、不认识自己真正的实质，即不了解自己实际上（而不是凭自己的想象）倾向于哪些阶级的人们、集团和派别，经常会发生这样的事情。"[②] 千古一帝的秦始皇就是如此。

---

① （汉）司马迁撰，（南朝宋）裴骃集解，（唐）司马贞索隐，（唐）张守节正义《史记》卷
四十八《陈涉世家第十八》，中华书局，2013，第 2352 页。
② 《列宁全集》第二十五卷，人民出版社，2017，第 338 页。

第三章
《周易》思想的传承发展

《周易》以其历史悠久、博大精深的思想体系为世人所重，其中的自强不息精神、君子观、缘文化思想等思想观念都展现出自己的独特魅力，是特别值得称道的。而易学与史学之间的相互影响、双向互动在汉唐时期有了新的发展，易学在社会上的影响力也有了新的提升。

一 "天行健，君子以自强不息"简释

《周易》中有一句耳熟能详的名言："天行健，君子以自强不息。"习近平总书记在一系列重要讲话中多次引述此言，指出"中华民族是富有创新精神的民族"，"创新精神是中华民族最鲜明的禀赋"[①]，强调"面向未来，我们必须坚持改革创新"[②]。这对于我们进一步全面深刻地理解、把握中国传统文化经典的思想内涵和当代价值具有重要的启发作用和指导意义。

"天行健，君子以自强不息"，出自《周易·乾卦·象传》。唐代孔颖达《周易正义》对此解释道："天行健者，谓天体之行，昼夜不息，周而复始，无时亏退，故云天行健。此谓天之自然之象。君子以自强不息，此以人事

---

① 习近平：《在中国科学院第十七次院士大会、中国工程院第十二次院士大会上的讲话》（2014年6月9日），人民出版社，2014，第3页。

② 习近平：《在庆祝中华人民共和国成立65周年招待会上的讲话》（2014年9月30日），《人民日报》2014年10月1日，第2版。

法天所行，言君子之人，用此卦象，自强勉力，不有止息。"① 历代注解于此并无什么分歧，只是存在时代背景和文化体认的某种差异。

作为群经之首、大道之源，《周易》包括《易经》（六十四卦及卦爻辞）和《易传》（"十翼"），前者出现在殷周之际，后者相传成于孔子之手，实际上是春秋战国之世以儒为主、儒道互补而综合百家、超越百家的产物。《周易》强调天人合一、天地人一体，倡导人类对天地自然之道的尊崇、顺应和效法，反映了中华民族传统思维方式的特点。这种思维方式是以天人合一为核心的整体综合、万有相通、普遍联系的思维方式，而其最古老、最经典的文献载体和思想渊薮就是《周易》。从出土的战国文献《郭店楚简·语丛一》"《易》，所以会天道、人道也"②，到清代《四库全书总目》"《易》之为书，推天道以明人事者也"③，都很好地说明了这一点。"天行健，君子以自强不息"，就是讲，天道永远处于周流不息的运转生化过程中，君子因此也应该效法天道的刚健品格，发奋拼搏，积极进取，使有限的生命永不懈怠休止，从而获得永恒的价值。

自强不息，首先强调的是刚健有为，积极进取。张岱年先生曾指出："在古代哲学中，与刚健自强有密切联系的是关于独立意志、独立人格和为坚持原则可以牺牲个人生命的思想。"④ 孔子强调"三军可夺帅也，匹夫不可夺志也"⑤，又特别指出："志士仁人，无求生以害仁，有杀身以成仁。"⑥ 而他本人也是身体力行，为了追求自己认定的目标，"学而不厌，诲人不倦"，"发愤忘食，乐以忘忧，不知老之将至"⑦，成为坚韧刚毅、奋斗不止

① （三国魏）王弼、（晋）韩康伯注，（唐）孔颖达等正义《周易正义》卷一《乾》，中华书局影印本，1980，第14页。
② 荆门市博物馆：《郭店楚墓竹简·语丛一》，文物出版社，1998，第194页。
③ （清）永瑢等：《四库全书总目·经部·易类一》，中华书局，1965，第1页。
④ 张岱年：《中国文化的基本精神》，《张岱年全集》第七卷，河北人民出版社，1996，第382页。
⑤ （清）刘宝楠撰，高流水点校《论语正义》卷十《子罕第九》，中华书局，1990，第354页。
⑥ （清）刘宝楠撰，高流水点校《论语正义》卷十八《卫灵公第十五》，中华书局，1990，第620页。
⑦ （清）刘宝楠撰，高流水点校《论语正义》卷八《述而第七》，中华书局，1990，第254、270页。

精神的现实写照。孟子强调"我善养吾浩然之气"①，倡导"富贵不能淫，贫贱不能移，威武不能屈"的"大丈夫"气概②，进一步彰显了自强不息的精神能量和思想影响。

追求"日新"，树立创新意识，不断提高创新思维能力，亦是自强不息精神的题中应有之义。《周易·大畜卦·彖传》："大畜，刚健笃实，辉光日新。"③《系辞上传》："富有之谓大业，日新之谓盛德，生生之谓易。"④ 其他经典中也有类似的思想。例如，《诗经·大雅·文王》："周虽旧邦，其命维新。"⑤《大学》："苟日新，日日新，又日新。"⑥ 中华民族发展史上的一系列发明创造，都可以说是自强不息精神在具体创新实践中的生动体现。

在《周易》看来，宇宙万物处于变动不居的运动过程中，人们应该顺应自然，革故鼎新，与时偕行。《周易》中有革卦、鼎卦，《杂卦传》："革，去故也。鼎，取新也。"⑦《系辞下传》说："《易》穷则变，变则通，通则久。"⑧ 只有勇于变革，敢于创新，才能立于不败之地，实现可持续发展。习近平总书记强调："惟创新者进，惟创新者强，惟创新者胜。"⑨ 历史上那些杰出的、成功的改革家和创新者，莫不如此。目前，我国各项改革事业都进入了一个关键阶段，我们绝不能为旧思想、旧事物所禁锢，要以非凡

---

① （清）焦循撰，沈文倬点校《孟子正义》卷六《公孙丑章句上》，中华书局，2015，第215页。

② （清）焦循撰，沈文倬点校《孟子正义》卷十二《滕文公章句下》，中华书局，2015，第450页。

③ （三国魏）王弼、（晋）韩康伯注，（唐）孔颖达等正义《周易正义》卷三《大畜·象》，（清）阮元校刻《十三经注疏》，中华书局影印本，1980，第40页。

④ （三国魏）王弼、（晋）韩康伯注，（唐）孔颖达等正义《周易正义》卷七《系辞上》，（清）阮元校刻《十三经注疏》，中华书局影印本，1980，第78页。

⑤ （汉）毛亨传，（汉）郑玄笺，（唐）孔颖达等正义《毛诗正义》卷十六之一《大雅·文王》，（清）阮元校刻《十三经注疏》，中华书局影印本，1980，第503页。

⑥ （汉）郑玄注，（唐）孔颖达等正义《礼记正义》卷六十《大学第四十二》，中华书局1980年影印本，第1673页。

⑦ （三国魏）王弼、（晋）韩康伯注，（唐）孔颖达等正义《周易正义》卷九《杂卦》，（清）阮元校刻《十三经注疏》，中华书局影印本，1980，第96页。

⑧ （三国魏）王弼、（晋）韩康伯注，（唐）孔颖达等正义《周易正义》卷八《系辞下》，（清）阮元校刻《十三经注疏》，中华书局影印本，1980，第86页。

⑨ 习近平：《在欧美同学会成立一百周年庆祝大会上的讲话》（2013年10月21日），《人民日报》2013年10月22日，第2版。

的胆识和气概，自强不息，攻坚克难，不断总结经验教训，从而取得改革创新的最终成功。

自强不息的精神，也是与至公无私、公而忘私的思想联系在一起的。明代来知德《周易集注》解释"自强不息"时说："自强者，一念一事，莫非天德之刚也。息者，间以人欲也。天理周流，人欲退听，故自强不息。若少有一毫阴柔之私以间之，则息矣。强与息反，如公与私反。自强不息，犹云至公无私。"① 纵观中国历史，无数先进人物正是在自强不息、至公无私思想的感召和激励下，为了维护民族尊严和国家主权，大义凛然，仗义疏财，慷慨赴死，不断谱写着正气歌，传递着正能量。诚如鲁迅先生所言："我们从古以来，就有埋头苦干的人，有拼命硬干的人，有为民请命的人，有舍身求法的人……这就是中国的脊梁。"② 新时期涌现出来的劳动英雄、道德模范，同样是在以自己的方式传承、弘扬和发展着自强不息的精神。

要真正做到自强不息，还应自觉地与厚德载物结合起来。"地势坤，君子以厚德载物"，出自《周易·坤卦·象传》，体现了中华民族胸怀宽广、无私奉献的高尚品格。若想最终成就和谐人生、理想人格和盛德大业，人们在发挥自强不息精神的同时，还要具备厚德载物的包容意识和博大胸怀，并使二者相互结合、相互融会、相得益彰。习近平总书记指出："正是这种'天行健，君子以自强不息'、'地势坤，君子以厚德载物'的变革和开放精神，使中华文明成为人类历史上唯一一个绵延 5000 多年至今未曾中断的灿烂文明。"③

二 《周易》的君子观

《周易》关于君子的思想观念在中国思想文化史上具有重要的典型意

---

① （明）来知德：《周易集注·乾卦》，周立升导读本，齐鲁书社，2009，第 124 页。

② 鲁迅：《中国人失掉自信力了吗》，王世家、止庵编《鲁迅著译编年全集》第 17 卷，人民出版社，2009，第 65 页。

③ 习近平：《在庆祝改革开放 40 周年大会上的讲话》（2018 年 12 月 18 日），人民出版社，2018，第 36 页。

义。它透过纷繁芜杂的宇宙万象，探究其变化发展的客观规律，立足于"一阴一阳之谓道"的精湛命题，秉持"天人合一"和"推天道以明人事"的整体思维，倡导君子应该法天则地，践行自强不息的拼搏精神，培育厚德载物的博大胸怀，努力追求"保合太和"的价值理想，构建了综合百家、超越百家而又独具特色的易学君子观。《周易》的君子观对中华民族人文精神的孕育、嬗变和升华产生了决定性的影响，至今对我们仍有积极的启发作用和教育意义，其当代价值弥足珍贵，应予以深入发掘、大力弘扬。

翻检中国古代文献，"君子"一词俯拾即是，儒、道、法、墨等诸子百家对"君子之道"作出过不同程度的阐述，在不同的语境中其含义也不尽相同——有时指统治者和贵族，与"野人""农夫""小人"相对应。例如《国语·鲁语上》有言："君子务治而小人务力。"[1]《孟子·滕文公上》指出："无君子莫治野人，无野人莫养君子。"[2] 有时"君子"指才德出众的人，如《礼记·曲礼上》云："博闻强识而让，敦善行而不怠，谓之君子。"[3] 可见，"君子"并没有固定的含义，其内涵是基于语境不同且随着历史发展而不断变化的。但大体说来，"君子"是指一种健全、理想的人格形象，这种人格有崇高的价值取向、优秀的道德品质、良好的行为规范，体现了人的全面发展，是古人在"崇德而广业"[4] 方面极力推崇的一种做人的终极范式。这在《周易》中表现得最为突出、最为典型。

（一）"保合太和"的价值理想

《周易》作为群经之首、大道之源，是最早、最系统、最详备地阐述君子观的古代经典之一。宋代张载说："《易》为君子谋，不为小人谋。故撰

---

① 徐元诰撰，王树民、沈长云点校《国语集解·鲁语上第四》，中华书局，2002，第144页。
② （清）焦循撰，沈文倬点校《孟子正义》卷十《滕文公章句上》，中华书局，2015，第377页。
③ （汉）郑玄注，（唐）孔颖达正义《礼记正义》卷三《曲礼上第一之三》，（清）阮元校刻《十三经注疏》，中华书局影印本，1980，第1248页。
④ （三国魏）王弼、（晋）韩康伯注，（唐）孔颖达等正义《周易正义》卷七《系辞上》，（清）阮元校刻《十三经注疏》，中华书局影印本，1980，第79页。

德于卦，虽爻有小大，及系辞其爻，必喻之以君子之义。"① 在《周易》中，"君子"一词出现达127次之多，作者屡屡劝诫君子应该具备什么样的胸怀，秉持什么样的价值理念，践行什么样的道德规范，叮咛劝勉，循循诱导，犹如一部指导人们成功步入"君子之道"的教科书。通观全书，《周易》的君子观吸收百家、融会百家而又独具特色，卓然成一家之言。我们知道，易学并没有固定的学派属性，《周易》既非儒家的专利品，也不专属于道家或法家、墨家等诸子百家中的任何一家，它是综合百家、超越百家的产物，以《易传》作者为代表的易学家是与九流十家比肩而立甚至超迈其上的一个独立的思想流派。在君子观方面，《周易》同样以百虑一致、殊途同归的学术理念为出发点，以海纳百川的高度包容姿态，取资、融会诸子百家，尤其是以孔子为代表的儒家的君子观，构建了特色突出、别具一格的易学君子观。

在《周易》作者看来，君子应该将"保合太和"的和谐境界作为价值理想追求。《周易》是中华民族和谐精神的重要渊薮，和谐是其最为核心的思想，而"保合太和"就是《周易》所倡导的最高的和谐境界，也是衡量君子理想人格的根本准则。《周易》以变为本，倡导变革，呼唤创新，但这种变革和创新是要变无序为有序、化冲突为和谐，实现人际关系与社会秩序的和谐，进而实现包括自然与社会在内的天人整体和谐。《中庸》也强调和谐，它说："万物并育而不相害，道并行而不相悖。"体现了和而不同、兼收并蓄的包容姿态。又说"喜怒哀乐之未发，谓之中；发而皆中节，谓之和。中也者，天下之大本也；和也者，天下之达道也。致中和，天地位焉，万物育焉。"② 在这里，和谐立足于人的心性，立足于人的内心情感，立足于人的精神修养、境界提升，这与《周易》的"太和"说是一致的。实际上，《周易》推崇的"太和"是一种普遍和谐的观念，具体说来就是人与自然的和谐、人与人的和谐、人与社会的和谐、人自身心灵的和谐四个

---

① （宋）张载著，林乐昌校释《正蒙合校集释·大易篇第四》，中华书局，2012，第688页。
② （汉）郑玄注，（唐）孔颖达等正义《礼记正义》卷五十二《中庸第三十一》，（清）阮元校刻《十三经注疏》，中华书局影印本，1980，第1625页。

方面①。按照《周易》和谐的文化价值理想，君子的一切社会实践活动都应以"太和"作为终极目标，努力实现社会和谐、天人整体和谐。

在《周易》看来，君子若要实现"保合太和"的最高理想境界，就应该"顺天应人"。《乾卦·文言传》说："夫大人者，与天地合其德，与日月合其明，与四时合其序，与鬼神合其吉凶。先天而天弗违，后天而奉天时。"②"与天地合其德"就是人道要效法天地自然之道，反映的是"天人合一"、人与自然高度和谐的理念。《周易》强调"法天则地""顺天而行"，但并不是消极被动的顺从和削足适履般的适应。人是一种拥有天赋主体性的特殊存在，在尊重自然规律、不违背天道的基础上，要挺立主体意识，充分发挥主观能动精神，以期在现实中达到与自然高度和谐的理想境界。《系辞下传》曰："天地设位，圣人成能。人谋鬼谋，百姓与能。"③ 意思是天地设立了阴阳刚柔之位，圣人发挥聪明潜能创成《周易》，于是人的谋虑揭示出自然界阴阳不测之神妙变化，连普通百姓也能运用《周易》的原理，参与天地万物的运化，顺应自然。《泰卦·象传》曰："天地交，泰。后以财成天地之道，辅相天地之宜，以左右民。"④ 是《周易》高度倡导和阐扬人的主体能动性的经典概括，其深刻内涵是人应该充分发挥卓越的主体能动性，通过认识和把握自然规律从而改造自然、利用自然，使包括天、地、人在内的宇宙万物"各正性命，保合太和"。《周易》堪称高扬人的主体意识和主观能动性的思想典范。

《周易》强调发挥人的主观能动性，但这种发挥绝不是没有节制、没有规矩的任意妄为，而是以遵循"持中守正"的规范为前提条件的。"中"在《周易》里既是一种时位，又是一种行为美德，在一卦六爻中起着关键性的作用。具体来说，每卦有上、下体之分，二为下体之中，五为上体之中，

---

① 张涛：《易学·经学·史学》，北京师范大学出版社，2011，第 78～87 页。
② （三国魏）王弼、（晋）韩康伯注，（唐）孔颖达等正义《周易正义》卷一《乾·文言》，（清）阮元校刻《十三经注疏》，中华书局影印本，1980，第 17 页。
③ （三国魏）王弼、（晋）韩康伯注，（唐）孔颖达等正义《周易正义》卷八《系辞下》，（清）阮元校刻《十三经注疏》，中华书局影印本，1980，第 91 页。
④ （三国魏）王弼、（晋）韩康伯注，（唐）孔颖达等正义《周易正义》卷二《泰·象》，（清）阮元校刻《十三经注疏》，中华书局影印本，1980，第 28 页。

若爻居中位，即为"中"，或曰"得中"，象征守持中道、行为适中、不偏不倚、合于阴阳和合的法则。每卦六爻，各有其位，初、三、五为阳位，二、四、上为阴位，若阳爻居阳位，阴爻居阴位，即为得位或当位，得位为"正"，象征阴阳各就其位，合于其应然的秩序。若阴爻居于二位，阳爻居于五位，则是既中且正，称为"中正"。当然"中"与"正"相较，"中"比"正"似乎更显重要。"中"的体例表现了《周易》的核心思想，易道贵中，"中和"的最高境界就是"太和"。《周易》强调，只有既中且正的行为规范才是尽善尽美的，才是君子所应该努力持守的。简要地说，《周易》主张君子应该在遵循"中正"行为规范的前提下发挥主观能动性，以实现"保合太和"的价值理想。

（二）"自强不息"的拼搏精神

1914 年 11 月 5 日，著名学者梁启超先生在清华大学（当时称"清华学校"）做了一场题为《君子》的演讲，提出以《周易》之《大象传》中的"天行健，君子以自强不息""地势坤，君子以厚德载物"作为衡量君子的基本条件和标准。后来，清华大学径直将"自强不息""厚德载物"作为校训，影响了一代又一代的莘莘学子。今天，这八个字已成为人们耳熟能详的励志名言。在梁先生看来，如果能做到这两点，就基本符合君子之条件了。也就是说，若要成就君子的理想人格，就必须树立自强不息的拼搏精神，培育厚德载物的博大胸怀。

"天行健，君子以自强不息。"大自然永远处于周流不息、变动不居的运动变化过程中，君子应该效法大自然的刚健性格，奋力拼搏，积极进取，才能赋予有限的生命以永恒的价值。《乾卦》九三爻辞曰："君子终日乾乾，夕惕若，厉无咎。"[1] 君子整天振作不已，直到夜晚还要保持警惕谨慎，即使面临危险也能免遭灾祸。《大畜卦·象传》曰："刚健笃实，辉光日新。"[2]

---

① （三国魏）王弼、（晋）韩康伯注，（唐）孔颖达等正义《周易正义》卷一《乾》，（清）阮元校刻《十三经注疏》，中华书局影印本，1980，第 13 页。

② （三国魏）王弼、（晋）韩康伯注，（唐）孔颖达等正义《周易正义》卷三《大畜·象》，（清）阮元校刻《十三经注疏》，中华书局影印本，1980，第 40 页。

刚健笃实者蓄积不已，光辉焕发，每天都自我增新。这些话语，其旨趣都在于激励君子刚健有为，努力"进德修业"，做出一番盛德大业。

《周易》为忧患之作，全书充盈着浓烈的忧患意识。《系辞下传》曰："《易》之兴也，其于中古乎？作《易》者，其有忧患乎？"又曰："《易》之兴也，其当殷之末世，周之盛德耶？当文王与纣之事耶？是故其辞危。危者使平，易者使倾。其道甚大，百物不废。惧以终始，其要无咎，此之谓《易》之道也。"① 君子必须时刻抱定危机感，居安思危，慎终敬始。《否卦》九五爻辞曰："其亡其亡，系于苞桑。"② 《系辞下传》对此作了深刻的阐释："危者，安其位者也；亡者，保其存者也；乱者，有其治者也。是故君子安而不忘危，存而不忘亡，治而不忘乱，是以身安而国家可保也。"③ 优裕安乐的生活环境容易使人丧失斗志，意志消沉。当人们处于顺境中时，不要得意忘形、贪图享受，否则极易陷入困顿窘境而束手无策。君子在顺境中须依然保持高昂的斗志，以忧患之心思忧患之故，防止形势逆转。

在《周易》作者看来，要消除各种忧患，最根本的是要有革故鼎新的改革气魄和与时俱进的创新精神。宇宙万物处于变动不居的运动过程中，人们应该顺应自然，革故鼎新，而不能墨守成规、拘泥成见。《革卦》《鼎卦》对革故鼎新的理念作了集中阐释。《杂卦传》曰："革，去故也。鼎，取新也。"④ 革就是改革，革除过时的、不适应新形势的陈腐事物和思想。鼎就是更新，树立一种适应新形势的观念。《系辞下传》曰："穷则变，变则通，通则久。"⑤ 在日新月异的社会变化中，只有勇于变革，才能使事物持续向前发展。商汤和周武王顺应历史潮流，领导人民群众进行社会革命，

---

① （三国魏）王弼、（晋）韩康伯注，（唐）孔颖达等正义《周易正义》卷八《系辞下》，（清）阮元校刻《十三经注疏》，中华书局影印本，1980，第90页。

② （三国魏）王弼、（晋）韩康伯注，（唐）孔颖达等正义《周易正义》卷二《否》，（清）阮元校刻《十三经注疏》，中华书局影印本，1980，第29页。

③ （三国魏）王弼、（晋）韩康伯注，（唐）孔颖达等正义《周易正义》卷八《系辞下》，（清）阮元校刻《十三经注疏》，中华书局影印本，1980，第88页。

④ （三国魏）王弼、（晋）韩康伯注，（唐）孔颖达等正义《周易正义》卷九《杂卦》，（清）阮元校刻《十三经注疏》，中华书局影印本，1980，第96页。

⑤ （三国魏）王弼、（晋）韩康伯注，（唐）孔颖达等正义《周易正义》卷五《革》，（清）阮元校刻《十三经注疏》，中华书局影印本，1980，第60页。

《周易》给予了热情的赞扬。《革卦·象传》曰:"文明以说,大亨以正,革而当,其悔乃亡。天地革而四时成,汤武革命,顺乎天而应乎人,革之时大矣哉!"① 因此,对于君子而言,不能拘泥于现状,为旧事物、旧习俗所禁锢,必须具备非凡的改革气魄,密切关注形势变化,顺应社会发展趋势,与时偕行,大胆创新,总结新经验,学习新知识,增长新本领。

要消除忧患,有效防止灾祸发生,还必须培养"见几而作"的敏锐洞察力。《系辞上传》曰:"夫《易》,圣人之所以极深而研几也。唯深也,故能通天下之志;唯几也,故能成天下之务;唯神也,故不疾而速,不行而至。"② 《系辞下传》曰:"几者,动之微,吉之先见者也。君子见几而作,不俟终日。"③ "神"是阴阳变化神妙莫测的客观规律,"几"是事物变化发展的苗头、吉凶之先兆。《周易》的根本特点在于"极深而研几",教人把握规律、未雨绸缪,以应对瞬息万变的客观形势。君子必须及时、准确地洞察这种先兆,果断采取行动,而不可坐失良机。客观形势瞬息万变,机会稍纵即逝,只有具备准确、快捷的反应能力,方能做出正确的决断。

(三)"厚德载物"的博大胸怀

《周易·坤卦·象传》曰:"地势坤,君子以厚德载物。"④ 大地厚实、和顺,君子必须效法大地,以增厚美德,容载万物。"厚德"就是以德修身,培育高尚的品德。《周易》提出的厚德载物是以柔顺宽厚为基本原则的。从卦象看,《坤卦》以大地为象征形象,由六个阴爻组成,其义主柔顺宽厚。从卦爻辞看,"牝马之贞""后得主""或从王事"等词语都含有柔顺之意。唐代孔颖达说:"盖乾坤合体之物,故乾后次坤。……坤是阴道,

---

① (三国魏)王弼、(晋)韩康伯注,(唐)孔颖达等正义《周易正义》卷五《革·象》,(清)阮元校刻《十三经注疏》,中华书局影印本,1980,第60页。
② (三国魏)王弼、(晋)韩康伯注,(唐)孔颖达等正义《周易正义》卷七《系辞上》,(清)阮元校刻《十三经注疏》,中华书局影印本,1980,第81页。
③ (三国魏)王弼、(晋)韩康伯注,(唐)孔颖达等正义《周易正义》卷八《系辞下》,(清)阮元校刻《十三经注疏》,中华书局影印本,1980,第88页。
④ (三国魏)王弼、(晋)韩康伯注,(唐)孔颖达等正义《周易正义》卷一《坤》,(清)阮元校刻《十三经注疏》,中华书局影印本,1980,第18页。

当以柔顺为贞正，借柔顺之象，以明柔顺之德也。"① 这表明，《坤卦》全卦旨在阐释柔顺宽厚的道理。

《坤卦》讲究柔顺宽厚，但并非一味地柔顺宽厚，而是以阴阳并济为前提的。该卦上六爻辞曰："龙战于野，其血玄黄。"② "龙"为阳刚之气，表明上六阴盛至极，阴极阳来，二气交相和合。根据《周易》辩证思维的特点，《坤卦》虽六爻全部为阴爻，但其卦体内伏藏有阳刚之气。《坤卦·文言传》说："坤至柔而动也刚，至静而德方。"③《坤卦》在表明柔顺宽厚的主旨的同时，也揭示了阴阳既相互对立又相互依存的关系。根据阴阳对立统一的辩证关系，《周易》推出了仁义并立的道德规范。《说卦传》曰："立天之道曰阴与阳，立地之道曰柔与刚，立人之道曰仁与义。"④ 仁义并立是人修德立身的根本。《系辞上传》曰："安土敦乎仁，故能爱。"⑤ 宋代大儒朱熹解释道："'敦乎仁'者，不失其天地生物之心也。安土而敦乎仁，则无适而非仁矣，所以能爱也。"⑥ 这里的"仁"与孔子所说的"仁者爱人"相同，是指一种博爱的情怀。《系辞下传》曰："圣人之大宝曰位，何以守位？曰仁。"圣人能够稳居其位，就是因为具有"仁"的博爱情怀。又曰："何以聚人？曰财。理财正辞，禁民为非，曰义。"孔颖达《周易正义》解释说："言圣人治理其财，用之有节；正定号令之辞，出之以理；禁约其民为非僻之事，勿使行恶，是谓之义。义，宜也，言以此行之而得其宜也。"⑦义就是适宜的意思，引申指能够适宜社会伦理的道德准则。《孟子·尽心

① （三国魏）王弼、（晋）韩康伯注，（唐）孔颖达等正义《周易正义》卷一《坤》，（清）阮元校刻《十三经注疏》，中华书局影印本，1980，第 17 页。
② （三国魏）王弼、（晋）韩康伯注，（唐）孔颖达等正义《周易正义》卷一《坤》，（清）阮元校刻《十三经注疏》，中华书局影印本，1980，第 18 页。
③ （三国魏）王弼、（晋）韩康伯注，（唐）孔颖达等正义《周易正义》卷一《坤·文言》，（清）阮元校刻《十三经注疏》，中华书局影印本，1980，第 18 页。
④ （三国魏）王弼、（晋）韩康伯注，（唐）孔颖达等正义《周易正义》卷九《说卦》，（清）阮元校刻《十三经注疏》，中华书局影印本，1980，第 93～94 页。
⑤ （三国魏）王弼、（晋）韩康伯注，（唐）孔颖达等正义《周易正义》卷七《系辞上》，（清）阮元校刻《十三经注疏》，中华书局影印本，1980，第 77 页。
⑥ （宋）朱熹：《晦庵先生朱文公文集》卷四十《答何叔京》，见朱杰人、严佐之、刘永翔主编《朱子全书》（修订本）第 22 册，上海古籍出版社、安徽教育出版社，2010，第 1831 页。
⑦ （三国魏）王弼、（晋）韩康伯注，（唐）孔颖达等正义《周易正义》卷八《系辞下》，（清）阮元校刻《十三经注疏》，中华书局影印本，1980，第 86 页。

上》曰："亲亲，仁也。敬长，义也。"① 《中庸》曰："仁者人也，亲亲为大；义者宜也，尊贤为大。"② 《礼记·礼运》曰："义者，艺之分、仁之节也，……仁者，义之本也。"③ 《礼记·表记》则说："仁者，天下之表也。义者，天下之制也。"④ 由此看来，仁的本质是爱，是一种博爱情怀，是表率和仪范；义的本质是敬，强调尊贤敬长，是一种社会行为规制。有的学者指出："仁是社会的亲和力和凝聚力，义是社会的层次性和秩序性，二者紧密结合，形成一种张力，使社会得以和谐发展。而能够达到仁的境界，符合义的规范，就已臻于人生的理想境界了。"⑤

在仁义并立的纲领下，以柔顺宽厚为基本原则，《周易》作者对君子"厚德"所包含的基本道德品质进行了论述。

其一，谦虚逊让的品质。谦虚逊让是古人普遍认同和广泛传播的美德。《尚书·大禹谟》称："满招损，谦受益。"⑥ 《老子》第二十二章曰："不自伐故有功，不自矜故长。"⑦ 《周易》极力赞扬"谦"之美德。《韩诗外传》卷三引周公曰："《易》有一道，大足以守天下，中足以守其国家，近足以守其身，谦之谓也。"⑧ 《周易》六十四卦中，其他六十三卦卦爻辞都是有吉有凶，唯独《谦卦》无凶，都是"吉""无不利"。其卦辞曰："亨，君子有终。"⑨ 意思是有了谦虚的美德就能万事亨通，做事情就会有好的结果。

---

① （清）焦循撰，沈文倬点校《孟子正义》卷二十六《尽心章句上》，中华书局，2015，第967页。

② （汉）郑玄注，（唐）孔颖达等正义《礼记正义》卷五十二《中庸第三十一》，（清）阮元校刻《十三经注疏》，中华书局影印本，1980，第1629页。

③ （汉）郑玄注，（唐）孔颖达等正义《礼记正义》卷二十二《礼运第九之二》，（清）阮元校刻《十三经注疏》，中华书局影印本，1980，第1426页。

④ （汉）郑玄注，（唐）孔颖达等正义《礼记正义》卷五十四《表记第三十二》，（清）阮元校刻《十三经注疏》，中华书局影印本，1980，第1639页。

⑤ 郑万耕、赵建功：《周易与现代文化》（修订版），中国广播电视出版社，2007，第182页。

⑥ （旧题汉）孔安国传，（唐）孔颖达正义《尚书正义》卷四《大禹谟第三》，（清）阮元校刻《十三经注疏》，中华书局影印本，1980，第137页。

⑦ （三国魏）王弼注，楼宇烈校释《老子道德经注校释》第二十二章，中华书局，2008，第56页。

⑧ （汉）韩婴撰，许维遹校释《韩诗外传集释》卷三第三十一章，中华书局，1980，第117～118页。

⑨ （三国魏）王弼、（晋）韩康伯注，（唐）孔颖达等正义《周易正义》卷二《谦》，（清）阮元校刻《十三经注疏》，中华书局影印本，1980，第31页。

《谦卦·象传》曰："谦谦君子，卑以自牧也。"① 意即君子应该用谦虚的美德加强自我修养。又曰："劳谦君子，万民服也。"② 有功劳又谦虚的君子，能得到万民的钦佩信服。《系辞上传》曰："劳而不伐，有功而不德，厚之至也。语以其功下人者也。德言盛，礼言恭。谦也者，致恭以存其位者也。"③ 有功劳而不自我夸耀，有大功勋而不自以为有恩德，这是极为深厚的美德，可以使自己稳居其位。《谦卦·象传》曰："谦亨，天道下济而光明，地道卑而上行。天道亏盈而益谦，地道变盈而流谦，鬼神害盈而福谦，人道恶盈而好谦。谦尊而光，卑而不可逾，君子之终也。"④ 这段话将"谦"提升为宇宙万物运行的法则，高度概括了"福谦祸盈"的道德原则。

其二，诚实守信的品质。诚实守信也是《周易》"厚德"品质的应有之义。"孚"字在《周易》中出现了42次，"孚"即为诚信之意。宋儒程颐辨析"孚"与"信"两字，认为"存于中为孚，见于事为信"⑤。凡有"孚"字的卦爻辞，或亨或吉或无咎，均无凶险。例如，《小畜卦》六四爻辞曰："有孚，血去，惕出，无咎。"⑥ 九五爻辞曰："有孚挛如，富以其邻。"⑦《家人卦》上九爻辞曰："有孚威如，终吉。"⑧《革卦》卦辞曰："巳日乃孚，元亨利贞，悔亡。"⑨《比卦》初六爻辞曰："有孚比之，无咎。有孚盈

① （三国魏）王弼、（晋）韩康伯注，（唐）孔颖达等正义《周易正义》卷二《谦》，（清）阮元校刻《十三经注疏》，中华书局影印本，1980，第31页。
② （三国魏）王弼、（晋）韩康伯注，（唐）孔颖达等正义《周易正义》卷二《谦》，（清）阮元校刻《十三经注疏》，中华书局影印本，1980，第31页。
③ （三国魏）王弼、（晋）韩康伯注，（唐）孔颖达等正义《周易正义》卷七《系辞上》，（清）阮元校刻《十三经注疏》，中华书局影印本，1980，第79页。
④ （三国魏）王弼、（晋）韩康伯注，（唐）孔颖达等正义《周易正义》卷二《谦》，（清）阮元校刻《十三经注疏》，中华书局影印本，1980，第31页。
⑤ （宋）黎靖德编，王星贤点校《朱子语类》卷第七十三《易九·中孚》，中华书局，1986，第1867页。
⑥ （三国魏）王弼、（晋）韩康伯注，（唐）孔颖达等正义《周易正义》卷二《小畜》，（清）阮元校刻《十三经注疏》，中华书局影印本，1980，第27页。
⑦ （三国魏）王弼、（晋）韩康伯注，（唐）孔颖达等正义《周易正义》卷二《小畜》，（清）阮元校刻《十三经注疏》，中华书局影印本，1980，第27页。
⑧ （三国魏）王弼、（晋）韩康伯注，（唐）孔颖达等正义《周易正义》卷四《家人》，（清）阮元校刻《十三经注疏》，中华书局影印本，1980，第50页。
⑨ （三国魏）王弼、（晋）韩康伯注，（唐）孔颖达等正义《周易正义》卷五《革》，（清）阮元校刻《十三经注疏》，中华书局影印本，1980，第60页。

缶，终来有它，吉。"① 《丰卦》六二爻辞曰："往得疑疾，有孚发若，吉。"② 在《周易》作者看来，内心诚信是一种顺应天道、有效地趋吉避凶的道德准则，所以《中孚卦·象传》说："中孚以利贞，乃应乎天也。"③ 《中孚卦》将诚信既看作是社会道德，又视为政治伦理，对其作了集中阐释。其卦辞曰："中孚，豚鱼吉，利涉大川，利贞。"④ 程颐解释道："豚躁鱼冥，物之难感者也。孚信能感于豚鱼，则无不至矣。"⑤ 汉代刘向也曾作过如下解释："人君苟能至诚动于内，万民必应而感移。尧舜之诚，感于万国，动于天地，故荒外从风，凤麟翔舞，下及微物，咸得其所。《易》曰：'中孚，豚鱼吉。'此之谓也。"⑥ 中孚卦之卦象象征着内心诚信，是能感化躁动的小猪和冥顽的小鱼的至诚，因而能够获得吉祥，无往而不利。《乾卦·文言传》曰："君子进德修业。忠信，所以进德也；修辞立其诚，所以居业也。"⑦ 君子不断增进忠诚守信、言行一致的美德，是确保事业兴旺发达的根本。

其三，豁达包容的心态。豁达包容也是君子"厚德"品质的重要体现。《坤卦·象传》曰："坤厚载物，德合无疆，含弘光大，品物咸亨。"⑧ 大地承载着万物，其德无限广大，万物亨通畅达。君子必须效法广袤的大地，心胸高远，虚怀若谷，忍辱负重，具有海纳百川的包容精神。在人际关系方面，要厚道为人，宽以待人，善待他人，与人和谐相处。在思想观点上，要具有"殊涂同归、百虑一致"的兼容并包精神，博采众长，在吸收、借

---

① （三国魏）王弼、（晋）韩康伯注，（唐）孔颖达等正义《周易正义》卷二《比》，（清）阮元校刻《十三经注疏》，中华书局影印本，1980，第26页。

② （三国魏）王弼、（晋）韩康伯注，（唐）孔颖达等正义《周易正义》卷六《丰》，（清）阮元校刻《十三经注疏》，中华书局影印本，1980，第68页。

③ （三国魏）王弼、（晋）韩康伯注，（唐）孔颖达等正义《周易正义》卷六《中孚》，（清）阮元校刻《十三经注疏》，中华书局影印本，1980，第71页。

④ （三国魏）王弼、（晋）韩康伯注，（唐）孔颖达等正义《周易正义》卷六《中孚》，（清）阮元校刻《十三经注疏》，中华书局影印本，1980，第71页。

⑤ （宋）程颐撰，王孝鱼点校《周易程氏传》卷第四《中孚》，中华书局，2011，第343页。

⑥ （汉）刘向撰，石光瑛校释《新序校释》卷第四《杂事》，中华书局，2001，第614页。

⑦ （三国魏）王弼、（晋）韩康伯注，（唐）孔颖达等正义《周易正义》卷一《乾·文言》，（清）阮元校刻《十三经注疏》，中华书局影印本，1980，第15页。

⑧ （三国魏）王弼、（晋）韩康伯注，（唐）孔颖达等正义《周易正义》卷一《坤·象》，（清）阮元校刻《十三经注疏》，中华书局影印本，1980，第18页。

鉴和融会中求创新谋发展，绝不可党同伐异、唯我独尊、刚愎自用。在实现自我价值的过程中，既要追求成功，也要坦然面对失败，能屈能伸，从俗浮沉，与时俯仰，顺势而为。《系辞下传》曰："尺蠖之屈，以求信也；龙蛇之蛰，以存身也。"① 当我们遇到问题和困难时，应该自降身段，韬光养晦，"知进退存亡而不失其正"，绝不能"知进而不知退，知存而不知亡，知得而不知丧"②。孔子有言："不知命，无以为君子也。"③ 有人少年得志，有人大器晚成，人生命运各不相同，所以君子要学会自我包容，经得起失败和挫折，保持身心和谐。

其四，为政以德、施惠于民的情怀。《周易》强调，"厚德"的品质还体现在君子为政以德、施惠于民上。君子一旦握有权力，跻身统治地位，就应该发挥"达则兼济天下"的理念，安民惠民，与民同甘共苦。《师卦·象传》曰："地中有水，师，君子以容民畜众。"④ 为政者应该以宽大的胸怀容纳蓄积广大民众，和民众同心同德。《节卦·象传》曰："天地节而四时成，节以制度，不伤财，不害民。"⑤ 主张统治者对自己要有所节制，同时做到不伤财、不害民。《益卦·象传》曰："益，损上益下，民说无疆。"⑥ 主张关心民众疾苦，保障民众利益。《兑卦·象传》曰："兑，说也。刚中而柔外，说以利贞，是以顺乎天而应乎人。说以先民，民忘其劳；说以犯难，民忘其死；说之大，民劝矣哉！"⑦ 君主只有不断满足人民的愿望，与人民休戚与共，民众才会与君主同舟共济，克服各种困难。孔子曾强调

---

① （三国魏）王弼、（晋）韩康伯注，（唐）孔颖达等正义《周易正义》卷八《系辞下》，（清）阮元校刻《十三经注疏》，中华书局影印本，1980，第87页。

② （三国魏）王弼、（晋）韩康伯注，（唐）孔颖达等正义《周易正义》卷八《乾·文言》，（清）阮元校刻《十三经注疏》，中华书局影印本，1980，第17页。

③ （清）刘宝楠撰，高流水点校《论语正义》卷二十三《尧曰第二十》，中华书局，1990，第769页。

④ （三国魏）王弼、（晋）韩康伯注，（唐）孔颖达等正义《周易正义》卷二《师·象》，（清）阮元校刻《十三经注疏》，中华书局影印本，1980，第25页。

⑤ （三国魏）王弼、（晋）韩康伯注，（唐）孔颖达等正义《周易正义》卷六《节·象》，（清）阮元校刻《十三经注疏》，中华书局影印本，1980，第70页。

⑥ （三国魏）王弼、（晋）韩康伯注，（唐）孔颖达等正义《周易正义》卷四《益·象》，（清）阮元校刻《十三经注疏》，中华书局影印本，1980，第53页。

⑦ （三国魏）王弼、（晋）韩康伯注，（唐）孔颖达等正义《周易正义》卷六《兑·象》，（清）阮元校刻《十三经注疏》，中华书局影印本，1980，第69页。

"君子怀德"①，并且指出："为政以德，譬如北辰，居其所而众星共之。"②
无疑，《周易》"厚德"之论与此是相通、相合的。

《周易》指出，君子为政以德、施惠于民，就必须尚贤养贤，君臣团
结。《大畜卦·象传》曰："不家食吉，养贤也。"③《颐卦·象传》曰："天
地养万物，圣人养贤以及万民。"④《鼎卦·象传》曰："圣人亨以享上帝，
而大亨以养圣贤。"⑤这些尚贤养贤的政治思想经历代思想家、政治家阐释
发扬而不断完善，在历史上产生了积极的影响。君臣同心同德、团结一致，
才能形成合力，共同创建政治清明的太平之世。《系辞上传》曰："二人同
心，其利断金。"⑥《泰卦·象传》曰："天地交而万物通也，上下交而其志
同也。"⑦旨在强调上下沟通、君臣团结的重要性。

当然，《周易》的"同人"并非一切都要等同，而是"以有所不同为
同"，不仅不排斥"异"，而且还是以"异"为基础的。宋代苏轼所著《东
坡易传》在解释《同人卦》九五爻辞时说："子曰：'君子之道，或出或处，
或默或语。二人同心，其利断金；同心之言，其臭如兰'。由此观之，岂以
用师而少五哉？夫以三、四之强而不能夺，始于'号啕'，而卒达于'笑'。
至于用师，相克矣；而不能散其同，此所以知二、五之诚同也。二，阴也；
五，阳也；阴阳不同而为'同人'，是以知其同之可必也。君子出、处、
语、默不同而为'同人'，是以知其同之可必也。苟可必也，则虽有坚强之
物，莫能间之矣。故曰'其利断金'。兰之有臭，诚有之也；二五之同，其

① （清）刘宝楠撰，高流水点校《论语正义》卷五《里仁第四》，中华书局，1990，第148页。
② （清）刘宝楠撰，高流水点校《论语正义》卷二《为政第二》，中华书局，1990，第37页。
③ （三国魏）王弼、（晋）韩康伯注，（唐）孔颖达等正义《周易正义》卷三《大畜·象》，
　　（清）阮元校刻《十三经注疏》，中华书局影印本，1980，第40页。
④ （三国魏）王弼、（晋）韩康伯注，（唐）孔颖达等正义《周易正义》卷三《颐·象》，
　　（清）阮元校刻《十三经注疏》，中华书局影印本，1980，第40页。
⑤ （三国魏）王弼、（晋）韩康伯注，（唐）孔颖达等正义《周易正义》卷五《鼎·象》，
　　（清）阮元校刻《十三经注疏》，中华书局影印本，1980，第61页。
⑥ （三国魏）王弼、（晋）韩康伯注，（唐）孔颖达等正义《周易正义》卷八《系辞下》，
　　（清）阮元校刻《十三经注疏》，中华书局影印本，1980，第79页。
⑦ （三国魏）王弼、（晋）韩康伯注，（唐）孔颖达等正义《周易正义》卷二《泰·象》，
　　（清）阮元校刻《十三经注疏》，中华书局影印本，1980，第28页。

心诚同也；故曰'其臭如兰'。"① 在此，苏轼通过二、五两爻之间的关系进一步说明，真正坚如磐石的"同"恰恰源于不同主体之间的某种"异"，即所谓"二，阴也；五，阳也；阴阳不同而为'同人'，是以知其同之可必也"。此论与孔子"君子和而不同"的思想理念是完全一致的，同样反映了《周易》思想的包容性和开放性。

（四）《周易》君子观与中华民族精神

《周易》借助"天人合一"和"推天道以明人事"的整体思维方式，在"一阴一阳之谓道"的理论基础上，构建了以"保合太和"为价值理想，以自强不息的拼搏精神和厚德载物的博大胸怀为人生哲学的君子观，对中华民族精神的孕育、嬗变和升华产生了决定性的影响。2013年9月26日，习近平总书记在会见第四届全国道德模范及提名奖获得者时指出："自强不息、厚德载物的思想，支撑着中华民族生生不息、薪火相传，今天依然是我们推进改革开放和社会主义现代化建设的强大精神力量。"② 可以说，自强不息与厚德载物的密切结合，是步入"君子之道"的不二法门，是造就完美人格、完整人格和幸福人生、成功人生的必由之路。

自强不息的人生哲学是中华民族精神发展史上的主潮、主旋律，是中华民族生生不息的动力源泉。正是秉持了自强不息的进取精神，中华民族的优秀代表才能历尽艰辛、百折不挠，创造出辉煌灿烂的伟大文明。其实，《周易》经传的产生和易学发展史，本身就是自强不息精神的生动写照。"昔西伯（周文王）拘羑里，演《周易》"③，体现出刚健进取的人生态度。孔子是《周易》成书史上的重要人物，他提出"君子之道者三"，即"仁者不忧，知者不惑，勇者不惧"④，这与《周易》的君子观是相合、相通的。

---

① （宋）苏轼著，龙吟点评：《东坡易传》卷二《同人卦》第十三，吉林文史出版社，2002，第59页。

② 《习近平谈治国理政》，外文出版社，2014，第158页。

③ （汉）司马迁撰，（南朝宋）裴骃集解，（唐）司马贞索隐，（唐）张守节正义《史记》卷一百三十《太史公自序第七十》，中华书局，2013，第3978页。

④ （清）刘宝楠撰，高流水点校《论语正义》卷十七《宪问第十四》，中华书局，1990，第588页。

孔子生逢乱世，历尽艰难险阻，备尝颠沛流离，"发愤忘食，乐以忘忧，不知老之将至"①，甚至"知其不可而为之"②，终生追求自己认定的社会真理和人生目标，以实际行动深刻诠释了《周易》自强不息的进取精神。历史上的许多改革家、政治家都研读《周易》，并以易学思想指导自己的改革事业和政治实践。如汉代丞相魏相以《易》治国，唐代柳宗元、刘禹锡等人的永贞革新，宋代范仲淹的庆历新政、王安石（著有《易解》）的熙宁变法，明代嘉靖新政、张居正改革，晚清维新变法等社会改革，都有易学革故鼎新的精神和变通的理念在其中发挥了或隐或显的重要作用，都体现了《周易》刚健进取、自强不息的拼搏精神。

厚德载物是中华民族传统精神的重要组成部分，也是中华民族传统美德的高度概括。厚德载物的博大胸怀铸就了中华民族柔顺宽厚、博爱仁慈、包容团结、谦虚逊让、恭敬合礼、忠贞诚信、和睦友善等优良的道德品格。纵观世界历史，人类其他古代文明或消亡或停滞，唯独中华文明历五千年悠久历史而绵延不断、生生不息，其根本原因就是中华文明具有建立在"和合"哲学基础上的开放性和包容性。对于外来文明，如佛教、伊斯兰教、基督教等，中华文明不拒绝、不与之冲突，而是尊重、包容、吸纳，和而不同，和谐共处。这种厚德载物的包容姿态使中华文明保持了强劲的生命力，并造就了其异彩纷呈的繁盛景象。

历史经验表明，民族精神是一个民族赖以生存和发展的精神支撑。当前，《周易》的君子观对于树立科学的世界观、历史观、人生观，对于我们传承、弘扬和发展中华传统美德和道德风尚，对于进一步推动社会主义精神文明建设、和谐社会建设和生态文明建设，都具有积极的借鉴作用和指导意义。《周易》倡导的"崇德广业""保合太和"的积极理念，推出的忧患意识、革故鼎新、与时俱进、慎终敬始、见微知著、见几而作、柔顺宽厚、博爱仁慈、包容团结、谦虚逊让、恭敬守礼、忠贞诚信等"君子之道"，特别是自强不息、厚德载物的人生哲学，必将会在中华民族伟大复兴

---

① （清）刘宝楠撰，高流水点校《论语正义》卷八《述而第七》，中华书局，1990，第270页。
② （清）刘宝楠撰，高流水点校《论语正义》卷十七《宪问第十四》，中华书局，1990，第597页。

中国梦的实现过程中发挥巨大的积极推动作用。

三 《周易》的缘文化

作为群经之首、大道之源，《周易》中有着较为丰富的缘文化的思想内涵和意蕴，它们在一定程度上成为中国缘文化的重要源头、内在灵魂和主要根基。在此基础上，源远流长的中国缘文化又融会了佛教、道教等各家学说，涉及人生修养、人际交往、社会发展等各个方面，形成了向善、诚同、刚健、包容的基本风貌，彰显出深厚的易学底蕴和重要的文化价值。对此，我们有必要给予高度关注和充分研究，并加以创造性转化和创新性发展。

中国缘文化，是经历了漫长的历史演变和思想积淀而形成的，有着悠久的传统和深厚的根基，在中华文明的演进和中华民族的生活中一直发挥着巨大作用。我们立足于《周易》经传思想，兼及其与佛教、道教思想的关联、互动，将研究重点放在"缘"的文化意义来源、《周易》经传中的缘文化思想内涵及其对中国缘文化形成所产生的重要影响等层面，以期对此问题能有新的发现。

（一）"缘"的含义

提起"缘""因缘""缘分""缘起""随缘"等缘文化字词语句，人们一般会马上想到佛教、佛学。的确，依佛法义"世间诸法皆因缘生"[①]"一切法空无自性"[②]，就是说，任何事物都不是单一的、独立的存在，而是和其他事物相依相待的。其实，早在佛教传入中国之前，"缘""因"等字词已出现于《说文解字》以及《礼记》《论语》《孟子》《荀子》《管子》等典籍之中。许慎《说文解字》将"缘"解释为："衣纯也。从糸，彖声。"[③]

[①] （唐）玄奘译《大般若波罗蜜多经》卷第五百七十一《第六分无所得品第九》，见《大正藏》第7册，（台湾）佛陀教育基金会出版部，1990，第948页下。

[②] （唐）玄奘译《大般若波罗蜜多经》卷第五百七十一《第六分无所得品第九》，见《大正藏》第7册，（台湾）佛陀教育基金会出版部，1990，第976页。

[③] （汉）许慎撰，（清）段玉裁注《说文解字注·十三篇上》，上海古籍出版社，1981，第654页。

又指出:"糸,细丝也,象束丝之形。"① 《礼记·玉藻》有言:"朝玄端,夕深衣。……长中继掩尺。袪二寸,袪尺二寸,缘广寸半。"② 其中的"缘"即"衣边""镶边",有缘饰的意涵。《荀子·正名》则有"缘耳而知声可也,缘目而知形可也"③ 的表述,"缘"字在此已引申为事物关系链条中有所依靠、有所根据的凭借。在中国传统文化典籍中,与"缘"字意相关的还有"因"字。孔子曰:"殷因于夏礼,所损益,可知也;周因于殷礼,所损益,可知也。"④ 孔子着眼于殷周礼乐制度和文化理念的沿革变迁,意图寻求并把握后代文化发展与前代创获之间联系和演变的线索,认为他所依靠、所根据的恰恰是对前代积累的文化资源的继承。这里,"因"字的运用,在一定程度上能够表现出孔子重在因循的文化理念。《孟子·梁惠王上》记载,孟子倡导"仁政王道",在批评齐宣王霸道尚武而不行仁政时引用了一个"缘木求鱼"的典故:"殆有甚焉!缘木求鱼,虽不得鱼,无后灾。以若所为,求若所欲,尽心力而为之,后必有灾。"⑤ 其中,"缘"具有依靠、凭借的意味,只不过孟子将其延伸到了治国理政的领域。

既然"缘"与"因"词义具有相近之处,从词源演变以及辞义训诂的角度来看,这两个词并举连用便十分自然。"缘"与"因"并举连用较早见于《管子·心术》:"礼者,因人之情,缘义之理,而为之节文者也。故礼者,谓有理也。理也者,明分以喻义之意也。故礼出乎义,义出乎理,理因乎宜者也"⑥。《管子》中对礼治思想有充分的论述,不仅强调了礼是根据人的情感和义的道理而规定的制度规范,也突出了以"因人之情,缘义之理"的观念。毕竟,"礼"的本质出乎人的情义,人的情义出乎道理,而道

① (汉)许慎撰,(清)段玉裁注《说文解字注·十三篇上》,上海古籍出版社,1981,第643页。
② (汉)郑玄注,(唐)孔颖达等正义《礼记正义》卷二十九《玉藻第十三》,(清)阮元校刻《十三经注疏》,中华书局影印本,1980,第1477页。
③ (清)王先谦撰,沈啸寰、王星贤点校《荀子集解》卷第十六《正名篇第二十二》,中华书局,2016,第493~494页。
④ (清)刘宝楠撰,高流水点校《论语正义》卷二《为政第二》,中华书局,1990,第71页。
⑤ (清)焦循撰,沈文倬点校《孟子正义》卷三《梁惠王章句上》,中华书局,2015,第98页。
⑥ 黎翔凤撰,梁运华整理《管子校注》卷十三《心术上第三十六》,中华书局,2004,第770页。

理又是根据行事之所宜来确定的。因此，在很大程度上，"礼"确实能够成为人际关系中相对稳定、作用持久的因素。在西汉文献中，"因"与"缘"连用较为广泛，已经出现了"因缘"一词，具有机缘、凭借或依靠的意涵。《史记·田叔列传》载褚先生曰："任安……少孤贫困，为人将车之长安，留，求事为小吏，未有因缘也，因占著名数。"① "未有因缘"，意即缺乏机会和缘分。又如，《后汉书·皇后纪·马皇后纪》记载"冀因缘先姑，当充后宫"②，其中的"因缘"便有某种凭借或依靠的意义。

从以上对先秦两汉文献中出现的"缘"以及"因缘"等词的考察分析，可以发现，中国传统文化意义上的"缘"所具有的依靠、凭借、根据等含义，涉及了人与人之间存在的某种关系。这一人际关系既揭示出了人与人之间外在的关系属性，也指向了人与人之间精神心理、情感归属，以及价值认同等层面上的相互理解、相互沟通。但由于人际交往中的双方存在着关系的亲疏和深浅，这也会导致对"缘"的认知和理解有所不同。尽管如此，就一定意义而言，"缘"在人际关系中还是具有了相对稳定、作用持久的因素，虽然这一因素是内在的、隐性的，却一般能够通过交往行为、言语表达、礼仪规范等具有社会范畴的有形载体而呈现出来。

如前所述，人们往往认为缘文化来源于佛教，然而佛教所讲的"缘""因缘"是指产生某种结果的直接原因，以及促成这种结果的某种条件，其中最有代表性的便是"因缘"说。佛教的"因缘"一词，本是对梵文"He-tu ~ pratyay"之意译，一般是指世间事物得以形成又引起认识并造成"业报"等后果所依赖的原因和条件。在佛教看来，"因缘"说不仅应是凡夫俗子的一种人生信仰，也必须是佛教徒的世界观。《楞严经》长水疏曰："佛教因缘为宗。以佛圣教自浅至深，说一切法，不出因缘二字。"③ 按照佛教"因缘"说，世间万物的生成以及人事行为的形成，皆起于"因缘"，而这

---

① （汉）司马迁撰，（南朝宋）裴骃集解，（唐）司马贞索隐，（唐）张守节正义《史记》卷一百四《田叔列传第四十四》，中华书局，2013，第3345页。

② （南朝宋）范晔撰，（唐）李贤等注《后汉书》卷十上《皇后纪第十上》，中华书局，1965，第408页。

③ （宋）子璇集《首楞严首楞严义疏注经》卷第一，见《大正藏》第39册，（台湾）佛陀教育基金会出版部，1990，第825页。

种生成和形成作为结果，都具有相应的原因和条件。同时，佛教认为诸法万物皆因缘而起、和合而生。《维摩诘经》卷二鸠摩罗什注曰："力强为因，力弱为缘。"① 僧肇注曰："前后相生，因也；现相助，缘也。诸法要因缘相假，然后成立。"② 一物之生，亲与强力者为"因"，疏添弱力者为"缘"。也就是说，在产生结果的过程中，只有起主要作用、为主要条件的称为"因"，而具有间接、辅助作用和条件的则叫作"缘"。因此，佛教的"因缘"说认为，在人际交往中认识的发生、行为的形成，以及出现的"业报"等虽也都依赖于一定的原因和条件，但现象往往是转瞬即逝的，大量的偶然性因素充斥其中，并非佛教所追求的"真谛"。所以，佛教中的"因缘"常常与"缘起"通用。《杂阿含经》卷十二中对"缘起"有一个较为经典的定义："此有故彼有，此生故彼生。"③ 也就是说，一切事物均处于前因后果的联系中，又凭借一定条件生成变化，以此解释世界、社会、人生等各种现象产生的根源。需要注意的是，佛教所讲的"因缘"不承认任何物质性的、实体性的联系，而是强调这种联系的对象其本性是空虚的，属于灵魂、精神层面。④这种精神层面的关联不仅意识到了识缘的迫切性，也同时注意到了随缘的必要性，对于丰富中国缘文化的内涵起到了重要作用。

通过对中国传统典籍中的"缘""因缘"及佛教经典文献中的"因缘""缘起"的梳理和比较，可以看出，两者在意义上不乏相近与相似之处，但在实质上却存在着不小的差别。毋庸讳言，佛教作为一种外来的宗教，要想在中国获得生存、传播和发展，就必须与本土固有之思想取得相互沟通和联系。为此，佛教自觉主动地改造自身的形式与内容，主要通过"格义"的方式，有时甚至不惜编造佛经，以适应中土民族原有的思维模式、接受

---

① （宋）僧法云编《翻译名义集四》之《释十二支篇第四十五》，见《大正藏》第 54 册，（台湾）佛陀教育基金会出版部，1990，第 1117 页。

② （晋）僧肇：《注维摩诘经》卷第二《弟子品第三》，见《大正藏》第 2 册，（台湾）佛陀教育基金会出版部，1990，第 346 页。

③ （南朝宋）求那跋陀罗译《杂阿含经》卷第十《二六二》，见《大正藏》第 2 册，（台湾）佛陀教育基金会出版部，1990，第 66 页。

④ 林其锬：《五缘文化与中华精神》，同济大学出版社，2013，第 23 页。

习惯和风土人情。① 佛教在实现中国化、本土化、民族化的过程中，确实借助了前文提及的中国传统经典中的一些词语，同时也借助了中国传统经典中丰富的思想理念，并将其当作自己的理论依据和学术支撑。这其中，《周易》经传思想对融入本土的佛教诸多观念的影响尤为深刻和突出。

（二）儒释道之"缘"

作为中国最古老的智慧经典、文化经典，作为历史悠久、博大精深的中华文化之源，《周易》经传中有很多论述与佛教的理念、学说相通、相近，尽管其书中并未出现"缘""因缘"等字样，但是其蕴涵的缘文化思想非常深邃而鲜活。最为经典的，当推《周易·乾卦·文言传》。《乾卦·文言传》曰："同声相应，同气相求；水流湿，火就燥；云从龙，风从虎。圣人作，而万物睹，本乎天者亲上，本乎地者亲下，则各从其类也。"② 这就是说，同类声音相互感应，同类气息相互求合，如水流往低湿之处，火接近干燥的东西，如龙吟祥云出，虎啸谷风生，有德行的圣人一出现，天下都会有目共睹。依存天气阳刚性质的便上升，依存地气阴柔性质的便下降，都是各自相随于同类的，以此比喻有相同特质的事物或人会彼此吸引、相互感通。这在一定程度上又与《周易·系辞上传》所谓"方以类聚，物以群分，吉凶生矣"③ 存在着某种内在的逻辑关联。正如孔颖达在《周易正义》中对此所作的发挥："是有识感有识也，此亦同类相感，圣人有生养之德，万物有生养之情，故相感也。"④ 从本于生养之德和生养之情而能够接受引导、教化的角度说明了圣人出乎类而兴起，万人比亲而从之的道理。舍此，"同声相应，同气相求"便无从谈起。从中可以看出，《周易》中的同类相感、以类相从的主张是以相同的识见和互通的情感为基本内涵的，

① 夏金华：《佛学与易学》，（台湾）新文丰出版公司，1997，第15页。
② （三国魏）王弼、（晋）韩康伯注，（唐）孔颖达等正义《周易正义》卷一《乾·文言》，（清）阮元校刻《十三经注疏》，中华书局影印本，1980，第16页。
③ （三国魏）王弼、（晋）韩康伯注，（唐）孔颖达等正义《周易正义》卷七《系辞上》，（清）阮元校刻《十三经注疏》，中华书局影印本，1980，第76页。
④ （三国魏）王弼、（晋）韩康伯注，（唐）孔颖达等正义《周易正义》卷一《乾》，（清）阮元校刻《十三经注疏》，中华书局影印本，1980，第16页。

与前述佛教"缘""因缘""缘分"侧重于灵魂、精神层面的机缘关系看似相近、契合，实质上却有着本质的不同。

我们知道，佛教中的缘文化是讲善恶、讲因果报应的，强调世间任何事物都有其内在的必然联系，具有"轮回"、"来世"的色彩。佛教初传中国时，正值东汉末年，当时战乱不断，百姓颠沛流离，生灵涂炭。佛教教义中的"善有善报，恶有恶报"的"因果报应"说在当时传扬最广，能够得到普遍认同和接受，一般认为是与动荡的社会时局有着密切的关系。但是，这一看法并没有注意到，中国传统思想中并无"来世"的观念，虽也有报应说，也只是以为前世的人所行善恶可以对其后世子孙的祸福有影响。直到《周易》的出现，才将这一观点做了哲学意义上的阐释，化为普遍规律。《周易·坤卦·文言传》说："积善之家，必有馀庆；积不善之家，必有馀殃。臣弑其君，子弑其父，非一朝一夕之故，其所由来者渐矣，由辩之不早辩也。《易》曰'履霜，坚冰至'，盖言顺也。"① 这段文字本是对《坤卦》初六爻辞所作的进一步发挥，是要说明如果广结善缘、积德行好，其家族、家庭乃至其子孙后代肯定会有善报，富贵荣华；假若干尽坏事，结的是恶缘、孽缘，其家族、后代也一定会有恶报。《坤卦·文言传》意在阐明，长期养成的善与恶、好与坏，其影响均将波及后世，由来已久、积渐而成既是一种客观规律，也是事物发展之"道"、变化之"势"。需要强调的是，《坤卦·文言传》重点在于喻示事物发展有其量的积累的渐进过程，但也指出了对于"不善"等小恶如不加以防范，任其发展，终将酿成大患的必然趋势。其中，善恶报应观念是建立在家族血缘关系基础之上的，这与佛教施者行施、施者受报的业报轮回说有着严格的区分。就子孙受报及善恶有报这一层面而言，在佛教传入之前，包括《周易》经传在内的本土传统文化经典就已做出了较为深刻的阐释，而佛教传入之后，特别是到南北朝时期，随着"格义"之风的盛行，适应中国本土思想的"因果报应"说得以在当时社会各阶层盛行。不能不说，它与中国本土已有的思

---

① （三国魏）王弼、（晋）韩康伯注，（唐）孔颖达等正义《周易正义》卷一《坤·文言》，（清）阮元校刻《十三经注疏》，中华书局影印本，1980，第19页。

想观念特别是《周易》经传思想潜移默化的浸润、濡染，有着或显或隐的关系。

在其后不同的历史时期，出于传播佛法的需要，高僧大德和佛教学者充分利用《周易》经传的相关思想，使之升华到理论高度，由此及彼地逐步丰富其内容，不断地寻找新的契合点，佛教与易学之间的相互比附和融摄也相应随之增广。纵观佛教在中国的发展，各个宗派在宣扬自己理论学说的同时，不同程度地引述、化用《周易》经传的思想理念，从佛教的角度加以变通、改造和创新，意在确立自身在思想文化领域的优势或主导地位。在这方面，明末高僧智旭受"三教合一"学术风潮之影响，表现得特别突出。受《周易》及易学思想的沾溉，智旭以"诱儒知佛"为目的而作《周易禅解》。对于前引《坤卦·文言传》之语，智旭做出了固守其佛教立场的解释："十善为善，十恶为不善；无漏为善，有漏为不善；利他为善，自利为不善；中道为善，二边为不善；圆中为善，但中为不善。善即君父之义，不善即臣子之义。以善统御不善，则不善即善之臣子；以不善妨碍于善，则善遂为不善所障，如君父之被弑矣。所以千里之行，始于一步，必宜辩之于早也。"① 可以看出，智旭融合易佛、以佛解《易》，其思想无论是从易学还是从佛理的角度来看，都是颇为精当的。

作为中国本土宗教的道教，在形成和发展的历史过程中，紧密结合自身的教义，同时广泛吸取《周易》经传及佛教思想，建立起了层次繁杂的道德体系，特别是早期道教经典中充斥着大量宣扬"善有善报，恶有恶报"等因果报应的教义。《太平经》说："善者自兴，恶者自病，吉凶之事，皆出于身。……天道无私，但行之所致。"② 《太上感应篇》曰："祸福无门，惟人自召。善恶之报，如影随形。是以天地有司过之神，依人所犯轻重，以夺人算。……所谓善人，人皆敬之，天道佑之，福禄随之，众邪远之，神灵卫之，所作必成，神仙可冀。"③ 《文昌帝君阴骘文》曰："诸恶莫作，

---

① （明）释智旭：《周易禅解·坤》，严灵峰编辑《无求备斋易经集成》第67册，（台湾）成文出版社，1976，第63页。
② 王明编《太平经合校》上册，中华书局，1960，第456页。
③ （清）俞樾撰，黄云尔点校《太上感应篇缵义》上，华东师范大学出版社，2012，第4~20页。

众善奉行，永无恶曜加临，常有吉神拥护。近报则在自己，远报则在儿孙。"①
道教认为，一个人现世或来世的贫富贵贱及一切遭遇，无不是自身既往行
为的结果。为善者可以升入仙境纵享福华，为恶者注定被打入地狱接受惩
罚。而且，报应不仅祸及自己，还要殃及子孙；不仅存在于当世，还要延
及来世。这样，道教凭借自身的道德戒律，一方面给教徒信众制造了强烈
的心理畏惧感，增强了其思想精神上的约束力，另一方面又借此营建良好
的社会关系，追求宇宙的和谐、社会的太平、自身的长寿。道教宣传的天
道承负的思想，在一定程度上也达到了教化的目的。可以看出，道教因果
报应说在很大程度上吸收了本土原有的子孙受报思想和佛教的来世受报思
想，将之进一步改造，成为中国传统思想文化中的一个重要组成部分。就
因果轮回以及善恶有报等思想而言，在坚守各自迥异的文化立场的同时，
《周易》与佛教、道教之间还存在着某种内在的关联。

　　对于中国传统文化中儒佛道之间的关系，特别是佛教缘文化与《周易》
经传思想之间的区别，南怀瑾先生曾有精辟的论述。他认为："佛家的因
果，是讲本身的三世，即前生、现在及后世。中国儒家的因果讲祖宗、本
身、子孙三代，就是根据《易经》这里来的。这也是一个历史哲学问题，
尤其这几句话，……这是中国文化几千年来不变的，……这是我们民族血
统中的观念。"不仅如此，他还特别强调："我们要注意'馀庆''馀殃'
的'馀'字，馀是剩下来的，馀是有变化的，并不是一定本身就报，这是
中国人对因果报应的定理，中国文化一切都建立在这因果报应上。……我
们看历史传记，常常提到某某人的上代，做了如何如何的好事，所以某某
人有此好结果。……中国人的家庭教育要注意，尤其现在为父母的人，教
育下一代，为了国家民族文化，这个观念还是绝对不可变的。"②佛教认为，
佛家的三世因果迁流循环，所做之业报不会因时间流逝而消亡，其善恶之
报仅限于本身，儒家因果论的理论依据则来源于《周易》，往往涉及家族及
子孙的绵延，因而佛儒两家的"因果"有着本质的不同。通过对"馀"的

---

① 贺龙骧校勘，彭文勤等纂辑《道藏辑要》（第 23 册），（台湾）新文丰出版公司，1986，第
　10197 页。
② 南怀瑾：《南怀瑾选集》第三卷《易经杂说》，复旦大学出版社，2008，第 178 ~ 179 页。

分析，南怀瑾先生又发现，中国传统文化中的因果观有时并不一定存在着善有善报、恶有恶报这样鲜明对应的逻辑关系，虽然较为复杂，但其中寄寓的伦理教育观念不乏积极的时代意义。

　　需要指出的是，佛教的因缘思想对于人际关系的引导虽有启迪，但又存在明显的宿命、厌世等消极因素和悲观情绪。玄学思想中有"性分"和"时遇"之说，虽然提出了"致命由己"的命题，却仍罩有浓厚的神秘主义色彩。① 而中国传统经典中以《周易》经传为突出代表的因缘理念则更倾向于人的主体意识和主观能动性，鼓励人们积极向上、一心向善。上引《周易·坤卦·文言传》之言即体现了见微知著的道理，强调"冰冻三尺，非一日之寒"，关键在于"积"。家庭、家族需要积善，就个人而言也同样如此。《周易·系辞下传》所云"善不积不足以成名，恶不积不足以灭身"②，亦是此意。吉凶祸福的后果虽然在发展过程的终结阶段才有所呈现，但是它的前因先兆却已蕴藏在开始阶段所做出的行为选择之中。人们可以选择为善，善必有善报，人们也可以选择为恶，恶必有恶报。这种善恶的报应不是冥冥中的天意，不是无可改变的宿命，而是决定于人们自由的选择，决定于主体行为或善或恶的逐渐的积累和积聚。③ 所以在中国传统社会，也有一些有识之士认为一个人的命运是由自己掌握的，吉凶祸福的结果都是由自己的行为所决定的，如《荀子·王制》所言，人"最为天下贵也"④。人们在社会生活当中，应该对自己的行为负责，勿以善小而不为，勿以恶小而为之。如此，水到渠成，瓜熟蒂落，自然会收获梦寐以求的良好结果。

　　一般说来，人们讲"缘"，往往侧重于"善缘""良缘"，具有积极而美好的价值和意义，也就是佛教所说的"八正道"或"八圣道"。大家结缘的目的和诉求，就是要践行正道、积德行善、修养品行、自强不息、刚健有为。《周易·系辞上传》曰："君子之道，或出或处，或默或语。二人同

---

① 王晓毅：《郭象命运论及其意义》，《文史哲》2005 年第 6 期，第 19～24 页。
② （三国魏）王弼、（晋）韩康伯注，（唐）孔颖达等正义《周易正义》卷八《系辞下》，（清）阮元校刻《十三经注疏》，中华书局影印本，1980，第 88 页。
③ 余敦康：《周易现代解读》，中华书局，2016，第 23～24 页。
④ （清）王先谦撰，沈啸寰、王星贤点校《荀子集解》卷第五《王制篇第九》，中华书局，2016，第 194 页。

心，其利断金。同心之言，其臭如兰。"① "同心"的思想在《周易》的《同人卦》中也得到了集中的体现，其卦辞曰："同人于野，亨，利涉大川，利君子贞。"②《序卦传》："物不可以终否，故受之以同人。"③ "同人"，即与人合同，是说君子行正道，秉持"心如天地者明，行如绳墨者章"④ 的人生操守，做到心地无私，自然会与天下人相交通，天下人自然会与之相投合。可以说，对于如何合理地协调个人与社会的关系，《周易·同人卦》明确地提供了践行的准则。就《同人卦》中的"同人"而言，智旭《周易禅解》曰："约佛法，则因犯结制之后，同法者同受持。约观心，则既离顺道法爱，初入同生性。上合诸佛慈力，下同众生悲仰，故曰同人。"⑤ 智旭对《同人卦》卦辞的禅解，是从佛知佛见启悟众生的角度展开的。在他看来，只有"以同证佛性为同人"，"必行佛德以度众生"，才能广交志同道合之士，齐心协力，抑恶扬善，打破危局，最终迎来"日月丽天，清水则影"⑥的境界。与儒学、佛教一样，道教对《周易》经传思想的阐说也注重自身的文化立场。清代乾嘉时期的道教易学大家刘一明，以"丹道即易道，圣道即仙道"⑦ 的理论治《易》。出于追求真我、逍遥成仙的道教立场，在解读《同人卦》时，他说："君子者，同之以正，而看同之以心。正者，同理而已。心有变迁，理无变迁，以理而同，则无心，无心则人我之见俱化。惟理是守，内可以成己，外可以成物，明以照远，健以直行，健明两用，刚柔相济。内不失己，外不伤人，圆陀陀，光灼灼，净倮倮，赤洒洒。立

① （三国魏）王弼、（晋）韩康伯注，（唐）孔颖达等正义《周易正义》卷七《系辞上》，（清）阮元校刻《十三经注疏》，中华书局影印本，1980，第 79 页。

② （三国魏）王弼、（晋）韩康伯注，（唐）孔颖达等正义《周易正义》卷二《同人》，（清）阮元校刻《十三经注疏》，中华书局影印本，1980，第 29 页。

③ （三国魏）王弼、（晋）韩康伯注，（唐）孔颖达等正义《周易正义》卷九《序卦》，（清）阮元校刻《十三经注疏》，中华书局影印本，1980，第 95 页。

④ （汉）刘向撰，向宗鲁校证《说苑校证》卷十六《谈丛》，中华书局，1987，第 390 页。

⑤ （明）释智旭：《周易禅解·同人》，严灵峰编辑《无求备斋易经集成》第 67 册，（台湾）成文出版社，1976，第 147 页。

⑥ （明）释智旭：《周易禅解·同人》，严灵峰编辑《无求备斋易经集成》第 67 册，（台湾）成文出版社，1976，第 147~149 页。

⑦ （清）悟元子：《道解周易》，九州出版社，2011，第 3 页。

于万物之中，而不为万物所屈。处于阴阳之内，而不为阴阳所拘也。"① 对于"同人"的理解，道教与《周易》经传、佛教有相近之处，都强调了其坚持正道、臻于善境的一面，但在卦义内涵的诠释上又不尽相同。由于道教追求的是成己成物与逍遥自在，刘一明对《同人卦》的解读明显带有顺自然之性、持虚静之心的道教色彩。

但必须强调的是，"同人"之间的这种"善缘"虽然同于"正"，但必须是发自内心的。对佛教之说和道家思想多有吸收和融会的宋代大儒苏轼，就反复强调过这一点。苏轼《东坡易传》在解释《同人卦》时提出，"同人"之"同"必须是"诚同"，即发自内心的相同，它是天赋的某些共同的东西，也就是苏轼一贯强调的心中之"正"，也就是"诚"。他指出，只有"诚同"之人，才能经得起大风大浪的考验。"野者，无求之地也。立于无求之地，则凡从我者，皆诚同也。彼非诚同，而能从我于野哉！……苟不得其诚同，与之居安则合，与之涉川则溃矣。涉川而不溃者，诚同也。"② 苏轼还认为，"同人"并非一切都要等同，而是"以有所不同为同"。可以说，苏轼所谓的"诚同"不仅不排斥"异"，甚至还是以"异"为基础的。《东坡易传》在解释《同人卦》九五爻辞时说："子曰：'君子之道，或出或处，或默或语。二人同心，其利断金；同心之言，其臭如兰'。由此观之，岂以用师而少五哉？夫以三、四之强而不能夺，始于'号啕'，而卒达于'笑'。至于用师，相克矣；而不能散其同，此所以知二、五之诚同也。二，阴也；五，阳也；阴阳不同而为'同人'，是以知其同之可必也。君子出、处、语、默不同而为'同人'，是以知其同之可必也。苟可必也，则虽有坚强之物，莫能间之矣。故曰'其利断金'。兰之有臭，诚有之也；二、五之同，其心诚同也；故曰'其臭如兰'。"③ 在此，苏轼通过二、五两爻之间的关系进一步说明，真正坚如磐石的"同"恰恰源于不同主体之间的某

---

① （清）悟元子：《道解周易》，九州出版社，2011，第80页。

② （宋）苏轼著，龙吟点评《东坡易传》卷二《同人卦第十三》，吉林文史出版社，2002，第57页。

③ （宋）苏轼著，龙吟点评《东坡易传》卷二《同人卦第十三》，吉林文史出版社，2002，第59页。

种"异"。

据《论语·子路》，孔子主张"君子和而不同"①，强调内在的和谐统一，而不是盲目追求表面上的相同或一致。从一定意义上讲，苏轼"诚同"之论是对孔子这一思想的继承和发展，而且在某种程度上与佛教关于缘文化的理论相通，何况《系辞下传》有言："天下何思何虑？天下同归而殊涂，一致而百虑。"② 如同世界上没有两片相同的雪花一样，个体之间总是会有各种各样的差异甚至矛盾、冲突，但既然彼此有缘而且愿意珍惜这个缘分，那么就应当从大处着眼，把握全局，求同存异，在拥有共同的兴趣爱好或者理想目标之下，相互宽容忍让，厚德利他，相敬相爱，和睦相处，殊途同归，从而真正实现双赢、共赢、共融。

（三）《周易》中的姻缘观与缘文化

众所周知，家庭是国家与社会的基础，婚姻又是家庭的开始。因而以追求"天作之合"与"二人同心"为目的的《周易》姻缘观，在中国缘文化中占有极其重要的位置。毕竟，和美、幸福的姻缘在一定程度上与家庭的稳定、社会的发展乃至民族的延续息息相关。《周易》经传对姻缘有着十分丰富的论述，并对中华民族婚姻家庭观念的形成和发展产生了深远的影响。

在《周易》看来，男女结合与阴阳交感是人类社会发展的根本观念。《系辞下传》曰："天地纲缊，万物化醇。男女构精，万物化生。"③ 就是说，男女必须"构精"结合，才有可能繁衍后代，也就是《归妹卦·象传》所说："归妹，天地之大义也，天地不交而万物不兴。归妹，人之终始也。"④ 可见，《周易》把少女出嫁，实现男女结合、交感，使人类得以生生不息、

---

① （清）刘宝楠撰，高流水点校《论语正义》卷十六《子路第十三》，中华书局，1990，第545页。
② （三国魏）王弼、（晋）韩康伯注，（唐）孔颖达等正义《周易正义》卷八《系辞下》，（清）阮元校刻《十三经注疏》，中华书局影印本，1980，第87页。
③ （三国魏）王弼、（晋）韩康伯注，（唐）孔颖达等正义《周易正义》卷八《系辞下》，（清）阮元校刻《十三经注疏》，中华书局影印本，1980，第88页。
④ （三国魏）王弼、（晋）韩康伯注，（唐）孔颖达等正义《周易正义》卷五《归妹·象》，（清）阮元校刻《十三经注疏》，中华书局影印本，1980，第64页。

代代赓续，看作天地之大义，把"归妹"即男女婚配的问题，看作关系人类生存与终始的重大问题。

在宇宙自然发展演化的序列中，从天地万物的产生直到文明社会的形成，婚姻的选择与家庭的建立是其中的关键环节。《序卦传》曰："有天地然后有万物，有万物然后有男女，有男女然后有夫妇，有夫妇然后有父子，有父子然后有君臣，有君臣然后有上下，有上下然后礼义有所错。"① 认为家庭是社会的基础，家齐才能天下定。《周易》还把"正家"作为社会稳定、天下安定的基石，也就是《家人卦·象传》所谓："男女正，天地之大义也。家人有严君焉，父母之谓也。父父，子子，兄兄，弟弟，夫夫，妇妇，而家道正，正家而天下定矣。"② 《礼记·大学》中也有类似的表述："古之欲明明德于天下者，先治其国。欲治其国者，先齐其家。欲齐其家者，先修其身。欲修其身者，先正其心。欲正其心者，先诚其意。欲诚其意者，先致其知。致知在格物，物格而后知至，知至而后意诚，意诚而后心正，心正而后身修，身修而后家齐，家齐而后国治，国治而后天下平。"③ 《周易》中"正家而天下定"的观念与儒家提出的"修身、齐家、治国、平天下"的治国思想有着异曲同工之妙。婚姻家庭是人类繁衍的基础，也是国家稳定的依托，其重要性毋庸置疑。那么，男女姻缘、夫妻之道自然应当稳固与长久。《序卦传》："夫妇之道不可以不久也，故受之以恒。"④ 《归妹卦·象传》："泽上有雷，归妹，君子以永终知敝。"⑤ 男女姻缘结为夫妇，应使生息延续，永久相传。君子效法归妹卦象，应当永保其终，了解不终的弊病加以防范，最后才能真正"永终"。可以这样讲，"恒"与"永终"

① （三国魏）王弼、（晋）韩康伯注，（唐）孔颖达等正义《周易正义》卷九《序卦》，（清）阮元校刻《十三经注疏》，中华书局影印本，1980，第96页。

② （三国魏）王弼、（晋）韩康伯注，（唐）孔颖达等正义《周易正义》卷四《家人·象》，（清）阮元校刻《十三经注疏》，中华书局影印本，1980，第50页。

③ （汉）郑玄注，（唐）孔颖达等正义《礼记正义》卷六十《大学第四十二》，（清）阮元校刻《十三经注疏》，中华书局影印本，1980，第1673页。

④ （三国魏）王弼、（晋）韩康伯注，（唐）孔颖达等正义《周易正义》卷九《序卦》，（清）阮元校刻《十三经注疏》，中华书局影印本，1980，第96页。

⑤ （三国魏）王弼、（晋）韩康伯注，（唐）孔颖达等正义《周易正义》卷五《归妹·象》，（清）阮元校刻《十三经注疏》，中华书局影印本，1980，第64页。

对中国传统的姻缘观做了一个很好的诠释。

但是，如何保持和美而长久的姻缘？《周易》对此也有深刻的阐发。《系辞上传》开宗明义："天尊地卑，乾坤定矣。卑高以陈，贵贱位矣。"① 认为必须秉持男尊女卑和男刚女柔的原则。阳为天，为乾，为男，为夫；阴为地，为坤，为女，为妻。天地之道是天尊地卑；夫妇之道便是男尊女卑。这一观念体现最为典型的，莫过于《坤卦》。《坤卦·象传》说："至哉坤元，万物资生，乃顺承天。……牝马地类，行地无疆，柔顺利贞，君子攸行。"② 《坤卦·文言传》则指出："坤道其顺乎，承天而时行。"③ 坤道即地道、妻道，其最根本的特性就是"顺"，即顺从天道、乾道，包括夫道，如此才能获得"利贞"。《周易》认为天尊地卑，乾尊坤卑。正因为天动地随，所以男尊女卑，男主女从。而男为阳，为刚，为强；女则为阴，为柔，为弱。男以刚强为美，女以柔弱为良。如果本该柔弱的女子转变刚烈，违背了男刚女柔的原则，那就不能被迎娶。《姤卦》卦辞对此有言："姤，女壮，勿用取女。"④ 这无非是说，阴柔女子发展壮大，有可能破坏夫刚妻柔的关系的时候，就要搁置，不能迎娶。《姤卦·象传》："姤，遇也，柔遇刚也。勿用取女，不可与长也。天地相遇，品物咸章也。刚遇中正，天下大行也。"⑤ 一个过于强势的女人，男人是不可能同她组建家庭并与其长久生活的。然而，如果从整个自然演化、社会发展的角度来看，只有阴遇阳，柔遇刚，天地才能交感，才合乎天地之道。值得注意的是，《周易》在如何保持姻缘的和美与长久方面，时而充满了令人费解的矛盾，时而又闪现出辩证智慧的光芒。一方面认为男尊女卑，女强则不可娶；另一方面又认为

---

① （三国魏）王弼、（晋）韩康伯注，（唐）孔颖达等正义《周易正义》卷七《系辞上》，（清）阮元校刻《十三经注疏》，中华书局影印本，1980，第75页。

② （三国魏）王弼、（晋）韩康伯注，（唐）孔颖达等正义《周易正义》卷一《坤·象》，（清）阮元校刻《十三经注疏》，中华书局影印本，1980，第18页。

③ （三国魏）王弼、（晋）韩康伯注，（唐）孔颖达等正义《周易正义》卷一《坤·文言》，（清）阮元校刻《十三经注疏》，中华书局影印本，1980，第18页。

④ （三国魏）王弼、（晋）韩康伯注，（唐）孔颖达等正义《周易正义》卷五《姤》，（清）阮元校刻《十三经注疏》，中华书局影印本，1980，第57页。

⑤ （三国魏）王弼、（晋）韩康伯注，（唐）孔颖达等正义《周易正义》卷五《姤》，（清）阮元校刻《十三经注疏》，中华书局影印本，1980，第57页。

柔遇刚、阴遇阳，天地得以交感化生万物，对其予以充分的肯定、褒扬。中国传统社会常有"牝鸡司晨，唯家之索"之类的说法，意思是母鸡在清晨打鸣，这个家庭就要破败；阴阳颠倒，女性掌权，就会导致家破国亡。这种说法，无疑就是受到了《周易》男尊女卑、男刚女柔观念的深刻影响。

当然，我们也要看到，《周易》倡导的姻缘和美之道有时是以女子从一而终的观念为先决条件的。《恒卦》明确地提出了妇女从一而终的观念。该卦六五爻辞："恒其德，贞；妇人吉，夫子凶。"《象传》曰："妇人贞吉，从一而终也。夫子制义，从妇凶也。"① 六五以阴居上卦之中，虽不当位，却下应九二刚中，具有妇人守正从夫、恒久其德之象。"恒其德，贞"，是以柔顺为德为常；恒其柔顺之德，在妇人则为正，可获吉祥，在丈夫则不为正，必有凶险。六五恒其柔顺之德，以顺从为恒，恰似妇人从一而终，因而六五有妇人守正贞吉之义。《蒙卦》也体现了女子从一而终的观念。该卦六三爻辞："勿用取女，见金夫，不有躬，无攸利。"② 六三阴爻居下卦之终，阴柔失正，又恃凌阳刚之九二，有处于困境急于求进摆脱之象。犹如女子，本应等待与她正应的上九来迎娶，她对此视而不见，却对近旁的九二这个男子动心，悦而从之，未能顾及自身体统，"从一"保有其身，因而对这个行为不顺正的女子就不要娶她，"勿用取女，行不顺也"。③ 再有，受男尊女卑观念的影响，中国传统社会保持姻缘和美的最佳分工模式是男主外、女主内。《家人卦·象传》认为："家人，女正位乎内，男正位乎外。男女正，天地之大义也。"④ 女主内的主要职责是主"中馈"，即打理家财。《家人卦》六二爻辞："无攸遂，在中馈，贞吉。"⑤ 主"中馈"，就是主持

---

① （三国魏）王弼、（晋）韩康伯注，（唐）孔颖达等正义《周易正义》卷四《恒》，（清）阮元校刻《十三经注疏》，中华书局影印本，1980，第47~48页。

② （三国魏）王弼、（晋）韩康伯注，（唐）孔颖达等正义《周易正义》卷一《蒙》，（清）阮元校刻《十三经注疏》，中华书局影印本，1980，第20页。

③ （三国魏）王弼、（晋）韩康伯注，（唐）孔颖达等正义《周易正义》卷一《蒙》，（清）阮元校刻《十三经注疏》，中华书局影印本，1980，第20页。

④ （三国魏）王弼、（晋）韩康伯注，（唐）孔颖达等正义《周易正义》卷四《家人·象》，（清）阮元校刻《十三经注疏》，中华书局影印本，1980，第50页。

⑤ （三国魏）王弼、（晋）韩康伯注，（唐）孔颖达等正义《周易正义》卷四《家人》，（清）阮元校刻《十三经注疏》，中华书局影印本，1980，第50页。

一家人的饮食和筹办祭祀。虽然是主"中馈"，但对女方提出了"无攸遂"的要求，也就是说，事无巨细必须听命于丈夫，不能擅作主张，这样才能"贞吉"。不仅如此，家庭主妇负责一家的收藏、撙节，主持"中馈"，最高职责是"富家"，所以还必须克勤克俭、严于治家。应该说，中国传统社会的家庭模式基本上是男主外、女主内。《礼记·昏义》记载，周天子率百官"以听天下之外治"，后率夫人嫔妃"以听天下之内治"，"教顺成俗，外内和顺，国家理治，此之谓盛德"①。即使贵为天子也不能例外，必须遵循这一原则。

《周易》的姻缘观虽然主张男尊女卑、男主外女主内，突出男权的倾向较为明显，但也同样认为夫妻之间应该互相尊重、彼此沟通、广泛交流。我们知道，《周易》上经重在言天道，下经重在明人事，而《咸卦》处于下经的首位。人事之兴，始于婚姻。男女之间的相感相悦，才应是和美姻缘的开始。《咸卦·彖传》说："咸，感也。柔上而刚下，二气感应以相与。止而说，男下女，是以亨利贞，取女吉也。天地感而万物生，圣人感人心而天下和平。观其所感，而天地万物之情可见矣。"②该卦是艮在下、兑在上。艮为山为少男，兑为泽为少女，山泽通气，内外相应，所以说"柔上而刚下，二气感应以相与"。而且男子应该以礼下求女子，真心诚意地与女子相交感。对于这种带有真实情感的婚姻，《周易》是持完全肯定态度的。从中我们也不难发现，《周易》在家庭婚姻关系上再一次表现出复杂的两面性：一方面强调天尊地卑、男尊女卑之天经地义；另一方面主张夫妻应该交流互动，而且丈夫要诚心诚意主动与妻子交流。在夫妇或男女相感这方面，婚姻家庭是需要男女双方以独立、平等的身份参与的，以共同担当化生万物的重任，因而尊卑的问题有时可能就会退居次席。必须提及的是，佛教、道教作为中国传统文化的重要组成部分，对人生中美好的姻缘一般也都持肯定的态度，只不过没有像《周易》经传那样，对姻缘的阐释更加集中、深刻，对中国婚姻家庭观念的影响更加显著、持久而已。其实，互

---

① （汉）郑玄注，（唐）孔颖达等正义《礼记正义》卷六十一《昏义第四十三》，（清）阮元校刻《十三经注疏》，中华书局影印本，1980，第 1681 页。

② （三国魏）王弼、（晋）韩康伯注，（唐）孔颖达等正义《周易正义》卷四《咸·象》，（清）阮元校刻《十三经注疏》，中华书局影印本，1980，第 46 页。

动、相感并不仅仅局限于夫妇、男女，整个社会都涉及相感与否的问题。比如上级与下级、长辈与晚辈，亲戚或朋友之间，只要是相感，双方的关系必然是和顺而亨通的。长此以往，社会关系也必将处于全方位的良性运转状态。在当代社会，《周易》关于姻缘的很多观念仍然富有积极的意义和价值，确实不应该被人们忽视或忘却。

（四）《周易》缘文化对社会发展的启示

作为群经之首、大道之源，《周易》经传中有着较为丰富的缘文化的思想内涵和意蕴，它们在一定程度上成为中国缘文化的重要源头、内在灵魂和主要根基。佛教、道教在各自发展中通过与传统经典文化相融合，特别是通过对《周易》经传思想充分而合理的取鉴，在为中国缘文化的兴盛做出贡献的同时，进一步丰富、完善了自身的思想学说。《周易》缘文化的理论内涵涉及品行修养、人际交往、和美姻缘等人生与社会互动的多个层面，在很大程度上带有适宜性、正确性以及朴素的科学性，呈现出重要的文化价值和意义。

人与人之间的缘、缘分是或隐或显的客观存在，人与人的相遇相聚看似机缘巧合，实则偶然中隐含着必然，缘分时断时续，接缘、续缘就显得尤为不易，所以当缘分降临时应该慧眼识别、善于把握。各种机缘巧合的背后直指心有灵犀的感应沟通，人际交往和沟通应当因其随缘，而非刻意地经营、攀缘，这才是对于缘分应持有的正确态度。可以说，以《周易》经传思想为核心的、融会了佛教、道教相关思想的缘文化，在传统和现代社会的人际交往当中均程度不同地有所体现，为中国缘文化内涵的进一步拓展提供了丰厚的滋养。受到《周易》经传思想的濡染，中国缘文化在演进、发展的过程中，在儒释道三教的共振和激荡之下，最终熔铸成了向善、诚同、刚健、包容的精神风貌，彰显了极其厚重的易学底蕴。

按照中国缘文化的传统和意蕴，一个处处充满人间大爱、不断传递正面价值的和谐社会，一个凝聚亿万人民意愿的中华民族伟大复兴的中国梦，要想真正地成为现实，那就应该时刻坚持勠力同心、求同存异、昂扬进取、彼此包容的基本准则。这是《周易》以及佛教、道教缘文化给予新时期家庭建设、社会建设的重要昭示和深刻启迪，我们有必要加以充分关注和高度重视，并对这份宝贵的思想文化遗产进行创造性转化和创新性发展，共同谱写中国缘文化的崭新篇章。

四　汉唐时期的以史解《易》

汉唐时期，易学的发展进入了一个新的阶段，取得了重要成就。在汉唐易学发展的不同阶段，易学家以史解《易》征引的史实蕴涵了历史兴衰教训和历史变革思想，在一定程度上与《周易》义理相互通约。汉唐时期以史解《易》的运用，丰富了治《易》的方法，深化了《易》之微言大义，拓展了史学自身的历史观念，促进了易学与史学的双向互动，为后世"参政史事"易学的勃兴奠定了坚实的基础。

（一）汉唐前易学与史学的关系

众所周知，史学在中国传统学术思想中占有举足轻重的地位，它对易学发展的影响也特别突出。史学与《周易》之间联系密切，中国古代巫史同源，史从巫出。"第一代历史家都是巫师，第一种历史记录都是说神与人的关系，第一类历史认识都是神意支配人间的历史观"①。可见，最初的史官除了记时书事、掌管典籍，还负责观察天象、制定历法以及卜筮之事。而且，古代典籍文献中，史亦往往与巫、祝、卜等连称。《巽卦》九二爻辞曰："巽在床下，用史巫纷若，吉，无咎。"②《国语·楚语下》曰："夫人作享，家为巫史。"③《左传·昭公四年》记述周初王室曾以"祝、宗、卜、史"赐鲁。④在《左传》中，史苏、史赵、史墨、史龟、史嚚等虽以史称，但又多言其占卜之事。在《周礼》中，太史与太祝、太卜同居春官宗伯之

---

① 朱维铮：《中国史学史讲义稿》，复旦大学出版社，2015，第12页。
② （三国魏）王弼、（晋）韩康伯注，（唐）孔颖达等正义《周易正义》卷六《巽》，（清）阮元校刻《十三经注疏》，中华书局影印本，1980，第69页。
③ 徐元诰撰，王树民、沈长云点校《国语集解·楚语下第十八》，中华书局，2002，第515页。
④ （晋）杜预集解，（唐）孔颖达等正义《春秋左传正义》卷五十四《定公四年》，（清）阮元校刻《十三经注疏》，中华书局影印本，1980，第2134页。

属，而其职掌之事亦与卜、祝相近。长沙马王堆汉墓帛书《周易》之《要》篇称述孔子之语，也提到"史巫之筮"①。

《周易》就成于宗教巫术特别是卜筮之官和史官之手，而成书后的《周易》一般亦由史官收藏和管理。《左传·庄公二十二年》载："周史有以《周易》见陈侯者。"②昭公二年，晋国韩宣子来鲁，就是"观书于太史氏，见《易象》与《鲁春秋》"③。另外，《周易》和易学偏重天道，其产生、发展也与天文、历法的进步密不可分。史官既然掌管观测天象和制定历法之事，也就很容易将天人联系起来，用自然现象和规律来考察、附会社会问题，特别是从四时、天象的往复运动中得到某种启发，悟出社会人生也有盛衰变化且遵循一定规律的深刻道理。唯其如此，史官才得以在创作、保存和解释、运用《周易》方面做出巨大贡献。另一方面，《周易》作为中国古代历史哲学的文化源头，其"推天道以明人事"的思维方式及因象数结构而成的三才一体之道，包蕴着较为丰富的社会观与历史观的内涵。尽管在一定程度上反映的是"半截子的古代进化论"④，但它所展现出的"生生之谓易"与"多识前言往行以蓄其德"的发展、进化的社会历史观，也为史官记述历史、评论古今、预断未来提供了重要依据。《左传》所载庄公二十二年周史论陈厉公生子敬仲事，昭公三十二年史墨论鲁国季氏专权事，都是如此。由《周易》古经发展到战国时期的《易传》，在此过程中形成的《周易》历史观循天地自然之道以考察社会人事演变，确实奠定了中国古代历史哲学的基本理论框架。先秦时期史官在以史解《易》中，"显示出了深邃的历史眼光，促进了史学思想进步，同时又对易学体系形成做出了贡献"⑤。史学和易学之间存在着某种不解之缘，在以后不同的历史时期，两

---

① 裘锡圭主编《长沙马王堆汉墓简帛集成》（叁），中华书局，2014，第118页。

② （晋）杜预集解，（唐）孔颖达等正义《春秋左传正义》卷九《庄公二十二年》，（清）阮元校刻《十三经注疏》，中华书局影印本，1980，第1775页。

③ （晋）杜预集解，（唐）孔颖达等正义《春秋左传正义》卷四十二《昭公二年》，（清）阮元校刻《十三经注疏》，中华书局影印本，1980，第2029页。

④ 白寿彝：《中国史学史》（第一卷），上海人民出版社，2006，第207～208页。

⑤ 吴怀祺：《易学与史学》，中国书店，2004，第2页。

者相得益彰、相互促进更是表现得十分显著。①

在此学术背景下，我们仅将重点放到了汉唐时期有代表性的易学家、易学著作是如何运用和发展了以史解《易》这一治《易》方法，这一方法对当时易学领域、史学领域的拓展和深化起到了怎样的作用，以及汉唐时期的以史解《易》应如何评价等方面。这对于我们全面、深刻地认识汉唐时期史学与易学的发展规律及其特点，具有重要的学术意义。

（二）以史解《易》的开端：汉代

西汉初期的易学，皮锡瑞认为，"其说《易》，皆明白正大，主义理，切人事，不言阴阳术数，盖得《易》之正传"②。陆贾、司马迁等著名史家则"得《易》之正传"，深受易学"主义理，切人事"的启迪和濡染，其通古今之变的历史盛衰观与承弊易变的社会变革观，蕴涵着丰富的易学思想。西汉中后期，伴随着言灾异与天人感应思潮的兴起，在孟喜、京房等易学家的努力之下，迎来了象数易学的繁荣。尽管在一定意义上易学的发展为史学提供了丰富的理论源泉，史学的发展促进了易学思想的进一步传播，但是带有浓厚义理色彩的以史解《易》的治《易》方法，因其学术风格与象数易学迥异，在当时的易学领域并不占据主导地位。

东汉时期，经学家马融承于费氏易学的治学风格，注重以义理解《易》，"以人道政治议卦爻"③，是其易学的重要特点。不仅如此，马融还注重以史解《易》，通过史实来阐发易学理论，在易学史发展上首开以史解《易》之先河。例如，《观卦》："盥而不荐，有孚颙若。"马融注："盥者，进爵灌地，以降神也。此是祭祀盛时，及神降荐牲，其礼简略不足观也。国家大事，唯祀与戎。王道可观，在于祭祀。祭祀之盛，莫过初盥降神。故孔子曰：'禘自既灌而往者，吾不欲观之矣。'此言及荐简略，则不足观也。以下见上，见其

---

① 张涛、袁江玉：《汉代的易学与史学》，《南都学坛》2007 年第 1 期，第 7 页。
② （清）皮锡瑞：《经学通论》，中华书局，1954，第 18 页。
③ （清）张惠言：《易义别录》卷九《周易马氏·序》，山东友谊书社《孔子文化大全》影印本（与《孙氏周易集解》合刊），1992，第 590 页。

至盛之礼，万民信敬，故云'有孚喁若'。孚，信。喁，敬也"。① 要求最高统治者以身作则、率先垂范，从而使"万民信敬"，马融此举反映出一种坚持传统礼治的社会政治态度。与此相联系，马融还对《周易》仁义德治的政治理念有所继承和发挥。如《革卦》九五："大人虎变，未占有孚。"马融注："大人虎变，虎变威德折冲万里，望风而信，以喻舜舞干羽而有苗自服，周公修文德，越裳献雉，故曰'未占有孚'矣。"②这是试图借助周公修德进业而使百姓服悦的历史事实来呼吁最高统治者实行德治，以振兴日渐衰弱的刘汉政权。马融佐以史事解《易》，论及人事及社会政治生活，这一治《易》理路对后来的郑玄、虞翻、干宝等人产生了重要影响。

如果单就郑玄常用解《易》体例中的卦主说、互体说、爻位说、爻辰说来看，郑玄的易学无疑属于象数之学，特别是其中的爻辰说，更成了他"多参天象"而与"全释人事"③的王弼易学不同的重要标志，但是我们也应看到，郑玄并不排斥义理，而是兼言象数、义理以论析《易》之主旨，对马融以义理解《易》的这一传统有所继承、发展。因此，可以说以史解《易》也是郑玄以义理解《易》的重要方面。对于《乾卦》"亢龙有悔"，郑玄注："尧之末年，四凶在朝，是以有悔，未大凶也。"《周易正义》曰："上九亢阳之至，大而极盛，故曰'亢龙'。此自然之象，以人事言之，似圣人有龙德，上居天位，久而亢极，物极则反，故'有悔'也。纯阳虽极，未至大凶，但有悔吝而已。"④《系辞上传》说："吉凶者，言乎其失得也。悔吝者，言乎其小疵也。"⑤ 我们知道，《周易》中的"吉""凶""悔吝""无咎"，代表了事物所处的不同状态。"吉"为得，"凶"为失，"悔吝"

① （清）张惠言：《易义别录》卷九《周易马氏·观》，山东友谊书社《孔子文化大全》影印本（与《孙氏周易集解》合刊），1992，第597页。
② （清）张惠言：《易义别录》卷九《周易马氏·革》，山东友谊书社《孔子文化大全》影印本（与《孙氏周易集解》合刊），1992，第608页。
③ （清）李道平撰，潘雨廷点校《周易集解纂疏》卷首《周易集解序》，中华书局，2004，第5页。
④ （三国魏）王弼、（晋）韩康伯注，（唐）孔颖达等正义《周易正义》卷一《乾》，（清）阮元校刻《十三经注疏》，中华书局影印本，1980，第14页。
⑤ （三国魏）王弼、（晋）韩康伯注，（唐）孔颖达等正义《周易正义》卷七《系辞上》，（清）阮元校刻《十三经注疏》，中华书局影印本，1980，第77页。

介于吉凶之间，属于小的过失，虽不及吉之得，但也未有凶之失。郑玄用上古"尧之末年，四凶在朝"的史实解说《乾卦》上九爻义。"四凶"，即帝鸿氏之不才子"浑沌"、少暤氏之不才子"穷奇"、颛顼氏之不才子"梼杌"、缙云氏之不才子"饕餮"。"昔帝鸿氏有不才子，掩义隐贼，好行凶慝，天下谓之浑沌。少暤氏有不才子，毁信恶忠，崇饰恶言，天下谓之穷奇。颛顼氏有不才子，不可教训，不知话言，天下谓之梼杌。此三族世忧之。至于尧，尧未能去。缙云氏有不才子，贪于饮食，冒于货贿，天下谓之饕餮。天下恶之，比之三凶。舜宾于四门，乃流四凶族，迁于四裔。"①帝尧在位七十年，"百姓昭明，合和万国"②，到了晚年"四凶"等小人朋比在朝，却仍能容忍，几至功业难以为继。幸而舜摄天子之政后，奏请帝尧而将之放逐。"四凶在朝"虽然给帝尧的统治造成了极大的隐患，但并未导致王朝的颠覆，此即"未大凶也"。郑玄引述"尧之末年，四凶在朝"的史实，意在告诫统治者久处君位，应始终谦和自守，常怀忧患意识。否则，在王朝发展到鼎盛时期骄纵不逊，极易遭致大凶之患。

又如，郑玄以舜与周公代行君位的史实解《坤卦》六五爻义。对《坤》"黄裳，元吉"，郑玄注曰："如舜试天子，周公摄政。"③《周易正义》释之曰："黄是中之色，裳是下之饰，'坤'为臣道，五居君位，是臣之极贵者也。能以中和通于物理，居于臣职，故云'黄裳，元吉'。元，大也，以其德能如此，故得大吉也。"④尧让舜职掌五典、管理百官、负责迎宾礼仪，以观其能。在其治理下，政教大行，八方宾服，四海咸颂舜功，乃命舜摄行政务。舜五十岁才开始"摄行天子事"，"年六十一代尧践帝位"⑤，《史记·五帝本纪》称"天下明德皆自虞帝始"。周武王死后，周公摄行天子

---

① （汉）司马迁撰，（南朝宋）裴骃集解，（唐）司马贞索隐，（唐）张守节正义《史记》卷一《五帝本纪第一》，中华书局，2013，第43页。

② （汉）司马迁撰，（南朝宋）裴骃集解，（唐）司马贞索隐，（唐）张守节正义《史记》卷一《五帝本纪第一》，中华书局，2013，第18页。

③ （唐）魏征等：《隋书》卷四十二《李德林传》，中华书局，1973，第1196页。

④ （三国魏）王弼、（晋）韩康伯注，（唐）孔颖达等正义《周易正义》卷一《坤》，（清）阮元校刻《十三经注疏》，中华书局影印本，1980，第18页。

⑤ （汉）司马迁撰，（南朝宋）裴骃集解，（唐）司马贞索隐，（唐）张守节正义《史记》卷一《五帝本纪第一》，中华书局，2013，第52页。

"行政七年"①。周公一生的功绩被《尚书大传》概括为"一年救乱，二年克殷，三年践奄，四年建侯卫，五年营成周，六年制礼作乐，七年致政成王"②。周公摄政七年，提出了各方面的带根本性的典章制度，完善了宗法制度、分封制、嫡长子继承法和井田制，七年之后归政成王，正式确立了周王朝的嫡长子继承制，为周族八百年的统治奠定了重要基础。有上述史实作为依据，郑玄认为"阴阳之义，阳称为君，阴称为臣"③，阴爻象臣，却居君位，坤卦六五阴爻居尊位而元吉。在他看来，舜以及周公试摄之时，名义上虽仍为臣下，但却是事实上的天子。在特定的情况下，执于中正之道的名臣，代理天子治国安邦，当为大吉大利之事，这一阐释确实与《易》理若合符节。

再如，郑玄用文王灭纣的史实解读《临卦》卦辞，赋予其人事的色彩，阐发历史兴衰之理。注《临卦》"至于八月有凶"，郑玄曰："《临卦》斗建丑而用事，殷之正月也。当文王之时，纣为无道，故于是卦为殷家著兴衰之戒，以见周改殷正之数云。《临》自周二月用事，讫其七月，至八月而《遁卦》受之，此终而复始，王命然矣。"④ 众所周知，古时但凡改朝换代，新王朝常重定正朔，建立本朝历法。"改正朔者，'正'谓年始，'朔'谓月初，言王者得政，示从我始改故用新，随寅丑子所损也。周子，殷丑，夏寅，是改正也。周夜半，殷鸡鸣，夏平旦，是易朔也。"⑤ 从中可以看出，夏历、商历、周历区别在于岁首的月建不同，夏历以建寅为岁首，商历以建丑为岁首，周历以建子为岁首。由于相信文王作卦爻辞，郑玄认为"至于八月有凶"应以周历解之。《临卦》于十二消息为十二月，是就爻位而言，《复卦》初九主十一月，《临卦》九二主十二月，于周为二月。《临卦》

---

① （汉）司马迁撰，（南朝宋）裴骃集解，（唐）司马贞索隐，（唐）张守节正义《史记》卷四《周本纪第四》，中华书局，2013，第169页。
② （汉）伏胜撰，（汉）郑玄注，（清）陈寿祺辑校《尚书大传》，朱维铮主编《中国经学史基本丛书》第一册，上海书店出版社，2012，第40页。
③ （清）李道平撰，潘雨廷点校《周易集解纂疏》卷五，中华书局，2004，第381页。
④ （清）李道平撰，潘雨廷点校《周易集解纂疏》卷三，中华书局，2004，第223页。
⑤ （汉）郑玄注，（唐）孔颖达等正义《礼记正义》卷三十四《大传第十六》，（清）阮元校刻《十三经注疏》，中华书局影印本，1980，第1506页。

自九二起，阳长而为《泰卦》《大壮卦》《夬卦》《乾卦》，之后阴始长于《姤卦》而至于《遁卦》，六爻完成了一次循环，即所谓"终而复始"，又历时八个月，故经文有"八月"之称。《临卦》卦辞"至于八月有凶"中的"八月"，《礼记·月令》释之曰："是月也，杀气浸盛，阳气日衰。"①《临卦》卦辞以时令为喻，本象征着盛极必衰、阴阳消长的自然规律，而郑玄以文王灭纣的史实阐释此卦，突出历史盛衰之由。在他看来，君临天下必须坚守正道，在事情刚开始繁盛时就要考虑衰落等情形，预防过度自满，以图永久兴旺的局面。毕竟，观人事之更替，察历史之兴衰，是《周易》的根本主旨，同时也是中国史学的优秀传统。可以说，郑玄以史解《易》确实把握了这一宗旨，并且继承了这一传统。值得注意的是，《否卦》九五卦辞："休否，大人吉。其亡其亡，系于苞桑。"郑注曰："苞，植也。否世之人，不知圣人有命，咸云其将亡矣，其将亡矣！而圣乃自系于植桑，不亡也"②。"犹纣囚文王于羑里之狱，四臣献珍异之物，而终免于难，'系于苞桑'之谓。"③历来易学家解此卦辞，大多言于卦爻象，而郑玄独以史事解之，以深刻的历史洞察力揭示了《否卦》义理，表现出了较高的史识。

虞翻，是继马融、郑玄等人之后的又一位易学大师，同样也是推动易学转型的关键人物。虞翻在以往成果的基础上，对象数易学作了集大成式的总结发展，提出了一系列解《易》的新理论、新体例。但是，在虞翻建构的象数易学体系中，仍然隐含着人文义理的倾向，反映了一定的社会政治理念，而这一倾向和理念正是通过以史解《易》的方式得到了充分的展现。为表达对历史变化趋势的看法，虞翻引用了三皇五帝时期的历史。在注《乾卦·文言传》"圣人作而万物睹"时，虞翻曰："'圣人'则庖牺，合德《乾》五，造作八卦，'以通神明之德，以类万物之情。'"④注《系辞

---

① （汉）郑玄注，（唐）孔颖达等正义《礼记正义》卷十六《月令第六之三》，（清）阮元校刻《十三经注疏》，中华书局影印本，1980，第1374页。

② （南朝梁）萧统编，（唐）李善注《文选》卷五十二《六代论》，中华书局影印本，1977，第722页。

③ （宋）王应麟辑，张振峰等点校《周易郑康成注·否》，中华书局，2012，第22页。

④ （清）李道平撰，潘雨廷点校《周易集解纂疏》卷一，中华书局，2004，第53页。

上传》"备物致用，立成器以为天下利，莫大乎圣人"曰："神农黄帝尧舜也。"① 注《系辞下传》"庖牺氏没，神农氏作"曰："神农以火德，继庖牺王。火生土，故知土，则利民播种，号神农氏也。"② 注《系辞下传》"后世圣人，易之以宫室"曰："'后世圣人'，谓黄帝也。"③ 注《系辞下传》"后世圣人，易之以书契"曰："'后世圣人'，谓黄帝尧舜也。"④ 从上述具体的历史事实出发，虞翻阐明了人类社会是不断进化的历史发展观，但虞翻这一史观"圣人"的色彩过于浓重。在他看来，无论是从"备物"到"成器"，还是从"穴居"到"宫室"，圣人在历史的演进中，在社会人事变化中，发挥了更为重要的作用。虞翻阐发《易》理也经常论及商周史迹，总结历史兴衰的教训与经验。例如，对于《明夷卦·象传》"文王以之"，虞翻注曰："三喻文王。……若纣杀比干。三幽坎中，象文王之拘羑里。震为诸侯，喻从文王者，纣惧出之。"⑤ 注《泰卦·象传》"君子道长，小人道消也"曰："谕武王伐纣。"⑥ 注《未济卦》上九爻辞"有孚于饮酒，无咎。濡其首，有孚失是"曰："谓若殷纣沉湎于酒，以失天下也。"⑦ 注《革卦》九四爻辞"改命吉"及九五爻辞"大人虎变，未占有孚"曰："《传》以比桀纣。汤武革命，顺天应人，故'改命吉'也"。⑧ "《传》论汤武以坤臣为君"。⑨ 注《系辞下传》"作《易》者，其有忧患乎"曰："庖牺则天八卦，通为六十四，以德化之，'吉凶与民同患'，故'有忧患'。"⑩ 虞翻引用商周鼎革的史实，虽意在阐明"知存而不知亡，知得而不知丧""顺天应人""以德化之，吉凶与民同患"等历史教训，但也确实在很大程度上深化了对《易》理的认识。应该说，与郑玄等易学家一样，虞翻在运

---

① （清）李道平撰，潘雨廷点校《周易集解纂疏》卷八，中华书局，2004，第604页。
② （清）李道平撰，潘雨廷点校《周易集解纂疏》卷九，中华书局，2004，第624页。
③ （清）李道平撰，潘雨廷点校《周易集解纂疏》卷九，中华书局，2004，第630页。
④ （清）李道平撰，潘雨廷点校《周易集解纂疏》卷九，中华书局，2004，第633页。
⑤ （清）李道平撰，潘雨廷点校《周易集解纂疏》卷五，中华书局，2004，第344页。
⑥ （清）李道平撰，潘雨廷点校《周易集解纂疏》卷十，中华书局，2004，第736页。
⑦ （清）李道平撰，潘雨廷点校《周易集解纂疏》卷七，中华书局，2004，第539~540页。
⑧ （清）李道平撰，潘雨廷点校《周易集解纂疏》卷六，中华书局，2004，第441页。
⑨ （清）李道平撰，潘雨廷点校《周易集解纂疏》卷六，中华书局，2004，第442页。
⑩ （清）李道平撰，潘雨廷点校《周易集解纂疏》卷九，中华书局，2004，第660页。

用以史解《易》阐发义理时，不仅有意识地突出了历史的变易观念，注意到了"革故鼎新"这一人类历史进化的基本环节，而且揭示出人类社会历史过程前进和发展的趋势，形成了较为朴素的进化史观。这对后来宋衷、陈寿、干宝等人就史学与易学关系所作的进一步探索，有着重要的学术启发意义。

（三）以史解《易》的发展：魏晋南北朝时期

相较于郑玄、虞翻等人，汉末三国时期的另一易学家宋衷研《易》时对义理更为重视，并运用《易传》推天道以明人事的整体思维方式，更加注重探索天地万物、社会人事发展变化的规律。在解《易》过程中，宋衷还喜欢称引历史事实，以史解《易》。宋衷取用此法，旨在通过具体的历史事件或人物来充分地阐明《易》理，加深人们对《易》理的认识与把握。宋衷注《师卦》上六爻辞"开国承家"曰："'开国'谓析土地以封诸侯，如武王封周公七百里地也。"[①]《史记·鲁周公世家》载："及武王即位……遍封功臣同姓戚者。封周公旦于少昊之虚曲阜，是为鲁公。周公不就封，留佐武王。"[②] 这是以周公获封的史实，说明周天子分土封侯的政治制度。在注《遁卦·彖传》"遁之时义大矣哉"时，宋衷曰："太公遁殷，四皓遁秦之时也。"[③] 商纣王昏庸无道，姜太公归隐，"游说诸侯，无所遇，而卒西归周西伯"[④]。四皓即商山四皓，"四皓也，谓东园公、绮里季、夏黄公、甪里先生"[⑤]。商山四皓曾因秦无道而遁隐，高祖刘邦定天下后，他们以为"上慢侮人，故逃匿山中，义不为汉臣"[⑥]。宋衷以上述史事来说明"相时度

---

① （清）李道平撰，潘雨廷点校《周易集解纂疏》卷二，中华书局，2004，第137页。
② （汉）司马迁撰，（南朝宋）裴骃集解，（唐）司马贞索隐，（唐）张守节正义《史记》卷三十三《鲁周公世家第三》，中华书局，2013，第1825页。
③ （清）李道平撰，潘雨廷点校《周易集解纂疏》卷五，中华书局，2004，第328页。
④ （汉）司马迁撰，（南朝宋）裴骃集解，（唐）司马贞索隐，（唐）张守节正义《史记》卷三十二《齐太公世家第二》，中华书局，2013，第1782页。
⑤ （汉）司马迁撰，（南朝宋）裴骃集解，（唐）司马贞索隐，（唐）张守节正义《史记》卷五十五《留侯世家第二十五》，中华书局，2013，第2470页，注一。
⑥ （汉）司马迁撰，（南朝宋）裴骃集解，（唐）司马贞索隐，（唐）张守节正义《史记》卷五十五《留侯世家第二十五》，中华书局，2013，第2470页。

宜，避世而遁”① 的重大意义。应该说，在宋衷之前，以史解《易》已为郑玄、虞翻等易学家所采用，而宋衷在这一学术传承中也起到了承上启下的作用。

陈寿，西晋时期著名的史学家，有良史之才，所著《三国志》在中国史学史上占有极为重要的地位，而陈寿对《周易》亦素有研究，在治史实践中，其史学思想的形成以及对历史人物的评价往往取资于易学。《三国志·魏志·后妃传》开篇引《家人卦·彖传》："男正位乎外，女正位乎内。男女正，天地之大义也。"② 随即以历史上的后妃之制加以证明，"古先哲王，莫不明后妃之制，顺天地之德。故二妃嫔妫，虞道克隆。任、姒配姬，周室用熙。废兴存亡，恒此之由。"③《家人卦》认为男女居位都正当得体，家正而天下化之，阐发的"治家"与"正家"之道，在中国封建社会影响深远。禀易学之沾溉，陈寿揭示出了《家人卦》"身""家""天下"之间相互依赖且极具历史意义的政治关系，将其贯穿于治史实践中，不仅阐明了"废兴存亡，恒此之由"的《易》理，也突出了"轻天命，重人事"的历史观念。在对历史人物进行评价时，陈寿着眼于人谋的思想，同样受易学濡染甚多。人谋主要指君主与权臣的谋略，涉及君主、权臣的选贤与能以及自身的韬略和决断，在《三国志》中陈寿多次化用《易》理对主要人物做出合乎历史情境的评价，阐论贤明的君主、权臣对于治国兴邦所起到的重要作用。例如，评价刘璋"才非人雄，而据土乱世，负乘致寇，自然之理，其见夺取，非不幸也"④。"负乘致寇"语出《解卦》六三爻辞"负且乘，致寇至，贞吝"⑤。《系辞上传》亦曰："小人而乘君子之器，盗思夺

---

① （三国魏）王弼、（晋）韩康伯注，（唐）孔颖达等正义《周易正义》卷四《遁·彖》，（清）阮元校刻《十三经注疏》，中华书局影印本，1980，第48页。

② （三国魏）王弼、（晋）韩康伯注，（唐）孔颖达等正义《周易正义》卷四《家人·彖》，（清）阮元校刻《十三经注疏》，中华书局影印本，1980，第50页。

③ （晋）陈寿撰，（南朝宋）裴松之注《三国志》卷五《魏志·后妃传》，中华书局，1982，第155页。

④ （晋）陈寿撰，（南朝宋）裴松之注《三国志》卷三十一《蜀志·刘璋传》，中华书局，1982，第870页。

⑤ （三国魏）王弼、（晋）韩康伯注，（唐）孔颖达等正义《周易正义》卷四《解》，（清）阮元校刻《十三经注疏》，中华书局影印本，1980，第52页。

之矣……《易》曰：'负且乘，致寇至'，盗之招也。"① 刘璋为人懦弱多疑，"才非人雄"，最终为刘备所取代。在陈寿看来，君主用人轻忽不甚，导致小人窃据了高位，但居于非分之位，注定不能长久。又如，评价曹爽曰："德薄位尊，沉溺盈溢。此固《大易》所著，道家所忌也。"② "德薄位尊"语出《系辞下传》，"德薄而位尊，知小而谋大，力小而任重，鲜不及矣。《易》曰：'鼎折足，覆公餗，其形渥，凶。'言不胜其任也。"③ 曹爽结党营私，专权乱政，欲与司马懿争夺政权，终因疏忽，败以亡身，陈寿化用智小谋大、不堪其任的《易》理，对曹爽做出的评价相当中允而深刻。应当看到，陈寿的史学成就与他对易学的取资确实有着紧密的关系，但也应当看到，陈寿通过以史解《易》的方式，在一定程度上深化了《易》理。正如学者有言，《三国志》可谓"史事解《易》之佳构"④，所论至为妥当。

东晋时期的干宝著有《周易注》《周易爻义》等专门的易学著作，同时又撰有编年体史书《晋纪》，其中多化用《易》之义理以及京房、虞翻等人《易》说。干宝以史学见长，其治《易》多以殷周时期的历史变革阐发卦爻辞。对此，清代学者张惠言评价道："仅存者三十卦，而又不完，然其言文武革纣、周公摄成王者十有八焉。"⑤ 与郑玄、虞翻、宋衷、陈寿等人相较，干宝以更为丰富和翔实的史料来阐证《周易》所蕴涵的大义，以史解《易》的特色表现得突出而鲜明。

干宝认为《周易》一书中包含有大量的历史，特别是殷周鼎革的历史。我们知道，《周易》成书于殷周之际，此时周朝取代商殷是大势所趋，《周易》对这一波澜壮阔的历史变革有所展现实属必然。干宝对《周易》卦爻辞和《易传》中涵盖的殷周鼎革历史作了充分的阐发。例如，干宝注《乾

① （三国魏）王弼、（晋）韩康伯注，（唐）孔颖达等正义《周易正义》卷七《系辞上》，（清）阮元校刻《十三经注疏》，中华书局影印本，1980，第80页。
② （晋）陈寿撰，（南朝宋）裴松之注《三国志》卷九《魏志·夏侯尚传附子玄传》，中华书局，1982，第305页。
③ （三国魏）王弼、（晋）韩康伯注，（唐）孔颖达等正义《周易正义》卷八《系辞下》，（清）阮元校刻《十三经注疏》，中华书局影印本，1980，第88页。
④ 徐芹庭：《魏晋南北朝四十三家易学》，中国书店，2011，第262页。
⑤ （清）张惠言：《易义别录》卷七《周易干氏·序》，见《张惠言易学十书》，山东友谊书社《孔子文化大全》影印本（与《孙氏周易集解》合刊），1992，第531页。

卦》初九爻辞"潜龙勿用"曰："此文王在羑里之爻也。"① 注《乾卦》九二爻辞"见龙在田，利见大人"曰："阳气将施，圣人将显。此文王免于羑里之日也，故曰'利见大人'。"② 注《乾卦》九三爻辞"君子终日乾乾，夕惕若，厉无咎"曰："以人事成天地之功者，在于此爻焉。……盖文王反国，大厘其政之日也。"③ 注《震卦》初九爻辞"震来虩虩，后笑言哑哑"曰："'震来虩虩'，羑里之厄也。'笑言哑哑'，后受方国也。"④ 注《坤卦》上六爻辞"龙战于野，其血玄黄"曰："文王之忠于殷，抑参二之强，以事独夫之纣。"⑤ 注《升卦》九二爻辞"孚乃利用禴"曰："文王俭以恤民，故四时之祭皆尚约不尚奢。……故神亨德与信，不求备也。"⑥ 注《讼卦·象传》"君子以作事谋始"曰："武王故先观兵孟津，盖以卜天下之心，故曰'作事谋始'也。"⑦ 注《师卦》上六爻辞"大君有命，开国承家"曰："……故易位，以见武王亲征，与师人同处于野也，……上六为宗庙，武王以文王行，故正开国之辞于宗庙之爻。明己之受命，文王之德也。"⑧ 注《革卦》初九爻辞"巩用黄牛之革"曰："此喻文王虽有圣德，天下归周，三分有二而服事殷，其义也。"⑨ 注《未济卦·象传》"未济征凶，位不当也"曰："禄父反叛，管蔡与乱，兵连三年，诛及骨肉，故曰'未济征凶'。平克四国，以济大难，故曰'利涉大川'也。以六居三，不当其位，犹周公以臣而君，故流言作矣。"⑩ 从中可以看到，周文王被商纣囚禁于羑里，后被释放归国，整顿国政，天下归周，周公摄政。干宝通过商周之际史迹以释《易》，将这一段历史较为清晰地勾画出来。干宝以史解《易》用到的殷周之际的重大历史事实较为完整，这在他之前的郑玄、虞翻等易学家是

---

① （清）李道平撰，潘雨廷点校《周易集解纂疏》卷一，中华书局，2004，第 28 页。
② （清）李道平撰，潘雨廷点校《周易集解纂疏》卷一，中华书局，2004，第 30 页。
③ （清）李道平撰，潘雨廷点校《周易集解纂疏》卷一，中华书局，2004，第 30 页。
④ （清）李道平撰，潘雨廷点校《周易集解纂疏》卷六，中华书局，2004，第 456 页。
⑤ （清）李道平撰，潘雨廷点校《周易集解纂疏》卷二，中华书局，2004，第 84 页。
⑥ （清）李道平撰，潘雨廷点校《周易集解纂疏》卷六，中华书局，2004，第 418 页。
⑦ （清）李道平撰，潘雨廷点校《周易集解纂疏》卷二，中华书局，2004，第 121～122 页。
⑧ （清）李道平撰，潘雨廷点校《周易集解纂疏》卷二，中华书局，2004，第 136 页。
⑨ （清）李道平撰，潘雨廷点校《周易集解纂疏》卷六，中华书局，2004，第 438 页。
⑩ （清）李道平撰，潘雨廷点校《周易集解纂疏》卷七，中华书局，2004，第 538 页。

不曾有过的。

而且，干宝在《周易》卦爻辞的注释中，较为系统地总结了商纣亡国的教训。干宝注《井卦》卦辞"改邑不改井，无丧无得，往来井井。汔至亦未缡井，羸其瓶，凶。"曰："改殷纣比屋之乱俗，而不易成汤昭假之法度也，故曰'改邑不改井'。二代之制，各因时宜，损益虽异，括囊则同，故曰'无丧无得，往来井井'也。当殷之末，井道之穷，故曰'汔至'。周德虽兴，未及革正，故曰'亦未缡井'。井泥为秽，百姓无聊，比屋之间，交受涂炭，故曰'羸其瓶，凶'矣。"① 在注《序卦传》"有上下然后礼义有所错"时，干宝曰："《易》之兴也，当殷之末世，有妲己之祸；当周之盛德，有三母之功。以言天不地不生，夫不妇不成，相须之至，王教之端。"在干宝看来，商纣不坚持法度，乱王教之俗是其失去民心而亡国的主因。《乾卦·文言传》"君子行此四德者，故曰：乾，元、亨、利、贞。"干宝对此做了全面的阐释："夫纯阳，天之精气。四行，君之懿德。是故《乾》冠卦首，辞表篇目，明道义之门，在于此矣。犹《春秋》之备五始也，故夫子留意焉。然则体仁正己，所以化物。观运知时，所以顺天。器用随宜，所以利民。守正一业，所以定俗也。乱则败礼，其教淫。逆则拂时，其功否。错则妨用，其事废。忘则失正，其官败。四德者，文王所由兴。四愆者，商纣所由亡。"② 干宝注重从儒家的仁、义、礼、智等政治哲学的角度出发，结合殷周时期较为完整的历史进程对其政治中的正反两方面经验做出了自己的总结和判断。在他看来，周之所以可以兴盛，原因有四：正己化物、知时顺天、随宜利民、守正定俗。而商王朝之所以败亡，原因亦有四：逾乱败礼、淫教逆时、否错忘事、失正官败。周之兴盛与商之没落，二者对比不可谓不鲜明，其所蕴涵的历史经验与教训值得后世资鉴警醒。必须指出的是，干宝以史解《易》注重从历史史实当中总结出合乎现实的政治主张，借此对国家政事有所裨益，而并非一般意义上的就历史而言历史。

---

① （清）李道平撰，潘雨廷点校《周易集解纂疏》卷六，中华书局，2004，第429页。
② （清）李道平撰，潘雨廷点校《周易集解纂疏》卷一，中华书局，2004，第44页。

（四）以史解《易》的高峰：唐代

唐代贞观年间，唐太宗诏命孔颖达等人主修《五经正义》。根据当时易学的主要倾向，孔颖达采用王弼、韩康伯注为本，作《周易正义》。对于《周易》经文的诠释及《周易》原理的阐发，孔颖达认为以象数解《易》与以义理解《易》二者应当兼顾，有机地结合。从"作《易》垂教之本意"①出发，孔颖达特别强调无论是圣人作《易》，还是后世研《易》，只有坚持"凡易者象也，以物象而明人事"②的解《易》原则，才能揭示、弘扬《周易》切于人事之用之义理。而上述解《易》原则和治《易》宗旨的体现，在某种程度上，得益于孔颖达在《周易正义》中对以史解《易》方式的运用。

孔颖达在《周易正义》中征引商周和春秋时期的具体史实阐明《周易》之义理。《乾卦》九四爻辞："或跃在渊，无咎。"王弼注："去下体之极，居上体之下，乾道革之时也。……用心存公，进不在私，疑以为虑，不谬于果，故'无咎'也。"③意即处于九四爻位，应"用心存公，进不在私"，虽然迟疑犹豫而反复思索，不至于陷于错误的决断。本于王注，《周易正义》发挥道："此自然之象，犹若圣人位渐尊高欲进于王位，犹豫迟疑，在于故位，未即进也。云'无咎'者，以其迟疑进退，不即果敢以取尊位，故'无咎'也。若其贪利务进，时未可行而行，则物所不与，故有咎也。若周西伯内执王心，外率诸侯以事纣也。"④在孔颖达看来，周文王姬昌勤于政事，"克明德慎罚"，使"天下三分，其二归周"，为武王灭商奠定了坚实的基础，受到了后世儒家的推崇，这完全取决于文王"疑以为虑，不谬

---

① （三国魏）王弼、（晋）韩康伯注，（唐）孔颖达等正义《周易正义》卷首一，（清）阮元校刻《十三经注疏》，中华书局影印本，1980，第8页。

② （三国魏）王弼、（晋）韩康伯注，（唐）孔颖达等正义《周易正义》卷一《坤》，（清）阮元校刻《十三经注疏》，中华书局影印本，1980，第18页。

③ （三国魏）王弼撰，楼宇烈校释《周易注（附周易略例）·乾》，中华书局，2011，第2页。

④ （三国魏）王弼、（晋）韩康伯注，（唐）孔颖达等正义《周易正义》卷一《乾》，（清）阮元校刻《十三经注疏》，中华书局影印本，1980，第13页。

于果"，善于抓住时机并进取而为。如果周文王"贪利务进，时未可行而行"，就不能使诸侯归附称臣，势必会让自己在与商纣的斗争中处于不利的境地。在此基础上，《周易正义》又从反面加以阐述："若不思虑，苟欲求进，当错谬于果敢之事，而致败亡；若疑惑以为思虑，则不错谬于果敢之事。其错谬者，若宋襄公与楚人战而致败亡是也。"① 周西伯内执王心把握时机以克商，宋襄公空怀仁义丧失时机而败亡，两件史实形成了鲜明的对比。孔颖达在以此揭示历史教训的同时，也透彻地阐明了时可行而行的《易》之大义。

孔颖达以史解《易》所阐发的《易》理，寄寓着具有强烈时代气息的历史变革观念。例如，《乾卦·文言传》曰："'飞龙在天，利见大人'，何谓也？子曰：'同声相应，同气相求。水流湿，火就燥，云从龙，风从虎，圣人作而万物睹，本乎天者亲上，本乎地者亲下，则各从其类也。'"《周易正义》诠释道："'飞龙在天'者，言天能广感众物，众物应之，所以'利见大人'。因大人与众物感应，故广陈众物相感应，以明圣人之作而万物瞻睹以结之也。……感者动也，应者报也。皆先者为感，后者为应，非唯近事则相感，亦有远事遥相感者。若周时获麟，乃为汉高之应；汉时黄星，后为曹公之兆。感应之事广，非片言可悉，今意在释理，故略举大纲而已。"② "获麟"载于《春秋·哀公十四年》"春，西狩获麟"，杜预注："麟者仁兽，圣王之嘉瑞也。时无明王出而遇获，仲尼伤周道之不兴，感嘉瑞之无应，故因《鲁春秋》而修中兴之教。绝笔于'获麟'之一句，所感而作，固所以为终也。"③ 孔颖达引用"周时获麟""汉时黄星"的史实，意在说明大人与众物感应的易道、易理。春秋时代，周天子衰微，对天下政治已无力施加影响，社会政治面临剧烈的变革，而孔颖达时处初唐，迎来了历史上第二次大一统的格局。"圣人之作而万物瞻睹以结之"，新的历史

---

① （三国魏）王弼、（晋）韩康伯注，（唐）孔颖达等正义《周易正义》卷一《乾》，（清）阮元校刻《十三经注疏》，中华书局影印本，1980，第14页。

② （三国魏）王弼、（晋）韩康伯注，（唐）孔颖达等正义《周易正义》卷一《乾》，（清）阮元校刻《十三经注疏》，中华书局影印本，1980，第16页。

③ （晋）杜预集解，（唐）孔颖达等正义《春秋左传正义》卷五十九《哀公十四年》，（清）阮元校刻《十三经注疏》，中华书局影印本，1980，第2172页。

形势急需圣人气象触发新的社会政治变革，以维护新兴王朝的长治久安，唐初不仅需要政治上的高度统一，更需要统治思想上的高度统一，俨然成为当时明智的政治家和思想家的共识。

不仅如此，孔颖达对《周易》中的历史变革思想作了详尽的阐发。我们知道，《革卦》在《周易》六十四卦中可以说是专门论述历史变革的。对于《革卦·彖传》"天地革而四时成，汤武革命，顺乎天而应乎人，革之时大矣哉"，《周易正义》注曰："'天地革而四时成'者，以下广明《革》义，此先明'天地革'者，天地之道，阴阳升降，温暑凉寒，迭相变革，然后四时之序皆有成也。'汤武革命，顺乎天而应乎人'者，以明人革也。夏桀、殷纣，凶狂无度，天既震怒，人亦叛主。殷汤、周武，聪明睿智，上顺天命，下应人心，放桀鸣条，诛纣牧野，革其王命，改其恶俗，故曰'汤武革命，顺乎天而应乎人'……'革之时大矣哉'者，备论革道之广讫，总结叹其大，故曰'大矣哉'也。"① 在孔颖达看来，正是由于"天地革"才形成了"序皆有成"的四季，养育了天地万物。商汤、周武发动的革命，朝代更迭中的革故鼎新，是"顺天"而"应人"的过程，如果能恰当地把握好这一变革的环节，再加以人为的促进和推动，就是历史的进步。既然"上顺天命"与"下应人心"的条件并具，合乎"革之时"的要求，那么，历史的变革不仅是必然的，也是正义的。同时，孔颖达运用《周易》中的"因革"观念，重点考察社会发展中的治乱关系，强调持变应时，将社会历史进程中的革故鼎新看成依据自然变易之道而产生的某种必然现象，其主要目的在于革除不合理的"恶俗"，反应了孔颖达追求社会大治的愿望，具有强烈的儒家色彩和时代气息。

需要指出的是，孔颖达疏解《周易》，既尊本王注，又征引他说。在《周易正义》中，孔颖达广泛引用经史子集等书，计约二十二种，其中尤以《诗》《礼》为多。毕竟，"《易》者，范围天地之书也。广大无所不备，故九流百家之学，皆可窜入焉。自九流百家借之以行其说，而于《易》之本

---

① （三国魏）王弼、（晋）韩康伯注，（唐）孔颖达等正义《周易正义》卷五《革·彖》，（清）阮元校刻《十三经注疏》，中华书局影印本，1980，第60页。

意反晦矣"①。但是，如果进一步从"六经皆史"的观点来看，孔颖达此举无疑丰富了以史解《易》的内容，在阐发易学大义的同时，又拓展了史学的研究领域，反映出唐朝崭新的学术风尚②，对后世学者无论研《易》还是治史均产生了重要的影响。

由于《周易正义》极度崇尚王弼易学，给当时易学的发展带来了种种缺憾，李鼎祚撰《周易集解》，意在纠正孔疏之偏，尊扬汉代象数易学。《周易集解》融合象数和义理两大流派，并不一概排斥义理人事之说，反映了唐代易学发展的新趋向，在沟通、融会汉代易学和宋代易学方面发挥了不可替代的重要作用。李鼎祚《周易集解》汇集汉唐三十余家《易》注，仅在前人《易》注未尽之意处加有按语，按语虽有百余节，但仍不乏因以史解《易》而闪现的独创性的见解。

如前所述，易学家以史解《易》通常特别重视《周易》包蕴的历史兴衰之戒，李鼎祚也同样如此。例如，《乾卦》上九爻辞"亢龙有悔"，李鼎祚注："以人事明之，若桀放于南巢，汤有惭德，斯类是也。"③ 对于《乾卦·文言传》"亢龙有悔，穷之灾也"与"《乾》元用九，天下治也"，李鼎祚分别注为："此当桀纣失位之时，亢极骄盈，故致悔恨，穷毙之灾祸也。""此当三皇五帝礼让之时，垂拱无为，而'天下治'矣。"④ 可以看出，李鼎祚对《乾卦》所作的注解，主要是在探讨圣人为君治国之道。《乾卦》虽为君卦，但圣人一味逞阳刚之德，也可能招致悔吝，非圣人尤不能过刚而致灾。李鼎祚对君王禀有之德从正反两方面进行阐发，确实寄寓了深厚的劝戒之意。在注解《乾卦·文言传》"亢之为言也，知进而不知退，知存而不知亡，知得而不知丧"时，他认为："此论人君骄盈过亢，必有丧亡。若殷纣招牧野之灾，太康遘洛水之怨，即其类矣。"⑤ 李鼎祚称引史实，

---

① （清）黄宗羲撰，郑万耕点校《易学象数论·自序》，中华书局，2010，第11页。

② 吴怀祺先生认为，唐朝出现了"经籍源于史"的新观念，体现出尊"经"的着眼点：尊"经"，但落脚点却在"史"。参见吴怀祺、林晓平《中国史学思想通史》（总论·先秦卷），黄山书社，2005，第132页。

③ （清）李道平撰，潘雨廷点校《周易集解纂疏》卷一，中华书局，2004，第34页。

④ （清）李道平撰，潘雨廷点校《周易集解纂疏》卷一，中华书局，2004，第56页。

⑤ （清）李道平撰，潘雨廷点校《周易集解纂疏》卷一，中华书局，2004，第67页。

不仅阐明了盛满时致戒的《易》之大义，而且总结了盛极必衰的历史教训。对此，清人李道平评论道，"盖以亢阳为害，因举圣人以为宏纲，而进退存亡不失其正之道，从可识也"①，可谓确论。对于《乾卦·文言传》"其唯圣人乎！知进退存亡而不失其正者，其唯圣人乎"，李鼎祚注曰："此则'《乾》元用九，天下治也'。言大宝圣君，若能用九天德者，垂拱无为，刍狗万物，生而不有，功成不居，百姓日用而不知，岂苟生成之德者也。此则三皇五帝，乃圣乃神，保合太和，而天下自治矣。今夫子《文言》再称'圣人'者，叹美用九之君，能'知进退存亡而不失其正'，故得'大明终始，万国咸宁，时乘六龙，以御天也'。斯即'有始有卒者，其唯圣人乎'是其义也。"② 应该说，将历史的创造、社会的进步完全归结为圣人的活动，突出强调圣人的历史能动性的圣人史观，在传统史学中一直占据主导地位，而圣王之心、君主之心不能保证人人仁义。所以，表现于历史发展方面便是一治一乱。对此，李鼎祚有着清醒的认识，尽管他描绘的是带有道家意味的大同美景，却仍然具有强烈的现实色彩。

　　李鼎祚之所以重视历史的兴衰之戒，这与他生活在唐朝中后期，目睹了李唐政权由强盛向衰败的迅速转变有着直接的关系。在李鼎祚看来，国家兴衰、安危存亡、荣辱之故，全在人事作为。《坤卦·文言传》"积不善之家，必有馀殃"本释《坤卦》初六爻辞，阐发防微杜渐之意，而李鼎祚则从修身理政事关历史兴衰的角度对此加了如下案语："圣人设教，理贵随宜。故夫子先论人事，则不语怪力乱神，绝四毋必。今于《易》象，阐扬天道，故曰'积善之家，必有余庆；积不善之家，必有余殃'者，以明阳生阴杀，天道必然，理国修身，积善为本。故于《坤》爻初六阴始生时，著此微言，永为深戒。欲使防萌杜渐，灾害不生，'开国承家'，君臣同德者也。故《系辞》云：'善不积不足以成名，恶不积不足以灭身'，是其义也。"③ 由此按语，李鼎祚生发出"理国修身，积善为本"与"开国承家，君臣同德"的思想，其中寄寓了希望统治者应常怀忧患意识的深刻内涵。

---

① （清）李道平撰，潘雨廷点校《周易集解纂疏》卷一，中华书局，2004，第68页。
② （清）李道平撰，潘雨廷点校《周易集解纂疏》卷一，中华书局，2004，第67页。
③ （清）李道平撰，潘雨廷点校《周易集解纂疏》卷二，中华书局，2004，第87~88页。

尽管在治《易》理路上，李鼎祚与孔颖达多有不同，但在以史解《易》关乎人事方面，二人却有着不少相同之处。孔颖达、李鼎祚在继承了易学"推天道以明人事"这一传统的同时，也阐扬了史学"究天人之际"的一贯精神，对后来易学与史学的发展均有着重要的学术启发意义。

（五）汉唐时期史学与易学互动的重要意义

纵观汉唐时期易学的发展，易学家治《易》的宗旨、理路及门径等都与史学有着千丝万缕的联系，易学与史学的联系是多方面、全方位的。如果从以《易》解史的角度来看，汉唐时期史学取得的辉煌成就，就一定意义而言是吸收、借鉴易学思想的结果。正如有学者指出的，以易学的思维方式认识人类历史，洞察古今兴衰，评论行事得失，这在中国史学史上是主要的一面。① 同时，我们也应看到，以史解《易》这一学术门径不应局限于易学范围内，仅仅视其为以历史事实解说《易》理的正确，将之完全归入易学史的义理派，与史学毫无关涉。汉唐时期易学发展的不同阶段，易学家通过以史解《易》征引的史实主要集中在上古时期和商周之际，而这些史实自身蕴涵的历史兴衰教训和历史变革思想，在一定程度上与《周易》义理相互通约。这一时期，易学与史学的良性互动已初见端倪，虽未呈现蔚为大观之态势，但以史解《易》的运用无疑丰富了治《易》的思路和方法，在深化《易》之微言大义的同时，对传统史学自身历史观念的拓展，乃至对经史关系的重新认识理解，也发挥了积极的作用，并对后世产生了广泛而深刻的启示和影响。后来的许多易学家兼治史学，有的本身就是史学家，如欧阳修、李焘、朱熹、李心传、李贽、黄宗羲、顾炎武、王夫之、章学诚、邵晋涵、柯劭忞等。易学家则兼治史学，以史释《易》，易学史上"两派六宗"中以南宋李光、杨万里为代表的"参证史事"宗即是如此。而其中使史学与易学结合得最为成功、最为完美的，当推北宋的司马光、清代的章学诚。他们均以史学名家、以良史著称，但又潜心研究易学，且造诣极深，成就卓然。应该说，这一切均得益于汉唐时期易学家以史解《易》的努力。

---

① 参见吴怀祺《易学与史学》，中国书店，2004，第5页。

五　易学：从精英到民间的流布

《周易》为群经之首、大道之源，是我国现存最古老的文化经典、智慧经典，其"一阴一阳之谓道"的精湛命题，天人合一、太和中正的和谐思想，自强不息、与时俱进的创新精神，厚德载物、海纳百川的包容态度，居安思危、慎终敬始的忧患意识等，都已经融入中华民族的人文心理和价值观念之中，成为中华民族精神的重要组成部分。

随着历史的发展，《周易》一书得到不断的完善和升华，逐渐由原始的占卜之书发展成为人文化、哲理化的哲学著作，并对中国的传统政治、经济、军事、法律、教育等制度建设，对天文、历法、地理、数学、化学、农林、医药、建筑、史学、文学、艺术等学科发展产生了极其深远的影响，在人类文明史上意义重大。

当代著名学者余敦康先生曾经强调，从某种意义上说，《周易》及相关的易学发展史就是一部中国文化发展史。

众所周知，《周易》由经传两部分组成。其中，经的部分包括上经和下经，由六十四卦及其卦爻辞所组成的符号系统和文字系统构成。班固在《汉书·艺文志》中将《周易》成书的历程概括为"人更三世，世历三古"[①]。

通过对占筮体例的不同理解和诠释，学院派易学形成了象数易学和义理易学两大流派，并对中国传统思想文化的发展产生了深刻影响。

与此同时，民间的易学研究者也围绕着《周易》，不断地从道德伦理、文化艺术、风俗习惯、民众心理等角度对其进行挖掘和拓展，从而形成了历史悠久、内涵丰富的民间易学文化。

与偏重学理研究、偏重精英文化的学院派不同，民间易学具有更广泛的群众基础，他们根植于民间文化和百姓生活，部分地吸收、借鉴了学院

---

① （汉）班固撰，（唐）颜师古注《汉书》卷三十《艺文志第十》，中华书局，1962，第1704页。

派理论探索和学术研究的成果，依靠自己丰富的实践经验和成功案例，通过通俗易懂、简单明了、切于日用的方式服务大众，在一定程度上满足了社会的现实需要，从而构成了易学文化领域不可忽视的一支力量。特别是在作为易学文化重要支脉的占筮、堪舆、命理等术数文化方面，民间易学的贡献更是极为突出，不可小觑。而这也恰恰说明了《周易》文化的博大精深、兼收并蓄、百虑一致、殊途同归。

诚如《四库全书总目》所言："《易》道广大，无所不包，旁及天文、地理、乐律、兵法、韵学、算术，以逮方外之炉火，皆可援《易》以为说，而好异者又援以入《易》，故《易》说愈繁。"① 随着易学研究、易学实践、易学运用的不断深化和拓展，《周易》和易学在中国民间已经成为众多普通人群实现诚意正心、进德修业的重要精神资源，易学也由此成为中华文化重要的源头活水。

晚近以来，易学研究更呈现出不断开拓、持续发展的喜人景象，不仅有传统的象数、义理之学，更有科学易、考古易等具有时代特点的学说产生，还涌现出了一大批造诣精深、著述丰富的易学名家、名著，开创了易学文化研究的崭新局面。这些都使得《周易》这部古老的文化经典、智慧依然保持着非凡的活力、魅力和持久的感召力、影响力。

尤其值得注意的是，近年来，随着经济社会的迅速发展和学术文化的不断繁荣，民间易学更是突飞猛进，影响激增，甚至成为当代"易学热"的重要推手。从一定意义上讲，如果没有民间力量的认同、追慕和推动，易学文化不可能影响如此广泛、如此巨大。我们一直坚定地认为，"易学热""热"在民间，不应将精英易学与民间易学简单地割裂开来、对立起来，学院派与民间派之间应该进一步相互取鉴、沟通和交流。

几千年来，人们对《周易》和易学文化的研究从未间断，至今依然热度不减，高潮频起。若想深入了解、真正认识中华民族传统思想文化及其演变、发展规律，《周易》和易学是无论如何都绕不过去的一个关键点。中国商业出版社"中国易学文化传承解读丛书"的出版，便源于这样一个背

---

① （清）永瑢等：《四库全书总目·经部·易类一》，中华书局，1965，第 1 页。

景和氛围。可以说，该丛书中每一本书的撰成，都凝集着作者的学术热情和辛勤努力，书写着易学文化传统在当代的继承、延续和发展。

"嘤其鸣矣，求其友声。"① 相信这套丛书的陆续推出和不断完善，能够有助于易学、国学及其典籍研究的进一步深化和开拓，有助于推动相关的学科建设和学术繁荣，有助于更好地传承、传播和弘扬中华优秀传统文化，从而实现其现代性转化和创新性发展。

---

① （汉）毛亨传，（汉）郑玄笺，（唐）孔颖达等正义《毛诗正义》卷九《小雅·伐木》，（清）阮元校刻《十三经注疏》，中华书局影印本，1980，第 410 页。

第四章
易学与儒释道文化融合

自汉代以后，儒释道三教或者说三家构成了中国传统思想文化的重要组成部分，而值得注意的是，《周易》和易学与儒释道三教都存在着密切关联。在儒释道三教相向而行、彼此调和、相互取鉴、相互补益、相互融通的进程中，《周易》和易学发挥着重要的津梁和平台作用，值得我们进一步认真关注和深度研究。

一　易学与道教的早期发展

东汉后期，政治腐败，社会黑暗，许多思想家、政治家致力于探求除弊救世的良方。在社会批判思潮兴起的同时，道教迅速形成并发展起来，《太平经》《周易参同契》也随之成书。作为最早的道教经典，《太平经》《周易参同契》继承、发挥了《周易》之道，充分吸收、借鉴各种易学成果，提出了一系列独具特色的易学思想，成为易道融合的典范。

（一）易学阴阳观念对《太平经》的影响

众所周知，原始宗教巫术是道教的重要来源，而《周易》则是原始宗教巫术的渊薮。战国中后期，著名的《易传》（"十翼"）诸篇陆续问世，《周易》演变成为一部蕴涵着深邃的哲学和社会政治思想理论的文化典籍，人文化、哲理化也由此成为易学发展的主流。然而，"自古圣王将建国受命，兴动事业，何尝不宝卜筮以助善！……王者决定诸疑，参以卜筮，断以蓍龟，不易之道也"①。受制于人们的认知能力和思维水平，作为一种人文理性与宗教巫术的奇妙结合，《周易》始终发挥着占筮吉凶、预测未来的功效，并在道教的形成、发展过程中起着重要作用。再者，道家思想是道教的重要思想来源和理论基础，而它与《周易》及易学更是有着不解之缘。成书于战国中后期易学家之手的《易传》，总结多方面的理论成果，利用《易经》的形式系统、框架结构，建立了一个完整的思想体系，反映了当时人类所达到的先进的思维发展水平，这也是与当时诸子百家在易学研究上的努力分不开的，而道家又在其中占有重要地位。就《易传》的思想体系来看，其自然主义的天道观，其由天道推衍人事的整体思维模式，其关于事物发展变化的辩证思想，有许多是来自道家老庄学派和黄老学派的。有此渊源关系，道教与《周易》和易学结缘也就是很自然的事情了。另外，还应注意包括易学在内的经学的演化与道教的产生之间的关系。经学独尊以后，迅速向宗教化、神秘化的方向发展，与各种宗教信仰活动合流，处于官方学术地位的今文经学更是如此。而在这一过程中，易学特别是以卦气说为中心的象数易学起着尤为突出的作用。如西汉末年讲卦气说的经学大师刘歆，长于术数方伎，笃信神仙之事。"刘歆致雨具，作土龙、吹律及诸方术无不备设"②，又"信方士虚言，谓神仙可学"③。此时兴起的谶纬之学，实际上是一种神学经学，其中又以《易纬》为重点。进入东汉以后，谶纬之学大盛，经学和方术已经融合在一起而难以分开。其间的象数易学家最为活跃，如郎𫖮、崔瑗、任安、景鸾等。这一现象，使当时社会弥漫在一片神秘气氛之中，并促使道教迅速兴起，促使《太平经》形成巨帙。唯其如此，对汉代易学包括《易纬》的研究成果，《太平经》多有吸收。我们说《太平经》深受经学的影响，但在表面上看来，它对经学著作却持一种贬低

① 《史记》卷一百二十八《龟策列传第六十八》，中华书局，2013，第3889页。
② （汉）桓谭撰，朱谦之校辑《新辑本桓谭新论》卷十三《辨惑篇》，中华书局，2009，第57页。
③ （汉）桓谭撰，朱谦之校辑《新辑本桓谭新论》卷九《正经篇》，中华书局，2009，第37页。

的态度。它认为，"非养性之道"的"经书则浮浅，贤儒日诵之，故不可与
之也"①。然而，《太平经》又对被列入经书的《周易》极力推崇。书中未提
《诗》《书》《礼》《春秋》，但却多处引《易》述《易》，有一章还专门标明
八卦，即《八卦还念精文第一百三十》，表现出明显的八卦崇拜倾向。该书
认为，"《易》者理阴阳气"，"为神道"②。这种对《周易》的特殊关注，对八
卦的极力崇拜，也说明，在诸经之学中，对《太平经》影响最大的乃是易学。

《太平经》继承、发挥《周易》和易学之说，推出了自己的宇宙观、社
会政治观等一系列思想理论。它借鉴、吸收《易传》的太极阴阳说及汉代
流行的元气说，用以解释宇宙生成和万物起源。它认为，宇宙最初混沌未
分而含有阴阳，天地万物均从其中化生而来。它说："天地未分，起初之
时，乃无有上下日月三光，上下洞冥，洞冥无有分理。虽无分理，其中内
自有上下左右表里阴阳，具俱相持，而不分别。"③ 这种混沌未分的原初物
质就是元气："元气自然，共为天地之性也。"④ "天地开辟贵本根，乃气之
元也。"⑤ "元气乃包裹天地八方，莫不受其气而生。"⑥ 值得注意的是，与
《淮南子》和扬雄的宇宙生成理论不同，《太平经》将元气与道区别开来，
认为道是万物生成、发展的一种普遍法则和规律，故为"万物之元首"⑦
"为万物之师长"⑧。然而，元气是先于道而存在的，并不依赖于道。"元气
无形，以制有形，以舒元气，不缘道而生"⑨，只不过元气在化生万物时要
依道而行，即所谓"元气行道，以生万物"⑩，所谓"元气守道，乃行其气，
乃生天地"⑪。这样，元气居于道之前之上，成为最高范畴。很显然，《太平

---

① 王明编《太平经合校》上册，中华书局，1960，第230页。
② 王明编《太平经合校》上册，中华书局，1960，第650页。
③ 王明编《太平经合校》下册，中华书局，1960，第678页。
④ 王明编《太平经合校》上册，中华书局，1960，第17页。
⑤ 王明编《太平经合校》上册，中华书局，1960，第12页。
⑥ 王明编《太平经合校》上册，中华书局，1960，第78页。
⑦ 王明编《太平经合校》上册，中华书局，1960，第16页。
⑧ 王明编《太平经合校》上册，中华书局，1960，第205页。
⑨ 王明编《太平经合校》上册，中华书局，1960，第16页。
⑩ 王明编《太平经合校》上册，中华书局，1960，第16页。
⑪ 王明编《太平经合校》上册，中华书局，1960，第21页。

经》的元气与《易传》的太极同质同格，都是指混沌未分的原初物质。尤其应该引起注意的是，《太平经》还利用元气说解释《周易》："睹天微意，然《易》者，乃本天地阴阳微气，以元气为初。故南方极阳生阴，故记其阴；北方极阴生阳，故记其阳；微气者，未能王持事也。故《易》初九子，为潜龙勿用，未可以王持事也，故勿用也。此者，但以元气之端首耳。"①直接用元气说解释《周易》，这是《太平经》的一大创造，对易学的发展也是极为有利的。另外，《太平经》还提到"一"，视之为元气初起时的状态，同时又从数的角度加以说明："一者，数之始也；一者，生之道也；一者，元气所起也；一者，天之纲纪也。"②"天数起于一。"③《周易·系辞上传》有"天一地二"等易数之说，《易纬·乾凿度》也以易数的变化来解释宇宙生成和演化的过程："易无形埒。易变而为一，一变而为七，七变而为九。九者气变之究也，乃复变而为一。一者，形变之始。清轻者上为天，浊重者下为地。"④这些都为《太平经》提供了重要资鉴。

"其言以阴阳五行为家"⑤，这是《太平经》的一个基本特点，也是受《易传》影响的一个重要体现。《太平经》注意以阴阳学说解释事物的存在和发展，在它看来，宇宙万物的基本构成为阳气、阴气，亦称太阳之气、太阴之气，前者主生，后者主养。"天下凡事，皆一阴一阳，乃能相生，乃能相养。一阳不施生，一阴并虚空，无可养也；一阴不受化，一阳无可施生统也。"⑥阴阳之气既相互对立、排斥，又彼此依赖、联结，从而支配和制约着天地万物、人类社会的变化、发展。"天地之性，半阳半阴。"⑦"天失阴阳则乱其道，地失阴阳则乱其财，人失阴阳则绝其后，君臣失阴阳则

---

① 王明编《太平经合校》上册，中华书局，1960，第272页。
② 王明编《太平经合校》上册，中华书局，1960，第60页。
③ 王明编《太平经合校》下册，中华书局，1960，第392页。
④ 〔日〕安居香山、〔日〕中村璋八辑《纬书集成·易纬乾凿度》，河北人民出版社，1994，第29～30页。
⑤ （南朝宋）范晔撰，（唐）李贤等注《后汉书》卷三十下《郎颛襄楷列传第二十下》，中华书局，1965，第1084页。
⑥ 王明编《太平经合校》上册，中华书局，1960，第221页。
⑦ 王明编《太平经合校》下册，中华书局，1960，第702页。

其道不理，五行、四时失阴阳则为灾。"① 读罢此语，自然使我们想到《系辞上传》"一阴一阳之谓道"的精湛命题，想到《京氏易传》中一系列有关言论："阴生阳消，阳生阴灭。二气交互，万物生焉。"② "至于六卦阴阳，相资相返，相克相生。"③ "阴阳交错，万物通焉。"④ "阴阳相成，万物生也。"⑤ "二气阳入阴阴入阳，二气交互不停，故曰'生生之谓易'。天地之内，无不通也。"⑥ "阴阳之义，岁月分也，岁月既分，吉凶定矣。故曰：'八卦成列，象在其中矣。'六爻，上下天地，阴阳运转。有无之象，配乎人事。"⑦。这些都成了《太平经》最为直接的思想渊源。

《太平经》强调，阴阳对立双方在一定条件下可以相互转化。它说："极阳而生阴"⑧，"极阴生阳"⑨。"夫阳极者能生阴，阴极者能生阳，此两者相传，比若寒尽反热，热尽反寒，自然之术也。故能长相生也，世世不绝天地统也。"⑩ 阴阳之间的彼此转化、循环不已，天地万物得以存在和发展。《太平经》还直接以《周易》和易学语言来解释这一现象。它说："极阴生阳，名为初九。一合生物，阴止阳起，受施于亥，怀妊于壬，藩滋于子。子子孙孙，阳入阴中，其生无已。"⑪ 在《周易》和易学中，盛极则衰、物极必反的思想观念甚为丰富，可谓俯拾即是。如《京氏易传》："阳极则止，反生阴象。"⑫ "阴阳相荡，至极则反。"⑬ "阴极则阳来，阴消则阳长。"⑭ "阴极则反，阳道行也。"⑮ 凡此种种，都曾在《太平经》成书过程

---

① 王明编《太平经合校》下册，中华书局，1960，第733页。
② （汉）京房：《京氏易传卷上·井》，郭彧导读本，齐鲁书社，2002，第78页。
③ （汉）京房：《京氏易传卷上·晋》，郭彧导读本，齐鲁书社，2002，第71页。
④ （汉）京房：《京氏易传卷上·大有》，郭彧导读本，齐鲁书社，2002，第73页。
⑤ （汉）京房：《京氏易传卷中·比》，郭彧导读本，齐鲁书社，2002，第106页。
⑥ （汉）京房：《京氏易传卷下》，郭彧导读本，齐鲁书社，2002，第134页。
⑦ （汉）京房：《京氏易传卷下》，郭彧导读本，齐鲁书社，2002，第135页。
⑧ 王明编《太平经合校》上册，中华书局，1960，第227页。
⑨ 王明编《太平经合校》上册，中华书局，1960，第338页。
⑩ 王明编《太平经合校》上册，中华书局，1960，第44页。
⑪ 王明编《太平经合校》上册，中华书局，1960，第338页。
⑫ （汉）京房：《京氏易传卷上·艮》，郭彧导读本，齐鲁书社，2002，第89页。
⑬ （汉）京房：《京氏易传卷上·大过》，郭彧导读本，齐鲁书社，2002，第79页。
⑭ （汉）京房：《京氏易传卷中·坤》，郭彧导读本，齐鲁书社，2002，第98页。
⑮ （汉）京房：《京氏易传卷中·复》，郭彧导读本，齐鲁书社，2002，第99页。

中起到了重要的资鉴作用。

《太平经》特别重视阴阳之间的相须相合，认为阴阳之间的相互统一重于相互对立。这可以看作对《易传》太和、中正思想的继承和发展，在《易纬》之说的基础上，它使用"中和"的概念表示阴阳之间的统一性。"中和者，主调和万物者也。"① "阴阳者，要在中和。中和气得，万物滋生，人民调和，王治太平。"② 这也是对易学的一个重大发展。从这一思想观念出发，为了说明事物的和谐性，《太平经》将阴阳两大基本概念扩展为阴、阳、和三个基本概念，认为宇宙万物皆由三个类别结合而成。后世道教人物将其概括为"三一为宗"。在这里，除了老子"三生万物"的理论，《易传》三才成卦之说和天地人一体观亦发挥着巨大的影响力。此外，刘歆"太极元气，函三为一"③ 之说及扬雄以三分法构筑其理论体系的举动，也对《太平经》有所启示。既然元气为世界本原，而阴、阳、中和之气都反映了其某一方面的特性，都可以归结为元气，那么，相应地，所有事物均可分为相互联系的三个类别。也就是说，凡事皆可一分为三："元气有三名，太阳、太阴、中和。形体有三名，天、地、人。天有三名，日、月、星，北极为中也。地有三名，为山、川、平土。人有三名，父、母、子。治有三名，君、臣、民。"④ 三名均出于一祖，"天、地、人本同一元气，分为三体"⑤。阳气、阴气、中和之气三气相通，三名同心相合，就可以成就万物，并使世界完美和谐。"元气与自然太和之气相通，并力同心，时恍恍未有形也，三气凝，共生天地。天地与中和相通，并力同心，共生凡物。凡物与三光相通，并力同心，共照明天地。凡物五行刚柔与中和相通，并力同心，共成共万物。四时气阴阳与天地中和相通，并力同心，共兴生天地之物利。……男女相通，并力同心共生子。三人相通，并力同心，共治一家。君臣民相通，并力同心，共成一国。此皆本之元气自然天地授命。

---

① 王明编《太平经合校》上册，中华书局，1960，第19页。
② 王明编《太平经合校》上册，中华书局，1960，第20页。
③ （汉）班固撰，（唐）颜师古注《汉书》卷二十一上《律历志第一上》，中华书局，1962，第964页。
④ 王明编《太平经合校》上册，中华书局，1960，第19页。
⑤ 王明编《太平经合校》上册，中华书局，1960，第236页。

凡事悉皆三相通，乃道可成也。"① 这种三名并力同心的状态，就是《太平经》追求的太平世界。"此三者常当腹心，不失铢分，使同一忧，合成一家，立致太平。"② 这种理论与《易传》和易学倡导的天人整体和谐思想有着同一旨趣。

对易学的五行之说，《太平经》也多有吸收。五行之说始见于《尚书·洪范》，至战国时期，邹衍以"相生"或"相胜"来概括五行之间的关系，形成了更为系统的五行学说。而且新近清华简《筮法》的发现及其研究成果证明，在战国中晚期，易学领域中阴阳与五行的结合已经开始。入汉以后，五行之说依然盛行并有所深化。如《淮南子》以五行配干支，同时认为五行运动存在着生、壮、老、囚、死五个不同阶段或五行之间、地支与五行之间相互生扶和制约的关系。此后董仲舒又将阴阳与五行全面结合起来。到了京房，则直接将五行引入易学，认为《周易》卦爻皆由五行构成，并吸收五行生克之说，认为五行在一年四季中分别表现为旺、相、死、囚、休五种不同态势。这样，五行之说就成了汉易的重要内容。《太平经》不但吸收了易学的阴阳理论，而且同样将五行之说融会其中。它说："天有五行，亦自有阴阳；地有五行，亦自有阴阳；人有五行，亦自有阴阳也。……然万物悉象天地人也，故天地人皆随四时五行为盛衰也。"③ 这里显然是沿袭着"《易》著天地、阴阳、四时、五行"④ 的易学研究的运思理路。本于汉易五行生克之说，《太平经》指出："今天乃自有四时之气，地自有五行之位，其王、相、休、囚、废自有时，今但人兴用之也。安能乃使其生气，而王相更相克贼乎？"⑤ 它还提到帝气、王气、相气、微气以及衰死囚亡之气，以其分别象征天、地、人、万物："帝气者象天，天者常乐生，无害心，欲施与，三皇象之，常纯善良，无恶无害心。……王气者象地，地者常养而好德，五帝象之也。地虽养者名为杀，故五帝时有刑也。……相气、微气

① 王明编《太平经合校》上册，中华书局，1960，第148~149页。
② 王明编《太平经合校》上册，中华书局，1960，第19页。
③ 王明编《太平经合校》上册，中华书局，1960，第336页。
④ （汉）司马迁撰，（南朝宋）裴骃集解，（唐）司马贞索隐，（唐）张守节正义《史记》卷一百三十《太史公自序第七十》，中华书局，2013，第3975页。
⑤ 王明编《太平经合校》上册，中华书局，1960，第232页。

者象人，人者无常法，数变易，三王象之，无常法也。……衰死囚亡之气象万物，数变乱无正相出入，五霸象之，其气乱凶，故不得有乐也。"① 这就使五行理论得到了进一步丰富和发展。

《易传》和汉易的八卦方位说，也颇为《太平经》所取资。《太平经》说："甲子，天正也，日以冬至初还反本。乙丑，地正也，物以布根。丙寅，人正也，平旦人以初起，开门就职。此三者，俱天地人初生之始，物之根本也。初生属阳，阳者本天地人元气。故乾、坎、艮、震，在东北之面，其中和在坎、艮之间，阴阳合生于中央。"② 又说："万物始萌于北，元气起于子，转而东北，布根于角，转在东方，生出达，转在东南，而悉生枝叶，转在南方而茂盛，转在西南而向盛，转在西方而成熟，转在西北而终"③ "乾在西北，凡物始核于亥。"④ "今南方为阳，《易》反得巽、离、坤，北方为阴，《易》反得乾、坎、艮"⑤。综合这些说法，就形成了一个八卦与天干、地支、四方及十二月相配的图式，显示出一年四季中万物的生长变化，进而显示出宇宙的生成、发展。其中坎居正北，与甲子相配，为天正，当十一月冬至，阴极生阳，万物萌动。其他各卦相配之法可依此类推。《太平经》的这一图式源于《易传》的八卦方位说。《说卦传》曰："万物出乎震。震，东方也。……离也者，明也，万物皆相见，南方之卦也。……兑，正秋也，万物之所说也。……坎者，水也，正北方之卦也。"⑥ 对此用图表示，就形成了著名的"后天八卦方位图"或称"文王八卦方位图"。西汉魏相、孟喜等人的易学理论也都对《易传》此说进行了取鉴和发挥。正是在这个基础上，《太平经》推出了自己的八卦方位图式。

爻辰说源于京房的纳支说，其后刘歆、《易纬》等又有所发展，成为汉易的重要组成部分。受此影响，《太平经》中也出现了类似的内容："初九

① 王明编《太平经合校》下册，中华书局，1960，第645页。
② 王明编《太平经合校》下册，中华书局，1960，第676页。
③ 王明编《太平经合校》上册，中华书局，1960，第76～77页。
④ 王明编《太平经合校》上册，中华书局，1960，第154页。
⑤ 王明编《太平经合校》上册，中华书局，1960，第272页。
⑥ （三国魏）王弼、（晋）韩康伯注，（唐）孔颖达等正义《周易正义》卷九《说卦》，（清）阮元校刻《十三经注疏》，中华书局影印本，1980，第94页。

起甲子，初六起于甲午"①。"初九于子日始还，九二于丑而阴阳运，九三于寅，天地人万物俱欲背阴向阳，窥于寅"②。这里虽然没有将乾坤两卦十二爻分别配以十二辰，但已很明显的是用两卦的某些爻与十二辰中的一些时辰相配。后来郑玄将爻辰说发展为易学的一种完整、系统的体例，其间《太平经》当是一个重要环节。我们知道，孟喜卦气说的主干是十二月卦即十二消息卦或称十二辟卦之说。孟喜的这一理论在《太平经》中也有所反映："十一月大德在初九"；"十二月德在九二之时，在丑"；"正月寅，德在九三"；"二月德在九四，在卯"；"三月盛德在九五，辰上及天之中"；"四月巳，德在上九"；"五月刑在初六，在午"；"六月刑居六二，在未"；"七月刑在六三，申之时"；"八月刑在六四，酉时"；"九月刑在六五，在戌"；"十月刑在上六，亥"③。这里尽管没有提及十二消息卦之名，但以阳爻为德，阴爻为刑，且用它们在卦中的不同爻位配以十二月、十二辰，则是与十二月消息卦说相通的。

（二）易学与《太平经》的社会政治观

作为传统时代的一部宗教经典，作为对社会矛盾和现实苦难的反映与抗议，《太平经》蕴涵着丰富的社会政治思想。其社会政治思想的核心内容就是君臣民"并力同心"之说，而这同样是以《易传》中正、太和观念为哲理基础的，是其整体和谐理想在社会政治领域的突出表现。与"三一为宗"的思想相一致，《太平经》特别强调君臣民之间的关系，视之为社会关系的集中体现和国家构成的基本要素："君为父，象天；臣为母，象地；民为子，象和。"④ 在《太平经》看来，"天之法，常使君臣民都同，命同，吉凶同"⑤。在整个社会结构中，君、臣、民三者有着共同的利害关系，互为条件，缺一不可。所以，三者应该上下通气，同心同德，甘苦与共。"君

---

① 王明编《太平经合校》上册，中华书局，1960，第 227 页。
② 王明编《太平经合校》下册，中华书局，1960，第 390 页。
③ 王明编《太平经合校》上册，中华书局，1960，第 105～106 页。
④ 王明编《太平经合校》上册，中华书局，1960，第 150 页。
⑤ 王明编《太平经合校》上册，中华书局，1960，第 151 页。

臣民相通，并力同心，共成一国。"① "君者须臣，臣须民，民须臣，臣须君，乃后成一事，不足一，使三不成也。故君而无民臣，无以名为君；有臣民而无君，亦不成臣民；臣民无君，亦乱，不能自治理，亦不能成善臣民也；此三相须而立，相得乃成，故君臣民当应天法，三合相通，并力同心，共为一家也。"②

然而，这种上下和谐的政治局面毕竟只是一种遥远的理想，东汉后期的社会现实则是政治黑暗，官府横征暴敛，土地兼并剧烈，贫富分化严重，广大农民遭受着残酷的剥削和压迫。《太平经》对此进行了深刻揭露和猛烈抨击。它曾提及一个在远处流亡的贫苦农民的境况："时以行客，赁作富家，为其奴使。一岁数千，衣出其中，余少可视，积十余岁，可得自用还故乡。"③ 由此以见剥削之苛重。王明先生在《太平经合校》前言中指出："在社会思想方面，《太平经》里有一些篇章表示反对剥削，反对统治阶级的聚敛财物，主张自食其力和救穷周急；反对有强力的人欺凌弱者，主张扶养弱者；反对后生的人欺凌老者，主张敬养老人；反对智识多的人欺侮智识少的人，主张有智识、道德的人应该相教。这些，反映了当时受压迫、受剥削的人民的痛苦以及对于一般贫苦人民和弱者的深厚同情。"④ 统观《太平经》全书，王先生所言的确深中肯綮。

在要求君臣民并力同心的基础上，《太平经》提出了"太平"的政治理想。"太者，大也，乃言其积大行如天，凡事大也，无复大于天者也。平者，乃言其治太平均，凡事悉理，无复奸私也；平者，比若地居下，主执平也，地之执平也。比若人种善得善，种恶得恶，人与之善用力，多其物。子好善，人与之鲜，鲜其物恶也。气者，乃言天气悦喜下生，地气顺喜上养；气之法行于天下地上，阴阳相得，交而为和，与中和气三合，共养凡物，三气相爱相通，无复有害者。太者，大也；平者，正也；气者，主养

---

① 王明编《太平经合校》上册，中华书局，1960，第149页。
② 王明编《太平经合校》上册，中华书局，1960，第150页。
③ 王明编《太平经合校》下册，中华书局，1960，第618页。
④ 王明编《太平经合校》上册，中华书局，1960，前言第6页。

以通和也；得此以治，太平而和，且大正也，故言太平气至也。"① 可见，在"太平"理想中，"平均"是一个重要内涵。《太平经》还说道："调和平均，使各从其愿，不夺其所安。"② "皆自平均，无有怨讼者。"③ "各令平均，无有横赐。"④《太平经》认为，只有平均分配财富、分享利益，才能实现太平。为此，它提出："物者，中和之有，使可推行，浮而往来，职当主周穷救急也。夫人畜金银珍物，多财之家，或亿万种以上，畜积腐涂，如贤知以行施予贫家，乐名仁而已。……此财物乃天地中和所有，以共养人也。"⑤ 它强烈批评豪富之家贪残鄙吝的卑劣行径，认为"积财亿万，不肯救穷周急，使人饥寒而死，罪不除也"⑥。它试图通过"有财之家，假贷周贫"⑦ 的途径来达到这一目的，并在此基础上向往"天地施化得均，尊卑大小皆如一"⑧ 的局面。这些都是《太平经》对《易传》中正、太和政治理念的继承和发挥。

更为重要的是，《太平经》将这一思想与《周易》盛极则衰、革故鼎新的观念很好地结合起来。它认为，"阴之与阳，乃更相反，阳兴则阴衰，阴兴则阳衰"⑨。与阴阳之气一样，在现实社会中，君主和臣民的地位也不是绝对不变的，而是可以转化的。"一衰一盛，高下平也；盛而为君，衰即为民"⑩。君主如果不顾百姓死活，无休止地残酷剥削和压迫他们，就会引起他们的强烈反抗，导致统治政权的覆亡。东汉后期，太平道教主张角曾将《太平经》作为思想武器，领导发动了黄巾起义，提出了"苍天已死，黄天当立"的革命口号，领导发动了黄巾起义⑪。这与《太平经》"盛而为君，

① 王明编《太平经合校》上册，中华书局，1960，第148页。
② 王明编《太平经合校》下册，中华书局，1960，第616页。
③ 王明编《太平经合校》下册，中华书局，1960，第544页。
④ 王明编《太平经合校》下册，中华书局，1960，第579页。
⑤ 王明编《太平经合校》上册，中华书局，1960，第246~247页。
⑥ 王明编《太平经合校》上册，中华书局，1960，第242页。
⑦ 王明编《太平经合校》下册，中华书局，1960，第574页。
⑧ 王明编《太平经合校》下册，中华书局，1960，第683页。
⑨ 王明编《太平经合校》下册，中华书局，1960，第588~589页。
⑩ 王明编《太平经合校》下册，中华书局，1960，第723页。
⑪ （南朝宋）范晔撰，（唐）李贤等注：《后汉书》卷七十一《皇甫嵩朱儁列传第六十一》，中华书局，1965，第2299页。

衰即为民"的思想当有着某种内在联系。

应该指出的是，《太平经》虽然对现实政治颇多怨气和不满，但并不反对宗法等级和君主专制制度，只是要改进其中的某些不合理成分，而《易传》的太和、中正观念也是与天尊地卑、乾坤定位的不易之义联系在一起的。取资于此，在呼吁君臣民"并力同心""相须相得"的同时，《太平经》极力宣传君尊臣卑的观念，力求维护君主的无上权威。它认为，"人君，天也"①，"帝王者，天之贵子也"②，而"民臣乃是帝王之使也，手足也，当主为君王达聪明，使上得安而无忧，共称天心"③。"人之上君若君，中者若臣，下者若民也"④。"阳，君也；阴，臣也。事臣不得过君。"⑤ 在君、臣、民三者之中，臣民属于被统治者，应该心甘情愿地接受役使。《太平经》虽然认为"人君不明，灾害并行"⑥，但又将主要责任推到臣民身上，把社会危机发生的根本原因归于臣民的不忠不孝："今返居下不忠，背反天地，闭绝帝王聪明，使其愁苦，常自责治失正，灾变纷纷，危而不安，皆应不孝不忠不信大逆，法不当得与于赦，今何重之有乎？"⑦《太平经》曾明确提及自己的著述宗旨，那就是为最高统治者提供合宜的治国方略："吾乃为太平之君作经。"⑧

为了实现这种建立在一定秩序上的太平之世，《太平经》继承、发挥《易传》的尚德精神，提出了尊道重德、任德不任刑的政治主张。它将以往的帝王之治总结为十个方面，即"元气治""自然治""道治""德治""仁治""义治""礼治""文治""法治""武治"⑨。在这里，"元气治""自然治"是与其宇宙观相一致的，而直接关乎治国之道的则始于"道""德"。所以，在另一处，《太平经》又将治国之道概括为"德、仁、义、礼、文、

---

① 王明编《太平经合校》上册，中华书局，1960，第 20 页。
② 王明编《太平经合校》上册，中华书局，1960，第 169 页。
③ 王明编《太平经合校》上册，中华书局，1960，第 318 页。
④ 王明编《太平经合校》上册，中华书局，1960，第 238 页。
⑤ 王明编《太平经合校》上册，中华书局，1960，第 49 页。
⑥ 王明编《太平经合校》上册，中华书局，1960，第 195 页。
⑦ 王明编《太平经合校》上册，中华书局，1960，第 318 页。
⑧ 王明编《太平经合校》下册，中华书局，1960，第 445 页。
⑨ 王明编《太平经合校》上册，中华书局，1960，第 254 页。

法、武七事"，而"御此者，道也"①。它说："王道将兴，取象于德；王道将衰，取象于刑。""古者圣人君子威人以道与德，不以筋力刑罚也。"② 因此，《太平经》力倡"守道与德，思退刑罚"③，强调"君者当以道德化万物，令各得其所也"④。《太平经》主张任德不任刑的一个重要理论根据，就是重生思想，所谓"天道恶杀而好生"⑤，"天乃好生不伤也"⑥，"要当重生，生为第一"⑦。这一思想则源《周易》之说。《系辞上传》："生生之谓易。"⑧《系辞下传》："天地之大德曰生。"⑨ 这些均为《太平经》所取鉴。

《太平经》的作者深知，要真正体现重德精神，除了君主本人，贤臣的作用也是至关重要的。于是，《易传》的尚贤、养贤思想又在《太平经》中得到一定的继承和发展。《太平经》呼吁君主选用贤臣良吏，指出："天命治国之道，以贤明臣为友。"⑩ 在它看来，贤臣的价值是金钱珠宝所无法比拟的，"与国家万双璧玉，不若进二大贤也"⑪。它还特别强调："帝王有愚臣亿万，不若得一大贤明乎？"⑫ 这也是对东汉后期官场昏暗、吏治腐败现象的一种批判。

在善恶报应思想方面，《太平经》也深得《周易》之沾溉。《易传》认为，人间的善恶报应并非受鬼神意志的支配，而是当事人自己造成的，即《坤卦·文言传》所说："积善之家，必有馀庆；积不善之家，必有馀殃。"⑬

---

① 王明编《太平经合校》下册，中华书局，1960，第 729～730 页。
② 王明编《太平经合校》上册，中华书局，1960，第 107～109 页。
③ 王明编《太平经合校》上册，中华书局，1960，第 110 页。
④ 王明编《太平经合校》上册，中华书局，1960，第 20 页。
⑤ 王明编《太平经合校》上册，中华书局，1960，第 174 页。
⑥ 王明编《太平经合校》上册，中华书局，1960，第 32 页。
⑦ 王明编《太平经合校》下册，中华书局，1960，第 613 页。
⑧ （三国魏）王弼、（晋）韩康伯注，（唐）孔颖达等正义《周易正义》卷七《系辞上》，（清）阮元校刻《十三经注疏》，中华书局影印本，1980，第 78 页。
⑨ （三国魏）王弼、（晋）韩康伯注，（唐）孔颖达等正义《周易正义》卷八《系辞下》，（清）阮元校刻《十三经注疏》，中华书局影印本，1980，第 86 页。
⑩ 王明编《太平经合校》上册，中华书局，1960，第 150 页。
⑪ 王明编《太平经合校》上册，中华书局，1960，第 128 页。
⑫ 王明编《太平经合校》上册，中华书局，1960，第 346 页。
⑬ （三国魏）王弼、（晋）韩康伯注，（唐）孔颖达等正义《周易正义》卷一《坤·文言》，（清）阮元校刻《十三经注疏》，中华书局影印本，1980，第 19 页。

以此为本，《太平经》推出了独具特色的因果报应理论，即著名的承负说①，用以解释何以善人得祸、恶人得福。它提出，承者为前，负者为后。先人犯有过失，将其恶果遗留给后代，这就是负；后人承受先人过失带来的恶果为承。代代更相负、更相承，使得品行与祸福不尽一致。"力行善反得恶者，是承负先人之过，流灾前后积来害此人也。其行恶反得善者，是先人深有积蓄大功，来流及此人也。"② 在这里，《周易》的善恶报应思想得到某种深化和圆通。不过，《太平经》又将承负这种报应视为人间不太平的重要根源，认为现实社会政治的腐败和危机并非一日之事，而是日积月累的结果，是后世君主承负了其先人的过失。所以，要想致太平，只有解除承负。"今天当以解病而安帝王，令道德君明示众贤，以化民间，各自思过，以解先人承负之谪，使凡人各自为身计，勿令懈忽，乃后天且大喜，治立平矣。"③ "如是则天地已悦矣，帝王承负之灾厄，已大除去，天下太平矣。"④ 当然，在这里，《太平经》并未抓住社会不太平的根源。

在著述宗旨和治学风格上，《太平经》同样反映出《易传》的深刻影响。受启于《系辞下传》"天下同归而殊涂，一致而百虑"云云，加上朝廷提倡能不断适应社会政治需要的思想学说，秦汉易学家、思想家和政治家大都注意融会贯通，博采众家之长，其思想内容和思想方法也带有明显的包容性、融合性、超越性。《太平经》的作者也不例外。《太平经》非作于一时，其间有一个由简到繁、不断增益的过程，大约至顺帝时始成一百七十卷的规模。它不是一人一时一地的作品，而是道教初创时期众多道士作品的结集。它的思想资料或源于历史传统，或采自当代思潮；或取于上层社会，或撷自民间生活；或来自内地区域，或取于周边民族，用它自己的话来说，就是"天师之书，乃拘校天地开辟以来，前后贤圣之文，河洛图书神文之属，下及凡民之辞语，下及奴婢，远及夷狄，皆受其奇辞殊策，

---

① 参见汤用彤《往日杂稿·读〈太平经〉书所见》，《汤用彤全集》第五卷，河北人民出版社，2000。
② 王明编《太平经合校》上册，中华书局，1960，第22页。
③ 王明编《太平经合校》上册，中华书局，1960，第255页。
④ 王明编《太平经合校》上册，中华书局，1960，第319页。

合以为一语，以明天道"①。《太平经》本身也曾明确表述过自己不拘一格、兼收并蓄、广集众善之说的著述宗旨："宜拘校凡圣贤文，各以家类引之，出入上下大小，莫不相应。以一况十，十况百，百况千，千况万，万况无极，众贤共计，莫不尽得。"②"从神文圣贤辞，下及庶人奴婢夷狄，以类相从，合其辞语，善者以为洞极之经，名为皇天洞极政事之文也。"③与此同时，《太平经》还要求统治者广开言路，兼听不同意见，集思广益，以保天下太平。"古者贤圣之治，下及庶贱者，乐得异闻，以称天心地意，以安其身也。故其治独常安平，与天合同也。"④为使下情上达、言论畅通落到实处，《太平经》建议设立"太平来善宅"，搜集社会上的各种意见，"其有奇方殊文，可使投于太平来善宅中，因集议善恶于其下，而四方共上事也"⑤。《太平经》卷八十八《作来善宅法》详细论述了这一方法。凡此种种，均与《易传》殊途同归、百虑一致之说有着同样的旨趣和风格。

总之，在中国易学史特别是道教易学史上，《太平经》一书占有重要地位，影响巨大而深刻。随着易学及道教文化研究的不断深入，其易学思想应该引起学术界的特殊关注和高度重视。

（三）《周易参同契》易道融合的思想体系

《周易参同契》是继《太平经》之后又一部道教经典，也是以道解《易》、易道融合的典型著作。《周易参同契》的作者是东汉末年的炼丹家魏伯阳。魏伯阳，名翱，号伯阳，又号云牙子，会稽上虞（今属浙江）人。魏伯阳撰著此书的目的是宣扬炼丹可以成仙，在他看来，与道家养生之道一致的炼丹术，其原理可以通过《周易》和易学得到某种合理性的解释与推广。所以，五代彭晓《周易参同契通真义序》说：魏伯阳"约《周易》

① 王明编《太平经合校》上册，中华书局，1960，第348页。
② 王明编《太平经合校》下册，中华书局，1960，第632页。
③ 王明编《太平经合校》上册，中华书局，1960，第354页。
④ 王明编《太平经合校》上册，中华书局，1960，第322页。
⑤ 王明编《太平经合校》上册，中华书局，1960，第328~329页。

撰《参同契》三篇"。① 宋代朱熹《周易参同契考异序》说："参，杂也。同，通也。契，合也。谓与《周易》理通而义合也。"② 宋元之际俞琰《周易参同契发挥》注"《参同契》者，敷陈梗概"则曰："参，三也。同，相也。契，类也。谓此书借大《易》以言黄老之学，而又与炉火之事相类。三者之阴阳造化殆无异也。"③ 这些说法都是颇有道理的。

　　成书于战国中后期的《易传》运用推天道以明人事的思维方式，以人效法天地、效法自然为基础，试图构筑一个天人合一、天地人一体的宏大的宇宙图式。《参同契》接受了《易传》这一思想观念，要求以推天道以明人事的思维方式，"上观天河文，下序地形流，中稽于人心，参考合三才"④。我们知道，孟喜、京房等人的卦气说是汉代象数易学的核心内容，它以《周易》卦爻之象解说一年中季节、节气的变化，以六十四卦配四时、十二月、二十四节气、七十二候，如孟喜之说，坎、离、震、兑四正卦主一年二十四节气，每爻主一节，坎卦初爻主冬至，离卦初爻主夏至，震卦初爻主春分，兑卦初爻主秋分。《参同契》同样采取卦气说阐述一年四季的变化，认为"数在律历纪，月节有五六"⑤，十二律分布在一年十二个月之中。每月三十天，以五天为一候，六候正好为一个月。它又说："青龙处房六爻，春华震东卯。白虎在昴七爻，秋芒兑西酉。朱雀在张二爻，正阳离南午。"⑥ 意谓青龙乃东方之象，当震卦，在角、亢、氐、房、心、尾、箕等七星之位，与十二支的卯时相应，主春。白虎乃西方之象，当兑卦，在奎、娄、胃、昴、毕、觜、参等七星之位，与十二支的酉时相应，主秋。

---

① （五代）彭晓：《彭氏周易参同契通真义序》，见（汉）魏伯阳撰，（清）仇兆鳌集注《古本周易参同契集注》，上海古籍出版社，1989，第 11 页。

② （宋）朱熹：《周易参同契考异》，见朱杰人、严佐之、刘永翔主编《朱子全书》（修订本）第 13 册，上海古籍出版社、安徽教育出版社，2010，第 529 页。

③ （宋）俞琰：《周易参同契发挥》，天津古籍出版社，1988，第 482 ~ 483 页。

④ （汉）魏伯阳撰，（清）仇兆鳌集注《古本周易参同契集注》卷下，上海古籍出版社，1989，第 233 页。

⑤ （汉）魏伯阳撰，（清）仇兆鳌集注《古本周易参同契集注》卷下，上海古籍出版社，1989，第 215 页。

⑥ （汉）魏伯阳撰，（清）仇兆鳌集注《古本周易参同契集注》卷下，上海古籍出版社，1989，第 346 页。

朱雀乃南方之象，当离卦，在井、鬼、柳、星、张、翼、轸等七星之位，
与十二支的午时相应，主夏。这里明显是在论述卦气说，尽管其中未提及
坎卦主冬，玄武在北方，在斗、牛、女、虚、危、定、壁等七星之位。《参
同契》还强调，卦气不效，则分至寒温皆失节度，各种灾异也会杂然纷出。
它说："发号施令，顺阴阳节。藏器待时，勿违卦月。"[1] "谨候日辰，审察
消息。纤芥不正，悔吝为贼。二至改度，乖错为曲。隆冬大暑，盛夏霰雪。
二分纵横，不应漏刻。风雨不节，水旱相伐。蝗虫涌沸，山崩地裂。天见
其怪，群异傍出。"[2] 这些说法也无疑是受了卦气说的影响。

爻辰说同样为《参同契》所重。爻辰说源于京房的纳支说，刘歆《三
统历》则以乾坤两卦十二爻与十二辰相值，并与十二月、五行相配，郑玄
更进一步推出了系统的爻辰说。《太平经》也有爻辰说的影子。这些都对
《参同契》有所影响。《参同契》说："春夏据内体，从子到辰巳，秋冬当外
用，自午讫戌亥。"[3] 在这里，子、丑、寅为春，卯、辰、巳为夏，午、未、
申为秋，酉、戌、亥为冬。显然，《参同契》是以十二辰与乾坤两卦十二爻
及四时相配。

汉代易学中的阴阳五行说，在《参同契》中也有反映。京房将阴阳五
行说全面引入易学，使其得到不断丰富和发展。《参同契》又对其作了进一
步发挥。首先，它借助《周易》卦象、爻象来讲天道阴阳的变化，将其视
为炼丹术效法和模仿的对象。在《参同契》看来，"物无阴阳，违天背元。
牝鸡自卵，其雏不全。夫何故乎？配合未连"[4]。万物皆由阴阳交感而成，
所以以药物炼丹而无阴阳协调配合，就是违背造化之天和生物之元，最终
无法取得成功。其次，在谈及丹药形成时，《参同契》提出"三五与一"

---

[1] （汉）魏伯阳撰，（清）仇兆鳌集注《古本周易参同契集注》卷上，上海古籍出版社，1989，
第 65 页。

[2] （汉）魏伯阳撰，（清）仇兆鳌集注《古本周易参同契集注》卷上，上海古籍出版社，1989，
第 69~70 页。

[3] （汉）魏伯阳撰，（清）仇兆鳌集注《古本周易参同契集注》卷下，上海古籍出版社，1989，
第 220 页。

[4] （汉）魏伯阳撰，（清）仇兆鳌集注《古本周易参同契集注》卷上，上海古籍出版社，1989，
第 185~186 页。

说，用五行生克关系阐明铅汞加温起反应而转化为金丹的过程。其中说：
"太阳流珠，常欲去人。卒得金华，转而相因。化为白液，凝而至坚。金华
先倡，有顷之间。阳乃往和，情性自然。解化为水，马齿阑干。迫促时阴，
拘畜禁门。遂相衔燕，咀嚼相吞。慈母育养，孝子报恩。严父施令，教敕
子孙。五行错王，相据以生。火性销金，金伐木荣。三五与一，天地至精。
可以口诀，难以书传。"① 此处"五行错王"即指五行休王，轮流用事。
"三五与一"中的"三"指火、金、木，"五"指土（或指五行中的土、木
火、金水等三组），意谓木火（即丹砂）、金水（即铅）与土结合，便可以
成为"天地至精"的金丹②。再次，《参同契》将脾视为五脏之祖，比喻土
是药物炼成丹药的根基，同时根据五行相生解释五脏之间以及药物之间的
关系。它说："丹砂木精，得金乃并。金水合处，木火为侣。四者混沌，
列为龙虎。龙阳数奇，虎阴数耦。肝青为父，肺白为母。肾黑为子，心赤
为女。脾黄为祖，子五行始。三物一家，都归戊己。"③ 在这里，"四者混
沌"是指金水土火合为一体。"列为龙虎"，是指其中具有白虎与青龙二药
物。龙虎相配合，成为丹药。以五行与五脏相配，肝为木，肺为金，肾为
水，脾为土（火配心），而脾为五脏之祖，配以土。"三物"指金水木或金
水火，火和木均指水银升华，"戊己"按其纳甲说乃指中央之土。"三物一
家，都归戊己"，就是说金水木或金水火以土为宗，混为一体而成金丹。④
这些都反映出汉易五行说的启示和影响。

　　如果说以上诸说都曾在汉代易学家那里出现而少见《参同契》独创性
的话，那么，坎离为易说、月体纳甲说则较多地体现了《参同契》在易学
领域的创见。众所周知，《易传》极重乾坤两卦，京房、《易纬》进一步将

---

① （汉）魏伯阳撰，（清）仇兆鳌集注《古本周易参同契集注》卷上，上海古籍出版社，1989，
　　第 159～163 页。
② 刘国梁：《道教与周易》，北京燕山出版社，1994，第 44 页。
③ （汉）魏伯阳撰，（清）仇兆鳌集注《古本周易参同契集注》卷上，上海古籍出版社，1989，
　　第 169～171 页。
④ 刘国梁：《道教与周易》，北京燕山出版社，1994，第 44～45 页；朱伯崑：《易学哲学史》
　　第一卷，华夏出版社，1995，第 229～231 页。

乾坤视为"阴阳之根本",而将坎离视为"阴阳之性命"①,但并未展开记述。《参同契》发挥京房、《易纬》的观点,用乾、坤、坎、离四卦建构起一个宇宙图式。它说:"乾坤者,《易》之门户,众卦之父母。坎离匡郭,运毂正轴。牝牡四卦,以为橐籥。覆冒阴阳之道,犹御者之执衔辔,有准绳,正规矩,随轨辙。处中以制外,数在律历纪。月节有五六,经纬奉日使。兼并为六十,刚柔有表里。"②《参同契》虽推崇乾、坤、坎、离四卦,但又以坎、离为变化的根据,为宇宙图式的动态因素。它说:"天地设位,而易行乎其中矣。天地者,乾坤之象也;设位者,列阴阳配合之位也。易谓坎离。"③ 此处的"易"有两层含义。其一是指日月相推,如《参同契》所说:"日月为易,刚柔相当。"④ 离象日,坎象月,日月在宇宙中往来相推,周而复始,并导致节气的变化。其二是指阴阳交错变易,这来自《易纬》以及《说文解字》所引秘书之"日月为易说"。按照象数易学的理论,一阳入坤为坎,一阴入乾为离,坎离皆阴阳交错而成,可以用来象征宇宙间阴阳二气的升降沉浮和交错变易。在《参同契》构筑的这个宇宙图式中,乾坤为天地之体,坎离为乾坤之用。《参同契》认为:"坎离者,乾坤二用。二用无爻位,周流行六虚。往来既不定,上下亦无常。"⑤ "幽潜沦匿,变化于中。包裹万物,为道纪纲。"⑥《乾卦》用九,《坤卦》用六,二用在乾坤卦体中无固定之爻位,而乾卦六位之爻皆为九,坤卦六位之爻皆为六。六虚,在易卦为六位,六位之爻非九即六;在宇宙为六合,上下东西南北非阴即阳。阴阳二气流行六虚,往来不定,上下无常,而一切幽隐潜在的变

① (汉)京房:《京氏易传下卷》,郭彧导读本,齐鲁书社,2002,第132页。
② (汉)魏伯阳撰,(清)仇兆鳌集注《古本周易参同契集注》卷下,上海古籍出版社,1989,第209~216页。
③ (汉)魏伯阳撰,(清)仇兆鳌集注《古本周易参同契集注》卷下,上海古籍出版社,1989,第223页。
④ (汉)魏伯阳撰,(清)仇兆鳌集注《古本周易参同契集注》卷上,上海古籍出版社,1989,第75页。
⑤ (汉)魏伯阳撰,(清)仇兆鳌集注《古本周易参同契集注》卷下,上海古籍出版社,1989,第223~225页。
⑥ (汉)魏伯阳撰,(清)仇兆鳌集注《古本周易参同契集注》卷上,上海古籍出版社,1989,第78页。

化尽含藏其中，万物的发生、变化和发展皆然。《参同契》此说自然离不开炼丹问题。炉鼎法乾坤之象，坎离之象则代表铅汞药物和水火。铅汞药物和水火之气在鼎中运行、变化，成为丹药形成的根本之所在。"《参同契》推崇坎离两卦，同其炼丹术是分不开的。铅为阴，取其遇火而熔为白液；汞为阳，取其遇火而升华；水为阴，火为阳，混而为一，炼为丹药，此即'易谓坎离'。""其坎离为易说，无非是用来说明铅汞在鼎中经水火调治而成金丹妙药"①。不过，应该承认，《参同契》的坎离为易说，很好地发挥了《易传》"一阴一阳之谓道"的命题，在说明炼丹原理的过程中阐述了阴阳交合变化的原理，体现了一种辩证思维。当然，炼丹以幻想不死而成仙，则又显露出《参同契》的神学本质。

就《参同契》的理论学说而言，在易学史上影响最大的还是它的"月体纳甲说"。在易学领域，京房、《易纬》的纳甲说最为著名。正是在此基础上，《参同契》提出自己的纳甲说，目的是用来说明炼丹运火之时，其火候随每月月亮的盈虚而变化，故称"月体纳甲说"。其中，"八卦纳甲说"为其主体内容，以坎离两卦表示日月，其他六卦表示月亮的盈亏过程，八卦各纳以干支与五行、四方相配。《参同契》说："日月为易，刚柔相当。坎戊月精，离己日光。土王四季，罗络始终。青赤白黑，各居一方。皆禀中宫，戊己之功。"② 这是本于京房之说，坎纳戊，离纳己，坎、戊、离、己皆居于中宫土位。震、兑、乾、巽、艮、坎六卦居东、西、南、北四方，配以青赤白黑五行之色，皆禀中宫坎离之土气。至于这二卦纳甲的顺序，它说："故易统天心，复卦建始初。长子继父体，因母立兆基。圣人不虚生，上观显天符。天符有进退，诎伸以应时。消息应钟律，升降据斗枢。……三日出为爽，震庚受西方。八日兑受丁，上弦平如绳。十五乾体就，盛满甲东方。蟾蜍与兔魄，日月气双明。蟾蜍视卦节，兔者吐生光。七八道已讫，屈折抵下降。十六转受统，巽辛见平明。艮直于丙南，下弦二十三。坤乙三十日，东方丧其明。节尽相禅与，继体复生龙。壬癸配甲乙，乾坤括始

---

① 朱伯崑：《易学哲学史》第一卷，华夏出版社，1995，第 227 页。

② （汉）魏伯阳撰，（清）仇兆鳌集注：《古本周易参同契集注》卷上，上海古籍出版社，1989，第 75～76 页。

终。七八数十五，九六亦相当。四者合三十，易象索灭藏。……八卦布列曜，运移不失中。"① 在这里，按照天时变化的规律（"天心"），复为十一月卦，象征阳气初萌。复卦坤上震下，而震乃乾坤父母卦所生之长男。斗枢（即北斗星的运转）则标志着一年中阴阳二气的升降。蟾蜍指月亮之精气，兔魄指太阳之精气。《参同契》分一月三十天为六节：三日、八日、十五日、十六日、二十三日、三十日。它们分属于震、兑、乾、巽、艮、坤六卦，并配以月亮盈虚的过程。初三为第一节之中，此时月光初见，震卦用事，纳庚，月体始受一阳之光，居于西方。初八为第二节之中，此时月象弓上弦平如绳，其光半明，兑卦用事，纳丁，月体受二阳之光，居南方。十五日为第三节之中，月光盛满，乾卦用事，纳甲，月体全受日光，居于东方。十六日为第四节之始，月光始亏，巽卦用事，纳辛。此时月体始生一阴，居于西方。二十三日为第五节之中，月光半亏，艮卦用事，纳丙，月体复生中一阴，居于南方。三十日为第六节之终，坤卦用事，纳乙，月体三阳皆失而光尽，伏于东北。至此，一月六节已尽。到下月则周而复始。

"六十纳甲说"也是《参同契》易学的重要内容。《参同契》说："月节有五六，经纬奉日使。兼并为六十，刚柔有表里。"② 为了说明炼丹过程中每日早晚用火的规则，《参同契》把一个月分作三十个昼、三十个夜，配以六十卦（乾、坤、坎、离四卦除外），是为"六十卦纳甲说"。它指出："朔旦屯直事，至暮蒙当受。昼夜各一卦，用之依次序。既未至晦爽，终则复更始。日辰为期度，动静有早晚。春夏据内体，从子到辰巳。秋冬当外用，自午讫戌亥。赏罚应春秋，昏明顺寒暑。爻辞有仁义，随时发喜怒。如是应四时，五行得其序。"③ 这是说，每月从初一早晨开始，迄三十日傍晚后，每日昼夜各一卦用事。其次序按照《周易》六十四卦排列的顺序，

① （汉）魏伯阳撰，（清）仇兆鳌集注《古本周易参同契集注》卷下，上海古籍出版社，1989，第242～258页。
② （汉）魏伯阳撰，（清）仇兆鳌集注《古本周易参同契集注》卷下，上海古籍出版社，1989，第215～216页。
③ （汉）魏伯阳撰，（清）仇兆鳌集注《古本周易参同契集注》卷下，上海古籍出版社，1989，第218～221页。

最后是未济用事。其后循环往复，周而复始。炼丹用火，就是依据日辰的顺序进行。就一年的气候变化来说，春夏时阳息，即自十一月子至四月巳；秋冬时阳消，即自五月午至十月亥。而相应地，政令也要随着阴阳消长的不同而不断调整。另外，一年四季阴阳消长的顺序，也可视为一月和一日阴阳消长的顺序。就一日来讲，春夏为朝，秋冬为暮；就一月来讲，春夏为上半月，秋冬为下半月。这样，一日与一月、一年用火的程序也是一致的。就一年而言，由十一月到四月（即前半年）用文火（温火），由五月到十月（即后半年）则用武火（猛火）。就一日而言，昼用文火，夜用武火。就一月而言，上半月用文火，下半月用武火。

关于炼丹用火的具体时辰，《参同契》也有明确规定。其中举例说："（初一）屯以子申，蒙用寅戌。六十卦用，各自有日。聊陈两象，未能究悉。在义设刑，当仁施德。逆之者凶，顺之者吉。按历法令，至诚专密。谨候日辰，审察消息。"[①] 可以看出，《参同契》所取的炼丹用火的时辰，是依据纳甲说，将每日用事的两卦各配以十二地支，从而显示出一日之内的阴阳变化。比如初一，朝则屯卦用事，屯震下坎上，下震初爻纳子，上坎初爻纳申，故曰"屯以子申"；暮则蒙卦用事，蒙坎下艮上，下坎初爻纳寅，上艮初爻纳戌，故曰"蒙用寅戌"。那么，为什么朱熹注谓"大率一日所用，子午卯酉四时而已呢"？朱熹自己解释道："朝屯，则初九庚子之爻当子时，六四戊申之爻当卯时；暮蒙，则初六戊寅之爻当午时，六四丙戌之爻当酉时。余六十卦，各以此法推之，此再言一日之火候也。"[②] 可见，《参同契》之说是要借纳甲之说以明炼丹之道。

"十二辟卦说"，或者说"十二消息卦说"，在《参同契》中也有反映。孟喜十二消息卦说以复卦为始，次之以临、泰、大壮等卦，以说明阳息阴消的变化，并配以十二辰、十二月及四时。在道教经典中，继《太平经》

---

① （汉）魏伯阳撰，（清）仇兆鳌集注《古本周易参同契集注》卷上，上海古籍出版社，1989，第66~68页。

② （宋）朱熹：《周易参同契考异》，见朱杰人、严佐之、刘永翔主编《朱子全书》（修订本）第13册，上海古籍出版社、安徽教育出版社，2010，第550页。《古本周易参同契集注》"丙戌"写作"戊戌"，当从《朱子全书》收录之《周易参同契考异》作"丙戌"。

之后，《参同契》根据十二辟卦的阳息阴消的变化，说明一年十二个月的阴阳、物候变化。它说："朔旦为复，阳气始通。出入无疾，立表微刚。黄钟建子，兆乃滋彰。播施柔暖，黎蒸得常。临炉施条，开路生光。光耀渐进，日以益长。丑之大吕，结正低昂。仰以成泰，刚柔并隆。阴阳交接，小往大来。辐辏于寅，运而趋时。渐历大壮，侠列卯门。榆荚随落，还归本根。刑德相负，昼夜始分。夬阴以退，阳升而前。洗濯羽翮，振索宿尘。乾健盛明，广被四邻。阳终于巳，中而相干。姤始纪绪，履霜最先。井底寒泉，午为蕤宾。宾服于阴，阴为主人。遁世去位，收敛其精。怀德俟时，栖迟昧冥。否塞不通，萌者不生。阴信阳诎，没阳姓名。观其权量，察仲秋情。任蓄微稚，老枯复荣。荠麦芽蘖，因冒以生。剥烂肢体，消灭其形。化气既竭，亡失至神。道穷则反，归乎坤元。恒顺地理，承天布宣。"① 有的学者在分析这段文字时说："复卦初九为阳爻，乃阳气初生，万物方动之象，律应黄钟。从一月讲，是初一至初三半。从一岁讲，是建子之月。临卦四阴二阳，象征冬至之后，阳气浸布，日以益长，律中大吕。从一月讲，是初三半至初五。从一岁讲，是建丑之月。泰卦三月之阳，象征阴阳交接，律应太簇。从一月讲，是初六至初八半。从一岁讲，是建寅之月。大壮是二阴四阳，象征阳气虽盛，犹含阴气，时当仲春，律应夹钟。从一月讲，是初八半至初十。从一岁讲，是建卯之月。夬卦是一阴五阳，象征阳生阴退，律应姑洗。从一月讲，为十一至十三半。从一岁讲，为建辰之月。乾卦纯阳，象征阳气极盛，周遍宇内，律应中吕。从一月讲，为十三半至十五日。从一岁讲，为建巳之月。姤卦五阳一阴，象征霜之履始于此，律应蕤宾。从一月讲为十六至十八半。从一岁讲，为建午之月。遁卦四阳二阴，象征阴气渐盛，阳气渐衰，律应林钟。从一月讲，为十八半至二十。从一岁讲，为建未之月。否卦是三阳三阴，象征阴阳不交，天地俱息，律应夷则。从一月讲，为二十一日至二十三日半。从一岁讲，为建申之月。观卦是二阳四阴，象征阴气已盛，律应南吕。从一月讲，为二十三半至二十五。从一岁讲，为

---

① （汉）魏伯阳撰，（清）仇兆鳌集注《古本周易参同契集注》卷上，上海古籍出版社，1989，第95～111页。

建酉之月。剥卦是一阳五阴，象征阴盛阳衰，律应亡射。从一月讲，为二十六至二十八半。从一岁讲，为建戌之月。坤卦是纯阴复归坤体，象征万物至此皆归根而复命，律应黄钟。从一月讲，为二十八半至三十。从一岁讲，为建亥之月。"①这说明《参同契》是十分注重十二月消息卦之说的。俞琰曾在《周易参同契发挥》中依《参同契》之义，制有十二消息卦图，其图式既是一年也是一个炼丹用火的大致程序。就一年而言，十一月子，复卦用事，炼丹则起文火；至十月亥，坤卦用事，武火止息。就一月而言，复卦用事，即"八卦纳甲说"的震卦用事，坤卦用事与八卦纳甲相同。

可见，《参同契》易学反映了汉代象数易学与炼丹术的结合，主旨在于援引《周易》以为炼丹术的理论依据。其理论思维的核心内容是阴阳变化和五行生克理论。"值得注意的是，《参同契》将炼丹术用火同月亮的盈亏和四时的变化联系起来，认为二者有一种必然的联系，这是对《易纬》中天人感应说和阴阳灾变说的一种扬弃。阴阳灾变说，认为寒温变化应政事，而《参同契》则发展为寒温变化应丹事。炼丹一事，就其化学的意义说，是从金属和矿石中提炼一种化合物。《参同契》认为此种提炼同温度的变化有其必然的联系，这是其中的科学思维因素。"②还应指出，在《参同契》看来，根据易理阐述而由炼丹过程体现出来的阴阳之道、五行之数，人们尽管不能违背，但在这些法则面前却并不是无能为力的，在掌握了这些法则后就可以创造出奇迹，炼成金丹。《参同契》说："推演五行数，较约而不繁。举水以激火，奄然灭光明。日月相薄蚀，常在晦朔间。水盛坎侵阳，火衰离昼昏。阴阳相饮食，交感道自然。名者以定情，字者缘性言。金来归性初，乃得称还丹。"③这反映的是一种《周易》所推崇的"天行健，君子以自强不息"的精神，是一种主体意识的挺立和发挥。作为中国科技发展史上的重要著作，"《参同契》引《易》论内外丹，可以说是将《易》用于科学（自然是夹杂在宗教中的科学）最成功的著作。其后陈抟等人又将

---

① 刘国梁：《道教与周易》，北京燕山出版社，1994，第 26～27 页。
② 朱伯崑：《易学哲学史》第一卷，华夏出版社，1995，第 239 页。
③ （汉）魏伯阳撰，（清）仇兆鳌集注《古本周易参同契集注》卷下，上海古籍出版社，1989，第 296～297 页。

其易学抽出加以发展，成先天图、《太极图》，经周敦颐、邵雍等的阐释，成为宋理学中的重要内容，在中国哲学中别开生面，成一重要学说"①。

融通《易》《老》，以《易》《老》相发明，这是道教易学的重要特点。在这方面，《参同契》具有重要的开创之功。《参同契》自叙其题旨，明确将参合《易》《老》作为炼丹的理论依据，指出："大《易》情性，各如其度。黄老用究，较而可御。炉火之事，真有所据。三道由一，俱出径路。"② 这对后来的易学家包括王弼玄学派易学家以《老》解《易》不无影响。凡此种种，都表明《参同契》在易学转型中的重要作用。另外，与《太平经》一样，《参同契》进一步发展了当时的元气说，并使其与易学更为密切地结合起来。它说："日含五行精"③，"元精渺难睹"④。"元精流布，因气初"⑤。"二气玄且远，感化尚相通。何况近存身，切在于心胸"⑥。《参同契》认为，"精""气""元精""元气""精气"等构成宇宙万物，且在人体内部起着积极作用。当然，这一说法也是带有某种神秘色彩的。⑦

东汉末年，皇权统治日渐衰落，社会矛盾日益尖锐，政治危机不断加深。作为这一时期推出的道教经典，和《太平经》一样，《周易参同契》中不乏某种忧患意识："和则随从，路平不陂。邪道险阻，倾危国家，可不慎乎？"⑧ 这虽是就临炉炼丹之事立论，但仍反映了某种社会政治倾向，体现了一种文化价值理想。在《参同契》作者看来，只要能遵循《周易》所体现出的天道之自然，就可以维持政权的稳固和延续。它说："动则循卦节，

---

① 牟钟鉴等：《道教通论——兼论道家学说》，齐鲁书社，1991，第 370 页。
② （汉）魏伯阳撰，（清）仇兆鳌集注《古本周易参同契集注》卷下，上海古籍出版社，1989，第 334～335 页。
③ （汉）魏伯阳撰，（清）仇兆鳌集注《古本周易参同契集注》卷下，上海古籍出版社，1989，第 247 页。
④ （汉）魏伯阳撰，（清）仇兆鳌集注《古本周易参同契集注》卷下，上海古籍出版社，1989，第 258 页。
⑤ （汉）魏伯阳撰，（清）仇兆鳌集注《古本周易参同契集注》卷上，上海古籍出版社，1989，第 121 页。
⑥ （汉）魏伯阳撰，（清）仇兆鳌集注《古本周易参同契集注》下卷，上海古籍出版社，1989，第 121 页。
⑦ 刘国梁：《道教与周易》，北京燕山出版社，1994，第 90 页。
⑧ （汉）魏伯阳撰，（清）仇兆鳌集注《古本周易参同契集注》卷上，上海古籍出版社，1989，第 301 页。

静则因象辞。乾坤用施行，天下然后治。"① 又说："无平不陂，道之自然。变易更盛，消息相因。终坤始复，如循连环。帝王乘御，千载常存。"② 其中循环论的色彩是相当浓重的。围绕着这一目的，《参同契》提出："歌叙大《易》，三圣遗言。察其旨趣，一统其伦。务在顺理，宣耀精神。施化流通，四海和平。表以为历，万世可循。叙以御政，行之不繁。引内养性，黄老自然。含德之厚，归根返元。"③ 可见，《参同契》是想让"御政"的统治者通过遵行《周易》所推崇的仁义德治和自然无为之治，实现天地和谐、上下相安而"四海和平"的理想局面。不过，值得注意的是，《参同契》似乎已对当时的刘汉政权失去信心，所以也隐约流露出通过改朝换代来摆脱社会危机的念头。它提到"鼎新革故，御政之首"④，很容易使我们想起《革卦·象传》的名言："天地革而四时成，汤武革命，顺乎天而应乎人，革之时大矣哉！"⑤《周易参同契》的社会政治观及其对中国古代政治思想史发展的贡献，也同样推动了整个易学和中国传统思想文化的不断发展。

汉末三国以后，钻研、注解《参同契》者甚多，其中既有道教、道家中人，也有宗奉儒家之说的学者。早在晋代，葛洪在《神仙传》中就指出："伯阳作《参同契》《五行相类》，凡三卷。其说似解《周易》，其实假借爻象以论作丹之意。而儒者不知神仙之事，反作阴阳注之，殊失其大旨也。"⑥ 这尽管是从道教学说立论，但也至少说明，在儒家学者中，不乏注解、研究《周易参同契》者。

---

① （汉）魏伯阳撰，（清）仇兆鳌集注《古本周易参同契集注》下卷，上海古籍出版社，1989，第 234 页。

② （汉）魏伯阳撰，（清）仇兆鳌集注《古本周易参同契集注》卷上，上海古籍出版社，1989，第 114 页。

③ （汉）魏伯阳撰，（清）仇兆鳌集注《古本周易参同契集注》卷上，上海古籍出版社，1989，第 40～42 页。

④ （汉）魏伯阳撰，（清）仇兆鳌集注《古本周易参同契集注》卷上，上海古籍出版社，1989，第 57 页。

⑤ （三国魏）王弼、（晋）韩康伯注，（唐）孔颖达等正义《周易正义》卷五《革·象》，（清）阮元校刻《十三经注疏》，中华书局影印本，1980，第 60 页。

⑥ （晋）葛洪撰，胡守为校释《神仙传校释》卷二，中华书局，2010，第 63～64 页。

二 《周易》与儒释道文化融合①

今天感到非常荣幸，我们的易学季又开始了，这是北京什刹海书院一个具有经典意义的标志性活动。能够在这个活动中与各位交流，对我今后的学术研究、教学科研都是一个很好的促动。我也希望借这么一个机缘向各位请教、学习，今后咱们多交流，各位多指正。

这个课题有一个来源：我最近承担着一个北京市社科基金重点项目——"易学思想与儒释道文化融合"。这个题目前人有所关注，但是作为一个专门的问题去研究，当代学术界还有很多薄弱环节，还有很多没有注意到的地方。主持这个课题对我来说也是一件具有开创意义的事情，我们学术团队做了一些工作，所以这一次也是向各位汇报，希望得到大家指正、赐教。

（一）相关问题研究现状

说到儒释道，涉及的问题很多，当然从《周易》这个角度来说，关注点是需要进一步强化、进一步拓展的。为什么呢？因为这些年易学研究发展很快，例如昨天和今天上午在咱们这个地方就有几位著名专家在做交流。其他各个方面的研究都有新的成果推出，在易学研究领域同样也有很大的突破。易学与儒释道合流的研究成果凸显，如潘雨廷《易与佛教·易与老庄》，任俊华《易学与儒学》，夏金华《佛学与易学》，王仲尧《易学与佛教》，詹石窗《易学与道教符号揭谜》《易学与道教思想关系研究》，詹石窗、连镇标《易学与道教文化》，台湾学者陈进益《当僧人遇见易经》，等等。然而，学者们似乎仅仅关注到了易学与儒释道中某一家的关联，关于易学与三教及其合流归一之间的联系，相关著述依旧阙如，这是一个很大的薄弱环节。因此，在易学与儒释道之间怎样进一步更加深入地在这两者之间发现它的内在联系？特别是儒释道三教都对《周易》非常重视，不管是著名的儒家学者、著名的大德高僧还是高道，都对《周易》情有独钟，

---

① 这一部分内容根据本书作者在"什刹海论坛·2016易学季"的讲座录音整理而成。

表现出其独到的见解。明代大德高僧蕅益智旭,他有著名的《禅解周易》《禅解四书》。历史上道教界也有很多著名的成果,如对《周易参同契》的解释,等等。但是怎样找到内在规律,这两个方面怎样去结合,我觉得这也是学术界的一个重要课题,这个课题也影响到未来中华优秀传统文化经典的进一步推广、研究和普及,不容小觑。

(二)《周易》的思想格局与文化品行

要讨论《周易》与儒释道的关系问题,就要明确《周易》在我国思想文化史上的地位,这也是解决为什么《易经》与儒释道的文化能够融合这一问题的前提。首先,《周易》是广义的《易经》,它在中国思想文化史上的地位是"群经之首,大道之源"。儒释道是什么?陈寅恪先生说过,自晋代以来,中国之思想,可以儒释道三教作为代表①。当然这里的"教"是广义的,既有宗教的意义,也可以把它看作教化,特别是儒学。有人说儒教,有人说儒学,这都是没有问题的,因为大家所指的应该是同一个方向,不一样地表达出共同的目标、共同的理念,都是相同的,指的就是以孔子和儒家思想为代表的这一个东西,我觉得这个不用太多地去争论,就相当于国学,到底包含的范围,它的内涵、外延到底是什么,有些东西可以不管它,我们开展研究就是对这个学科最重要的贡献。而且陈寅恪先生还说,中华民族受儒家学说的影响,主要是在制度、法律、社会生活等方面,而学术思想方面或转有不如佛道二教之处。② 这个说法也是非常精辟的。所以也要注意一个现象,那就是一说中国文化,就只说一个儒家,甚至有新儒家、儒教立国的说法等,这是不全面的。我觉得,研究中国传统文化一定要儒释道。三教并重、等量齐观地来看问题。

1. "周"与"易"

我今天讲儒道释实际上是很费力的,因为每一个"教"能得其门径就

---

① 陈寅恪:《冯友兰中国哲学史下册审查报告》,见《陈寅恪集·金明馆丛稿二编》,生活·读书·新知三联书店,2015,第282~283页。

② 陈寅恪:《冯友兰中国哲学史下册审查报告》,见《陈寅恪集·金明馆丛稿二编》,生活·读书·新知三联书店,2015,第283页。

很难了，甚至有一个皮毛也很难，但是我想还是应该从整体上对儒释道有一个宏观的把握和研究。而《周易》在这个过程中显得非常重要，我刚才说它是"群经之首，大道之源"，这个"首"，也不只是"开始""最早"的含义，它还有其他的意义，所以我们先来看相关的问题。

我曾经见过有人排列中华传统经典名著时竟然把《尚书》排在第一位，然后才是《周易》，他们只是把《周易》的"周"看作周朝、周代、周文王，从这个层面来说《尚书》确实早，它记载了尧舜禹夏商，所以觉得《周易》是晚的。这说明中国传统文化经典中的很多问题还是没有得到解决，说明排序者对《周易》和《尚书》的把握都是不够的，对中国传统文化脉络梳理得更不够。首先，"经"的排序从《汉书·艺文志》（实际上是从刘向《七略》）开始就已经是《易》类排在首位，其中说："盖五常之道，相须而备，而《易》为之原。"① 因此说《易》为大道之源，不是因为它最早，而是因为它还有其他的意义。其次，将"周"理解为就是指周朝、周代，这只是古人的一种观点而已，东汉著名经学家郑玄就提出还有"周备"、"周普"的意思。《四库全书总目》中也说"易道广大，无所不包"②，这个观点实际上就是来自郑玄。因此，易道周普，无所不包，无所不备。另外，古人还认为"周"有"周匝""周而复始"之义。总之，"周"就是无所不在，无时不有，是放之四海、传之万世而皆准的普遍而永恒的道理和规律。换言之，它不仅仅是时间的早，它所表达的意义则更加重要，或者可以说是最重要的。

所以这个顺序不能随便颠倒，因为它本身就是一种价值取向，就相当于中国图书馆分类法，排在最前面的即 A 类是马克思主义、列宁主义、毛泽东思想、邓小平理论，这些方面的图书都在 A 类的著作里头，然后才是各种分类。所以，这个分类并不只是一个时间先后的问题。因此，《周易》的"周"绝对不能简单地理解成周朝、周代。如果按照这个逻辑，周文王也不是周代的人，他的儿子武王伐纣才建立了周朝，周文王去世的时候周

---

① （汉）班固撰，（唐）颜师古注《汉书》卷三十《艺文志第十》，中华书局，1962，第1723页。
② （清）永瑢等：《四库全书总目·经部·易类一》，中华书局，1965，第1页。

朝都没有建立，这样的排序只能显示历史的顺序，却无法表达准确的历史意义。所以不能忽略了《周易》本身，它是以八卦组成，相传始自三皇之首伏羲（当然关于伏羲是神话中的人物还是实有其人，还有争论），我们可以明确地说在周文王推演之前，有一个很长的易学发展的历程，所以我们并不反对《汉书·艺文志》里面提到的"人更三圣，世历三古"①。《周易》里边明确讲到伏羲仰观天象，俯察地理，这即使是传说也是有史影存在的，所以绝对不能把《周易》理解为周代的《易》。而且司马迁在《报任安书》中提到的是"西伯（文王）拘而演《周易》"②，而不是"作"《周易》，是"推演"的"演"，就是在原来易学的思想基础上进一步推演，进一步丰富，进一步发展，形成了《周易》六十四卦及卦爻辞。当然，这个过程中也有他的儿子周公旦甚至其他人的帮助。所以，不能把《周易》简单理解为周代的《易》，这是错误的，一定要知道其中有周普、周备、周匝、周而复始之义，说简单了就是放之四海而皆准、无处不在、无时不在的这么一种思想理论，所以它是排在最前面的。而且刚才说从《汉书·艺文志》一直到《四库全书总目》都是按照这个顺序排列的，这是历代传承的文化遗产，绝对不能到了现在又把《尚书》排在最前头，这确确实实是毫无根据的。

另外，《周易》的"易"是什么，这个问题也需要一个放之四海而皆准的答案。大家都知道《周易》也受到了西方学者的关注，但是他们的翻译是 *The Book of Changes*，这样的翻译是不全面、不准确的。我们的"易"有"三义"，除了变易，还有不易，还有简易。我们讲"日月为易"，就是阴阳变易，阴阳和谐，这是汉代纬书里面的说法，即使现在看来也是非常正确的。西方的认知是一一对应的，他们一定要解读成"变易"，但是我们中国文化很多东西没法用准确的一个字、一个词来解释。就像"龙"一样，西方人老觉得这个龙，一定要在现实世界中、现实宇宙中找到这个东西，就是 dragon。后来发现，不对了，这是吃人的龙，而我们的"龙"是七八种吉祥动物的集合，于是就逐渐不用这个词了。现在喜欢用什么？用汉语拼

---

① （汉）班固撰，（唐）颜师古注《汉书》卷三十《艺文志第十》，中华书局，1962，第1704页。

② （汉）班固撰，（唐）颜师古注《汉书》卷六十二《司马迁传第三十二》，中华书局，1962，第2735页。

音 Long 就可以了。《周易》亦是如此，这并不只是讲变化的书，还有不变，就是稳定和谐，还有大道至简，都在这里头，翻译时用现代汉语拼音是最恰当的。这也是中华文化"走出去"并在世界上文明对话中占有主导地位的一个体现。这一书名的翻译要体现中华文化的特色，不要用西方主客两分的思维方式去认识这个问题。因为根据当代哲学家的研究，西方主客两分的思维方式，一定要看到才叫有，但是我们中国文化强调"有"来源于"无"，"无极而太极"。就像我们中医所讲的"脉"一样，西方人一开始不承认，现在西医逐渐认定这个是有的，看不见的东西并不等于不存在。所以，有时我们给外国人讲《易经》特别困难，"阴"和"阳"这样的概念他们弄不明白。他们一定要举例，那么如果我说男的是"阳"，女的是"阴"，他们就记住了性别上的"阳""阴"之分。当我说"阴"中还有"阳"，比如从社会角色上来看，女领导是"阳"，男下属是"阴"，他们就没法理解了。这样的例子也是说不完的。中国文化的特点、优势就在这里，它是辩证的、综合的、普遍联系的，是以天人合一为核心的，外国人必须要把握这个东西才能与我们更好地交流、对话。

2. 《易传》作者问题

刚才说的是《周易》的名称，现在来谈谈《周易》的结构。《周易》由《易经》《易传》两部分组成，经和传很久以来就是放在一起的。经文共四千多字，经传共 24100 多字（有统计结果是 24207 个字，不同的版本来源可能有不同的统计结果）。《易经》的成书时间，现在比较统一的观点应该说是在周文王前后的时间，文王演《周易》。那么，《易传》是谁作的？在宋代之前没有争论，汉唐学者认定"人更三圣，世历三古"①。但是从宋代欧阳修开始就怀疑《易传》不完全是孔子所作，应该还有其他作者。后来逐渐地有人说这不是孔子作的，包括一些著名学者，例如陈鼓应先生说《易传》反映的是道家的思想，后来还引起了一个小小的争论：《易传》的主体思想到底是儒家还是道家？归属儒家是比较传统的说法，这个传统的说法还是有人一直在坚持，比如吉林大学已故的金景芳先生。金先生的看

① （汉）班固撰，（唐）颜师古注《汉书》卷三十《艺文志第十》，中华书局，1962，第 1704 页。

法就是孔子作《易传》，而且在他主撰的《孔子新传》中引用《易传》作为孔子思想的依据。北大已故的朱伯崑先生则持另一种观点，他认为《易传》应该是孔子后学所作，是战国中后期才有的。这本来就是一个学术争议比较多的问题，我们这些年也在做相关的探索工作。我们认为，《易经》应该是一个儒道互补而以儒为主，综合百家而超越百家的产物①。如果它不是这样的文化品格和特征，为什么《周易》特别是《易传》这种思想性、哲理性很强的书能够在儒释道三教融合过程中发挥这么重要的作用？我们的研究必须建立在这个前提之上，没有这个前提我想《周易》对儒释道各家产生影响将会有很多困难。

3. 《易传》的文化品性和主要特征

原来我没有敢去碰很多儒释道的东西，因为我们所在的学科喜欢研究断代史，我的导师做先秦秦汉比较多，我自己的博士学位论文也是做这一块的。后来出于学术研究的需要，按冯友兰先生讲的，要吃透两头，一个是先秦，群经和诸子百家，再一个就是清代学术。我自己写博士学位论文的时候也是如此，从先秦秦汉做起，到后来做清代，包括钱大昕，《钱大昕评传》就是我们来做的。这样的学术路径我觉得合乎前辈学者的要求，但是在《易传》的学派归属上，我们一直没有太多地发声。最近我们渐渐开始注意这一方面，比如前几年我们发表的研究《周易》经传与兵家关系的文章，被《新华文摘》全文转载。儒家、道家、墨家、阴阳家等我们也有研究。实际上，我自己在探索过程中会去注意，我们在培养博士生的时候，他们也在进一步做，例如墨家、法家、阴阳家、兵家等，后来我们又把这些文章逐步地推出，在此基础上我们有了这样一种观点：《易传》既非儒家也非道家，而是儒道互补，以儒为主，综合百家，超越百家。这个观点拿来与各位交流，可能有很多错误的地方，还请各位指正。但是我觉得我们这个观点还是有一定说服力的，当时我们并没有想到做儒释道，因为老师教我们是一点一点从精细处把关，不能说什么都能去做。但是这些年我们开始关注到易学与儒释道的关系。

---

① 参见张涛《易学·经学·史学》，北京师范大学出版社，2011，第2页。

　　先说儒道互补而以儒为主。易学的演变和发展与孔子、与儒家有着深刻的渊源关系。孔子对《周易》颇为喜爱，且颇有研究，"韦编三绝"说的就是此事，并且他还将其传授给弟子。据前文所述，孔子引用《周易·恒卦》和强调学《易》能够使人改过从善的例子，可以看出孔子与《易》之间的关系密切。还有，像《文言传》明显是儒家的东西。另外就是儒家它最重要的是把六艺也就是六经当作教材，包括把《易》作为专门的教科书来用，所以谈儒家必须要谈《易》。

　　再说儒道互补。道家也非常重视对《易经》的研究，包括像"太极"这样的概念，就是从《周易》之中来的。实际上"《易》以道阴阳"①这句话来自《庄子·天下》，老子、庄子都喜谈"阴阳"，同时阴阳变易也是《周易》及宇宙万物的普遍法则，从卦象、爻象到各种自然现象和社会现象，都可以用阴阳来解释。所以说道家的天道观、思维方式，就是所谓的"推天道以明人事"，这是《四库全书总目》的小序里面说的。就天人之间的关系这个问题来说，道家表现得最突出。《易》作为群经之首，它最大的特点就是推究天人关系。史学大家、文学大家司马迁有"究天人之际，通古今之变，成一家之言"②之说，其中"究天人之际"，究得最好的就是《周易》，所以它不排在所有典籍的前头都不行。这里需要注意的是，先是天，然后才是人，当然天人关系包括天地人，天人是对天地人的一个简单的概括，就相当于我们都知道纳甲筮法，不是光纳甲，甲是天干之首，是纳干支，干支它都有。但是我们就让甲来概括，来代替。所以《周易》和道教的关系也非常密切。这一点前人谈得也比较多，写得也不少。

　　最后再来看综合百家而超越百家。《易传》与儒家、道家有着相通之处；与此同时，阴阳家、墨家、法家、兵家等学派的思想倾向在《易传》中也有不同程度的反映。先秦诸子分为九流十家，各家之间都是有内在联

---

① "《诗》以道志，《书》以道事，《礼》以道行，《乐》以道和，《易》以道阳阳，《春秋》以道名分。"见（清）郭庆藩撰，王孝鱼点校《庄子集释·杂篇·天下第三十二》，中华书局，2016，第1071页。

② （汉）班固撰，（唐）颜师古注《汉书》卷六十二《司马迁传第三十二》，中华书局，1962，第2735页。

系的。阴阳家以阴阳作为立论基础，《易传》中也讲阴阳，所谓"一阴一阳之谓道"，这就把阴阳的对立和变化看成了一种规律性的东西。阴阳家通过阴阳的变化来推测四时的顺序，并且强调应该顺应自然规律，这个方面与《易传》有着相似之处。再看墨家。尚贤是墨家思想中非常重要的内容，举贤则应该以德为标准，而《易传》中"德"也是一个非常重要的命题，其中也有很多地方涉及尚贤、用贤的问题，与墨家思想相通。此外，墨子的思想还与《周易》经传中天人合一、自强不息、健行不怠的精神以及义利观等方面有着相似之处。法家、兵家等学派的思想与《易传》也有一定的关系，可以说诸家的很多思想原则及主张都与《易传》有着或多或少、或隐或显的内在联系。

（三）《周易》与儒释道各家的关系

清华大学雕塑系主任曾成钢老师在 2011 年做了一个叫"大觉者"的雕塑群像，其中有老子、孔子、释迦牟尼、苏格拉底、耶稣，还有马克思。这个雕像群一经推出，大家就认为其独特之处在于将古今中外人类思想高峰的智者融会在一起，特别是把马克思放置其中，于是这个"大觉者"一下子就火了。我们都知道，习近平总书记于 2014 年 10 月 15 日《在文艺工作座谈会上的讲话》中引用了德国思想家、历史学家雅斯贝尔斯《历史的起源与目标》中"轴心时代"的观点①。这个人的观点也是已故的汤一介先生经常引用的。雅斯贝尔斯认为，历史上有一个轴心时代，大致就是孔子生活的那个时期，在中外各个文明区域都出现了一批先知先觉的圣人，在中国有老子、孔子，在印度有释迦牟尼，在希腊有苏格拉底，在以色列、巴勒斯坦地区出现了犹太教的先知先觉。这批圣人在那一个时期同时出现绝非偶然，而且我们现在还在享受着"轴心时代"留给我们的文化遗产，甚至现在联合国总部大楼还写着孔子的话"己所不欲，勿施于人"。这个时代也叫"哲学的突破"，实际上就是整个人类的思维有一个大的发展，包括

---

① 参见习近平《在文艺工作座谈会上的讲话》（2014 年 10 月 15 日），人民出版社，2015，第 2~3 页。

人文主义的出现。我们不得不猜想，他们之间会不会有交流？也许儒道释之间的交流在很久远的时候就已经开始了。

1.《周易》与儒家的关系

经过汉武帝罢黜百家、独尊儒术，表彰以《周易》为代表的六经之学，儒家取得了独尊的地位，其本身的形态虽然在不断演变，但一直居于官方的、主流的地位。孔子以《周易》教弟子；《易传》的形成，孔子及其后学做出了重要贡献。《周易》被确定为儒家经典，与此有着直接关系。"推天道，明人事"成为儒家学者习《易》、研《易》的一个重要原则，自汉代至清代涌现出了一大批治《易》名家，他们或主于象数，或专于义理，著书立说，成就突出。

2.《周易》与道家、道教的关系

汉初的易学思想以道家黄老思想为主。《淮南九师道训》是其中的代表作，它的思想可从《淮南子》一书中窥见一斑。作为最早的道教经典，《太平经》承继、发挥了《周易》之道，充分吸收、借鉴各种易学成果，提出了一系列独具特色的易学思想，成为易道融合的典范。东汉末年的炼丹家魏伯阳以道解《易》、易道融合，撰成《周易参同契》。曹魏王弼以老庄思想解《易经》，作《周易注》。东晋韩康伯根据老庄思想注解《易传》。此后，道家、道教易学沿着前贤的积累和铺垫，屡有创见，成果丰硕。

3.《周易》与释家的关系

《易经》与儒道的关系前面已有论述，在此不多赘言。佛教与《易经》的关系则是需要好好研究的。佛教（或者说佛学）作为一种异域宗教文化，在魏晋时期对中国固有的传统文化包括易学进行了一次成功的对话和融合，在唐代达到鼎盛，并在此后进一步加速实现了其本土化、中国化。历史上的大德高僧实际上都对《易经》非常重视，前辈学者也都做过研究。例如柳宗元，他在唐代是比较特殊的人，我们知道他是著名的诗人，他就很喜欢佛家经典，他说佛家经典与《易经》和《论语》没有矛盾的地方，都是相通的。唐代还有一个著名的人物——韩愈，他也用了佛家理论和思想来建构自己的体系，但他表面上却对佛家明显地排斥。

唐代还有一名高僧叫作宗密，他非常重视《易》佛思想的融合。而且不可否认的是，《周易》与《华严经》等佛教经典在义理上有很多相通之处。到了宋代，王宗传、杨简开启了以禅解《易》的风气。至明代晚期，以心学、禅学解《易》的学风开始流行。其中，以智旭的《周易禅解》为集大成者，它被明清以来的学者当成援儒证佛、引禅解《易》的典范，此后《易》佛融合进入了更加紧密的阶段。

（四）易学与儒释道文化的相互交融

魏晋时期，儒释道即已出现融合的倾向。唐宋以后，三教合流、三教合一更成为中国历史文化演进、学术思想发展的潮流，蔚为壮观，对当时的宗教、哲学、政治、教育、科技及医学等起过重要的推动作用，而且对文化思想领域的其他门类（诸如诗词、小说、戏曲、书法、绘画、雕塑等）都有深刻影响。而这一切都离不开《周易》、易学的影响和沾溉。在儒家易学继续前行的同时，以道教、佛教思想解说易理或以易理解说道教、佛教思想的道教易学、佛教易学相继形成并不断发展，日益繁盛。可以说，易学思想同趋于融合归一的儒释道文化之间是相伴而行、双向互动、相得益彰的。

先前我们提到《周易》的品格是综合百家，超越百家，这是从它的思想性质上来说的。比如"殊途同归"这个成语就来源于《周易》，表达了它的会通思想。《周易》讲的很多东西是一个包容的、开放式的，可以说是海纳百川，这也是提到《周易》大家容易想到"厚德载物"这四个字的重要原因。所以，《周易》能成为一个周普的经典，普天之下，恒久万年，易道都可以去加以推广，这种包容是超出我们想象的。

在中国思想文化早期发展过程中，《周易》是儒道两教共同推崇、使用的典籍，《黄帝阴符经》《周易参同契》等道教经典的形成与《周易》经传思想有着深刻的关系。儒道两教凭借《周易》经传这个共同的"思想宝库"进行融通，并产生各自的文化经典，这是有史可证的事情。《周易》与佛教也能结合，当然一开始它是一种比附，我们知道有一个格义时期，就是佛家在解释佛经以及佛学在中国本土化的过程中，借助儒道两教共同使用的经典文献《周易》，从中吸收语言、思想的养分，以创新的方式阐释所引用的《周易》文本，主动地融入本土的文化当中，最终使儒释道三教文化共同服务于社会各界的需要，服务于世道人心，形成了中国文化的主体。

因此，我们可以得出这样的结论：《周易》的思想是它能与儒释道文化相互融合的基石。《易传》博采众家之长、会通百家之说，它的这种学术品格，是可资儒释道三家共同取用的"思想宝库"。由这个"思想宝库"，搭建起了儒释道文化相互对话与融通的平台。反观儒释道文化从相互激荡、磨合之中走向交融的历史进程，凡是有大情怀的思想家皆竭力克服来自三教之间的文化冲突，缓和矛盾，消除不同文化学术之间的误解，强调共性，彼此吸收优点，从而完成本教的理论体系。

在学术研究中，易学与儒释道文化的融合对我们的启示就是一种治学的态度，治学的理念，文化的胸怀。咱们学国学干什么？就是要把传统文化实现它的两个"创"，创造性转化、创新性发展，两者结合了才是我们今天学国学、学儒释道文化、学《易经》的一个根本的精神、根本的目标。在儒释道发展过程中，各教、各家的人物也都体现出了这种开放的胸怀，历史上的高僧高道著书立说的时候都是思想特别包容，胸襟特别宽广，让人感受到这个学术可以很自由、平等地进行对话，这也是我们在研究学术的过程中能够让自己受益的地方。还有儒家创始人孔子也一直很谦虚，包括出土文献展现的也是如此。例如，根据马王堆汉墓帛书《周易》之《要》篇，孔子曾说"吾百占而七十当"[1]。意思是孔子自述他占卜时只有70%的正确率，这就是我们前辈学者的思想中谦虚的一面。儒释道能融合、能交流、能归一，三教圆融，可不是说仅仅是学说上能够交融，更为基本的首先是作为主体的人的主观能动作用。这跟罗马的谚语是一样的，"条条大道通罗马"。所以"轴心时代"的那些大师们应该向往着同样的一个目标，那就是真善美。前一阵忽然有一个学生问我，《周易》的趋向目标是什么，我感觉到这个事情真不好简单地去回答。但还是好不容易找出，比如说《大有卦·象传》里的"遏恶扬善，顺天休命"[2]的思想，我觉得儒释道三教都

---

[1] 裘锡圭主编《长沙马王堆汉墓简帛集成》（叁），中华书局，2014，第116页。

[2] （三国魏）王弼、（晋）韩康伯注，（唐）孔颖达等正义《周易正义》卷二《大有·象》，（清）阮元校刻《十三经注疏》，中华书局影印本，1980，第30页。

应该是这样的。旧时北京就叫顺天府，就是顺应自然之道，天人合一。但是还得休命，休美万物之性命。所以说人就是核心，重视天道重视的是一种外在的东西，但是最重要的还要回到个人，各教都是这样。道教比如说《道德经》里面就有"道大，天大，地大，王亦大（一本作'人亦大'）"①。《周易》就更不用说了，比如《泰卦·象传》说："后以财成天地之道，辅相天地之宜，以左右民。"②为了服务百姓他才干这件事。要体现人的这种价值的追求，但是最终还是归到人，如果不能实现，顺天的目的是什么？还是为人服务，我想这应该是三教归一的思想基础之一。这些经典实际上都和《易》有关。像明代袁了凡，是个居士，在现代人写的佛教史里也有出现，他所著《了凡四训》实际上就是让人一心向善，一心一意实现真善美，这与《周易》是相通的。智旭大师的《禅解周易》就讲得更多了。当时，他是先学儒家的东西，后来幡然猛醒，皈依佛门。历史上还有很多类似的学习经历，他们的教育背景使他们对儒释道文化都能把控、都能掌握。

三教合一并不是一个近现代才出现的话题，从佛教进入中土以来就有学者逐渐意识到这个问题。隋代王通认为三教能合一的思想基础是《周易》的"使民不倦"③。宋孝宗还强调"以佛治心，以道治身，儒学治世"④的修养功夫。清代柳华阳认为，《周易》是儒释道三教融合的"良方"⑤。历史上还有一些高僧的重要论述，实际上各界各家的学术，包括道教王重阳、丘处机，他们实际上都有一些关于三教合一的思想论述。到了近代，儒释道三教的一些著名学者意识到《周易》在三教融合中起着重要作用。20世纪的学术大师们的学术生涯里头都是贯穿儒道佛三教与易学思想的，而只

---

① （三国魏）王弼注，楼宇烈校释《老子道德经注校释》第二十五章，中华书局，2008，第64页。
② （三国魏）王弼、（晋）韩康伯注，（唐）孔颖达等正义《周易正义》卷二《泰·象》，（清）阮元校刻《十三经注疏》，中华书局影印本，1980，第28页。
③ 张沛：《中说校注》卷五《问易篇》，中华书局，2013，第135页。
④ （元）刘谧：《三教平心论》卷上，《丛书集成初编》第734本册，上海商务印书馆，1937，第1页。
⑤ 《慧命经·集说慧命经第九》载柳华阳语："任尔三教是是非非，成乎其道者，不离此方。"见胡道静等主编《藏外道书》第5册，巴蜀书社，1992，第893页。

有这样，他们的学问才能更精密、更深邃、更扎实，这是一个规律。包括陈寅恪先生，还有我们北师大的老校长陈垣先生。陈垣先生的《中国佛教史籍概论》，不仅是佛教史研究的重要典籍，也是历代目录学做得最好的之一。现在的中国佛教史里面，如果谈文献这一部分，做得最扎实的陈垣先生是其中之一。这就是被称为"南北二陈"的两位学术大师。还有汤一介先生，既是哲学史家，更是哲学家，这两个必须合一才能做得好。所以现在的学术当然也是越来越难，每个人的时间精力越来越有限，外面大千世界、花花世界的吸引很多。但是好在我们的阅读工具、阅读手段越来越便利，越来越现代，这个应该说给我们折合了一些不利因素。

究其原因，《周易》的思维方式、价值理念对儒释道三教融合起着至关重要的作用，用《周易》的话就是"同归而殊涂，一致而百虑"①。《周易》遵循的是一种整体的、普遍联系的思维方式。就"天人合一"的理念来说，各家都有这个说法，佛家的表述是众生皆有佛性、依正不二，道家也有这样的原理，他们也都重视人的存在和发展，以人为本。所以说有人要调和各家学术之争，我说不是调和，它首先是有内在的包容归一的思想基础，没有这个思想基础，你想把它弄一块都不行。实际上，三教文化在古代名著里面都有体现，其作者有时候专门研究儒释道三教和明清小说的关系，我觉得分析得都非常透彻。应该说，《周易》里讲的"道器合一"，它能够给现实生活带来益处和指导，而不仅仅是坐而论道，就是一定要有一个现实意义。如果它没有现实意义，国学知识仅仅是知识罢了，但关键是它要转化成智慧才行。所以向古人借智慧，在这个知识的传承过程中，要提升每一个人的精神境界和智慧能量。现在说智慧城市，智慧这个，智慧那个，更重要的要有一个智慧的人生，而这个人生目标的真正实现，恐怕需要儒释道都兼修的人恐怕才能做得更好。

总的来说，是因为大道简易，易知易从，所以才能够实现三教合一。有人说"大道至简"来自道家，实际上《周易》说的"易简"才是它的直

---

① （三国魏）王弼、（晋）韩康伯注，（唐）孔颖达等正义《周易正义》卷八《系辞下》，（清）阮元校刻《十三经注疏》，中华书局影印本，1980，第87页。

接来源。《老子》说"大道至简",实际上其思想根源是来自《周易》。这再次证明了《易传》综合百家、超越百家的思想倾向。按照历史的线索,他们共同接受《易经》的影响,也就是反映老子思想的《道德经》,反映孔子思想的《论语》,各家有各自的发展、完善,最后形成了各家的思想体系。换句话说,各家的思想除了在自己的著作里头有体现以外,也体现在《易传》诸篇("十翼")里头。

(五) 易学与儒释道文化融合的当代启示

《周易》和易学的和谐智慧与创新精神,儒家天人一体、仁人爱物的人生态度,佛教济世度人、周济天下的大爱之心,道教尊道贵德、知足常乐的处事原则等,都已经融入了中华民族的血脉和精神之中,浸透人心,影响深远,对于当前我国的精神文明建设、和谐社会建设和生态文明建设等都有着一定的借鉴和启发作用。当今世界,因宗教思想文化不同而引起种种战争的乱象严重,如何治理这种乱象,从而实现不同文明之间的交流互鉴、平等对话,解决人类生存发展面临的普遍问题,建设人类命运共同体,通过对易学与儒释道文化合流等问题的思索,或可提供一点有益的启示。

《周易·系辞下传》说:"苟非其人,道不虚行。"[①] 僧祐《弘明集序》说:"道以人弘,教以文明,弘道明教。"[②] 人在推广和弘扬文化、文明的过程中居于主导地位。在多元文化相互激荡、相互磨合、相互补充、相互融合的今天,最重要的就是要重视人的主观能动作用。三教文化也都是这样,一说佛教、道教,大家想到更多的是皈依、出世,其实并不是这个样子的,它以出世的方式提供给你的是一种入世的能量和智慧。我觉得,只有这样,才能把握住宗教文化它为什么影响力这么大,否则的话便说不通。我们说的"天人合一"也是如此,绝不是让天来左右我们,更多地还是要突出人的能量,以人为本,正是要实现以人为本,才要尊重自然,追求与天道相

---

① (三国魏)王弼、(晋)韩康伯注,(唐)孔颖达等正义《周易正义》卷八《系辞下》,(清)阮元校刻《十三经注疏》,中华书局影印本,1980,第90页。

② (南朝梁)僧祐撰,李小荣校笺《弘明集序》,《弘明集校笺》,上海古籍出版社,2013,第4页。

合，与地道相合。

下面谈一谈我们既然身负弘扬祖国优秀传统文化的使命，就应以知行合一的姿态继续前行。在探索易学与儒释道文化合流的关系问题上，我们可以获得以下的启示。

1. 继续推进易学与儒释道文化经典的整理、阐释及研究等各方面的工作

立足于文献的整理、阐释、推广以及研究，能使我们在充分掌握材料的基础上，继续加深对易学产生和发展源流及其与中国传统文化源头关系等关系问题的研究，继续挖掘和展现儒释道文化融合中的易学因素和易学影响。我们现在的整理工作，儒释道各教都有。《中华大藏经》也出了，《中华道藏》也出了，最近我们也想搞《易藏》，把易学文献做一个系统、全面的整理、编纂。但是这个里头我们想贯彻儒释道文化都在易学中有体现的思路和方案，除了易学著作以外，我们把佛教著作里面和易学相关的东西，《道藏》里面和易学相关的东西我们都要把它专门整理出来，也放到这里面，要在新时期把我们新的学说、理念和方法体现在我们文献整理的过程中，甚至包括海外的研究。韩国在 20 世纪 90 年代曾捐赠给中国一批材料，改写了我们的历史，其中有清人入关以后被毁掉的文献。韩国那时候是附属国，有韩国人在北京生活，就跟做日记似地写了有一本《燕行录》，一看就和咱们清朝人记的不一样，特别是在这批文献里头对满人祖先的那种写法还保留着文字。而这些在《四库全书》里面很多都被改动了，甚至删掉了，所以后来有《四库禁毁书目》等文献推出。为什么鲁迅先生当年曾批评《四库全书》说修书实际上就是毁书，以致《四库全书》好多年翻不了身，原因就在这里。但是最近一下子《四库》、四库学又开始热起来了，也有好多经过整理的版本。所以我在教学过程中，发现硕士、博士学位论文如果参考文献写的《四库全书》本，我说你肯定弄的是光盘版，现在中华书局、商务印书馆出了这么多点校本却要看没有标点的刻本，这是不行的。学术本身要与时俱进，易学典籍、《易藏》的整理编纂，难度加大了，但它反映的是一种迫切的需要。

2. 尝试建立现代易学与现代化的儒释道三家的文化坐标，为中国乃

至全球的文化事业、文明发展服务

我们现在尝试建立现代易学与现代化的儒释道三家的文化坐标，实际上就是文化自信，严格地说，咱们"四个自信"里头文化自信是最根本的，但是文化自信严格地说应该就是民族思维方式的自信。文化自信也可以分成有形的和无形的，实际上我们最根本的也是一个无形的，就是我们民族的思维方式——"天人合一"，这个民族的基因非常好，所以永远立于不败之地。宋代张载首先提出这个词，但实际上这种思想在《周易》里面是最突出的。《说卦传》说："立天之道曰阴与阳，立地之道曰柔与刚，立人之道曰仁与义。兼三才而两之，故《易》六画而成卦。"① 《乾卦·文言传》更有精妙的总结："夫大人者，与天地合其德，与日月合其明，与四时合其序，与鬼神合其吉凶。先天而天弗违，后天而奉天时。"② 这些都成为"天人合一"思想的重要渊薮，构成了中国人在探索人与天地、人与鬼神关系等问题上的重要内容。我们现在要做的就是深入剖析中华民族的文化基因、文化传统形成和发展的过程，弄清易学思想的主要表现和重要价值，并力求使之实现创造性转化和创新性发展，继而形成为中国乃至世界的文化事业、文明发展服务的智慧成果。

最后，谈谈儒释道三教文化合流的归宿问题，或三教文化合流的终极目标问题。我们先来看《周易》思想的归宿。《观卦·象传》说："观天之神道，而四时不忒。圣人以神道设教，而天下服矣。"③ 《大有卦·象传》说："火在天上，大有。君子以遏恶扬善，顺天休命。"④ 《泰卦·象传》说："天地交，泰。后以财成天地之道，辅相天地之宜，以左右民。"⑤ 可

---

① （三国魏）王弼、（晋）韩康伯注，（唐）孔颖达等正义《周易正义》卷九《说卦》，（清）阮元校刻《十三经注疏》，中华书局影印本，1980，第 93～94 页。

② （三国魏）王弼、（晋）韩康伯注，（唐）孔颖达等正义《周易正义》卷一《乾·文言》，（清）阮元校刻《十三经注疏》，中华书局影印本，1980，第 17 页。

③ （三国魏）王弼、（晋）韩康伯注，（唐）孔颖达等正义《周易正义》卷三《观·象》，（清）阮元校刻《十三经注疏》，中华书局影印本，1980，第 36 页。

④ （三国魏）王弼、（晋）韩康伯注，（唐）孔颖达等正义《周易正义》卷二《大有·象》，（清）阮元校刻《十三经注疏》，中华书局影印本，1980，第 30 页。

⑤ （三国魏）王弼、（晋）韩康伯注，（唐）孔颖达等正义《周易正义》卷二《泰·象》，（清）阮元校刻《十三经注疏》，中华书局影印本，1980，第 28 页。

见,《周易》经传思想的一个根本核心是推知天道、地道而通达人事,实现天地人三才的和谐共生。《道德经》第一章说:"玄之又玄,众妙之门。"[①] 深远微妙而又在此之上再深远微妙,才能到达一切玄妙的门庭。那么,一切玄妙的门庭后面是什么?一切玄妙的归宿是什么?是益世助民,政通人和,通过无为而大有作为。《道德经》第二十七章说:"圣人常善救人,故无弃人;常善救物,故无弃物。"[②] 善人常常救助他人,所以没有被遗弃不用的人;常常拯救万物,所以没有被弃置不用之物。老子将这种处世原则视为"要妙"。可见,老子主张"无为",而"无为"的最高境界是"无不为",实即知行合一。显然,"无为"并不是"什么事都不用做"的意思。而"无不为"的归宿是什么呢?无非也是道、政、人的和谐。道家、道教如此,儒教自不待言,佛教普度众生不也是希望达到一种神人和谐的状态吗?而这种"和谐"的思想文化与价值理念正是《易经》和《易传》的精华部分。我还注意到了藏传佛教的问题,以前过于强调印度佛教与中国化佛教的区别,现在看来不是,我们现在说的很多东西是大乘佛教的,它是从内在精神和神似这个角度体现了佛家的精神和佛家的情怀、能量,而藏传可能更多是从宗教仪轨方面,从外在的有形的方面来体现。但是不管是藏传还是汉传,不应该仅强调形式的差异,更应该强调的是内在的共同追求。说到三教归一也是如此,我们既要把具体的学术问题放到思想发展的线索中去考察,同时又要综合、超越,只有这样才能够实现思想学说的飞跃和发展。在这个过程中我们应该把握住一个真善美的问题。余敦康先生认为,《周易》思想的智慧在于和谐。"和谐"的确是中国思想文化的精髓。有人研究这个问题研究的是三教各追求什么,但是我们应该注意到一个共同的导向,那就是都追求真善美,特别是都追求善,这也应该是儒释道三教文化合流的归宿所在。

总而言之,《周易》的思想品格和文化特征,体现了中国文化有兼容并蓄、融合百家之学、同化外来文化的能力,有使万善合流、众道同归、多

---

① （三国魏）王弼注,楼宇烈校释《老子道德经注校释》第一章,中华书局,2008,第 2 页。
② （三国魏）王弼注,楼宇烈校释《老子道德经注校释》第二十七章,中华书局,2008,第 71 页。

教合一的气魄。这种能力和气魄得益于中国人的思维方式及基本的价值观念，它集中体现在《周易》尤其是《易传》之中。《易传》是儒道互补而以儒为主、综合百家而超越百家的文化经典、智慧经典。以此为认识基础，可以更加条理清晰、学理分明地研究中国文化中的儒释道三教合流和归一的问题。

今天在跟大家交流的时候忽然有一些新的感受，特别是在座各位对我们有启发，我要把这个题目做得更精致、完善，力求有助于实现中华文化的创造性转化和创新性发展，同时对各位的现实生活、现实人生、现实工作亦有所帮助。这才是我们这个书院的宗旨，否则的话大家都随便听听，知道了佛教怎么说的，道教怎么说的，最后干什么，还是要回归一个人生境界的提升，回归我们生活质量的提高，回归养心养生的完美结合。今天这个时间也到12月份了，2016年也快过去了，2017年是丁酉鸡年，现在通行的是冬至的时间即12月22日过去了以后，就等于叫"一阳来复"了。等过了冬至就不光是猴年了，已经有鸡年的特点了，过了冬至的话，两个年都要看了，所以我们应该说更接近于鸡年的到来。祝愿各位在新的一年里，生活和美，身体健康，老人健康长寿，孩子快乐成长，各位大吉大利！谢谢各位！

主持人：我们在座的听了张涛教授的讲授，可能大家都有很多体会和感受，我只讲三点。

第一点，通过听张教授之前的讲授，我们对《周易》在中华文化发展史或者说在中国传统文化的发展史上，它的重要作用和历史地位有了进一步的科学的理解和辨识。

第二点，张教授特别强调的，我非常赞同，就是我们学习也好，研究也好，对《周易》等国学经典，要保持一种敬畏之心，因为它是非常厚重的历史，同时要有精准治学的态度。因为它本身已经断裂了这么长时间，如果我们在研究上再浮躁，一哄而上，或者说哗众取宠，我们的传统文化将来的传承就会走偏，走不下去。

第三点，传统文化或者说国学回归当今社会，阻力重重，任重道远，我觉得我们要有一种锲而不舍的精神，同时也要有与时俱进的态度，否则的话我觉得很难使国学真正成为我们社会发展的软实力，因为我们现在缺的就是精神，就是信仰。因为阻断了这么长时间的一段历史，让它回归，谈何容易？但是我是觉得我们通过两天的讲座，我觉得我们应该更加充满对中华传统文化的自信，知行合一，从我们做起，从我做起，从我们在座的所有人做起。张教授非常忙，不单是在研究方面，在指导学生方面也非常忙，他今天能够抽出宝贵的休息时间，而且以我认为非常严谨的治学态度，给我们做了一堂非常好的讲座，我们表示衷心感谢！

同时我也对在座的各位牺牲了两天的宝贵的休息时间能够出席什刹海的易学论坛，对于你们求学的态度向你们表示致敬。我也希望在座的各位更多地关注什刹海书院的发展和建设，2016 年的易学季以今天张涛教授精彩的演讲宣告结束。

谢谢大家，谢谢张教授！

三 《周易》在儒释道发展和融合中的作用

对儒释道三教的研究，是当前学术界的一个热点话题，出现了一些富有新见的成果，其中或从易学视角来考察易学与儒释道三教的关系，这一研究动向尤其值得关注①。然而，我们也应看到，相关研究多偏重于易学与儒释道中某一家的关联，对于《周易》与三教调和、三教合一、三教文化融合之间的内在联系以及《周易》在其中发挥的重要作用则鲜有探讨。因此，有必要在以往研究的基础上，就《周易》及易学何以能够影响儒释道三教，影响三教调和、三教合一、三教文化融合等问题做进一步探究。这对于深化和拓展儒释道三教研究、《周易》和易学研究，都有着十分重要的学术启发意义。

---

① 较有代表性的研究成果有：夏金华《佛学与易学》，（台湾）新文丰出版公司，1997；任俊华《易学与儒学》，中国书店，2001；王仲尧《易学与佛教》，中国书店，2001；詹石窗《易学与道教思想关系研究》，厦门大学出版社，2001；潘雨廷《易与佛教·易与老庄》，上海古籍出版社，2005；等等。

（一）《周易》与诸子文化的思想渊源

《周易》作为群经之首、大道之源，在我国传统思想文化史上占有重要地位。而就儒释道三教及其调和、融会的历史发展进程而言，《周易》的重要性和影响力同样亦是如此。陈寅恪先生曾说："自晋至今，言中国之思想，可以儒释道三教代表之。此虽通俗之谈，然稽之旧史之事实，验之今世之人情，则三教之说，要为不易之论。"① 在论及儒释道文化的历史影响时，陈寅恪先生又指出："二千年来华夏民族所受儒家学说之影响，最深最巨者，实在制度法律公私生活之方面，而关于学说思想之方面，或转有不如佛道二教者。"② 我们应当注意到，儒释道三教都非常重视《周易》，不论是儒家学派还是道家、道教人士抑或高僧大德，都对《周易》情有独钟。他们几乎不约而同地援引《周易》学说以阐发各自的见解，在不同程度上推动了儒释道三教融合的历史进程。

儒释道三教融合形成了甚为丰厚的思想文化成果，这与《周易》经传的思想特质、学术品格密切相关。我们知道，《周易》一向被誉为"群经之首"，"首"字并非仅仅重在"开始""最早"之义，而是就其在中国思想文化中的影响和地位而言的。之所以称其为"群经之首"，乃因为它是承载着中华民族优秀思想的最古老的文化经典、智慧经典。由这一源头活水发端，才孕育出了儒释道三教合一、三教融通的独特的中国文化传统。

考察《周易》之名，"周"具有多重含义，除了"周地""周代""周朝"之义，还有"周备""周普"的意思。《周易·系辞上传》说："《易》与天地准，故能弥纶天地之道。……知周乎万物而道济天下。"③《系辞下传》说："《易》之为书也，不可远，为道也屡迁，变动不居，周流六虚，上下无常，刚柔相易，不可为典要。……《易》之为书也，广大悉备，有

---

① 陈寅恪：《冯友兰中国哲学史下册审查报告》，见《陈寅恪集·金明馆丛稿二编》，生活·读书·新知三联书店，2015，第283页。
② 陈寅恪：《冯友兰中国哲学史下册审查报告》，见《陈寅恪集·金明馆丛稿二编》，生活·读书·新知三联书店，2015，第283页。
③ （三国魏）王弼、（晋）韩康伯注，（唐）孔颖达等正义《周易正义》卷七《系辞上》，（清）阮元校刻《十三经注疏》，中华书局影印本，1980，第77页。

天道焉，有人道焉，有地道焉。"① 另外，古人认为，"周"还有"周匝""周而复始"之义。据《周易》文本所述，"周"之"周普""周备""周匝""周而复始"等，说的就是放之四海传之万代而皆准的道理和规律。东汉郑玄明确指出："《易》者，言《易》道周普，无所不备。"② 到了清代，《四库全书总目》中也说："《易》道广大，无所不包。"③ 可见，《易》道周普，无所不包，无所不备，无时不在，故"周"之义广矣、大矣。

"周"之义已明，"易"之义为何？这同样是一个值得深入思考的问题。根据传统易学，"易"有"三义"，其中郑玄的释义最具代表性和权威性："《易》之为名也，一言而含三义：简易一也，变易二也，不易三也。……据兹三义而说，《易》之道广矣大矣！"④ 许慎《说文解字》于"易"下说："蜥易、蝘蜓、守宫也，象形。秘书说：'日月为易，象阴阳也。'"⑤ 此处表达了"易"的两种含义：一是取象于事物改变、变换的属性，假借为"变易"之"易"；二是"易"由日、月组成，日为阳，月为阴，阴阳二气合之为"易"。《说文》以字形、字音为据而求字义，突出了阴阳变易的思想，这颇合《周易》之旨，所以东汉魏伯阳、三国吴虞翻直至清代的姚配中等均力主此说。

我们知道，《周易》由经传两个部分组成。《易经》（六十四卦及卦爻辞）的成书时间，学术界多倾向于殷周之际。《易传》（"十翼"）的作者，宋代以前的学者多认定是孔子。但自宋代欧阳修开始，就有人怀疑《易传》不完全为孔子所作。当代一些学者或坚持孔子作《易传》的传统观点，并在其著作中引用《易传》作为孔子思想之依据，或认为《易传》反映的主要是先秦道家的思想倾向，或强调《易传》应为孔子后学所作，成于战国中后期。近年来，经过认真思考和积极探索，我们得出了这样的结论：《易传》应是儒道互补、以儒为主、综合百家、超越百家的产物，其文本的思

---

① （三国魏）王弼、（晋）韩康伯注，（唐）孔颖达等正义《周易正义》卷八《系辞下》，（清）阮元校刻《十三经注疏》，中华书局影印本，1980，第 89～90 页。
② （宋）王应麟辑，张振峰等点校《周易郑康成注·易赞》，中华书局，2012，第 65 页。
③ （清）永瑢等：《四库全书总目·经部·易类一》，中华书局，1965，第 1 页。
④ （宋）王应麟辑，张振峰等点校《周易郑康成注·易赞》，中华书局，2012，第 64～65 页。
⑤ （汉）许慎撰，（清）段玉裁注《说文解字注》，中华书局，2013，第 463～464 页。

想倾向既非儒家，亦非道家，与儒家、道家、阴阳家、墨家、法家、兵家等诸子百家都有会通、交融的部分①。在学术界，这一观点已经得到越来越多的认同和支持。

易学的发展演变与儒家学派的推动有着紧密的关系。孔子对《周易》颇有研究，甚至读到"韦编三绝"，并且还以其传授弟子。据《论语·子路》所载，孔子曾引述《周易·恒卦》九三爻辞"不恒其德，或承之羞"②，用以说明卦爻辞对于训勉、提升人的道德修养的作用。更为重要的是，孔子认为，善于学《易》的人不必去占筮，即所谓"不占而已矣"③，从而进一步淡化了《易经》的宗教巫术色彩。孔子还强调，学《易》可以使人改过从善。《论语·述而》记述孔子之言："加我数年，五十以学《易》，可以无大过矣。"④ 这些都或直接或间接地反映了孔子与《易》之间的关系。其后，子思、孟子、荀子等也都曾关注和研究《周易》，留下了重要的思想成果。儒家还把包括《周易》在内的"六艺"作为教材，教授生徒，开展教育活动。所以，儒家与《周易》的密切关系可谓不言而喻，不证自明。

而道家也非常重视对《易经》的研究，包括"太极"在内的诸多概念，就是从《周易》之中演化来的。老子说："万物负阴而抱阳，冲气以为和。"⑤庄子则提出了"《易》以道阴阳"⑥ 的著名论断，他们都喜谈"阴阳"，而阴阳变易之理即是《周易》所包含的关涉宇宙万物的普遍法则。换言之，从卦象、爻象到各种自然现象和社会现象，皆可以阴阳释之。所以说，道家法象天地、顺应自然的天道观，同样也可以用"推天道以明人事"⑦ 来加

---

① 参见张涛《易学·经学·史学》，北京师范大学出版社，2011，第 2 页。

② （清）刘宝楠撰，高流水点校《论语正义》卷十六《子路第十三》，中华书局，1990，第 543 页。

③ （清）刘宝楠撰，高流水点校《论语正义》卷十六《子路第十三》，中华书局，1990，第 544 页。

④ （清）刘宝楠撰，高流水点校《论语正义》卷八《述而第七》，中华书局，1990，第 267 页。

⑤ （三国魏）王弼注，楼宇烈校释《老子道德经注校释》第四十二章，中华书局，2008，第 117 页。

⑥ （清）郭庆藩撰，王孝鱼点校《庄子集释·杂篇·天下第三十三》，中华书局，2016，第 1071 页。

⑦ （清）永瑢等：《四库全书总目·经部·易类一》，中华书局，1965，第 1 页。

以概括。就天人之际问题而言，道家表现出了高超的理论成就，而《周易》最突出的特征即在于探究天人关系。《郭店楚简·语丛一》："《易》，所以会天道、人道也。"① 司马迁之父司马谈为黄老道家信徒，司马迁承继父职并自叙其志为"究天人之际，通古今之变，成一家之言"②。其中"究天人之际"体现的正是《周易》的主要思想特征。由此观之，《周易》与道家的关系亦十分密切。对此前贤时哲已有不少探索和发明，这里不再赘述。

不仅《易传》与儒家、道家有相通之处，儒道互补，而且阴阳家、墨家、法家、兵家等学派的思想主张在《易传》中也有不同程度的反映。《易传》讲阴阳，所谓"一阴一阳之谓道"，即是对阴阳对立、变化规律的理论揭示和概括。阴阳家以阴阳作为立论基础，通过阴阳变易来推测四时之序，并且强调顺应自然规律的必要性，这与《易传》思想若合符节。墨家学说强调用人必须以德为准，而"进德修业"正是《周易》作者所极力赞扬的人生价值理想；同时《易传》提及尚贤、用贤的选人用人原则，这与墨家思想也有诸多相似之处。不仅如此，若继续深究之，便会发现墨子思想与《周易》经传中的天人合一、自强不息、健行不怠的精神也存在深层次的内在联系。先秦诸子以阴阳论道，阐发天人相合、进德修业的世界观、人生观，其中很多思想原则及主张与《易传》存在或著或微、或显或隐的内在关联。

应该说，作为一部思想性、哲理性非常突出的古代典籍，假如《易传》不具有会通、包容的思想特质和学术品格，假如它不是综合百家、超越百家的产物，那就很难会在后世儒释道三教调和、融通、合流的过程中发挥重要作用，产生巨大影响。因此，我们的相关思考必须建立在上述相关认识的基础之上。

（二）《周易》与儒释道三教的殊途同归

《周易》经传思想在儒释道文化融合中的地位究竟如何，我们首先从探

---

① 荆门市博物馆：《郭店楚墓竹简·语丛一》，文物出版社，1998，第194页。
② （汉）班固撰，（唐）颜师古注《汉书》卷六十二《司马迁传第三十二》，中华书局，1962，第2735页。

讨《周易》与三教的关系着手。众所周知，汉武帝罢黜百家、独尊儒术，儒家思想取得了独尊的地位，包括《周易》在内的六经地位得以凸显。儒学的形态尽管在不断演变，但一直居于官方学术的地位。孔子以《周易》教授弟子，孔子及其后学为《易传》的最终形成做出了重要贡献，而《周易》也在汉代被确定为群经之首。自汉代至清代，诸多儒家学者研究易学，或主于象数，或专于义理，研《易》用《易》，《周易》经传与儒家之间的关系自不待言。

道家、道教与《周易》经传存在着重要的思想渊源。汉初的易学思想掺杂黄老思想，这不仅在《淮南九师道训》中表现得尤为明显，也可从《淮南子》一书中窥见一斑。作为最早的道教经典，《太平经》继承、发挥了《周易》之道，充分吸收、借鉴各种易学成果，成为易、道融合的典范。东汉末年的炼丹家魏伯阳以道解《易》、易道融合，撰成《周易参同契》。曹魏王弼以老庄思想解《易》，作《周易注》；东晋韩康伯据老庄思想注解《易传》。同一时期，著名道教学者葛洪，在《抱朴子》一书中多处引用《周易》文辞为其高尚其事、遁迹山林的抉择寻找理论支撑和历史依据。此后，道家、道教援《易》入道的学术或宗教活动沿着前贤的积累和铺垫，屡有创获。

佛教作为来自异域的宗教文化，在魏晋时期与包括易学在内的中国固有文化进行了一次成功的对话、调和和融会。佛教在唐代达到鼎盛，此后进一步加速了理论创新和本土化、民族化的进程，《周易》与《华严经》等佛典在义理上有诸多相通之处，这在当时已经成为一大共识。一些高僧如宗密等皆有研习《周易》的经历，连儒家学者柳宗元也认为佛家经典与《周易》《论语》没有矛盾之处，所谓"浮屠诚有不可斥者，往往与《易》《论语》合"，"不与孔子异道"①。到了宋代，王宗传、杨简开启了以禅解《易》的先风。至明代后期，以佛学解《易》之风开始流行。其中，蕅益智旭撰《周易禅解》，堪称集大成者，成为援儒证佛、以禅解《易》的典范，《易》佛融合亦因此达到空前紧密的程度。《四库全书总目》评价道："自宋以来，惟说《易》者至夥，亦惟说《易》者多岐。门户交争，务求相胜，

---

① （唐）柳宗元：《柳宗元集》卷二十五《送僧浩初序》，中华书局，1979，第675页。

遂至各倚于一偏。故数者《易》之本，主数太过，使魏伯阳、陈抟之说窜而相杂，而《易》入于道家。理者《易》之蕴，主理太过，使王宗传、杨简之说溢而旁出，而《易》入于释氏。"① 我们注意到，四库馆臣的这一立场，旨在批评传统学术援《易》立说的乱象，却也从另一角度指出了易学与儒释道三教关系密切的一个基本事实。

魏晋时期的儒释道即已出现融合的趋势，唐宋以后三教合流更成为中国历史文化发展、学术思想演进的潮流，融合之势蔚为大观。这种思潮对当时宗教、哲学、政治、文学、艺术等领域的进步和发展，在不同程度上起到了助推作用，这一切又与《周易》之学的影响和沾溉相关。在儒家易学继续前行的同时，以道教、佛教思想解说易理或者以易理解说道教、佛教思想的道教易学、佛教易学相继形成并不断深化和发展。可以说，易学思想与趋于调和、融会的儒释道文化之间始终是相伴而行、双向互动、相得益彰的。

前已提及，《周易》以追求殊途同归、万物会通为鹄的，呈现出综合百家、超越百家的思想特质，是儒道共同推崇、借鉴、取资的文化经典。《周易参同契》《黄帝阴符经》等道教经典的形成与《周易》思想有着深刻的联系。儒道凭借《周易》这部共同的文化经典进行综合融通，丰富了各自的理论内涵。佛教自汉代进入中土以来，佛学家在解释佛经以及佛学在中国本土化的过程中，尽管一开始更多地是比附（格义、连类），但也从儒道两教共同使用的经典文献《周易》中吸收语言、思想的养分，以创新的方式阐释所引用的《周易》之文，并主动地融入本土文化当中。

儒释道思想与易学文化的相互资取，为三教搭建了一个对话的平台，并由此开辟出了一条三教合一的思想发展路径。不同历史时期的各派各家都有关于三教合一的论述，而在这一过程中，《周易》和易学的重要性也被不断地揭示和凸显。如隋代王通认为三教能够合一的思想基础是《周易·系辞下》的"使民不倦"②，而宋代张商英提出的三教融合的思想，集中体

---

① （清）永瑢等：《四库全书总目·经部·易类六》，中华书局，1965，第34～35页。
② （隋）王通《文中子·问易》载："子读《洪范谠议》，曰：'三教于是乎可一矣？'程元、魏征进曰：'何谓也？'子曰：'使民不倦。'"见张沛《中说校注》卷五《问易篇》，中华书局，2013，第135页。

现在其《三才定位图》中，其理论基础则是《周易》的三才统一之道和阴阳变化之理。后来，明末管志道贯通《华严》与《周易》，借佛理以阐说《易》理，使儒者"知经世事业之上，尚有出世一着，不以一生之功名富贵为结局"①。再往后，方以智则将儒释道三教的理论主旨均归于《易》，提出了"泝其原同，则归于《易》耳"②的观点，视《周易》为三教融合的理论根基，从而形成了著名的三教归《易》思想。清代柳华阳认为《周易》是儒释道三教融合的"良方"③，凡此种种，究其原因，就在于《周易》是推知天道、地道而通达人事，以实现天地人三才的和谐共生，即在关心天道的同时关注人道，关心人类的内心世界、外部世界，关心人类的精神归宿以及对外部世界的体认。《周易》在天人合一，在会通天道、人道方面的经典意义，三教都是基本认同的。可以说，《周易》的思维方式、价值理念作为儒释道三教融合的"黏合剂"，为三教合一提供了一个重要的思想基础。

儒释道三教的文化交融是中国传统社会政治、思想文化不断深化而产生的必然结果，不同历史时期诸家不约而同地选择《周易》和易学作为阐发义理的媒介，并以此作为修身、治世、"开物成务""与时偕行"的思想资源。《周易》和易学与儒释道三教思想在中国思想文化发展的进程中，不论从自身诠释路径的发展抑或互相融合的角度来看，都在一定程度上显露出一种"唯变所适"的关系或形态，这也是《周易》及易学"变易"精神的直接体现。

（三）《周易》与三教文化的重要旨归——积善余庆、遏恶扬善

《周易》博采众家之长、会通百家之说的思想特征和学术品格，决定了其本身可以作为儒释道文化相互融合的基石和津梁。在儒释道三教从并立、矛盾走向调和、融会、归一的历史进程中，三教都竭力克服彼此间的思想冲突，消弭不同学术属性的理论分歧，而这与《周易》"推天道以明人事"

---

① （明）管志道：《六龙剖疑》，日本东京尊经阁文库明万历刊本。
② （明）方以智：《象环寤记》，见张昭炜整理《方以智著作选》，九州出版社，2015，第25页。
③ 《慧命经·集说慧命经第九》载柳华阳语："任尔三教是是非非，成乎其道者，不离此方。"见胡道静等主编《藏外道书》第5册，巴蜀书社，1992，第893页。

和 "同归而殊涂, 一致而百虑"① 的理念以及 "会通" 的思维方式等有很大程度的相通和契合。毕竟, 《周易》推崇以天道推衍人道, 以天地之道为据而 "立人极", 体现了人事效法自然的思想理路和思维模式。

《周易》要求顺天而动、适应自然, 但又关心人类自身的生存和发展, 重视人的主观能动作用, 主张 "财成天地之道, 辅相天地之宜, 以左右民"②。儒释道三教不同程度地在 "阴阳和谐" "天人合一" 的基础上挺立人的主体意识, 发挥人的主观能动作用, 这应该是受到《周易》的深刻影响。儒家经典《论语》中关于孔子言行的记载, 如问人 "不问马"③, "尔爱其羊, 我爱其礼"④, 等等, 流露出的都是对人类社会伦理的重视。《孟子》主张祭礼应 "以羊易牛"⑤, 并提醒人们在对外物施予同情之前应当表现出对人类的关怀, 此即儒家所谓 "仁者, 人也"。道家、道教亦强调人的重要性, 关注人在天人关系中的独特地位。《老子》有云: "道大, 天大, 地大, 人亦大。域中有四大, 而人居其一焉。"⑥ 僧祐《弘明集序》则说 "夫道以人弘, 教以文明, 弘道明教"⑦, 无疑也反映了对人的主体性的重视和倡导。

中国传统 "天人合一" 的思维中并没有忽略更未否定人的存在及其价值, 未否定人在弘扬文化、推动文明的过程中始终居于主导地位。在 "天人合一" 的视野之下, 《周易·乾卦·文言传》就天人关系有精妙的总结: "夫大人者, 与天地合其德, 与日月合其明, 与四时合其序, 与鬼神合其吉凶。先天而天弗违, 后天而奉天时。"⑧ 在中国思想文化史上, 儒家的 "赞

---

① (三国魏) 王弼、(晋) 韩康伯注, (唐) 孔颖达等正义《周易正义》卷八《系辞下》, (清) 阮元校刻《十三经注疏》, 中华书局影印本, 1980, 第87页。

② (三国魏) 王弼、(晋) 韩康伯注, (唐) 孔颖达等正义《周易正义》卷二《泰·象》, (清) 阮元校刻《十三经注疏》, 中华书局影印本, 1980, 第28页。

③ (清) 刘宝楠撰, 高流水点校《论语正义》卷十一《乡党第十》, 中华书局, 1990, 第422页。

④ (清) 刘宝楠撰, 高流水点校《论语正义》卷三《八佾第三》, 中华书局, 1990, 第111页。

⑤ (清) 焦循撰, 沈文倬点校《孟子正义》卷三《梁惠王章句上》, 中华书局, 2015, 第87页。

⑥ 任继愈:《老子绎读》第二十五章, 国家图书馆出版社, 2006, 第55~56页。"人", 或有版本作 "王" 者。

⑦ (南朝梁) 僧祐撰, 李小荣校笺《弘明集序》,《弘明集校笺》, 上海古籍出版社, 2013, 第4页。

⑧ (三国魏) 王弼、(晋) 韩康伯注, (唐) 孔颖达等正义《周易正义》卷一《乾·文言》, (清) 阮元校刻《十三经注疏》, 中华书局影印本, 1980, 第17页。

天地之化育"，道家、道教的"道法自然"，佛教的"依正不二"，就一定意义而言，也可视为《周易》"与天地合其德"之说的一种延续和发展。重视天道以实现人文关怀，儒释道三教对此均表现出某种程度的关切。从思想脉络来看，儒释道三教只不过在《周易》"苟非其人，道不虚行"思想的基础上，对此作了较为深入的义理发挥。

受易学思想的沾溉和影响，儒家坚持从宇宙内部去寻找生命的本源，坚持立足于人事的立场而非神的立场来看待人的生命价值。道家、道教的思想原本偏重于出世，但后来也"吸纳儒学道德"，出现了明显的"入世转向"，即"从出世朝介入俗世的转向"，从而"导出儒、道在世俗化的合流"①。佛教传入中国后，其出世倾向与儒道特别是儒家的入世立场发生了严重冲突，佛教不得不进行自我改造，不断地吸收儒道的入世观念、伦理道德和现实意识，以求得生存和发展。到隋唐时期，随着佛教中国化改造的完成，儒道思想中的理性精神已经渗透到了佛教各宗派之中，其中以禅宗为甚。

《周易》希望人们回归真善美，其中核心是善，这种思想在《周易》中异常丰富。《坤卦·文言传》："积善之家，必有馀庆；积不善之家，必有馀殃。"②《大有卦·象传》："火在天上，大有，君子以遏恶扬善，顺天休命。"③《益卦·象传》："风雷，益，君子以见善则迁，有过则改。"④《系辞上传》："一阴一阳之谓道，继之者善也，成之者性也。"⑤ 唯其如此，历代学者往往将求善、行善、劝善的思想上溯至《周易》。

儒释道三教同归于善的思想在中国思想文化史上也至为突出，而这与

---

① 刘涤凡：《道教入世转向与儒学世俗神学化的关系》，（台湾）学生书局，2006，自序第 1～2 页。

② （三国魏）王弼、（晋）韩康伯注，（唐）孔颖达等正义《周易正义》卷一《坤·文言》，（清）阮元校刻《十三经注疏》，中华书局影印本，1980，第 19 页。

③ （三国魏）王弼、（晋）韩康伯注，（唐）孔颖达等正义《周易正义》卷二《大有·象》，（清）阮元校刻《十三经注疏》，中华书局影印本，1980，第 30 页。

④ （三国魏）王弼、（晋）韩康伯注，（唐）孔颖达等正义《周易正义》卷四《益·象》，（清）阮元校刻《十三经注疏》，中华书局影印本，1980，第 53 页。

⑤ （三国魏）王弼、（晋）韩康伯注，（唐）孔颖达等正义《周易正义》卷七《系辞上》，（清）阮元校刻《十三经注疏》，中华书局影印本，1980，第 78 页。

《周易》思想同样有着某种程度的内在联系。按之三教学说，求善、行善、劝善的思想比比皆是。先说儒家。例如，孔子说："举善而教不能，则劝。"① 又说："子为政，焉用杀？子欲善，而民善矣。"② 孔子还对"善"的缺失深感忧虑，强调："不善不能改，是吾忧也。"③ 而孔子本人对"善"更是热切追求，所谓："三人行，必有我师焉。择其善者而从之，其不善者而改之。"④ 《大学》有言："大学之道，在明明德，在亲民，在止于至善。"⑤《孟子》中也屡屡言及"善""善性""善道""善教""善政""善人""善士"等，并提出："君子莫大乎与人为善。"⑥ 其他儒家人物对于"善"亦多有论及。

道家、道教对"善"的重视和倡导，也屡见于载籍，给人留下了深刻印象。《老子》中多处提到"善"，比如："天道无亲，常与善人。"⑦ "善者，吾善之；不善者，吾亦善之，德善。"⑧ "圣人常善救人，故无弃人；常善救物，故无弃物。"⑨《文子》云："非崇善废丑，不向礼义，无法不可以为治，不知礼义不可以行法。"⑩ 又云："日化上而迁善，不知其所然，治之本也。"⑪《文子》还认为"为善"是容易做到的："天下莫易于为善，莫难于为不善。所谓为善者，静而无为，适情辞余，无所诱惑，循性保真，无变于己，故曰为善易也。"⑫ 晋代葛洪总结了战国以来神仙方术的理论，将

① （清）刘宝楠撰，高流水点校《论语正义》卷二《为政第二》，中华书局，1990，第 64 页。
② （清）刘宝楠撰，高流水点校《论语正义》卷十五《颜渊第十二》，中华书局，1990，第 506 页。
③ （清）刘宝楠撰，高流水点校《论语正义》卷八《述而第七》，中华书局，1990，第 254 页。
④ （清）刘宝楠撰，高流水点校《论语正义》卷八《述而第七》，中华书局，1990，第 272 页。
⑤ （汉）郑玄注，（唐）孔颖达等正义《礼记正义》卷六十《大学第四十二》，（清）阮元校刻《十三经注疏》，中华书局影印本，1980，第 1673 页。
⑥ （清）焦循撰，沈文倬点校《孟子正义》卷七《公孙丑上句上》，中华书局，2015，第 261 页。
⑦ （三国魏）王弼注，楼宇烈校释《老子道德经注校释》第七十九章，中华书局，2008，第 188 页。
⑧ （三国魏）王弼注，楼宇烈校释《老子道德经注校释》第四十九章，中华书局，2008，第 129 页。
⑨ （三国魏）王弼注，楼宇烈校释《老子道德经注校释》第二十七章，中华书局，2008，第 71 页。
⑩ 王利器《文子疏义》卷第十二《上礼》，中华书局，2000，第 514 页。
⑪ 王利器《文子疏义》卷第九《下德》，中华书局，2000，第 381 页。
⑫ 王利器《文子疏义》卷第九《下德》，中华书局，2000，第 386 页。

"积德累善"作为成仙的必要条件，指出："欲求长生者，必欲积善立功，慈心于物，恕己及人，仁逮昆虫。"① 唐代杜光庭《墉城集仙录》说："人有一善，则心定神安；有十善，则气力强壮；有百善，则宝瑞降之；有千善，则后代神真；有二千善，则为圣真仙将吏；有三千善，则为圣真仙曹掾；有四千善，则为天下师圣真仙主统；有五千善，则为圣真仙魁师；有六千善，则为圣真仙卿大夫；有七千善，则为元始五帝。君有一万善，则为太上玉皇帝。元君曰：万善之基，亦在三业十善相生，至于万善。行善益算，行恶夺算。赏善罚恶，各有职思；报应之理，毫分无失。长生之本，惟善为基也。戒之，勉之。"② 至南宋时期，道教"善书"《太上感应篇》出现，受到朱熹后学、"常喜刊善书"的真德秀的高度称赞。此后，道教对各种劝善书的编写和推广一直较为重视。

"善"也是佛教伦理的重要范畴。东晋时期《增壹阿含经》中记载："诸恶莫作，诸善奉行，自净其意，是诸佛教。"③ 十六国时期《出曜经》说："'诸恶莫作'者，诸佛世尊教诫后人三乘道者，不以修恶而得至道，皆习于善自致道迹。是故说曰：'诸恶莫作'也。'诸善奉行'者，彼修行人善普修众善。唯自璎珞具足众德。见恶则避恒修其善。所谓'善'者，止观妙药烧灭乱想。是故说曰：'诸善奉行'。'自净其意'者，心为行本招致罪根。百八重根难解之结缠裹其心，欲、怒、痴盛、憍慢、悭嫉，种诸尘垢，有此病者则心不净。行人执志自练心意使不乱想，如果不息便成道根。是故说曰：'自净其意'也。'是诸佛教'者，如来演教禁戒不同，戒以检形义以摄心。佛出世间甚不可遇，犹如优昙钵花亿千万劫时时乃有。是故如来遗诫教化，贤圣相承以至今日。禁戒不可不修！惠施不可不行！吾所成佛王三千者，皆由禁戒惠施所致也。是故说曰'是诸佛教'。"④

---

① 王明：《抱朴子内篇校释》（增订本）卷六《微旨》，中华书局，2016，第126页。

② （唐）杜光庭：《墉城集仙录》，载《正统道藏》第30册，（台湾）新文丰出版公司，1995，第463页。

③ （晋）罽宾僧伽提婆译《增壹阿含经》，载《大正新修大藏经》第2卷，（台湾）佛陀教育基金会出版部，1990，第551页。

④ （十六国后秦）凉州沙门竺佛念译《出曜经》，载《大正新修大藏经》第4卷，（台湾）佛陀教育基金会出版部，1990，第741页。

针对三教皆致力于倡导求善、行善、劝善的情况，北宋天台宗僧人智园认为："夫儒释也，言异而理贯也，莫不化民，俾迁善远恶也。"① 名僧契嵩也明确指出："古之有圣人焉，曰佛，曰老，曰儒，其心则一，其迹则异。夫一焉者，其皆欲人为善者也；异焉者，分家而各为其教者也。"② 而于三教义理均有极深研究的张商英说："三教之书，各以其道善世砺俗，犹鼎足之不可缺一也。"③ 更为重要的是，作为最高统治者的宋真宗也曾说过："三教之设，其旨一也，大抵劝人为善。"④ 再到后来，更有遍于三教、出入三教的劝善运动的兴起，"波及明末至整个清代而经久不衰"⑤。我们要强调的是，三教合一，归于至善，而其理论来源与《周易》积善馀庆、遏恶扬善、见善迁过的思想原则有着密切的关系。例如，唐代高僧道世曾在《法苑珠林》卷五《诸天部·感应缘》中广陈"古今善恶，祸福征祥"等"灵验"故事，但却称引《周易》"馀庆""馀殃"之言予以证实⑥。南宋禅僧大慧宗杲也提及："三教圣人立教虽异，而其道同归一致，此万古不易之义"⑦。"三教圣人所说之法，无非劝善诫恶，正人心术"⑧。其中明显有《周易》"殊涂同归""遏恶扬善"之思想因素在其中。这说明，古人已经意识到两者之间的内在联系。

另外，《周易》的"易简"之理，也是三教实现文化融合的又一个思想基础。《系辞上传》："乾以易知，坤以简能。易则易知，简则易从。易知则有亲，易从则有功。有亲则可久，有功则可大。可久则贤人之德，可大则

① （宋）释智圆：《中庸子传》，见《全宋文》卷315，第48册，巴蜀书社，1990，第289页。

② 〔日〕荒木见悟译注《辅教编》下册，（日本东京）筑摩书房，1981，第189页。

③ （宋）张商英：《护法论》，见《全宋文》卷2230，第50册，巴蜀书社，1994，第602页。

④ （宋）志磐撰，释道法校注《佛祖统纪校注》卷四十五，上海古籍出版社，2012，第1058页。

⑤ 吴震：《颜茂猷思想研究——17世纪晚明劝善运动的一项个案考察》，东方出版社，2015，第2页。

⑥ （唐）释道世著，周叔迦、苏晋仁校注《法苑珠林校注》卷五，中华书局，2003，第144页。

⑦ （宋）大慧宗杲：《示张太尉（益之）》，潘桂明释译，星云大师总监修《大慧普觉禅师语录》卷22，（台湾）佛光文化事业有限公司，2012，第250页。

⑧ （宋）大慧宗杲：《示成机宜（季恭）》，潘桂明释译，星云大师总监修《大慧普觉禅师语录》卷24，（台湾）佛光文化事业有限公司，2012，第270页。

贤人之业。易简而天下之理得矣。天下之理得，而成位乎其中矣。""易简之善配至德"。①传统观点认为"大道至简"来自道家、道教，实际上《周易》所说的"易简"之理才是它真正的思想根源。而中国佛教逐渐向简易方向发展，将原本庞杂、烦琐的理论不断加以简化、简约、删繁就简，与此也存在某种内在联系。唐五代以后，以简易著称的禅宗和净土宗在我国得到了充分发展，特别是禅宗不立文字、明心见性、顿悟成佛的"顿悟"之说，更是影响巨大而深远。在一定程度上讲，这些与《周易》"易简"之理都是相近、相通的。未尝不可以这样理解，禅宗的"顿悟"是以对生死的超越为目标，而要趋近于此，就必须超越时空，超越自我与非我、以及主体与客体的界限，最终使"小我"能够达到与宇宙共存、与天地同体的境界。禅宗的"顿悟"追求的是一种"梵我合一"，没有彼此之分、没有内外之别的自我超越，这同样也是以《周易》"天人合一"思想为旨归的"易简"之理。

综上所论，中国思想文化史上的三教合流不仅体现了兼容百家之学、融会外来文化的思想特征，而且呈现了万善合流、众道同归、多教合一的文化气魄。这无疑得益于《周易》之价值观念、思维方式等方面的助力，因为《周易》乃儒道互补、综合百家、超越百家的文化经典。将宇宙的本质归结为天、地、人三才，是为简易；三才各从其变，则是变易；而三才统于一体，谓之不易。就某种程度而言，这应是儒释道能够实现对话、会通、融合乃至归一的重要的思想理论基础。当然，对《周易》思想的作用无论怎样发挥，对《周易》思想取鉴的程度无论如何加深，也无法改变儒释道三教各自的学术边际和文化特性，而且三教的调和、会通、合流离不开对学术思潮发展演变内在理路的遵循，更不能忽视历代王朝统治政策的影响。但是，以《周易》作为主要的认识基础和致思方向，或许可以为进一步深入研究儒释道三教文化融合问题提供一个比较宏阔和清晰的学术视野。

---

① （三国魏）王弼、（晋）韩康伯注，（唐）孔颖达等正义《周易正义》卷七《系辞上》，（清）阮元校刻《十三经注疏》，中华书局影印本，1980，第76、79页。

四 《周易》和儒释道的"天人合一"思想

"天人合一"是中国传统思想文化的核心理念和重要命题。从生态文化的角度看,"天人合一"就是顺应自然、保护自然,追求人与自然的和谐共生。在中国思想文化的发展进程中,《周易》与儒释道三家都对"天人合一"有所发明、发展,推出了一系列人与自然和谐的思想主张。当今全球生态环境问题日趋严峻,重新思考人与自然的关系问题,更好地开展生态文明建设、美丽中国建设,应该从传统的"天人合一"生态世界观中得到某种启示和借鉴。

千百年来,中国人一直在寻求一种与外界和自然之间合理、和谐的相处之道。从上古时期天人交游的神话传说,到夏商周对天人关系的朴素认识,从先秦时期的诸子蜂起、百家争鸣,到后来的儒释道三教合流,"天人合一"一直是中国传统思想文化的核心理念和重要命题。正如汤一介先生所指出的:"天人合一"学说"不仅是一根本性的哲学命题,而且构成了中国哲学的一种思维模式",至今还有着深远的影响[1]。虽然"天"在中国思想文化发展史上具有多重含义,但是从生态环境的角度来看,"天"指的是人所处的环境,也就是"自然",而"天人合一"将人与自然视为一个有着内在联系的有机整体,其根本意蕴就是顺应自然、尊重自然、保护自然,实现人与自然的和谐共生。陈寅恪先生指出:"自晋至今,言中国之思想,可以儒释道三教代表之。"[2] 三教在比肩而立、相伴而行的过程中,都对"天人合一"情有独钟、多所阐扬、屡有创获,并呈现出各自的特点和优势。而《周易》作为中华文化的重要精髓和源头活水,它不属于三教但又对三教、对中国传统思想文化的发展有着至深至远的巨大影响,故应纳入考察和研究的范围。

---

[1] 汤一介:《论"天人合一"》,《我的哲学之路》,新华出版社,2006,第38页。

[2] 陈寅恪:《冯友兰中国哲学史下册审查报告》,见《陈寅恪集·金明馆丛稿二编》,生活·读书·新知三联书店,2015,第283页。

（一）《周易》的"与天地合其德"

根据我国传统的图书分类法，《周易》属于经、史、子、集四部之中的经部之首，《四库全书总目》曾给予"《易》道广大，无所不包"[①] 的评价，因为《周易》有着最为悠久的成书史、传播史，有着博大精深、道器合一的思想体系，被儒家奉为群经之首，被道家尊为"三玄"之冠，亦曾为佛教众多高僧大德所倚重和传扬。而这里要强调的是，《周易》不仅是综合百家、超越百家的产物，更是最早表达和阐述"天人合一"思想的重要著作。

从中国文字学的角度来讲，"天"与"人"联系密切，"人"本身就是"天"的一部分。《周易》作为先哲通过观察自然现象而总结出的天地智慧，自然会将这种天人关系包含其中，因而《郭店楚简·语丛一》有云："《易》，所以会天道、人道也。"[②] 这就明确指出《周易》是一部能够使天与人之间相互会通的著作，而此处的"会"又与"天人合一"之"合"相近相通，异曲同工。

从卦象上来看，《周易》六十四卦每一卦均由六爻组成，分为上、中、下三组，每组两爻，分别代表"天道""人道""地道"。《说卦传》曰："昔者圣人之作《易》也，将以顺性命之理。是以立天之道曰阴与阳，立地之道曰柔与刚，立人之道曰仁与义。兼三才而两之，故《易》六画而成卦。"[③] 由此，六爻虽分为三组但又统一于同一卦象之中，就好比天、地、人三才虽然各自而立，但它们在"性命之理"的意义上是一致的。

《周易·系辞下传》说："古者包牺氏之王天下也，仰则观象于天，俯则观法于地，观鸟兽之文与地之宜，近取诸身，远取诸物，于是始作八卦，以通神明之德，以类万物之情。"[④] 这是《周易》关于天人关系的重要论述。在《系辞传》作者看来，人类文明起源于自然界的法则和规律，远古时期

---

① （清）永瑢等：《四库全书总目·经部·易类一》，中华书局，1965，第1页。
② 荆门市博物馆：《郭店楚墓竹简·语丛一》，文物出版社，1998，第194页。
③ （三国魏）王弼、（晋）韩康伯注，（唐）孔颖达等正义《周易正义》卷九《说卦》，（清）阮元校刻《十三经注疏》，中华书局影印本，1980，第93~94页。
④ （三国魏）王弼、（晋）韩康伯注，（唐）孔颖达等正义《周易正义》卷八《系辞下》，（清）阮元校刻《十三经注疏》，中华书局影印本，1980，第86页。

人们通过观察和模拟大自然而形成了一定的社会秩序和规则，人类世界就是宇宙的一个缩影。《系辞传》通篇都是这种形式的阐述，天、地、人三才不断进行交流、融合，人通过阴阳之道而与天地万物同生息、共命运，所谓："与天地相似，故不违；知周乎万物，而道济天下，故不过；旁行而不流，乐天知命，故不忧；安土敦乎仁，故能爱。"① 这里"天地"的含义就是"天人合一"中的"天"，"与天地相似"就是指人顺应自然规律进行生产、生活，从而最终达到天人合一的境界。"《易》与天地准，故能弥纶天地之道"②。正是因为《周易》将天人合一作为对世界本质的认识，所以其内容才能涵盖天地，包罗万象，成为历久弥新的经典。

众所周知，《周易》之"易"有三重含义：简易、变易、不易③。其中，将宇宙的本质总结为天、地、人三才，则为简易；三才各从其变，是为变易；而三才统于一体，是谓不易。对此，《乾卦·文言传》有精妙的总结："夫大人者，与天地合其德，与日月合其明，与四时合其序，与鬼神合其吉凶。先天而天弗违，后天而奉天时。"④ 人与"天地""日月""四时""鬼神"相"合"，即是天人合一，而要达到这个境界就需要"弗违"和"奉天时"。人们在生命活动和社会行为中自觉遵行天地自然之道，始终处于与天地万物之间的和谐状态，这是实现天人合一的关键。《周易》的上述观点，都成为"天人合一"思想的重要渊薮，也成为中国传统生态世界观的经典表述。

（二）儒家与"赞天地之化育"

儒家学派的核心思想是"仁"，他们不仅在人际交往中以此为原则，对

---

① （三国魏）王弼、（晋）韩康伯注，（唐）孔颖达等正义《周易正义》卷七《系辞上》，（清）阮元校刻《十三经注疏》，中华书局影印本，1980，第77页。

② （三国魏）王弼、（晋）韩康伯注，（唐）孔颖达等正义《周易正义》卷七《系辞上》，（清）阮元校刻《十三经注疏》，中华书局影印本，1980，第77页。

③ （三国魏）王弼、（晋）韩康伯注，（唐）孔颖达等正义《周易正义》卷首《易论》，（清）阮元校刻《十三经注疏》，中华书局影印本，1980，第7页。

④ （三国魏）王弼、（晋）韩康伯注，（唐）孔颖达等正义《周易正义》卷一《乾·文言》，（清）阮元校刻《十三经注疏》，中华书局影印本，1980，第17页。

于自然环境和外部世界也充满了热爱、友好和善待。《中庸》有言："唯天下至诚，为能尽其性；能尽其性，则能尽人之性；能尽人之性，则能尽物之性；能尽物之性，则可以赞天地之化育；可以赞天地之化育，则可以与天地参矣。"① "赞"的意思是辅助，"参"通"三"，与天地"三"就是与天地齐名，也就是说儒家倡导的是人与外物的和谐相处，最终能够协助天地化育万物，达到天人合一的境界。

孔子作为儒家的"至圣先师"，他对于大自然的客观规律有着深刻的洞察，且具有效法天地而感化万物的情怀和品质。据《论语·阳货》记载，孔子曰："予欲无言。"子贡曰："子如不言，则小子何述焉？"孔子曰："天何言哉？四时行焉，百物生焉，天何言哉？"② 自然从来不说话，但是通过四季交替、万物生育来为人类展现，孔子希望自己也能够具有像天地那样虽无言却有感化万物的品质。孔子有云："智者乐水，仁者乐山。智者动，仁者静。智者乐，仁者寿。"③ 将智、仁这样的品德与自然环境中的山、水相联系，意在提倡个人的品德修养要效法自然之道，汲取其精华，不断丰富和完善人类社会的道德内涵。孔子还是"尽人之性""尽物之性"主张的具体实践者。《论语·述而》记载："子钓而不纲，弋不射宿。"④ 说的是孔子只用鱼竿钓鱼而不用渔网，也从不射杀那些正在休息的鸟。孔子不仅要顺应自然，还希望将人类社会的伦理——"孝"推及于自然界中。据《礼记·祭义》，曾子曾引述孔子之语："断一树，杀一兽，不以其时，非孝也。"⑤ 不按照自然规律对自然环境进行掠夺就是不孝，因此从孔子开始，儒家就非常重视天人之间的密切关系。

此后，"亚圣"孟子又对上述思想有所发挥、发展。孟子指出，人需要

---

① （汉）郑玄注，（唐）孔颖达正义《礼记正义》卷五十三《中庸第三十一之二》，（清）阮元校刻《十三经注疏》，中华书局影印本，1980，第1632页。

② （清）刘宝楠撰，高流水点校《论语正义》卷二十《阳货第十七》，中华书局，1990，第698页。

③ （清）刘宝楠撰，高流水点校《论语正义》卷七《雍也第六》，中华书局，1990，第237页。

④ （清）刘宝楠撰，高流水点校《论语正义》卷八《述而第七》，中华书局，1990，第276页。

⑤ （汉）郑玄注，（唐）孔颖达等正义《礼记正义》卷四十八《祭义第二十四之二》，（清）阮元校刻《十三经注疏》，中华书局影印本，1980，第1598页。

按照自然之"时"进行生产、生活:"不违农时,谷不可胜食也。数罟不入洿池,鱼鳖不可胜食也。斧斤以时入山林,材木不可胜用也。谷与鱼鳖不可胜食,材木不可胜用,是使民养生丧死无憾也。"① 孟子还刻画出一幅理想的社会图式:"五亩之宅,树墙下以桑,匹妇蚕之,则老者足以衣帛矣。五母鸡,二母彘,无失其时,老者足以无失肉矣。百亩之田,匹夫耕之,八口之家足以无饥矣。所谓西伯善养老者,制其田里,教之树畜,导其妻子,使养其老。"② 人在自然环境中生存、生活,顺应自然,爱护自然,与自然共生,最终能够颐养天年。这正是孟子"亲亲而仁民,仁民而爱物"③理论的具体实践。儒家另一代表人物荀子在主张"明于天人之分""制天命而用之"的同时,也强调要顺势取物、及时生产,根据自然可以承受的能力合理利用资源,从而形成"万物皆得其宜,六畜皆得其长,群生皆得其命"④ 的和谐局面。

到了宋代,张载继承先秦儒家遵循时宜的主张,期望通过"精义时措,故能保合太和"⑤ 的最高境界。他还正式提出了"天人合一"这一命题,指出:"天地之塞,吾其体;天地之帅,吾其性。民,吾同胞;物,吾与也。"⑥ 蒙培元先生认为,张载"说明天地之性亦即天德是人与物的共同本源,以天德为吾人之性,就说明天地自然界是吾人的价值之源"⑦。陈来先生则指出,张载的这些说法使人与宇宙建立起了直接联系,将一切道德都设定为个体的直接义务⑧。由此,"天人合一"这一古老命题确立了其理论

---

① (清)焦循撰,沈文倬点校《孟子正义》卷二《梁惠王章句上》,中华书局,2015,第57～59页。
② (清)焦循撰,沈文倬点校《孟子正义》卷二十七《尽心章句上》,中华书局,2015,第981页。
③ (清)焦循撰,沈文倬点校《孟子正义》卷二十七《尽心章句上》,中华书局,2015,第1022页。
④ (清)王先谦撰,沈啸寰、王星贤点校《荀子集解》卷第五《王制篇第九》,中华书局,2016,第195页。
⑤ (宋)张载著,林乐昌校释《正蒙合校集释·大易篇第十四》,中华书局,2012,第730页。
⑥ (宋)张载著,林乐昌校释《正蒙合校集释·乾称篇第十七》,中华书局,2012,第885～887页。
⑦ 蒙培元:《张载天人合一说的生态意义》,《人文杂志》2002年第5期,第28页。
⑧ 陈来:《宋明理学》,三联书店,2011,第81页。

基础和哲学依据，儒家传统生态世界观也发展到了一个新的历史阶段。

明朝中期，力倡"知行合一"的王阳明，提出了"万物一体"的观点，进一步丰富和发展了天人合一思想。他指出："盖天地万物与人原是一体，其发窍之最精处，是人心一点灵明"①。"君臣也，夫妇也，朋友也，以至于山川鬼神鸟兽草木也，莫不实有以亲之，以达吾一体之仁，然后吾之明德始无不明，而真能以天地万物为一体矣。"② 王阳明认为，人与万物皆是由气授形，其源相通，所以世间万物都可以视为人自身的一部分。在王阳明这里，"天地人的这种一体性是有机的，没有人或人的良知，被破坏了原始有机一体性的天地，也就不再成其为原来意义上的天地了。这里的良知不是指个人良知，而是人类的意识与精神；物也不是个别的事物，而是整个存在的万物。这个思想是以一种有机整体宇宙的观念为基础的"③。也就是说，通过对自身良知的考察，人才能真正理解自己在自然之中的角色，从而深切理解和关怀这个世界。

在实践层面上，儒家倡导对自然进行祭祀，将其视作实现天人交通的一个重要手段。《礼记·王制》对祭祀有详细规定，如一年四季的祭祀活动，"天子诸侯宗庙之祭，春曰礿，夏曰禘，秋曰尝，冬曰烝"④。关于祭祀用品，《王制》中也有涉及，如太牢、少牢、特牲等。而根据《礼记·祭法》，对自然的祭祀包括："及夫日、月、星辰，民所瞻仰也；山林、川谷、丘陵，民所取财用也。非此族也，不在祀典。"⑤ 自然万物都被纳入祭祀的范畴，借此拉近了人与自然外物之间的距离。尽管祭祀属于一种宗教行为，但在儒家这里更有超越宗教的意义。《礼记·祭义》指出："天下之礼，致反始也，致鬼神也，致和用也，致义也，致让也。致反始以厚其本也，致

---

① （明）王守仁著，吴光、钱明、董平、姚延福编校《王阳明全集》卷三语录三《传习录下》，上海古籍出版社，2014，第122页。

② （明）王守仁著，吴光、钱明、董平、姚延福编校《王阳明全集》卷二十六续编一《大学问》，上海古籍出版社，2014，第1067页。

③ 陈来：《有无之境——王阳明哲学的精神》，北京大学出版社，2013，第57页。

④ （汉）郑玄注，（唐）孔颖达等正义《礼记正义》卷十二《王制第五之二》，（清）阮元校刻《十三经注疏》，中华书局影印本，1980，第1335页。

⑤ （汉）郑玄注，（唐）孔颖达等正义《礼记正义》卷四十六《祭法第二十三》，（清）阮元校刻《十三经注疏》，中华书局影印本，1980，第1590页。

鬼神以尊上也，致物用以立民纪也，致义则上下不悖逆矣，致让以去争也。合此五者以治天下之礼也，虽有奇邪而不治者，则微矣！"① 由此看来，祭祀已经不是止步于宗教，而是具有了社会规范的作用，它将自然万物、人类先祖和道德伦理通过祭祀仪式而融合成为一个整体，从而保障社会的秩序和稳定。这是儒家学派在实际运用层面上的一个有效尝试。

（三）道家、道教与"道法自然"

作为中国传统思想文化的重要组成部分，道家学派源自先秦老子、庄子的思想理论。随着其自身的演变和发展，东汉末年又发展出了重要的本土宗教——道教。由于在宇宙观层面的建树似乎较儒家更为丰富，道家、道教的天人思想亦值得深入探究。

《老子》（《道德经》）第二十五章指出："人法地，地法天，天法道，道法自然。"② 此言被视为道家关于天人关系的指导思想和核心理念。在这里，应把"天"与"地"理解为现代语境中的自然环境，而"自然"则是"道"的一种自然而然的最佳状态和圆满境界。人应当效法天地，因为天地效法的是宇宙间最高的范畴——自然之道，所以道家倡导"无为"。这种无为不是无所事事，不是什么都不做，而是指顺应"道"，不去靠人为的造作来对外物和环境施加影响。

继《老子》之后，《庄子》（《南华真经》）又在这方面进行了许多具体论证。《齐物论》中有"天地与我并生，而万物与我为一"③ 的经典论述，认为天地万物都统一在"一"里，没有什么分别。但是，《庄子》反对人为地、刻意地造作和改变。《大宗师》说："其一与天为徒，其不一与人为徒。天与人不相胜也，是之谓真人。"④ "与天为徒"，指的是合乎天道自然的本

---

① （汉）郑玄注，（唐）孔颖达等正义《礼记正义》卷四十七《祭义第二十四》，（清）阮元校刻《十三经注疏》，中华书局影印本，1980，第 1595 页。

② （三国魏）王弼注，楼宇烈校释《老子道德经注校释》第二十五章，中华书局，2008，第64 页。

③ （清）郭庆藩撰，王孝鱼点校《庄子集释·内篇·齐物论第二》，中华书局，2016，第79 页。

④ （清）郭庆藩撰，王孝鱼点校《庄子集释·内篇·大宗师第六》，中华书局，2016，第 234 ~ 235 页。

性，真正有造诣的"真人"能够分清天人之间的关系，不以天胜人，亦不以人胜天，而是与天为徒，与天合一，这就为顺应自然规律的实践行为提供了形而上的理论依据。更进一步，《秋水》中的北海海神说明了天与人之间的关系："曰：'何谓天？何谓人？'北海若曰：'牛马四足，是谓天；落马首，穿牛鼻，是谓人。'"《庄子》认为，自然界的万物都有自己的生长模式，恰恰是人在打破它们的生存法则和生活规律，这不利于人与自然共处和发展，应该"无以人灭天，无以故灭命，无以得殉名"①。可以说，道家以对自然规律的深刻洞察为基础，强调顺应与无为，以至于庄子在妻子去世之后会"鼓盆而歌"。唯其如此，有西方学者认为道家这种不干预其他生命的做法是精神成熟的标志，并由此提出了对自然界的"负责的无为"② 这一概念，用以解释道家对生命的"漠视"和袖手旁观：正是因为他们能够真正理解和欣赏生命自然性，所以在自然规律之下的生死不能够被人为地干预。推而广之，有一个超越人类认知范围的范畴在控制宇宙运转，因而地球上的环境也不需要人类来拯救。从天人合一思想在生态伦理方面的表述亦可看出，儒、道两家所选择的相关道路亦是大相径庭的。

道家学说逐渐发展成为道教，这种天人合一、万物为一的理念也得到了进一步发挥、发展。道教最早的经典《太平经》指出凡事皆可一分为三，"天、地、人本同一元气，分为三体"③。三者同心相合，就能成就万物，使世界完美和谐。《黄帝阴符经》继承了《老子》"道法自然"和《庄子》"齐同万物"的思想，采用天地人"相盗"的说法来体现天人之间互补、互动的密切关系："天地，万物之盗；万物，人之盗；人，万物之盗。三盗既宜，三才既安。"④ 在这里，《黄帝阴符经》的作者借"盗窃"之举来描述天地、万物和人之间的相互关联、相互依赖，天、地、人虽各有其生长、发展之道，但又生活在同一个宇宙之中，他们通过相互"盗取"来发生联

① （清）郭庆藩撰，王孝鱼点校《庄子集释·外篇·秋水第十七》，中华书局，2016，第590～591页。
② 安乐哲等主编《道教与生态——宇宙景观的内在之道》，江苏教育出版社，2008，第244页。
③ 王明编《太平经合校》，中华书局，1960，第236页。
④ 张继禹主编《中华道藏》第十五册《黄帝阴符经》，华夏出版社，2004，第695页。

系，以实现资源共享，达到理想的生存状态。这是道教倡导"无为"的一个特殊的表达方式。

早期道教经典《抱朴子》中记载了大量服食稀有食物得以成仙的例子，这也是"人，万物之盗"的一种表现形式。葛洪相信通过服食金丹能够成仙，所以要回归自然住进山林野地之中寻找炼丹原料，又要遵循特定方法，在天时、地利、五行俱佳的情况下才能炼制出得以飞升成仙的金丹。他主张"天人合一"，要求修炼者从回归自然来进行实践，从而真正实现天与人合而为一。另外，为了保障求仙得道的顺利，葛洪对于环境保护相当重视，指出："弹射飞鸟，刳胎破卵，春夏燎猎……凡有一事，辄是一罪"。反之，"慈心于物，恕己及人，仁逮昆虫……手不伤生……如此乃为有德，受福于天，所作必成，求仙可冀也"①。成仙得道虽然只是一种美好愿望，但其中蕴涵的天人和谐思想却使得道教在生态认知和保护方面有了独到看法和突出表现。

依据"道法自然""自然无为"的思想理念，道教将"无为"作为一种修行方式，通过"无为"接近"自然"，从而达到与道合一的理想境界。南宋白玉蟾曾在诗词中这样论述人与自然的关系："诗人心与物俱化，对景无思诗自成。诗句自然明造化，诗成造化寂无声。"② 元明时代的张三丰也曾在其诗作中具体描绘了道教理想的人与自然景观："清茗清香清道心，清斋清夜鼓清琴。人能避浊谈清静，跳入云山不可寻。"③ "风卷山云飞过水，雨飘柳絮落残春。精庐镇日全无事，两卷《黄庭》养性真。"④ 道士们不断抒发种种意趣，赞美虚、清、静、真等境界，反映出对天人合一、对人与自然和谐共处的热切追求。

就具体实践方面而言，道教还确立了很多与环境生态相关的戒律，如

---

① 王明：《抱朴子内篇校释》（增订本）卷六《微旨》，中华书局，2016，第 126 页。
② （宋）白玉蟾：《琼馆白真人集》三，见胡道静等主编《藏外道书》第 5 册，巴蜀书社，1992，第 71 ~ 72 页。
③ 《张三丰先生全集》卷五《云水三集》，见胡道静等主编《藏外道书》第 5 册，巴蜀书社，1992，第 509 ~ 510 页。
④ 《张三丰先生全集》卷五《云水集》，见胡道静等主编《藏外道书》第 5 册，巴蜀书社，1992，第 499 页。

《中极戒》涉及了保护生命、戒杀戒躁的多项规定，使违背的教众受到惩罚，以此来规诫和威慑人们对于生态环境的破坏。在一些道教科仪中，或多或少地蕴涵着人与天地为一的思想理念和价值取向。如南朝刘宋时期的金箓斋仪式，其制定无疑是为了解决"天地破坏、日月亏盈、七曜差移、五星失度、刀兵水火、国主灾危、疫毒流行，阴阳失序"[①] 这种天人不合、阴阳失序的问题，凸显出道教科仪在具体实践层面上的价值和意义。

总之，不论是道家还是道教，都将天与人视作一个统一体，他们热爱自然，赞赏生命，并且用实际行动来保护自身所处的环境，同时也进一步丰富、发展了天人合一的理论内涵和实践功能。

（四）佛教与"依正不二""众生平等"

佛教作为三教之一，属于外来宗教，但又对本土的儒、道有着深刻影响。尤其是中国化、本土化的佛教学说，它在人与自然这方面有不少独到的认识和见解，更是值得我们进行深度思考和认真研究。

缘起论是佛教的基本观点，也是佛教生态哲学的理论基础。佛教认为，尘世间万事万物皆由因缘的聚散而生灭，因此世界没有不变的本质，外在环境对于人来说也并非客观的存在。所谓"芥子容须弥，毛孔收刹海"、"一念三千"、"微尘"和"狮子毛"等概念说明，佛教不仅将人视为世界的一部分，人的每一个部分哪怕微小如毛孔，其中也是一个世界，"我"与宇宙、人与自然之间从一开始就是一种相互交融的关系。正是由于这种不确定性，世间万物皆是虚妄，世界和"我"都是无法确定的事物。对此，大乘佛教人（我）、法"二空"的说法最为普遍，因为众生常常执迷于自身生命或是外物，而它们终归于虚妄，只有破除我执和法执才能成就佛道。这为佛教生态观提供了又一重要的理论基础。根据相关研究，人类中心主义是环境破坏的一个重要原因，佛教"无我论"在宇宙的立场上将人视为自然的一部分，纠正了将自然视作人类附庸的看法。[②] 现代"大地伦理学"

---

① 张继禹主编《中华道藏》第五册《太上洞玄灵宝业报因缘经》卷之五，华夏出版社，2004，第178页。

② 张立文主编《空境——佛学与中国文化》，人民出版社，2005，第254页。

的努力方向亦是如此，人类不再是征服世界、改造世界的主体，而是世界的一员。

如果说缘起论和无我论是佛教教义对于生态问题的理论指导，那么业报论则为佛教生态观的实践指示着方向。《华严经行愿品疏钞》卷二云："依者，凡圣所依之国土，若静若秽；正者，凡圣能依之身，谓人天、男女、在家出家、外道诸神、菩萨及佛。"① "依者"即"依报"，指的是一切外在物质世界的果报，也就是环境对生物的反馈；"正者"即"正报"，相对而言则指的是我们自身过去世之业的果报。因此，如何妥善处理环境与人自身即依报与正报之间的关系成为佛教关于天人关系的重要问题。隋代吉藏法师《大乘玄论》有言："理内一切诸法依正不二。以依正不二故，众生有佛性，则草木有佛性。"② 在这里，吉藏法师提出了"依正不二"的原则，要求将作为主体的自身和作为客体的世界紧密结合，换言之，人类如果爱护环境，环境自然会以可利用的资源来回馈人类，但若是人类大肆破坏环境，环境问题将危及人类自身的生存。这是"天人合一"在释氏之处的独特表达。也是由这个原则出发，佛教承认造善业能够获得好的依报和正报，众生都具有佛性，也就都有成佛的可能。

在佛教教义中，世间充满了痛苦和无奈，若是想从中解脱出来则需要不断修行以达到涅槃的终极目标，这就是佛教最吸引人之处。众生不仅都能够超脱俗世间的痛苦，而且皆能够得以涅槃的原因在于众生均有"佛性"。《大法鼓经》曰："一切众生悉有佛性，无量相好庄严照明。以彼性故，一切众生得般涅槃。"③ 不仅是人，就连一草一木也能够修炼成佛，所以众生在佛性基础上是平等的，草、木、土、石等虽然"无情"，但是"有性"。生活在自然环境中的所有事物与人是相同的，所谓"心、佛及众生，是三无差别"④，众生都是要通过修行来达到涅槃寂静成就佛法佛身。正是

---

① 《卍续藏经》第 7 卷，（台湾）新文丰出版公司，1983，第 848 页。
② 《大正新修大藏经》第 45 册，《大乘玄论》卷三，（台湾）新文丰出版公司，1983，第 40 页。
③ 《大正新修大藏经》第 9 册，《大法鼓经》下卷，（台湾）新文丰出版公司，1983，第 297 页。
④ 《大正新修大藏经》第 9 册，《大方广佛华严经》第 10 卷，（台湾）新文丰出版公司，1983，第 465 页。

因为如此，佛教一向给人以"慈悲为怀"的印象，这种"慈悲"并非以对象来论，而是对众生都持有慈悲之心，以至于不杀生成了佛教最具典型意义的戒律。东晋郗超《奉法要》在论述佛教慈、悲、喜、护四等心时指出："何谓为慈？愍伤众生，等一物我，推己恕彼，愿令普安，爱及昆虫，情无同异。何谓为悲？博爱兼拯，雨泪恻心，要令实功潜著，不直有心而已。何谓为喜？欢悦柔软，施而无悔。何谓为爱护？随其方便，触类善救，津梁会通，务存弘济。"① 郗超强调，应以平等、博爱和悲悯之心来看待大千世界，爱护万物，弘济苍生，会通天下。另外，佛教中关于戒禁杀戮的具体原则和规定，也都是在对其他生物尊重、爱护的基础上推出的。在佛教这里，人与自然一体，人与万物平等，人类保护了生态，也就是保护了人类自身。

缘起论、无我论等佛教理论，在一定意义上破除了人与自然的对立，佛教的"依正不二""众生平等""无情有性"等思想理念则使天与人紧密相联，天人共生、共荣、共通，从而为佛教生态世界观及其具体实践提供了重要的思想指导和理论依据。

（五）中西天人观念的简单比较

纵观中国思想文化发展史，儒道释三教尽管在具体表述上有一定差异，但都致力于天人关系的和谐发展，均有明确的天人合一思想，历史上三教能够相互影响、相互渗透、相互借鉴最后形成三教合流也许正是由于其中有内在的共融之处，而《周易》又在三教发展和合流过程中担当至关重要的角色，从而为中国传统思维方式提供了重要的理论基础和思想根基。中国这种传统思维方式是综合的、普遍联系的思维方式，它以天人合一、万物一体为特色。与之不同的，是西方的文化传统和思维方式，主要以征服自然、主客二分为特点。他们将自然作为与人相对的客体，长于理论分析，甚至分析到极其细微的程度，但是这样做的后果往往是忽略甚至漠视事物

---

① （南朝梁）僧祐撰，李小荣校笺《弘明集校笺》卷第十三，上海古籍出版社，2013，第722页。

的整体联系。

我们知道，思维方式是一切文化的基础，思维方式的差异是不同文化体系的根本差异。与西方思维方式之间的这种差异，反映到天人关系问题上，就形成了两种不同的传统和路向：以中国为代表的东方哲学思想是主客不分、天人合一，而西方从古希腊时起就已经在倡导主客对立、天人相分。正是由于对人类主体性的发现，促使西方比较重视作为客体的自然和自然科学，重视理论知识的积累和提升。这促进了西方科学技术的迅速发展。而我国的传统学术和文化教育，一直受综合的思维方式的影响，带有明显的综合、博通的性质和特点，造就了我国思想文化的多元格局，从而兼容并包，相互融合。

清末民初，西学东渐，我国传统学术和思维方式受到严重冲击。一时间，"天人合一"被认为是糟粕而遭到贬斥。实际上，中国的"天人合一"思维中并没有忽略更未否定人的存在及其价值。不论是《周易》还是三教，它们都在天人合一的基础上强调人的主体意识和能动作用。例如，《周易》要求顺天而动、适应自然，但又强调"财成天地之道，辅相天地之宜，以左右民"①，使大自然造福于人类。《论语》中关于孔子的记载，无论是问人"不问马"②，还是"尔爱其羊，我爱其礼"③，无不透露出对人类社会伦理的特别强调。孟子在主张祭礼应"以羊易牛"④之时，也提醒人们在对外物施予同情之前应当先对人类充满关爱，此即儒家所谓"仁"者，人也。又比如，道家、道教亦强调人在天人关系中的独特地位。《老子》有云："道大，天大，地大，人亦大。域中有四大，而人居其一焉。"⑤这也是在凸显人在天人关系中重要的主体作用。佛教更是鼓励人们发善愿、行善事，因

① （三国魏）王弼、（晋）韩康伯注，（唐）孔颖达等正义《周易正义》卷二《泰·象》，（清）阮元校刻《十三经注疏》，中华书局影印本，1980，第28页。
② （清）刘宝楠撰，高流水点校《论语正义》卷十三《乡党第十》，中华书局，1990，第422页。
③ （清）刘宝楠撰，高流水点校《论语正义》卷三《八佾第三》，中华书局，1990，第111页。
④ （清）焦循撰，沈文倬点校《孟子正义》卷三《梁惠王章句上》，中华书局，2015，第90页。
⑤ 任继愈：《老子绎读》第二十五章，国家图书馆出版社，2006，第55~56页。"人"，或有版本作"王"者。

为人的善心、善举能够克服业力而获得对自身有益的福报。虽然表达方式各异，但《易》与三教均是在以人为本的基础上来突出人的主体意识和能动作用，这大致就是《周易》指谓"天下同归而殊涂，一致而百虑"①。

近年来，全球生态环境问题越发严峻，西方的一些有识之士开始反思以往过于强调人的主体性和改造自然的道路，后现代主义哲学家更是开始重新思考人与世界的关系。德国存在主义哲学家海德格尔是其中的代表人物，他将人称为"此在"（Dasein），即"在世界中的存在"（in ~ der ~ Welt ~ sein），由此重新建立起人与世界的关系，而主客二分的思维方式也在他这里逐渐有所改变。于是，"天人合一"这一中国传统的观念再度得到重视，西方世界甚至开始呼吁重返天人合一，重建人与自然之间的和谐关系。经过深度思考和研究，张世英先生曾提出中西方两种传统"在世结构"的概念，一是中国"人—世界融合"的结构，一是西方"主体—客体二分"的结构②。需要注意的是，不论是哪种在世结构都需要辩证地看待，既不能盲目抬高天人合一，也不能忽略天人相分的价值和意义。西方正是由天人相分的思路才发展了科学理性，从科学理性再回归到人与自然交融的境界。张世英先生由此指出，中国哲学现在的目标，既要召唤主客二分和主体性，又要加以超越以达到天人合一、物我交融的高远、自由之境界。③在生态问题上也是如此，天人合一虽然带来了某种程度的人与自然的和谐，但却容易忽略自然界的多样性和人类社会的差别性，最终反而不利于人类自身的健康发展。因此，学习西方主客二分的思维模式有利于更清楚、明白地认识自然，而"天人合一"则更有利于在解决环境恶化、重建自然秩序的过程中构建合理的生态价值观。只有将两种思维方式有机结合、相互融会，才能真正为生态问题的认知和解决提供坚实的理论基础和思想指导。

总的来说，从中西哲学思想发展的历程可以看出，天人关系问题是人类生活在这个世界上必须关注的问题，对天人关系的认知决定着人类的生

---

① （三国魏）王弼、（晋）韩康伯注，（唐）孔颖达等正义《周易正义》卷八《系辞下》，（清）阮元校刻《十三经注疏》，中华书局影印本，1980，第87页。
② 张世英：《美在自由——中欧美学思想比较研究》，人民出版社，2012，第7页。
③ 张世英：《天人之际》，人民出版社，2007，第162页。

活方式。"天人合一"作为我国传统的思维方式，讲求天与人之间的内在联系，要求人们认识和顺应自然规律，尊重和保护生态环境。这是千百年来《周易》和儒道释三教都在致力追寻的一种理想境界。我国目前开展的生态文明建设、美丽中国建设，某种意义可视为"天人合一"传统在当代的进一步延续和发展。随着全球化的发展，不同文化区域的思想文化得以进行沟通和对话，中西方不同的思维模式在其中不断碰撞甚至冲突，这有利于人们互学互鉴，交流合作，汲取各种有效经验来处理当前人类共同面临的生态恶化等问题。当今自然环境的保护和人与自然和谐共生关系的建立，需要人们从中国传统的"天人合一"生态观中汲取有效的养分和能量，同时结合国内外最新的科学技术成果，来进行环境问题的根本治理和彻底解决。

第五章
当代易学成就探微

在中国当代易学、经学发展史上，涌现出一批卓越的学术大家，他们的学术风范、治学精神、研究方法和学术成就对后来者都产生了巨大影响、深刻启迪和广泛沾溉。杨向奎先生、朱伯崑先生和余敦康先生就是其中的代表性人物，我们有必要对他们的易学成就进行深入了解和认真研究，从而进一步推动易学、经学研究的深化和拓展。

一　杨向奎先生易学研究述略

在杨向奎先生博大精深的学术体系中，易学研究是一个重要内容。关于《周易》的来源和性质，关于《周易》和易学在中国思想文化史上的地位、影响，关于中国易学的发展历史和规律等问题，杨先生都有所探究、有所创获。杨先生的易学研究是多视角、全方位的，既有对《周易》和易学文本及其相关材料的具体而微的开掘、考证和阐释，又有对易学史及其相关问题的宏观认识和总体把握。杨先生没有拘泥于传统的象数与义理之分，而是将二者熔为一炉，融会贯通，综合超越，始终注意将易学问题置于宏大的思想文化背景和流变中进行系统考察，将易学研究建立在文化史、社会史研究的基础上，从而更好地展示了易学演变的脉络和规律。

众所周知，杨向奎先生是我国当代著名学者，他的《宗周社会与礼乐文明》《西汉经学与政治》《中国古代社会与古代思想研究》《清儒学案新编》等著作，他对曹雪芹和《红楼梦》的研究，都在学术界具有重要影响。作为经学研究的一大重镇，对居于六经之首的《周易》和易学，杨先生也在各种著述中多有探析，其研究方法和成果在 20 世纪中国易学发展史上同样占有重要地位。

（一）关于《周易》的来源和性质

杨向奎先生指出：《易经》是卜筮之书，但其中蕴涵着深奥的哲学理论，《易传》则是前期儒家本孔子意旨而发挥。在《易》卦起源问题上，杨先生赞成以张政烺先生为代表的数字卦理论，并进一步提出了自己的见解。他说："我们……曾经看到在卜骨上的筮卦，即在卜骨上表示卦义的数字，这是古文字学家的发现，但并没有完全解决问题，为什么在卜骨上有筮卦？这数字究竟是记载筮卦的数字，还是和卜骨本身有关，如果是筮卦数字，为什么刻在卜骨上？这些刻字都和其余卜辞不相干，那么只能说它是记事，即记筮卦于卜骨上。如果不是记事，即卦数与卜骨有关，也就是由卜而逐渐有卦的内容，即筮出于卜，筮出于卜后，然后筮成《易》而前进；卜则限于骨甲，无发挥余地而渐衰，是龟短而筮长。战国而后卜几乎消灭，而卦普遍流行。《易经》外有《易传》，《易》亦由筮书变为有丰富理论的哲学典籍。殷人已经用筮，说明宗周继承了此一传统……"[1]《周礼·春官·太卜》曰："太卜掌三易之法，一曰《连山》，二曰《归藏》，三曰《周易》。"[2] 汉代人提到《归藏》为殷易，而近年在湖北江陵王家台出土的秦简《归藏》也证明，殷人已经用筮，殷易之说是有根据的，杨先生此论也是深中肯綮的。而新近清华简《筮法》的发现及其相关研究，也说明杨先生对数字卦之说的认同是正确的。

古往今来，关于"周易"之"周"何指，一直存在不同的说法，或说为周普、普遍之义（郑玄、陆德明等），或说指周地、周朝、周代，《周易》即周代之《易》（孔颖达、程颐、朱熹等）。杨先生同意后一种说法，并从

---

[1] 杨向奎：《宗周社会与礼乐文明》（修订本），人民出版社，1997，第 216 页。
[2] （汉）郑玄注，（唐）贾公彦疏《周礼注疏》卷二十四《春官·太卜》，（清）阮元校刻《十三经注疏》，中华书局影印本，1980，第 802 页左下。

图腾崇拜的角度加以论证。他说："周易"之"周"是指周朝，宗周是黄帝一系的正统，他们的图腾崇拜是龙，这与《周易》之以"龙"为主要象征是有关的。同时，杨先生又论及刚柔与中这《易》中"三德"的来源，指出："'三德'的命题不是来自宗周正统派的思想体系中，而是来自申楚系统的南国文化。这个系统出自古老的炎帝一支，齐许申吕是炎帝后，与楚为邻，申为楚吞并后，两者为一，而楚国文化遂多申的色彩，可以称之为'申楚文化'"。"南国多申巫，而申巫是古代文明的载体及传播者"。"孔子时申楚尚多巫卜"。由此入手，又通过分析《尚书》中的《吕刑》《洪范》与《易经》的内在联系，杨先生认为，《易经》与申楚关系密切。① 的确，近年出土的简帛《周易》及很多学者的研究成果都表明，《易经》是南北文化系统综合融会的结果，《易传》和易学是儒道互补而又综合百家、超越百家的产物，而这也证实了杨先生的论断。

与此相联系，杨先生注意从社会信仰发展的角度来探讨《易》之起源。他说："因有信仰而祭神，因祭神而有明堂、太室；祭神为了祈福，因祈福避祸而求神先知；因求神示乃有贞卜；贞卜有术，在商则为龟甲兽骨之卜，西周逐渐由贞卜而转于筮占，于是《易》卦兴而有《周易》，遂为经书之首，由卜筮书转为哲理古籍，《易传》不同于《易》卦，非卜筮所能范围者。卜筮神秘，理解其内容为巫祝专职，演为哲理亦多不可解，千百年来注解者繁，王弼注代郑玄后，《易》为三玄之一，后来中国传统哲学各流派多与此书有关，由巫祝而哲而玄，乃《易》之三变也。"② 这些论述皆颇具卓识。

在《汉书·艺文志》中，承于《易传》及司马迁等人关于《周易》产生过程的说法，班固提出了"人更三圣"的观点，认为伏羲作八卦，周文王演为六十四卦，并作卦辞、爻辞，而孔子则作《易传》（"十翼"）。后来马融改造、发展了这一观点，提出文王作卦辞、周公作爻辞的说法，并为后来的陆绩、孔颖达等人所接受，以至于宋代朱熹又概括、总结出了"人更四圣"之说。在杨先生看来，这一说法虽不能完全信以为实，但也绝非

---

① 杨向奎：《宗周社会与礼乐文明》（修订本），人民出版社，1997，第398~399页。

② 杨向奎：《宗周社会与礼乐文明》（修订本），人民出版社，1997，第210~211页。

毫无所本、毫无学术价值的向壁虚构。他指出："文王演《易》之说，虽有
争论，但《易》之来源甚古，殷商已见端倪，宗周之初有所发展当无疑问。
其初因奇偶而有八卦，八卦不能尽变化，重为六十四卦，而加卦辞、爻辞，
初为巫祝专职，西伯幽囚演《易》而有所推演"。"原始卜筮都为巫祝专职，
他们是古代最渊博的学者，八卦之重，爻辞、象辞之设，没有他们的参与，
无法完成。他们多是无名专家，孰为《易》之加工者，当无可考。但文王
演《易》之说，被轻轻否认亦无据，巫祝卜筮都为王家服务，以文王、周
公之才而习《易》，因习《易》而演《易》而重卦，舍巫祝而自为之，此
所以有文王、周公之参与。文王、周公固饱经忧患者，'作《易》者其有忧
患乎'，正合符者"。他还称引高亨先生之说，认为平实近理，最为得体。①
论及孔子与《周易》的关系，杨先生不同意所谓《鲁论》之说，肯定孔子
学《易》乃史有其事。《论语·述而》记孔子曰："加我数年，五十以学
《易》，可以无大过矣。"② 《为政》则记孔子曰："吾十有五而志于学，三十
而立，四十而不惑，五十而知天命，六十而耳顺，七十而从心所欲，不逾
矩。"③ 杨先生将这两段话联系起来进行考察，在总结何晏等《论语集解》
以来有关成果的基础上，指出："'知天命'与'学《易》'是相通的，学
《易》然后知天，故云'五十而知天命'。"④ 长沙马王堆汉墓帛书《周易》
之《要》篇的记载以及近来一些学者所作的相关考辨，已经基本证实了杨
先生的结论。

（二）关于《周易》和易学在中国学术思想史上的地位及影响

作为中华文化的源头和主干，《易》道广大，无所不包。《周易》和易
学对中国传统文化的形成和发展影响至深，在中国学术史、思想文化史上
的地位极为重要。杨先生对此也有所论述。他说："《易经》学者之注释多

---

① 杨向奎：《宗周社会与礼乐文明》（修订本），人民出版社，1997，第 109～111 页。

② （清）刘宝楠撰，高流水点校《论语正义》卷八《述而第七》，中华书局，1990，第 267
页。

③ （清）刘宝楠撰，高流水点校《论语正义》卷二《为政第二》，中华书局，1990，第 43 页。

④ 杨向奎：《宗周社会与礼乐文明》（修订本），人民出版社，1997，第 289 页。

本于《易传》，而《易传》乃前期儒家本孔子意旨而发挥。后来变作儒家的传统思想，随着孔子儒家在我国长期的历史发展中取得正统派的地位，这种传统思想变作我国正统思想，它教育着我国人民，陶冶着我国人民的情操。"① 孔子"刚健中正"的思想，主要是在继承《周易》之说的基础上形成的。"《中庸》是子思撰述的书，正是他理解了孔子对于'刚健中正'的评价而有的著作。《中庸》之道源自《易经》，所以子思依傍《易传》而著书。在十翼中《文言》《系辞》发挥儒家的《易》理最多，而《中庸》无论在义理在文辞各方面都与上述两传相近，完全可以纳入《易传》的行列中，变作'十一翼'，不会有'非我族类'之感。"② 杨先生还列举了李心传、朱熹、项安世等前贤以《中庸》说《易》的例证。③ 确实，直到近世，熊十力先生还在强调"《中庸》本演《易》之书"④。杨先生的观点正是在对前人之说加以综合创新而成的。由《易》《庸》关系出发，杨先生肯定了易学在儒家自身改造过程中的作用。他说："《中庸》是发挥《易·乾》当位、刚健中正之德的大著，因之列它于《易传》中，不会有生疏之感，在哲学史上它完成了大《易》刚健中正的道德哲学体系，这种道德哲学是儒家的'本体论'。本体是恒量，表现在中华民族的性格上，它是'极高明而道中庸'，表现在个人身上它也是完整的中庸之道。在儒家本身的改造方面，它使一个以相礼为业而乞食的团体变成一个刚健中正的君子儒。"⑤

杨先生还高度评价了《周易》和易学的宇宙观，特别强调了其在自然科学史上的价值和影响。他说："《易》以奇偶为阴阳，阴阳合而万物生，遂为中国传统哲学最古老的宇宙观。在世界科学史上原始阴阳说，盖优于原始原子说；无阴阳奇偶之辩证发展，则原子说亦无能为力。宇宙渊泉，必须有正负能量之载体，古代哲学家名之曰阴阳，阴阳变化无穷，则宇宙

---

① 杨向奎：《宗周社会与礼乐文明》（修订本），人民出版社，1997，第 398 页。
② 扬向奎：《〈易经〉中的哲学与儒家的改造》，《北京大学学报》（哲学社会科学版）1995 年第 2 期。
③ 杨向奎：《宗周社会与礼乐文明》（修订本），人民出版社，1997，第 404～405 页。
④ 熊十力，王守常编校《原儒（下卷）·原内圣第四》，刘梦溪主编《中国现代学术经典·熊十力卷》，河北教育出版社，1996，第 313 页。
⑤ 杨向奎：《宗周社会与礼乐文明》（修订本），人民出版社，1997，第 406 页。

之所由生。"① "'一'代表阳而'六'代表阴，符号是'—'，'--'；阴阳
的发现及其无限的发挥在中国社会思潮中有无比的作用。我们以为，宇宙
的动力是阴是阳，当然阴阳不是无物质的力，它们有载体，也就是任何具
体事物都有阴阳两性，不能有脱离具体事物的阴阳'离子'，但人们可以概
括宇宙为阴阳组成。阴阳的发现，早于西方的原子说而优于西方的原子说。
到现在为止，在哲学上、在基础科学上，正负、阴阳的概念永不可少，没
有它们的存在也就没有宇宙，保持它们之间的平衡，是世界上最重要的
'生态平衡'。"② "在《易》卦中，有乾坤六爻在变化不已，以'—'为乾，
以'--'为坤，在世界数学史上，这就是'1'与'0'的二进位制，在现
在科学上产生了良好的作用，但在先秦儒家的理解中，其中的意义远不止
此，他们于其中发现自然万物发生发展的道理。他们以乾'—'为阳，以
坤'--'为阴，阴阳两者而成一体，有此阴阳二体的交互变化而生万物，
生生为'易'。因此他们为《易经》定性，这不仅是一部卜筮术，它是在模
拟自然的变化、生生。现在的自然科学家以大功率的粒子对撞机模拟自然
的演变，因而探索宇宙的起源。我们古代的《大易》学者也是在作这种探
索，他们有图有表，在《皇极经世》中，邵康节试图用数学的方法来说明
自然界的发展。我们不能说他们是'白日做梦'，他们的意图明确，要探索
自然，自然不是神造，《大易》是一部模拟宇宙的'圣典'，虽然还有待进
一步探索。"③ 我们知道，杨先生是一位对自然科学深有研究、颇有建树的
史学大师，他对《周易》和易学的上述评价，是很有说服力的。

（三）关于中国易学的发展

关于中国易学发展史，杨先生也曾提出自己的见解，其中主要集中在
汉、宋、清代易学方面。关于汉代今文经和古文经在易学上的分野，杨先
生通过分析《汉书·儒林传》《艺文志》等文献记载，认为《周易》的今
古文学派与其他经典有所不同。究其原因，"一来是《易经》没有经过秦

---

① 杨向奎：《宗周社会与礼乐文明》（修订本），人民出版社，1997，第 109 页。
② 杨向奎：《宗周社会与礼乐文明》（修订本），人民出版社，1997，第 212～213 页。
③ 杨向奎：《宗周社会与礼乐文明》（修订本），人民出版社，1997，第 411～412 页。

火，文字和师说都可以流传下来，没有训诂章句上的显著区别。二来《易》是卜筮书，多讲阴阳灾异，而这些是西汉今文经师的特色，就此而论，易学诸家都属于今文学派。费（直）、荀（爽）讲阴阳变化；孟（喜）、京（房）更是讲阴阳变化的大本营。就文字论，他们都可以传授古文，古文一直在流传下来，所以刘向可以看到中古文，因之各家都有古训。《易经》的今、古文学派，不同于其他经典，西汉所有易学都保存古文，而所有易学也都同于今文学派讲阴阳灾异"[①]。

在研究中国易学发展史时，杨先生注重从天人之学的角度，将《春秋》和《周易》联系起来进行考察。《春秋》和《周易》都在儒家经典中占有特别重要的地位，人们可以从中更好地了解、把握自然界和人类社会的发展、演变及其规律，得到更为重要的教益和启发。早在春秋末年，《周易》与《春秋》的原型《鲁春秋》就为人们所并重。《左传·昭公二年》载晋国韩宣子来鲁，"观书于太史氏，见《易象》与《鲁春秋》，曰：'周礼尽在鲁矣，吾乃今知周公之德与周之所以王也。'"[②] 这里的《易象》就是《易经》。在群经中，《春秋》是以人事体现天道，《周易》则是以天道推衍人事；《春秋》是借助史实的记述来表达其中隐含的微言大义，《周易》则是依据普遍的思想原理来揭示具体实际所应遵循的规律和法则。所以，入汉以后，《易》与《春秋》并重仍是经学领域的一个特点。董仲舒明确将《周易》与《春秋》并列，谓"《易》《春秋》明其知"[③]。司马迁也是《周易》与《春秋》并重，立志"正《易传》，继《春秋》[④]，认为立足于人事的《春秋》是通过史实的记述来反映其中隐含的微言大义，本于天道的《周易》则是依据普遍的思想原理来推出具体实践所应遵循的规律和准则。也就是说，《周易》为本，《春秋》为用，二者有着密切的内在关联，是相

---

① 杨向奎：《中国古代社会与古代思想研究》（下册），上海人民出版社，1964，第903页。

② （晋）杜预集解，（唐）孔颖达等正义《春秋左传正义》卷四十二《昭公二年》，（清）阮元校刻《十三经注疏》，中华书局影印本，1980，第2029页。

③ （汉）董仲舒撰，（清）苏舆义证，钟哲点校《春秋繁露义证》卷第一《玉杯第二》，中华书局，1992，第33页。

④ （汉）司马迁撰，（南朝宋）裴骃集解，（唐）司马贞索隐，（唐）张守节正义《史记》卷一百三十《太史公自序第七十》，中华书局，2013，第3974页。

辅相成、相得益彰的。特别应该指出的是，《周易》和《春秋》都曾推究宇宙万物生成的根源，《易传》提出了太极之说，而《春秋》则提出了元（元气）的概念。西汉末年，刘歆还在《三统历》中对此做了较为详尽的阐释。通过分析这一思想发展进程，在谈到《公羊》学派时，杨先生指出："他们是以《易》代表天道，以《春秋》专讲人事；《易》以道天地的变化，《春秋》以辩人事的是非，而人间是非是与天道变化分不开的，这样天人的相应，也是《易》与《春秋》的结合。这就是他们的'天人之际'，也就是'天人之学'。"① 受董仲舒影响，此后不仅治《春秋》的学者往往兼重《周易》，而且治《周易》的学者对《春秋》也极为重视。杨先生已经注意到这一点。如在谈到宋代司马光时，杨先生就指出："他的《潜虚》继承《太玄》和《易经》，而《资治通鉴》继承了《春秋》，这仍然是《易》与《春秋》的天人之学。"② 又如关于清代惠栋，杨先生指出："惠栋亦多讲'天人之道'。他希图沟通《易》与《春秋》，以为《易》是'天学'，宇宙万物之成长，实与《易》之成长相因，乃二而一者。而《春秋》纪事，效法《易经》，以人事结合天道，所以他说："《易》与《春秋》，天人之道也。"杨先生认为，根据惠栋的理论，"天地万物发生发展即《易》的发生发展；万物的发展，是宇宙的实体，而《易》是宇宙实体的表德。《春秋》纪事，效法于《易》，历代以纪'元'开始，即为效法《易》以太极为首。《易》为天道，《春秋》为人事，天道与人事结合，正好是'天人之学'"。③

与此同时，杨先生又注意从儒家仁诚理论的发展来把握中国易学发展的线索。杨先生认为，孔子、子思先后提出的仁与诚，是儒家的道德哲学，也是中国传统文化的核心，而仁与诚皆源于《周易》"生"的哲学，源于其生生不息的思想。在《宗周社会与礼乐文明》《哲学与科学》等论著中，杨先生对此多有阐释，并用以考察中国易学乃至整个中国传统文化的发展。杨先生指出：宋代程颢借助《易传》"生生之谓易"和"天地之大德曰生"的理论，从而使"仁"与宇宙本体更好地结合在一起，进一步发展了仁诚

① 杨向奎：《绎史斋学术文集》，上海人民出版社，1983，第126页。
② 杨向奎：《繙经室学术文集》，齐鲁书社，1989，第149页。
③ 杨向奎：《中国古代社会与古代思想研究》（下册），上海人民出版社，1964，第906~907页。

理论。① 至清代，"戴东原发展了这种思想，以生生为仁，有仁则有诚，既仁且诚，而生生不已"。与程颢等人一样，"东原在名义上说《易》，其实借《易》以发挥自己的哲学思想"。② 这些都称得上易学及其相关研究的不刊之论。

清代易学是杨先生用力较多的研究重点之一，其中惠栋、张惠言、焦循等人的易学理论更是受到杨先生的特别重视。在研究惠栋时，除了考察其天人之学，杨先生又分析说，惠栋专宗汉学，力求通过古字古音以明古训，通过古训以明经，此乃古文经学的体系，但其说《易》又采取今文学派的学说，多阴阳灾异之说，而且"汉代经学，尤其是今文经学，不离谶纬，《易经》更多纬书，于是惠氏著作中亦多谶纬思想。汉末道教的形成本来和今文谶纬学有密切关系，在惠氏易学著作中，援引道书随处可见。儒与佛、道，在魏晋以后互相排斥，两宋理学乃排斥佛学而引进道书，惠栋既张'汉帜'，遂仍与道教合流"。惠栋曾引《周易参同契》《阴符经》以及《抱朴子》《灵宝经》等以解《易》。汉学本来是与理学对立的，但二者又通过《阴符经》等道教经典而结合起来。杨先生特别强调："汉学家而有浓厚的道士气息，是评论清代汉学的人，所未曾注意过的事!"③ 正因为惠栋易学中存在这些杂质，杨先生又充分肯定了王念孙、王引之对惠栋及其所本的汉代荀爽易学的批驳。杨先生曾以《经义述闻》卷一中的一条训诂材料为例，指出："他们驳斥了惠定宇说，同时也驳斥了荀爽说。这不仅是个别文字的解诂，而是有关整个易学的看法，荀爽易学是惠栋所遵守的汉易学说，这是一个西汉图谶之学的流派，……王氏父子虽然是个别训诂的驳斥，但也触动了荀、惠易学的全身。惠氏易学，当时是没有人驳斥的，《四库全书总目提要》的评论，可见一斑。《经义述闻》中更有长文驳斥《虞氏易》。他们没有从思想的角度出发进行批判，但他们实事求是的态度，起了驳斥乌烟瘴气的汉易学的效果。"杨先生还高度评价了王氏父子在易学

① 杨向奎：《杨向奎学术文选》，人民出版社，2000，第29页。
② 杨向奎：《清儒学案新编》第八卷，齐鲁书社，1994，第624页。
③ 杨向奎：《中国古代社会与古代思想研究》（下册），上海人民出版社，1964，第906～909页。

上的考据成果，如《经义述闻》卷二所说："凡《易》言君子、小人者，其事皆相反。"杨先生认为，他们的有些结论已经接近历史的真实，并给人以清新的启发。[①] 对焦循易学，杨先生则颇有微词。他说："清人说《易》，不识大体，《易经》为卜筮书，各种变化，都为卜筮服务，社会人事，变化无端，《易》之占卜，必须有以应之，故亦多变。经中之有义理可言者，为分阴阳，宇宙二分为阴阳，是其卓识，因阴阳而有奇偶，因奇偶而有变化，是谓之易，易即变易，有变易则宇宙生成。这宇宙论在哲学史上占有重要地位，《易传》循此路发挥而抛却占卜，遂使《周易》哲学具有完整体系，元和惠氏，及甘泉焦氏皆治《易》世家，但不足语此。……焦里堂之说《易》，永不能脱离卜筮本身，交易止于八卦中，不能脱颖而出，并《易传》不解，难与言《易》。"[②] 杨先生的这些论述，无论对研究清代易学还是对探讨整个清代学术和清代思想文化，都具有广泛而深刻的启发意义和指导作用。

中国易学史上的冲突和争论，往往是在义理之学和象数之学这两大流派之间进行的。如果我们按照这一传统的分野来看杨先生的易学研究，似乎杨先生倾向于义理之学，是义理派。但实际上，致力于求真求实的杨先生对象数易学并无反感，也不排斥，甚至还有较高评价。例如，他肯定了朱熹以《易》为卜筮之书且不忘卜筮亦谈义理的做法。[③] 他对张惠言易学理论的评价，更表现出对象数易学的充分重视。作为深受惠栋影响的乾嘉学者，张惠言为学渊博而精于《易》，于《易》主虞氏，谈象数自其本色，《易图条辨》是其代表作。易以数的变化解说象之发展。张惠言曾说："康节之言曰：两仪，天地之祖也。太极分而为二，先得一为一，后得一为二。二谓两仪。四象者，阴阳刚柔也。有阴阳然后可以生天，有刚柔然后可以生地。夫所谓分而为二者，何耶？其谓气变之始耶？太极未分也。其既分矣，非天非地，非阴非阳，而别有二物耶？且曰：先得一为一，后得一为

---

① 杨向奎：《中国古代社会与古代思想研究》（下册），上海人民出版社，1964，第1002～1003页。

② 杨向奎：《清儒学案新编》第六卷，齐鲁书社，1994，第218～219页。

③ 杨向奎：《杨向奎学术文选》，人民出版社，2000，第35～37页。

二，则太极生一，而一生二也，又不可言分也。"① 杨先生指出："先一为一，后一为二的提法，有深刻意义。在数学上，以'一'为生成元素，故一可生二，'二'为后继元素，而'一'为唯一的非后继元素。当《易传》分宇宙为阴阳两半，而以'一'为阳、'二'为阴的时候，'二'也是唯一的非后继元素，故《易》为二进位，一、三、五、七、九与二、四、六、八、十，各居一方。在不统一的宇宙中，数永远是二进位。'太极生一，而一生二'，'一'代表阳，'二'代表阴。这代表'二'的后继元素，此时也是生成元素，而不是后继元素，我们不能违反这种原则。……阴阳合而生万物。这样，用数的变化来说明宇宙生成次第是可以成立的，我们不能说'它是中古的胡涂概念'（傅孟真先生语）。在哲学上，这样来说明宇宙模型是允许的，数学永远是科学的有效工具。"杨先生认为，张惠言是同意邵雍"先得一为一，后得一为二"之说的，并强调："张惠言的《易图条辨》是一部有用的书，他对于宋人宇宙模型的解释有恰当处，不能指之为任意胡说，或者是'胡涂的概念'"。② 随着易学研究的深入和现代科技的发展，杨先生的结论已经得到普遍认同。

（四）杨向奎先生易学研究的主要特点

在杨先生博大精深的学术体系中，易学研究是一个重要内容，并与杨先生对其他相关问题的研究相互呼应、密切相连。纵观杨先生的易学研究成就，我们认为，杨先生治《易》有以下两个主要特点。第一，杨先生的易学研究是多视角、全方位的，既有对《周易》和易学文本及其相关材料的具体而微的开掘、考证和阐释，又有对易学史及其相关问题的宏观认识和总体把握。第二，杨先生没有拘泥于传统的象数与义理之分，而是将二者熔为一炉，融会贯通，综合超越，始终注意将易学问题置于宏大的思想文化背景和流变中来系统考察，将易学研究建立在社会史研究的基础上，从而有所创获、有所发展。如他从社会信仰的角度来认识《周易》和易学

---

① （清）张惠言：《易图条辨》，见《张惠言易学十书》，（台湾）广文书局，2012，第 1003 页。
② 杨向奎：《哲学与科学》，山东大学出版社，1997，第 211~213 页。

的起源，以天人之学，以仁诚理论的发展为线索来揭示、把握易学演变的脉络和规律，做得都很成功。当然，杨先生易学研究的这两个主要特点，在杨先生的其他研究领域也有所体现，只是形式不同而已。可以说，杨先生的易学研究，从一个侧面展示了杨先生学术理念、学术成就及治学风格的无穷魅力和巨大影响。

我们注意到，易学研究是当今学术研究中的热门话题，研究方法和成果众多，但其中的缺憾也是明显存在的。比如，由于种种原因，以往的研究每每只是在传统经学的范围内周旋，把注意力放在典籍授受、经传注释、学派演变等问题上，关心的是历史上那些专门的易学著作，那些专治易学且有著述传世的易学家。所以，如何在研究对象、研究内容、研究方法上有所深化、有所拓展、有所突破，保持一种不断创新、不断发展、不断超越的势头，是一个亟待解决的问题。要实现易学研究的多视角、全方位、立体化展开，就应该紧密结合不同时期的社会政治背景和思想文化氛围进行探讨，充分借鉴、利用所有相关的文献资料和研究手段，将考察范围、研究对象扩展至受《周易》及易学启示、影响的全部历史过程和文化现象上来，包括曾经研究易学、运用易学的所有重要人物和著作的思想主张，而不管这些人物是不是有所师承的易学家，不管这些著作是不是专门的易学著作。在这方面，杨向奎先生导夫先路，已经为我们树立了一个典范。我们进行易学研究，一定要珍视杨先生留下的这份宝贵的学术遗产，并不断加以发扬光大。

二　朱伯崑先生的易学研究成就

朱伯崑先生在北京大学辛勤耕耘 50 余载，是继冯友兰先生、张岱年先生之后学术界公认的"北大学派"的领军人物，为"北大学派"的建设、传承和发展做出了重要贡献。众所周知，朱伯崑先生的学术专长和成果主要体现在易学研究领域，而关于朱先生的易学成就，时贤多有探讨，如王煜先生总结出《易学哲学史》一书的八大优点，并对其书内容做了简析①。

---

① 　王煜：《朱伯崑先生与易学研究》，《文史哲》1998 年第 2 期。

郑万耕先生多次撰文提醒当代学人应该重新审视朱伯崑先生的易学成就及其对当今中国哲学研究的贡献[①]。杨庆中先生的《朱伯崑先生〈易学哲学史〉述评》以朱伯崑先生代表著作为主，评述了他在易学研究领域的发展及贡献[②]。王博先生的《哲学与经学之间——朱伯崑先生〈易学哲学史〉的贡献》，强调了《易学哲学史》贯通经学与哲学的研究方法在哲学研究范式转变中的重要作用[③]。2017 年 5 月 13 日，北京大学哲学系主办"易学与中国哲学学术研讨会暨朱伯崑先生逝世十周年纪念会"，与会学人对朱先生在中国哲学、易学等方面做出的突出贡献给予了高度评价。学术界一致认为，朱伯崑先生的学术研究，特别是他的易学研究，继承了冯友兰先生等前辈学者的治学方法，特别重视理论思维，以此分析易学哲学的概念、范畴、命题及演变轨迹和发展规律，在把握易学哲学的广阔性和深刻性方面达到了前所未有的高度，享誉国内外学术界。

（一）开辟当代易学研究的崭新领域

易学是一门既古老又年轻的学问，历史上无数贤哲不论身处庙堂之高还是遁迹江湖之远，他们的生命皆因研《易》而迸发出与日月同辉的光芒，易学和易学史亦因此获得丰富的养料而表现出常变常新而又不离日用彝伦的特征。但囿于 20 世纪初中西之学激烈交锋的大环境，中国学人对易学研究的兴趣逐渐被哲学研究取代，此时虽不乏易学名家名著，但易学却被当作中国传统哲学的一个分支进行研究。这种情况直至朱伯崑先生致力于将易学作为一门相对独立的学科进行研究才始转入一新的变革期。

众所周知，朱伯崑先生的学术贡献集中体现在易学研究领域。当被问

[①] 参见郑万耕《朱伯崑先生的易学观》，《中国哲学史》1998 年第 3 期；《试论朱伯崑易学哲学研究的贡献》，《清华大学学报》（哲学社会科学版）2005 年第 2 期；《朱伯崑先生的学术成就应该得到社会更全面的认识——北京师范大学郑万耕教授访谈》，《中共石家庄市委党校学报》2008 年第 3 期。

[②] 杨庆中：《朱伯崑先生〈易学哲学史〉述评》，王博主编《中国哲学与易学——朱伯崑先生八十寿庆纪念文集》，北京大学出版社，2004，第 443～464 页。

[③] 王博：《哲学与经学之间——朱伯崑先生〈易学哲学史〉的贡献》，《邯郸学院学报》2005 年第 1 期。

及为什么选择易学哲学作为自己的主要研究方向时，朱先生坦言，自从 50 年代毕业于清华大学哲学系后，他长期跟随其师冯友兰先生从事中国哲学相关研究，而后发现冯先生在写作两卷本《中国哲学史》时对一些重要的哲学家（如王弼、二程等）虽述评颇详，却并未提及他们的易学成就，深感这是不合理的。冯先生对此解释为《周易》有一套自己的术语、范畴和体系，需要做单独的研究，一般讲哲学史，仅需就其中一两个概念加以论述就行了。朱伯崑先生由此受到启发，遂决心投身易学研究事业。

20 世纪 80 年代初，经过多年的沉潜和思考，朱伯崑先生专为北京大学哲学系研究生开设"周易哲学研究"课程，这标志着他走上了专攻易学哲学的道路。经过 8 年的努力，朱伯崑先生完成了 4 卷本共计约 150 万字的《易学哲学史》。该书是现当代第一部从哲学视角系统阐述先秦至清代中国易学发展史及易学思想特征的作品。有学者评价该书"取史料之多，考证之详；其论义理之精，思辨性之强，是当代国内易学研究之最，它代表了大陆易学史研究的最高水平"[1]。虽时隔二十年之久，这样的评价依旧是深中肯綮。应该说，《易学哲学史》全书的结构和取材，体现了朱伯崑先生深邃的史识，并由此开创了哲学史研究同经学史研究相结合的道路，为弘扬中华优秀传统文化和推进中国哲学学科的发展做出了卓越贡献。毋庸置疑，在老一辈中国哲学研究者中，能够在新中国成立后开辟新的研究方向和领域，并在晚年推出鸿篇巨制的崭新成果者，朱伯崑先生当属最为突出的一例。朱先生的易学哲学研究贯通哲学和经学，在很大程度上弥补了 20 世纪哲学史研究轻视经学的弊病，促进了哲学史研究对经学的关注。朱先生认为，不研究经学，哲学史的研究就不可能深入下去。由于易学的特殊性，朱先生治《易》十分重视义理和占筮的分别，自觉继承孔子"观其德义"及"不占而已矣"的精神，不赞同任何形式的占筮活动。[2] 正是这诸多因素使得朱先生的易学哲学研究在国内外学术界产生了巨大的影响力，而作为朱伯崑先生易学纲领之体现的《易学哲学史》，无疑也成为 20 世纪最为重

---

① 林忠军：《近十年大陆易学研究述评》，《文史哲》1995 年第 5 期，第 103 页。

② 王博：《朱伯崑先生生平》，丘亮辉主编《国际易学研究》第十辑，中国戏剧出版社，2008，第 3 页。

要的学术著作之一。此书先后由北京大学出版社（1988）、台湾蓝灯文化事业股份有限公司（1991）、华夏出版社（1995）和昆仑出版社（2005）出版了四个版本，另有日文版、韩文版在海外发行。一部学术著作，能够在几年的时间之内连续再版，体现出了该书独特的学术价值和广泛的社会影响。

（二）揭示包蕴"学""术"的《周易》文化价值

《周易》自汉代以降被孔门儒家奉为"群经之首"，经由历代易学家对经传的注疏，且往往与当时的哲学、政治、经济、伦理观点及科学、宗教、文艺等知识相结合，易学文化逐渐形成一个以阴阳变易学说为核心的无所不包的思想文化体系。而它所提出的思维方式，特别是《系辞上传》总结出的"一阴一阳之谓道"的经典命题，对中国的哲学、政治、宗教、美学、史学、医学、兵法、文学、艺术、数学、天文、地理、建筑，及社会心理、民俗文化等诸多领域都产生了深远影响。从某种程度上可以说，先秦以降中华文化的传承和发展，《周易》之学都在其中充当着中心角色。纵观历代有所建树的思想哲人，他们大都对《周易》有着精深研究和独到见解。同时《周易》也并非儒家的专属品，佛、道两家也将其尊为经典。因此，从思想共同性视角来看，中国文化的核心就是周易文化。[①] 如上所述，《周易》是一部能够代表中国传统文化形象的重要典籍，其在中国文化史上的重要地位自是不言而喻。

20世纪80年代以来，伴随着传统文化复兴的时代浪潮，社会上兴起了"《周易》热"，并出现诸多以《周易》命名的研究机构和团体。对于易学研究所呈现出的这种火热的形势，自有一批学人额手称庆，然而朱伯崑先生却忧心忡忡地认为，在喧嚣的表面之下，人们对《周易》的理解充斥着许多迷信和误解。

事实上，社会各界之所以对《周易》产生诸多误解，实则为众多历史因素所迷惑。首先，《易经》卦爻辞的功用最初确是为巫史占卜服务的，这

---

① 柯义：《现代易学奠基人朱伯崑先生逝世周年祭》，丘亮辉主编《国际易学研究》第十辑，中国戏剧出版社，2008，第17页。

是不可否认的事实，但这种非理性成分却被部分人过分放大，甚至完全无视《易传》中所包蕴的天地之理、人生智慧，进而将这本智慧之书等同于预测吉凶的江湖把戏和借此欺诈钱财的工具，从而极大地损害了易学的名誉和地位。其次，在学院派内部对《周易》的性质也存在着不同看法，如朱熹就认为"《易》本卜筮之书"①，这种观点随着朱子理学的兴盛而大行其道，对文人墨客也起到了一定程度的导向作用。合观这两种情况，将《周易》视作占卜命理的术数之流无疑是不符合这本书的根本精神的。对于社会上逐渐弥漫开来的迷信风气，朱伯崑先生认为将《周易》用于占卜预测是毫无科学根据的，也明确反对把《周易》用于占卜算命之类的迷信活动。《周易》从源头上说确实是中国古代先民占筮的记录，但《周易》之所以能够成为代表中华文化传统的一部典籍，实则是因为古经卦爻辞中所体现出的是中国古人的生生智慧和忧患意识，是人类文明的一大创造。历代学者注解、研究《周易》流传下来的汗牛充栋的解《易》之作，形成了中国文化史上特有的《周易》文化（或称易学文化）。

朱伯崑先生指出，从历史上看，《周易》文化中一直存在着"学"与"术"两种传统。所谓"学"，是将《周易》经传视为儒家经学的一部分，进而解释和阐发其中的哲理；所谓"术"，则视《周易》为算命的方术，是占卜吉凶祸福的工具。"周易文化的价值在学不在术"，这是朱伯崑先生长期从事易学研究所形成的一个基本观念②，也是他在众多场合反复强调、一以贯之的一个重要理念。应该说，朱伯崑先生的研究既澄清了时下人们对《周易》文化的某些偏颇认识，又为我们进一步深入挖掘易学思想宝藏指明了方向和方法。

易学的发展始终与具体的时代环节保持着与时偕行的关联。现代易学植根于中国现代化的整体文化背景下，因而表现出独特的时代特征。现代易学探索用科学的精神和方法研究易学的途径，取得了许多经验和教训。我们的经验是用科学的精神和方法研究易学，可以有效地打击以《周易》

---

① （宋）黎靖德编，王星贤点校《朱子语类》卷第六十六《易二·卜筮》，中华书局，1986，第 1622 页。

② 郑万耕：《朱伯崑先生的易学观》，《中国哲学史》1998 年第 3 期，第 114 页。

旗号大搞迷信活动的歪风邪气；教训则是易学中非科学的成分并非全是迷信，因此需要结合历史、社会、心理等多种因素做分析，才有可能得出完整和正确的结论。正如朱先生所说："我坚信任何学术论著，都是它所处的那个时代和环境的产物，并非永恒真理的化身。"① 凡此种种，落实到朱先生的易学实践，即是用科学的精神和现代人文理念研究易学，反对迷信和愚昧，适应当代社会的需要，团结易学界、科学界和学术界，自觉地建设现代易学文化，为构建和谐社会服务。

（三） 开创经学与哲学互诠的易学研究方法

关于治学方法，朱伯崑先生多次强调自己受到了老北大重实证、老清华重分析以及唯物史观派的影响。但值得注意的是，朱先生能够将这三种学术方法熔于一炉的同时又有所创新和发展。朱先生"易学哲学"研究的方法论就是建立在这一基石之上的。朱先生运用经学史研究与哲学史研究互动结合的研究方法，系统地梳理、论述了先秦至清代的易学哲学思想，深化、凸显了中国易学的特质，从而将中国易学的研究提升到了一个新的境界和高度。

在朱伯崑先生看来，不研究易学发展的历史，不研究易学中的哲学问题，就很难深入了解中国哲学。汉代以降，经学繁荣是中国文化的独特现象，而《周易》居于"群经之首"，是中国文化史上一部最为重要的典籍。由汉唐入宋明，道学作为中国古代哲学的一种发展样态，从北宋五子到朱熹再至王阳明、黄宗羲、王夫之等，他们的哲学体系和思维形式都与易学有着密不可分的关联，有些甚至于直接依赖《周易》作为其思想养料从而实现构筑、发展自己的理论体系。因此，专门研究中国易学哲学的发展历史，对于深入了解中国哲学的民族特点、中国文化思想传统以及中国古代哲学的发展规律等，都将产生十分重要的推动作用。基于上述认识，朱先生的易学哲学研究，系统论述了从先秦到清代易学发展的历史，分析了从

---

① 转引自柯义《现代易学奠基人朱伯朱伯崑逝世周年祭》，丘亮辉主编《国际易学研究》第十辑，中国戏剧出版社，2008，第25页。

魏晋玄学到程朱理学再到张王气学的逻辑进程，将经学史研究同哲学史研究紧密结合起来，勾勒出了中国传统哲学思想发展的历史脉络，为我们更加清晰、科学地理解和把握中华易学发展的动因及特征提供了文本依据和思想指导。

在对朱伯崑先生的易学哲学进行研究的过程中，我们应当注意到易学哲学史不同于易学史，也不同于哲学史。关于前者，朱先生说："此书只是对易学史上各家所讲的哲理，按其演变的过程，作一较为系统的叙述，故名为易学哲学史，还不即是作为经学史的易学史。其中也谈到有关经学史的问题，但不是本书的重点。"① 这是强调其与一般经学史的不同。可以说，这是一部特殊的经学史，即从哲学角度进行观察的经学史。古代中国哲学发展与经学是密不可分的，因此不能离开经学谈哲学。但 20 世纪的哲学史，最大的问题就在离开经学讲哲学。忽视中国哲学发展特点的态度，这样谈的哲学思想，就会有隔靴搔痒之感，不能揭示其真正的历史和思想内涵。从这个意义上讲，朱伯崑先生所著《易学哲学史》的一个重要贡献，正是哲学和经学密切关系的建立，或者说恢复。这也可以说是对哲学史研究和叙述范式的一个调整。在整体上，朱先生仍然肯定和坚持着哲学的范式，丝毫不怀疑这一范式的正确性和有效性，但他要求在其中尽可能容纳经学的内涵，以弥补它在实际研究中表现出来的不足。② 朱先生敏锐地觉察到现阶段中国哲学研究的缺陷，主张以传统经学研究范式加以补充、丰富，这种批判、继承、发展的过程本身就体现出一种综合创新的方法论。将其运用于易学研究领域，则更有助于我们在学《易》治《易》的学术探索过程中真正做到革故鼎新、与时偕行。

朱伯崑先生之所以强调重视经学研究方法对推动易学研究的重要意义，并非要重回古人治学的老路上去。朱先生主张，易学哲学作为一种中国特有的哲学形态，有其自身发展的规律，其显著特点就是通过对《周易》占筮体例、卦爻象变化以及卦爻辞的解释，即经学的形式来表达其哲学观点。

---

① 朱伯崑：《易学哲学史》第一卷，华夏出版社，1995，第 1 页。
② 王博：《哲学与经学之间——朱伯崑先生〈易学哲学史〉的贡献》，《邯郸学院学报》2005 年第 1 期，第 10 页。

研究易学哲学史，如果看不到其自身的特点，脱离易学哲学发展的固有逻辑，孤立地总结其理论思维的内容，其结果往往使对易学哲学史的研究流于一般化。对于个别学人所主张的将西方哲学模式套用到中国古代思想之上，朱先生认为这会湮没中国哲学的固有精神。因此，朱先生紧紧抓住易学的这一特点，注意区分易学中解经的两套语言，即筮法语言和哲学语言，既不把哲学语言归于谈筮法问题，抹杀其哲学意义，又不以哲学语言代替筮法语言，抹杀筮法的内容，从而揭示易学每个发展时期的历史特点，阐明其特有的理论思维发展的逻辑进程，达到了经学史与哲学史的高度统一，为我们展示出中国哲学发展的清晰轨迹。例如，谈及王弼玄学派易学的成因，朱先生指出，王弼易学的形成与汉代古文经学派的发展不可分割，以《易传》思想注解《周易》经文，抛开今文经学派和《易纬》以象数解《易》的传统，注重阐发卦名义理，力求文字简约。这种古文经学派的解《易》学风，为玄学家所吸收，王弼易学也是继承和发扬了这一风气。[①] 朱先生揭示出王弼易学是古文经学与老庄玄学相结合的产物，是经学史与哲学史紧密结合的产物，而对《易经》中两种语言的划分，既体现出朱先生学术方法中注重逻辑推理分析的特点，同时也说明易学研究不应强求一种标准、一套方法，而应兼采众长，殊途同归。

（四）探讨彰显中华文明特质的易学思维

自中国"哲学"一词诞生以来，西方学者便对这种提法提出疑议。究其原因，乃是西方学者认为中国传统文化中缺乏西方哲学所讨论的范畴和命题（如本体、灵魂等），且中国古人的著述和思想表达缺乏系统性和严格的逻辑推理过程（如《老子》《论语》中只是零散的道德箴言），故中国人的理论思维水平实际上是相当贫乏的。朱伯崑先生指出："中国人的理论思维水平，在同西方的哲学接触以前，主要是通过对《周易》的研究，得到锻炼和提高的。"[②]因此研究中国哲学便不能忽视对易学的探究，

---

① 郑万耕：《朱伯崑先生易学哲学研究的问题意识》，《国学学刊》2016 年第 1 期，第 61 页。

② 朱伯崑：《易学哲学史》第一卷《前言》，华夏出版社，1995，第 4 页。

否则就不能深入把握中国传统理论思维的特点。朱伯崑先生将易学思维分为四个层次，即直观思维、形象思维、逻辑思维和辩证思维。其中，以辩证思维最为丰富、最为突出。易学辩证思维是中华辩证思维的代表，具有鲜明的民族特色。

在朱伯崑先生看来，《周易》和历代易学之所以对中华文化产生深远的影响，不在于占术，也不在于其思想的表现形式，如卦爻象和卦爻辞，而在于其理论思维的内容，尤其是所倡导的思维方式。思维方式是具有普遍意义和永恒价值的东西，朱伯崑先生把探讨易学思维方式及其对传统哲学的影响，作为其易学哲学研究的根本任务。他指出，研究《周易》系统的典籍，可以从两方面入手："一是从文史角度，探讨《周易》经传和历代易学形成和发展的历史；一是从哲学方面，探讨其中的哲学问题及其理论思维的价值。就后一任务说，应着重研究《周易》特别是历代易学的思维方式"。① 朱伯崑先生专门写了《易学中的逻辑思维与辩证思维传统》一文，将《周易》系统的辩证思维的内容，概括为变易思维、相成思维和整体思维，并作了系统梳理和论述。他还写了《周易的特质及其现代价值》一文，在韩国"21世纪与周易"国际学术会议上作主题报告，专门阐述《周易》阴阳变易的思维特征。② 上述工作为我们重新认识和深度发掘中国传统文化所固有的逻辑思维、辩证思维起到了十分重要的启发作用。

格外重视对辩证思维的剖析、论述，是朱伯崑先生易学研究的一个重要特点。朱先生认为，《周易》系统的辩证思维，集中到一点可以称为"阴阳变易"学说。此种思维萌芽于《易经》中卦爻象的变易及卦爻辞关于吉凶变易的论断。至《易传》提出"一阴一阳之谓道"这一命题，将阴阳变易思维升华为关于事物运动变化和发展的理论，认为任何事物都有阴阳相反的两重性能，其相互推移形成事物的运动变化。其所以相互推移又是由于阴阳中的一方趋于极端，向其相反的方面转化，所谓"亢龙有悔"，"盈不可久也"。所以，任何个体或群体都处于盈虚、消长、盛衰、生死以及成

---

① 朱伯崑：《朱伯崑论著》，沈阳出版社，1998，第387页。
② 郑万耕：《试论朱伯崑易学哲学研究的贡献》，《清华大学学报》（哲学社会科学版）2005年第2期，第104页。

毁的转化过程。这种变易的过程永无止境，而其中的个体或群体也不断更新，此即所谓"日新之谓盛德，生生之谓易"。历代易学家依此将阴阳两个方面在流转过程中的关系阐发为"相依""相推""相生""相胜""相感""相济"，以及"不测"等，并将阴阳关系归结为"对待"关系，也即"相反而相成"的关系。[①]

《周易》经传蕴涵了十分丰富的哲理和智慧，其中最为突出的即是倡导两元或多元互补的文化格局，这无疑得益于"一阴一阳之谓道"的思维模式以及《周易》所包蕴的居安思危的忧患意识和君子夕惕乾乾、厚德载物的处世原则，不仅丰富了人类辩证思维的形式与内容，更彰显出中华文明变通、进取的特征和精神。朱伯崑先生指出，易学中的辩证思维始终追求对立面的互动和互补，维系统一体的存在与和谐发展，引导人们在二元对立中寻找中道，极具中华民族特色。在这种辩证思维影响下形成和发展起来的中华文化，为人类文明的演进和发展做出了巨大贡献。

（五）学术研究与社会推广并重的易学实践

朱伯崑先生一生自觉地、有意识地践行重实证、重分析的学术传统，以自己卓越的学术成就使易学文化及中华优秀传统文化发扬光大。同时，朱先生没有忘却作为一个学人的现实情怀和社会担当。

多年来，为扫除笼罩在《周易》上的种种迷惘，为满足社会大众认识、了解《周易》的迫切愿望，朱伯崑先生在耕耘于燕园的同时，也经常主动参加一系列的社会活动，致力于易学普及和推广事业及易学人才培养工作，体现出明显创新意识和强烈的现实关怀。朱先生深知，治《易》不是少数人可以完成的，必须组织起来，自觉地去完成继承古代易学和创新现代易学的历史任务。他先后创办了美芝灵国际易学研究院和东方国际易学研究院，担任院长；主持成立中国自然辩证法研究会易学与科学委员会，被选为理事长。2004 年，又主持成立国际易学联合会，被选为首任会长。朱伯

[①] 参见郑万耕《试论朱伯崑易学哲学研究的贡献》，《清华大学学报》（哲学社会科学版）2005 年第 2 期，第 104 页。

崀先生以其博厚德行、超凡智慧及人格魅力，会聚了全国乃至全球范围内的学术名家，共同研讨易学和中国哲学，为易学研究的发展和易学文化的传播做出了卓越贡献。

朱伯崀先生晚年为发展用科学精神和人文精神治《易》的学术组织不遗余力，呕心沥血。在《易学哲学史》的旗帜下，易学研究的新局面开始到来。朱先生组织大家按照科学和人文的精神研究现代易学、普及现代易学。他创办《国际易学研究》集刊和内部刊物《科学与易学》，主编"易学智慧丛书"，组织出版系列专著，全面阐述《周易》经传解读、易学源流、易学思维、易学与科技、易学管理、易学建筑、易学与养生、易学与易图、易学与美学、易传通论、象数易学、易学与人文以及史学、天文学、生态环境、传统医学、数学奥林匹克等内容，被誉为"代表当代研究水平的易学著作"，获得 1998 年度国家图书奖。他还编辑出版易学教材和普及读物，如《易学基础教程》（广州出版社，1993；九州出版社，2000 年修订版）；又设立国际易学奖，奖励易学领域的优秀专著、普及著作和青年易学工作者①。朱伯崀先生通过举办不同层次的易学研讨会、座谈会等，为弘扬中华优秀传统文化，引导公众科学、正确地认识《周易》，推进易学研究及其现代化，做出了不懈的努力。朱伯崀先生曾系统总结自己的学思之路，出版《朱伯崀论著》（沈阳出版社，1998；繁体字版名曰《燕园耕耘录——朱伯崀学术论集》，由台湾学生书局于 2001 年出版），全面总结自己在哲学、儒学、道学和易学领域的研究成果，为我们系统了解朱先生的易学成就提供了很好的文本材料。

作为新中国成立之后成长起来的德高望重的学者，作为现代易学哲学研究重要的开创者和奠基人，朱伯崀先生对易学研究、对中华优秀传统文化研究倾注了毕生的心血，他的学术成就在中国易学发展史、中国学术发展史上留下了浓墨重彩的一章，启迪后学，昭示来者。

---

① 王博：《朱伯崀先生生平》，丘亮辉主编《国际易学研究》第十辑，中国戏剧出版社，2008，第 4 页。

三　余敦康先生的易学研究成就

余敦康先生长期从事中国哲学史、思想史的研究,主要集中在魏晋玄学、宋明理学、宗教文化等领域。自20世纪90年代以来,余先生的学术兴趣转移到易学研究方面,一直笔耕不辍,撰有《内圣外王的贯通——北宋易学的现代阐释》《易学今昔》《汉宋易学解读》《周易现代解读》等著作,在学术界及社会各界产生了广泛影响。余先生的易学研究摒弃传统的门户之见和家派之争,伫立于现实以回应和解答时代课题,其中贯穿着明体以达用、知行合一的精神,展现了综合创新的学术自信和兼容并包的学术胸襟。我们拟从《周易》的学派归属、《周易》的核心价值、易学的理念方法以及易学的现代性转化和创新性发展等方面,对余先生的治易理念和易学成就以及相关的学术思想、学术风范进行学习、分析和探讨。

(一)　肯定《易传》思想是各派学术融合的产物

众所周知,《周易》自汉代被确立为群经之首,从此《周易》思想属于儒家学派或者说《周易》思想以儒家为主干的说法在中国学术思想发展史上一直占据主流地位。近代以来,除了在《易传》是否为孔子所作的问题上有进一步争论外,学者一般仍倾向于《周易》经传的儒学属性。随着当代易学研究的逐步深入和不断丰富,《周易》思想的学派归属问题逐渐成为易学领域探讨的一个热点,其中反对"儒家主干说"的学者主张,《老子》自然观的形成,道家思想可上溯《易经》而下启《易传》,是《易传》哲学思想的主干,因而《周易》应属于道家系统之作。

《周易》究竟属于儒家还是属于道家?对于这一现代易学公案,余敦康先生从天人整体之学出发,认为"在先秦时期,易学并没有固定的学派属性,《周易》也不是专属于儒家的经典"①,而是体现出一种儒道互补的格

---

① 余敦康:《〈秦汉易学思想研究〉序》,见张涛《秦汉易学思想研究》,中华书局,2005,第3页。

局。在余先生看来，中国思想最古老的源头是一种囊括天人的十分宏阔的整体之学，这种天人整体之学一方面援引天道来论证人道，另一方面又按照人道来塑造天道。这一循环论证的思路由西周时期的天命神学观首先确定下来，进而为后来儒、道、墨各家所普遍继承。但是，各家在建立自己的思想体系时均有所偏重。大致说来，道家思想偏重于"以人合天"，其重点是研究天道，极力使关于人道的主观理想符合天道自然无为的客观规律；儒、墨两家的思想偏重于"以天合人"，往往是根据关于人道的主观理想去塑造天道，将研究重点置于社会、政治、伦理领域。尽管儒、道、墨三家的思想各有所"蔽"，都不能算是一种完整的天人整体之学，但是儒、道、墨三家并没有完全摆脱天人关系这根主轴。就总体发展趋势而言，儒家往往要从道家那里汲取自然主义的养料以补己之所需，道家也需从儒家汲取人文主义的资源以弥补自身的缺陷，从而在中国思想的发展中逐渐形成了一种儒道互补的基本格局。这种儒道互补也是中国思想发展的普遍规律和必然归宿。只有把儒道两家各有所偏的倾向结合起来，相互补充，通过"以人合天"与"以天合人"的不断循环往复来把握天人整体，才能使"天人合一"的思路得到全面贯彻。基于此，余先生认为《周易》的思想模式代表了一种儒道互补的新型世界观，《周易》儒家主干说或道家主干说并不是完整意义上的表述。既然儒道互补的基本格局早在先秦时期就已经形成，《周易》经传思想就不可避免地打上这一烙印。可以说，余先生以开阔的学术视野，从天人整体之学的视角出发，得出的这一结论，在很大程度上是符合历史事实的。

不仅如此，余敦康先生认为，"《易传》的思想体系完全是围绕着'一阴一阳之谓道'这个命题展开的。这是一个合天人、通物我的命题，是自然主义与人文主义的有机结合，《易传》的思想精髓与价值理想集中体现在这个命题之中"[①]。在余先生看来，《周易》经传思想是战国末年学术思想融合的产物，这一思想体系在形成过程中始终贯穿着一条宇宙自然与人文主义有机结合的清晰脉络，蕴涵了《易传》的思想精髓和价值理想。《周易》

---

① 余敦康：《中国哲学论集》，辽宁大学出版社，1998，第 421 页。

经传的思想体系既有儒家的内容，也受道家的影响，但又不同于儒家，与道家也迥异其趣，在先秦思想史上可谓独树一帜。就其研究对象和追求目标而言，《易传》的这种儒道互补思想，不仅与儒、道两家相通，同时也与其他各派息息相通。诚如余先生所言，先秦诸子在不同程度上都以天人整体作为共同的研究对象，力求用自身的体系把握这个天人整体的根本原理，来作为自己学术活动的最高依据。"天下同归而殊涂，一致而百虑"①，是《易传》对先秦各派思想总体认识，代表了中国文化的根本精神，体现了中国思想的共同特征。

余敦康先生通过鞭辟入里的分析，揭示出"一阴一阳之谓道"这一命题的实质，即亦道亦儒，非道非儒，体现了天人合一整体之学，代表了一种儒道互补的新型世界观。立足于传统天人整体之学的宏大视野，从中国思想的源头来思考《周易》经传的学派归属，这是余先生通过长期努力探索出的正确方法和有效途径。值得注意的是，随着易学研究的不断拓展，余先生就上述问题的思考又有所深化，而对《易传》"是综合百家、超越百家的产物"的新观点不仅表示鼓励和认同，并就此作出了较高的学术评价②。儒道互补且又综合超越，应该说余先生的观点对于思考中国哲学的起源和目标无疑具有重要的学术启发意义。

（二）阐释天人整体和谐思想与政治智慧

我们知道，《周易》经传蕴涵有丰富的和谐思想。其中，尤以《乾卦·象传》的论述最具代表性："乾道变化，各正性命，保合太和，乃利贞。首出庶物，万国咸宁。"③《周易》认为，由于乾道的变化，万物各得其性命之上，刚柔协调一致，相互配合，保持了高度和谐，所以万物生成、天下太平。先秦以降，不同历史时期的易学家都十分重视对《周易》太和思想的

---

① （三国魏）王弼、（晋）韩康伯注，（唐）孔颖达等正义《周易正义》卷八《系辞下》，（清）阮元校刻《十三经注疏》，中华书局影印本，1980，第87页。

② 余敦康：《〈秦汉易学思想研究〉序》，见张涛《秦汉易学思想研究》，中华书局，2005，第2~3页。

③ （三国魏）王弼、（晋）韩康伯注，（唐）孔颖达等正义《周易正义》卷一《乾·象》，（清）阮元校刻《十三经注疏》，中华书局影印本，1980，第14页。

探索与研究。例如，汉代易学中的《京房易传》和《易纬》，就在一定程度上体现了儒家的文化价值理想以及对自然与社会整体和谐的追求。魏晋玄学思潮中易学家把传统的天人之际问题转化成为自然与名教的关系问题，使人们不再满足于现实的名教社会，而是憧憬一种合乎自然的名教社会。王弼生逢其时，根据这种时代课题的需要，作《周易注》，"乃全释人事"，以谋求社会和谐。宋代程颐易学把秩序与和谐的高度统一视为《周易·乾卦·象传》所说的"保合太和"："天地之道，常久而不已者，保合太和也。"① 在这里，程颐将差异与统一、秩序与和谐的完美结合称为"太和"，"太和"即最高的和谐。可以说，不同时期的易学家对《周易》整体和谐思想的充分论述，确实集中、鲜明地体现了中国文化的最高价值理想。

在总结前贤成果的基础上，余敦康先生立足于当代，对《周易》所体现出的中国文化最高价值的天人整体和谐思想，做出了系统阐释。余先生首先就"一阴一阳之谓道"展开立论，对《周易》中天人整体和谐思想的外延和内涵作了清晰而完整的论述。余先生指出："一阴一阳之谓道"中的"这个道，合天人，通物我，既有深沉的宇宙意识，又有浓郁的人文情怀，就其前者而言之是极高明，就其后者而言之是道中庸，是自然主义与人文主义的完美结合，可以使人得到理智的了解，也可以使人得到情感的满足，因而最能全面地代表中国哲学的精神而不陷于一偏"② 。诚如余先生所言，尽管分而论之，"道"包含三个维度，即天道、地道、人道，但无不归涉到自然与社会两个领域。若合而论之，这个"道"实际上就是天与人的整体和谐之道、自然与社会的整体和谐之道。而且，作为中国传统思想所普遍追求的那种道与人性的息息相通，不仅能够作为哲学家理性思辨的对象，同时也是普通民众"日用而不知"的内在生活依据，这既有理智的了解，也有情感的满足，思想精髓与价值理想、自然主义与人文主义紧密结合、圆融一体。据此，余先生进一步强调，就价值理想而言，"易道"致力于追求的是一种以"太和"为最高目标的天与人、自然与社会的整体和谐。一

---

① （宋）程颐撰，王孝鱼点校《周易程氏传》卷第一《乾》，中华书局，2011，第4页。
② 余敦康：《易学今昔》，中华书局，2016，第255页。

个以"太和"为天人和谐最高境界的"易道",实质上就是《易传》思想体系中统贯天、地、人三才之道的整体之学。这样,《周易》自觉地接上了中国文化的发展源头,融会为一种代表中国文化根本精神的和谐之道,也最能全面体现中华民族的文化价值理想。

与此同时,余敦康先生还深刻揭示了《周易》和谐思想中所蕴涵的博大精深的政治智慧。余先生强调,《周易》倡导和谐,论述治乱兴衰的规律,实为拨乱反正之书,这与《周易》推天道以明人事的根本主旨有着必然的联系。余先生对"推天道以明人事"作了如下分析:"《易传》把自然和社会看作一个整体,适用于自然界的原则同样也适用于人类社会,其根本主旨在于推天道以明人事,根据对支配着自然界的那种和谐规律的认识和理解,来谋划一种和谐的、自由的、舒畅的社会发展前景,使得社会领域的君臣、父子、夫妇的人际关系能够像天地万物那样调适畅达,各得其所。"① 余先生认为,"一阴一阳之谓道"是适用于自然和人类社会的一条总的原则。就天地万物的变化而言,阴与阳、刚与柔两大对立的势力相反相成。在相互推移激荡的过程中,呈现出一种"消息盈虚"的秩序,被称为"天行"。人类社会可以遵循"天行"的规律,谋求一种社会和谐,这就叫"推天道以明人事"。也就是说,通过对支配着自然界的和谐规律的认识和理解,以谋求人事社会的和谐。但是,就阴阳这两大势力的本性而言,由于现实处境在阴阳不测规律的支配下,有时和谐,有时冲突,如果斗争、冲突的一面占据上风,就破坏和谐,就社会来说,必将造成秩序的混乱。所以,余先生指出,《周易》把君臣、君民之间的关系看成刚柔相济、阴阳配合的统一体,强调君权的相对性而否定其绝对性,运用社会长期积淀形成的文化道德因素对君权进行某种程度的限制,其本身就是圣人怀着忧患意识写成的一部拨乱反正之书;历代有识之士为了治理乱世,使之恢复正常安定,往往抱着强烈的忧患意识,从《周易》经传中寻找拨乱反正的理论根据,这就在中国的政治文明中形成了一种以《易传》和谐思想为主导的传统。余先生立足于《周易》的和谐思想,从中国历史的规律和经验中

---

① 余敦康:《易学今昔》,中华书局,2016,第66页。

抽绎出了具有深刻内涵的易学智慧。在余先生看来，这一易学智慧无论是回顾历史，还是关照现实，均力求克服现实与理想的背离，用理想来纠正现实，使现实符合于理想，自始至终都表现出一种经纶天下、建功立业的实践精神，对于当今社会极具启发和借鉴意义。

如前所述，余敦康先生认为《周易》中天人整体和谐思想非道非儒，亦道亦儒，代表了一种儒道互补的新型世界观。循此视角，余先生指出，《周易》的天人和谐与儒家、道家所追求的天人和谐既有联系又有区别。"保合太和"虽是《周易》的核心思想，但对儒、道两家的和谐思想同样有所汲取。儒家侧重于追求社会人际关系的和谐，道家侧重于追求自然与人、自然与社会的和谐。《易传》的"太和"观是儒、道两家和谐思想的进一步整合和提升。就"元亨利贞"所表述的自然和谐而言，是与道家思想相通的。但也必须看到，《易传》自然和谐的思想毕竟与道家有异。道家虽然将自然视为一个和谐的统一体，但是"天地不仁"本身并不蕴涵任何与人的价值理想相关的伦理意义。《易传》与道家不同，它力求把自然主义与人文主义结合在一起，既要关乎天文，也要关乎人文，随时随地能够从自然的和谐中探寻其所蕴涵的伦理意义，谋划社会和谐。因此，《周易》重视发挥"自强不息"、刚健有为的精神，与道家强调的那种无为的思想有着实质的不同。

余敦康先生认为，所谓和谐，在《周易》中就是对立统一，阴与阳、刚与柔的完美结合。在这种和谐境界中，一方面是万物各得其性命之正，至诚无妄，体现了天地之序；另一方面是刚柔相济，阴阳协调，体现了天地之和。当代中国在社会、政治、文化等领域确实需要开辟出一条和谐的变革之道。而余先生以《周易》的最高价值理想为主要标准，就《周易》"太和"思想所做的精辟论述，就社会治乱兴衰规律展开的深入分析，都有助于持续深入研究《周易》的政治智慧，更好地理解"易道"特质，把握中华优秀传统文化的核心价值和理想追求。

（三）深入思考易学思想的时代功能

近30年来，众多学者通过各种全新理念和模式，从各种视角对《周易》进行了多学科、多角度、多层面的探索、研究，由此涌现出了大量的学术成果，使易学研究取得了长足的发展。在对前人易学思想进行钩沉索隐、考镜源流的过程中，传统易学的一些核心思想和命题得到了全新的解读、诠释。余敦康先生早年的学术重心本在理学、玄学等领域，但之后却将主要精力投入易学研究，体现了一个学者在新时期传承、发展中华优秀传统文化的历史使命感和社会责任感。

在中国易学发展演变的历程中，曾出现过许多不同的流派，清代四库馆臣将其总结为"两派六宗"。清代朴学大盛，复兴汉易成为一个重要的学术热潮，其学术取向和治学理路对近代易学发展影响深远，以致民国以来许多易学大家虽对清儒的易学理论有所汲取和深化，但在一定程度上仍往往抱有一种贬斥宋易、崇尚汉易的倾向。传统易学研究中充斥着互相攻讦、党同伐异以及各自以为独得易学奥义而贬斥他人背离易学本义的门户乱象，对此余敦康先生并没有简单地加以批评和否定，而是别具慧眼地指出："就宏观整体而言，却是彼此促进，相得益彰，各派各宗都从不同的侧面发展了易学的核心思想，在不同的程度上丰富了易学的宝库"。"我们今天研究汉易，究竟应该怎样超越前人的门户之见，着眼于易学发展的整体，恰如其分地估价其历史的地位，透过那些花样翻新而又繁琐荒诞的象数形式发掘其合理的内核？所有这些问题都涉及到对易学的本质及其演变规律的根本理解，每个研究者由于受到主客观条件的种种限制，很难作出全面准确的回答，但是为了把汉易的研究从描述的水平推进到一定的理论高度，这些看来似乎是大而无当的问题却是不能不认真思考的"[1]。余先生所论主要谈及汉易，揭示出来的却是易学研究中一个不容回避的关键问题，即易学研究如何超越传统的"两派六宗"，由"描述的水平"向"理论的高度"提升。

随着自身易学研究的不断拓展和深化，余敦康先生已不再满足于对具有"理论的高度"的"大而无当的问题"的哲学思辨，转而对易学思想的时代功能选择展开了深入思考，这在其宋代易学研究中表现得尤为突出。

---

[1] 余敦康：《汉宋易学解读》，中华书局，2017，第 2 页。

余先生指出："所谓时代的选择，主要是一种功能性的选择。尽管从哲学思辨的角度看来，体不离用，用不离体，明体多于达用固然不好，达用多于明体也不值得赞许，二者难分轩轾，但是通观历史，每一个时代对学术思想的选择，并不是着眼于其哲学思辨程度的高低，而是着眼于其满足时代需要的功能的大小，这在社会发生急剧变革的时期尤其是如此。"① 余先生认为，相较于汉代易学，宋代易学的发展是与儒学复兴运动紧密联系在一起的，"当时具有不同倾向的思想家围绕着明体达用进行探索，不约而同地都选择了《周易》作为主要的经典依据，易学的繁荣就是由于这种具体的历史动因而促成的。既然明体达用成为当时人们所追求的共同目标，所以人们也就很自然地把是否做到明体达用树立为评判各派学术得失利弊的共同标准了"。在余先生看来，由于受到"具体的历史动因"的影响，易学中的象数派和义理派在明体与达用方面有时并不能保持一种平衡，"由于象数派'多参天象'，在明体方面可以作出贡献，但在达用方面就未免显得欠缺，义理派'全释人事'，可以'急乎天下国家之用'，但对大化流行的道体则研究得不够充分，因而这两派必须互补，走合流的道路"②。

余敦康先生坚定地认为，中国传统易学本身始终存在着一个核心思想、内在精髓——《周易》所蕴涵的"中和"理念。如果从"易尚中和"的核心思想透视历代易学家著述背后的社会政治关怀和文化价值理念，就会使我们在看待易学史上的重大问题时有着豁然开朗之感。例如，传统意义上谈及汉代易学时，人们往往纠结于其庞大繁复的象数体系，常常沉浸于汉易所囊括的天文、历法、音律、地理等知识，甚至为汉易中不同流派的高下、短长而争论不休，但汉代学者热衷于如此复杂的解《易》方式的原因并没有得到合理的解释。究其原因，在于人们对汉代象数派易学定位还处于模糊状态。为此，余先生指出，虽然汉代的象数易学从形式上来看是阴阳术数与儒家经义相结合的产物，"一般而言，阴阳术数与儒家经义相结合，应该尽可能地满足三个方面的要求，一是立足于儒家的文化价值思想，

---

① 余敦康：《汉宋易学解读》，中华书局，2017，第 134 页。
② 余敦康：《汉宋易学解读》，中华书局，2017，第 134 页。

二是提供一个完整的世界图式，三是推断灾异有数理的根据，能以命中率高取得人们的信服"①。基于此，诸如孟喜、京房的卦气理论，"实质上是按照儒家的价值标准所描绘的一幅理想的蓝图，体现了自然与社会和谐的思想，如果用之于实际政治，既是一种认知工具，也是一种决策依据，具有多方面的功能"②。可见，只有摆脱象数、义理的严格畛域，从《周易》文化传统和汉代儒家士大夫价值理想的角度切入来看待汉代易学，才能够把握汉易的本质。而这一理念和方法，无疑是余先生对传统易学研究的重要突破。

余敦康先生的易学著作，往往并不是以哲学理论体系的的逻辑推衍来统贯和展开，而是依循思想文化史的视角，整合、分析不同时期的易学史料。余先生对于传统易学加以诠释的出发点，是力图描绘出经先秦积淀而形成的"易道"，即《周易》的思想精髓在不同历史时期外化发展的过程。这种"外化"主要表现为通过政治决策的合理化，实现儒家的文化价值理想，也就是由所谓"通经致用""明体达用"，最终实现内圣外王的贯通。应该讲，这实质上是一种带有文化史色彩的解读。在具体的易学研究过程中，余先生做到了"我和经典构成一个'视界的融合'"③，将思想阐释与史事考辨有机地结合起来，从而避免了一般易学著作论证空疏、泛滥无归的弊端。例如，余先生在深度剖析京房的易学思想时，并没有拘泥于其易学理论本身以及后世诸学者的评论，反而别具慧眼，对京房易学的贡献做出了合乎历史真实的客观、公允的评价。余先生以《汉书·京房传》所载的京房三次上书的史料为基础，联系汉元帝一朝的政局走向，尽可能地详尽论述了京房易学背后所体现出的文化价值理想和现实的政治动机。在余先生看来，京房卦气说是"和他的政治活动结合为一体，密不可分的，他的政治活动始终是以卦气说作为理论基础，而卦气说也始终是与实际的政

---

① 余敦康：《汉宋易学解读》，中华书局，2017，第 10 页。
② 余敦康：《汉宋易学解读》，中华书局，2017，第 29～30 页。
③ 余敦康：《诠释学是哲学和哲学史的唯一的进路》，《北京青年政治学院学报》2005 年第 2 期，第 33 页。

治相联系，总的目的则是为了克服危机，理顺关系"①。所以，余先生认为，如果脱离了汉代文化思潮和实际政治来孤立地看待京房易学，则难以作出客观、公允的评价，也难以全面把握其易学思想的本质。窥一斑而知全豹，正是从这一角度来看，余先生的易学研究可以说是将历史实证与理论分析有机结合、相得益彰的学术范例。

（四） 发掘易学经世济民的价值

众所周知，当今世界存在着一系列矛盾和冲突。就全球范围来说，有各种文明之间的冲突及各个地区之间的冲突；就一个国家内部而言，又有个体与群体之间的冲突及不同利益集团之间的冲突。这些冲突是人们每日每时必须面对的生存困境和严峻现实。就当代中国而言，社会正处于转型时期，也就是处于从传统社会向现代社会转轨的过渡时期。这个时期有各种各样的对立，除了从古代沿袭下来的对立、冲突之外，还有传统文化与现代文化的对立、冲突，中国文化与西方文化的对立、冲突。所有这些对立和冲突，综合凝聚为一种具有新的转型期特征的理想与现实的对立，造成了一系列精神的分裂、价值的失落以及文化的危机。

如何解决当代社会特别是文化方面的对立、冲突和危机，余敦康先生认为可以有两种不同的选择：一种是立足于斗争，一种是立足于和谐。从20世纪以来人类所积累的大量实践经验来看，前一种方法并不能有效地解决冲突，只能使之更加激化。因为立足于斗争，把冲突的双方看成你死我活的二元对立，采取激烈斗争的方法，进行强制性的控制，建立单向度的统治与服从的关系，结果只能是把国家、社会推向危机的边缘。这方面是有着深刻教训的，特别是我国在改革开放前的某一特殊时期。② 有鉴于此，唯有后一种方法才是解决我们国家处在转型时期矛盾冲突正确的选择。

秉持经世济民的理念，余敦康先生对于易学的当代价值格外重视。余先生认为，中国和世界的关系应该是和谐共处的关系，中国不仅在国内应

---

① 余敦康：《汉宋易学解读》，中华书局，2017，第33～34页。
② 余敦康：《伊川易学的形成及发展》，朱伯崑主编《国际易学研究》第六辑，华夏出版社，2000，第218页。

该构建和谐社会，在国际上也理应与所有国家一起来构建和谐世界。这是由中国五千年一脉相承的"道统"决定的，我们传统文化的"道统"并非专制，而是和谐。余先生就此强调，五四以来的近百年，中国的文化曾受到怀疑，这在当时是可以理解的一种现象，毕竟落后就要挨打，就需要以一种反传统的方式来促使中国复兴。反观当今时代，中国国力不断提升，和谐社会的提出就是要对世界有所贡献。^① 正是在这个意义上说，传统文化的核心价值是和谐，而《周易》则是和谐价值的重要载体。尽管中国历史上很多典籍提到了和谐这一理念，但是将其提升到哲学这个高度的，最为主要的就是《周易》。中国的智慧在《周易》，《周易》的智慧在和谐，和谐不仅是中国传统文化的一个核心，同时也关乎世界文明未来发展的方向。余先生依据其对当代中国文化的思索和研究，明确指出："只要我们抱着强烈的忧患意识坚持不懈地去探寻，是可以找到一种有效的操作方法来克服传统与现代、现实与理想的对立，达到历代哲学家梦寐以求的理势合一、真际与实际交相辉映的太和境界的。而在这个有效的操作方法真正找到之日，也就是中国文化以前所未有的崭新姿态复兴之时。"^② 这是颇有见地的宏论。

与此相联系，关于易学价值在当代社会的实践性和操作性，余敦康先生也高度重视。余先生认为，《周易》的智慧是一个发掘不尽的宝藏，对我们当代社会的各项事业能够起到关键的作用。在余先生看来，"《周易》这部书把认识客观规律和人们对这种规律的利用两者结合起来，指导人们根据形势的变化采取正确的决策，实质上是一部'开物成务'、'极深研几'之书，也就是一部关于决策管理之书"^③。《周易》的智慧就在于"涉世妙用"，具有强烈的实践功能，是一种指导人们正确行动的理论。不论是学《易》、研《易》还是用《易》，都应从"开物成务""极深研几"着手，否则便往往流于神秘虚玄，脱离实际。早在 20 世纪 90 年代，余先生就注意

---

① 路强：《"和谐"：中国文化的世界价值——余敦康教授访谈录》，《晋阳学刊》2014 年第 2 期。
② 余敦康：《易学今昔》，中华书局，2016，第 258 页。
③ 余敦康：《易学今昔》，中华书局，2016，第 143 页。

到，学术界对于《周易》实践功能及其"涉世妙用"之智慧，尚缺乏较为深入的阐释。因此，余先生身体力行，主编了《易学与管理》一书，并对易学中的管理思想从"《易》为管理之书""管理的最高目标""管理的操作原则"等几个方面进行专题研究，揭示出了《周易》管理哲学的内涵，在当时产生了积极的反响。余先生指出，"《周易》的阴阳哲学不仅是对客观世界的一种纯粹理性认识，而且与人们的决策管理活动紧密相连，具有强烈的实践功能"[①]。在他看来，既然《周易》蕴藏着丰富的决策思想和管理思想，不仅提供了一个博大精深的哲学体系，而且系统研究了人们的行为，是一部关于决策和管理学的专门著作，那么，《周易》的宇宙论、本体论和辩证法作为对客观对象的一种纯粹理性认识，不应仅仅局限于学理层面的研究，而应与人们的实践行为紧密结合在一起，追求"保合太和"的最高目标，这样才是真正的"明体达用"。

此外，《周易》的价值理性如何与科学理性相协调，亦是余敦康先生研究《周易》管理哲学的基本着眼点。余先生认为，管理行为的实质是尽可能地在阴阳之分与阴阳之合的错综复杂关系中保持一种动态平衡，而《周易》经传思想恰恰包含了许多理想的管理模型，揭示了管理思想的本质所在，对于指导人们自觉地迁善改过极具借鉴意义。为此余先生指出，《周易》这样一部作为古代决策管理的专著，对于当代的指导作用大致可以从以下几个方面去深入发掘：一是"刚柔立本"的组织原则；二是"变通趣时"的达变原则；三是"圣人成能"的调控原则；四是"仁以守位"的用人原则；五是"崇德广业"的领导自身的修养。从上述原则出发，无论哪一领域，作为一个现代管理者，如果将易学用于现代经营管理，充分发掘主体意识，对组织目标的优化进行不懈的追求，那么所面临的实际问题自然会"化而裁之"，"推而行之"，"神而明之"。余先生把《周易》的性质归结为管理、决策，倡导学以致用，解决现实问题，不能不说，这是他在当代历史条件下继承明体以达用的精神，促使易学切合时代需要由传统向现代转型的一种最佳处置方式，体现了对传统的明体达用、知行合一思想

---

① 余敦康：《易学今昔》，中华书局，2016，第143页。

的继承和发展。

值得关注的是，近些年来，在中国传统文化强势回归的大背景下，余敦康先生对国学经典的普及、推广特别重视，试图"站在现代人的角度，适应现代人的需要，把艰深晦涩的《周易》变为人人都能读懂之书，把易学的智慧变为人人都能掌握的精神财富"①。为此，余先生一定程度上改变了学院派原有的思维定式和研究方式，"通过我的诠释，体现我的关怀，体现我的理解，使我整个人走进去"②，沟通了传统与现代的时空距离，凸显了文本内在的哲理智慧，对通行的经传合一的《周易》文本进行逐字逐句的训释、解读，在面向社会大众、通俗易懂方面做了大量工作。应该承认，这是余先生开掘易学研究当代价值，力求中国传统文化现代性转化和创新性发展的颇为有益、较为成功的实践。

各个时代有不同的时代课题，易学的面貌亦会随之呈现出不同的变化和发展。余敦康先生的易学研究着眼于历史的解读，同时又紧扣现实的关怀，特色极其鲜明：既有对《周易》和易学文本及其相关材料的具体而微的开掘和阐释，又有对易学史及其相关问题的宏观认识和总体把握；既不拘泥于传统的象数、义理的门户之见和学派壁垒，又始终注意将易学问题置于宏大的思想文化背景与流变中来系统考察和综合分析。余先生将易学研究建立在哲学史、学术思想史研究的基础之上，运用易学智慧来认识和解决面临的时代课题，其中始终贯穿了强烈的且洋溢着个人生命体验和文化情怀的问题意识，从而有所创获、有所发展。当然，余先生的易学研究特色，在余先生的其他研究领域也同样有所体现，只是形式不同而已。对于自己毕生的学术追求和文化理想，余先生做过如下总结："树立精神上的和谐理念，陶铸现实的和谐生活，也许是对文化价值理想的最简明表述，正如文化的价值只能在生活中实现一样，生活的价值也正体现在追求理想的进程之中。"③ 恰恰是在"追求理想的进程之中"，易学作为中国传统文化

---

① 余敦康：《周易现代解读》，中华书局，2016，第 1 页。
② 余敦康：《诠释学是哲学和哲学史的唯一的进路》，《北京青年政治学院学报》2005 年第 2 期，第 32 页。
③ 余敦康：《中国哲学论集》，辽宁大学出版社，1998，自序第 2 页。

走向未来可以凭借的一种重要资源，能够推动当代中国完成文化领域、精神领域的转型，最终熔铸成为一种崭新而旺盛的文化形态。对此，余先生深信不疑。可以说，余敦康先生的易学研究，不仅为他的学术旨趣、治学理念做出了与时偕行、合乎预期的学理诠释和逻辑推导，而且从一个侧面展示了他学术成就、治学风格的魅力和影响，而这本身又是对易学研究者以及中国哲学史、中国学术思想史研究者的一种沾溉和惠泽，需要我们进一步关注和珍视。

四　近年来易学研究的新进展

《周易》为群经之首，是我国现存最古老的文化经典，是中华文化重要的源头活水，是中华民族精神和智慧的集中体现，易学思想是中国传统思想文化的主潮、主旋律，对中国传统思想文化发展的影响至深至远。《周易》天人合一、太和中正的和谐思想，自强不息、与时俱进的创新精神，厚德载物、海纳百川的包容态度，居安思危、慎终敬始的忧患意识等，都已融入中华民族的人文心理和价值观念之中，成为中华民族精神的重要组成部分。《周易》一书以其宏富的内容、精深的思想，传承不绝，历久弥新，数千年来始终受到人们的特别推崇和高度重视。几千年来，人们对《周易》和易学的研究从未间断，至今依然热度不减，高潮频起，而且已经成为全球性、国际性的学术研究课题。

（一）易学的研究内容

《周易》一书所自甚早，东汉史学家班固在《汉书》中明确提出了"人更三圣，世历三古"之说，将《易》之成书，视作伏羲、文王、孔子三位圣人相继创作、推演、加工的产物。今天的研究成果表明，《周易》的两大部分——经与传，其中《易传》部分在历经了春秋以来数百年的人文理性的浸润之后，最迟在战国中后期就已经形成。而更早的《易经》部分，其源头虽不必然如古人所说的那样，是伏羲氏仰观天象，俯察地理，近取身、远取物的结果，但也绝不是一朝一夕所能骤成的。已故著名学者张政烺先生曾试图以"数字卦"解释《易经》的起源，而近年来有关清华简的一些研究成果，也同样昭示出了《易经》在早期形成过程中的复杂与久远。当然，正如《周易·系辞下传》中所说的那样："苟非其人，道不虚行。"《周易》能成为中国古代最具代表性的元典之一，并非仅仅因为其年代久远、文字古奥，而是自汉朝以来，作为中国古代文化阶层基本知识构成的重要组成部分，《周易》本着"推天道以明人事"的思维方式和开拓进取、顺时而变的价值理念对历代的思想创新和社会变革，都起到了积极的推动作用。同时，在应用阐发的过程中，《周易》博大深邃的思想得以不断拓展，《周易》"无所不包"的社会价值得以不断发掘。这种互动关系使《周易》成为中华民族思想文化中的一条主线，贯穿于各个时代之中。期间，由此形成的对《周易》的种种理解以及以之为基础而建构起来的庞杂的理论体系，即为易学。如果从春秋战国时期的易学算起，易学在中国最少已有两千多年的历史，其成果之丰硕、名家之辈出、流派之纷呈，堪称中国古代经典之最。清代四库馆臣曾对易学之发展进行过归纳、总结，其言曰："《左传》所记诸占，盖犹太卜之遗法。汉儒言象数，去古未远也。一变而为京、焦，入于禨祥，再变而为陈、邵，务穷造化，《易》遂不切于民用。王弼尽黜象数，说以老庄。一变而胡瑗、程子，始阐明儒理，再变而李光、杨万里，又参证史事，《易》遂日启其论端。此两派六宗，已互相攻驳。"① 此论固然可视为探究古代易学发展时的不刊之论，但近代以来，在"西学东渐"的大背景之下，传统易学的研究视域和研究方法已发生了巨大变化，今时今日易学之研究内容已非旧时之貌，概而言之，主要有以下三大领域。

第一，对易学理论的全面研究。其内容主要有两点：其一是对《周易》经传本身所作的文字训解以及多角度、多领域的文化阐释，很多研究者更在此基础上也形成了一套以易学为核心的理论体系；其二即所谓的易学史研究，虽然撰述者因其所择取的立足点的差别而导致其内容乃至结论各有千秋，但是其研究之视域，或者说研究的基本实体，则都是中国历史上的易学专家和易学典籍。自然，与中国古人视《周易》经传为圣人之言从而

---

① （清）永瑢等：《四库全书总目·经部·易类一》，中华书局，1965，第1页。

"不敢越雷池一步"不同，现当代的易学理论研究单就其多样性而论已经是空前的了。在中国大陆20世纪80年代以来所取得的最炫目的易学成果中，易学理论的研究是占据主要部分的。然而，我们也明显地感到，由于种种原因，这些研究往往只是在传统经学的范围内周旋，把注意力放在典籍授受、经传注释、学派演变等问题上，关注的是那些专门的易学著作，那些专治易学且有著述传世的易学家，而未能紧密结合社会政治背景和思想文化氛围展开多视角、全方位考察，致使易学史上的某些阶段几乎没有什么内容可讲。例如，对于秦汉易学、南北朝易学、明代易学的研究就显得有些薄弱。这其中比较突出的问题是，易学研究范围较窄，研究对象较少。因此，我们应该摆脱传统的研究内容和方法的束缚，将考察的范围扩展至受《周易》及易学启示、影响的全部历史过程和学术文化现象上来。易学的研究对象，应当包括《周易》和易学启示、影响下的整个思想文化领域，包括曾经研究易学、运用易学的所有重要人物和著作的思想主张，而不管这些人物是否是有所师承的易学家，不管这些著作是不是专门的易学著作。只有这样，才能全面了解、把握易学发展的轨迹和规律，认识、解读当时的社会政治和思想文化现象，从而推动易学研究的不断深化和拓展。

第二，对易学典籍的编纂整理。如上所言，古代易学的发展源远流长，几乎所有易学家都有各自的注本，各家《周易注》就不知凡几。此外，以《周易》学说为本的历法、乐律、中医学等各种著述所在多有。如果计算与易学相关的文章、诗词等著述，则无异于恒河沙数。故如不适时加以整理、研究，则必将有泛滥无归、无处措手之憾。正因如此，古代学人非常重视对不同时期的易学发展加以总结，并集中体现在目录学著作中。从《汉书·艺文志》《隋书·经籍志》《崇文总目》《新唐书·艺文志》等官修书目里，可以清楚地看到易学文献在历代国家大规模典籍整理时的情况。而从《郡斋读书志》《直斋书录解题》《遂初堂书目》《文献通考·经籍考》等私家书目里，则可见易学典籍在私人藏书家手中的存留情况。正是得益于前人打下的雄厚、坚实的学术基础，发展到清代，易学典籍研究取得了令人瞩目的成就。朱彝尊的《经义考》是一部经学专科目录，其中有70卷涉及《周易》，占总卷数的四分之一。朱氏所论及的易学典籍不但数量众多，而且涉及面广，有许多本不属于正统的经学范围之内，但也由此可以展现出易学文化的全貌。中国古代典籍的大规模整理工作最可瞩目的当属乾隆年间的《四库全书》。《周易》作为群经之首，位列开篇。《四库全书·经部·易类》就有161部，逾千卷，是所有分类中最多者。随之而推出的《四库全书总目提要》则是中国目录学发展过程中的集大成之作，而其中的《经部·易类》又是中国易学文献目录的重要作品。另外，阮元主持编纂的《清经解》中所汇集的清儒易学作品，其规模虽不及《四库全书·经部·易类》，但却是对清代易学的总结，其集大成之功不容低估。王先谦在阮元的基础上，编成《清经解续编》，续收清代学者经学著作209种，其中就有胡渭、惠栋、李林松、张惠言、宋翔凤、李富孙、李锐、姚配中、胡祥麟、俞樾等十数家之易说，清代易学之全貌得以完整展现。民国初年，一些学者出于补正《四库全书》之失的考虑，本着考察"二百年来新出书籍"之态度，倡议编纂《续修四库全书》。此事虽得到了相关部门的支持，但随着时局的动荡，续修之事不了了之。然而，在"北京人文科学研究所"的组织下，一些文史领域内的学者仍然撰写出了《续修四库全书总目提要》一书。其中，易学文献依旧居于各种典籍之首。通过此书，后人可以更好地了解清代嘉庆、道光直至民国时期的最新易学研究成果。直至今天，在重新整理编纂易学典籍时，它仍是重要的参考用书。新中国成立之后，尤其是改革开放以来，在前人成就的基础上，新的易学典籍工程不断涌现。1994年，我国启动了《续修四库全书》大型文化工程，其中仅《经部·易类》就收书200余部，数千卷。1998年四川大学启动《儒藏》编纂工程，2002年北京大学也开始编纂《儒藏》，易学典籍整理再次焕发出勃勃生机。

当然，所谓的易学典籍研究并不仅仅包括传世文献，同样也包括出土文献。王国维先生曾说："古来新学问起，大都由于新发见。"① 新中国成立以来所陆续出土的一批简帛文献中，就有不少涉及易学的内容。从1973年湖南长沙马王堆3号汉墓出土的的帛书《周易》，到1977年安徽阜阳双古

---

① 王国维：《最近二三十年中国新发见之学问》，《王国维全集》第14卷，浙江教育出版社、广东教育出版社，2010，第239页。

堆 1 号墓中发掘的汉简《周易》；从上海博物馆藏战国楚竹书中的迄今为止版本最为古老的《周易》，到敦煌经部文献中《周易注》《周易正义·贲卦》的整理，再到近年来清华简中颇为学术界所重视的《筮法》《别卦》两篇易学文献的公布，每一次"新发现"所带来的不仅仅是出土易学文献与传世文献相互释证的研究，更在深层次上推动了易学理论的研究。然而，令人遗憾的是，正如上所言，因缺乏足够的"易学视角"，这些"新发现"尚未从根本上改变易学研究的整体面貌。

第三，对海外易学的广泛考察。《周易》是中国的，也是世界的，是人类文明共同发展的成果。海外易学发展的历史，在一定意义上也可以说是一部中华文化对外传播、本土与域外文明互鉴交流、相互融合的历史。如今，《周易》已先后被译为拉丁文、德文、法文、英文、日文、朝鲜文、俄文、荷兰文等十多种文字。各国纷纷建立从事《周易》研究的学术组织，手段和方法不断创新，成果和著述层出不穷，其中更是不乏拥有国际视野、富于启发性的佳作。"他山之石，可以攻玉。"加强对海外易学的研究，能够为我们提供新的视角、新的问题意识以及新的研究方法，更好地帮助我们认识自身文化，这对于推进本土易学研究，丰富和完善自身文化体系，实现文化创新，提升文化整体实力和竞争力有着重要作用。总的来看，当前，关于海外易学典籍，大多处于介绍研究动态、梳理传播史和学术史的阶段，尚未见推出专门的整理成果、系统的翻译作品、全面的研究论著，在研究领域、研究方法以及专业知识储备等方面还有一定的开拓空间。特别是现存易学典籍的总数、详目尚无整体性定论，也没有系统规划、编纂的书面成果。在普查、编目等基础性工作方面的薄弱，限制了海外易学典籍整理、研究的深化和发展。因此，对海外易学典籍进行系统、全面的整理和研究已成为相关学者义不容辞的责任。

（二）易学的学术思想价值

前文提到，《周易》由《易经》和《易传》两部分组成。《易经》原为卜筮之书，最迟在西周初年就已经成书，但当时人们关注的主要还是其宗教卜筮功用。战国中后期，《易传》诸篇陆续问世，它以百虑一致、殊途同归的包容精神，综合百家，超越百家，建立起一个以阴阳学说为主要内容，以《易经》的框架结构为外在形式的思想体系，《周易》完成了由宗教巫术向人文化、哲理化的过渡。秦始皇不焚《周易》，易学的传承在汉初得以延绵不绝。汉武帝"独尊儒术"后，《周易》逐渐取得了"五经之首"的崇高地位。两汉是易学发展的一个重要阶段，其间的易学名家层出不穷。此阶段的易学被后人称为"汉易"，其主要特征是用卦气说解释《周易》原理，宣讲阴阳灾变的象数之学。孟喜、京房、郑玄、荀爽、虞翻是汉易的代表人物。魏晋南北朝至隋唐，是易学史上的大转变时期。王弼扫落象数，直指"汉易"流弊，由此开辟了以老庄玄学解《易》的道路。之后数百年间，虽不乏反对之声，但玄学派易学还是占据了主流的地位。其主要特征是充分借鉴道家的某些学说，追求《周易》经传中的抽象原则，从而使传统易学的理论思辨水平大为提高。这种包含着浓厚理性主义色彩的义理派易学在隋唐时期得到了进一步延续和发展，《周易正义》以王弼为宗就是最好的证明。然而，象数易学并没有退出舞台，李鼎祚的《周易集解》即为汉易学说的大汇集。两宋是易学发展的黄金阶段，此时的经学，已由注重文字训诂的"汉学"步入了推崇义理阐发的"宋学"时代。受此影响，宋代的各派易学家都以研究《周易》的哲理为主，从而形成了古代易学哲学的高度繁荣。宋代易学流派纷呈，不仅有胡瑗、二程、朱熹、杨简的理学派易学、心学派易学，还有启自陈抟而大成于周敦颐、邵雍的图书象数派易学，更有成熟于李光、杨万里的"参证史事"派易学。宋易影响所及，遍及元、明二代。清代易学著作丰富，内容与倾向也较为复杂，但总体特点表现为汉易的复兴。具体而言，以黄宗羲、黄宗炎、毛奇龄、胡渭为代表的前期学者对宋易中的图书之学进行了大批判。之后，以惠栋、张惠言为代表的中期学者则对汉儒易学进行了系统的辑佚、整理和考证工作。清儒的易学研究以考据为本，即使有焦循这种颇具创获的易学家的出现，仍不能从整体上改变清代易学在理论方面的匮乏。

　　回顾古代易学的发展历程，我们可以发现其轨迹与梁启超先生对中国古代学术思潮变迁总结的"先秦子学—两汉经学—魏晋玄学—隋唐佛学—宋明理学—清代朴学"颇为吻合。应当说这不是一个偶然的现象。众所周知，作为中国古代思想文化的重要组成部分，经学在传统社会里有着不可替代的重要地位，清人章学诚在其代表作《文史通义》中总结的"六经皆史"，反映的不仅是经史之间的密切关系，更点明了经学在认识古代历史、解读传统文化中所起的积极作用。《书目答问》所谓"由经学入史学者，其史学可信"，诚为清儒不刊之论。所以，作为六经之首的《周易》，对于今人在审视、研究古代中国的哲学、宗教、科技、文学艺术乃至政治伦理等诸多领域时所发挥的作用自然也是不可忽视的。

概而言之，在哲学方面，不论是有关天地万物本根与演变的本体论、宇宙论，还是在古代人生论中占据显著位置的天人关系思想，乃至在讨论义利、性命、损益、动静等人生基本问题时，《周易》始终都是能给予古代思想家重要启示的一部典籍。这也就是为什么中国古代一些思辨成果突出、哲学思潮浓厚的时代，诸如魏晋玄学和宋明理学时期，易学在理论探索和建构方面同样取得了辉煌的成就。在宗教方面，对古代中国社会影响最为深刻的两大宗教——佛教和道教，与易学也都有着不解之缘。就佛教来说，虽然清代四库馆臣认为"以禅言《易》，起于南宋之初"[①]，明代智旭的《周易禅解》也为人所熟知，但事实上易学与佛教在很早的时候就建立了密切的联系。譬如，唐朝是佛教最为兴盛的时期之一，而会通《易》佛者更是不在少数，僧一行对《周易》的研习，李通玄以易学理论诠释华严宗，宗密的"心宗"范畴与"太易说"有关等，都是颇具代表性的例子。相比于佛教，道教与易学的关系无疑更为紧密。不仅道教史上许多著名的人物同样也是著名的易学专家之外，道教中的一些重要理论，如"参同学"与《周易》有着天然的联系，《道藏》中收录的易学类著作更是古代易学典籍不可分割的重要组成部分。"道教易学"的价值已经得到了学术界的充分重视。在科技方面，易学的积极影响主要表现于数学、天文学、医学等领域。正如清儒所说："《易》道广大，无所不包，旁及天文、地理、乐律、兵法、韵学、算术，以逮方外之炉火，皆可援《易》以为说，而好异者又援以入

---

① （清）永瑢等：《四库全书总目·经部·易类三》"《童溪易传》"条，中华书局，1965，第16页。

《易》,故《易》说愈繁。"① 这应当是一个恰如其分的客观总结。而近代以来兴起的"科学《易》",也应当视作易学这一传统的延续。在文学艺术方面,不仅以易学范畴为命题的各类"易赋""易诗"在中国文学史上不绝如缕,而且在古代文人的精神世界中,《周易》与易学同样发挥着不可替代的作用。以唐代诗人为例,陈子昂《感遇·其一》:"微月生西海,幽阳始化升。圆光正东满,阴魄已朝凝。太极生天地,三元更废兴。至精谅斯在,三五谁能征。"② 李白《陈情赠友人》:"薄德中见捐,忽之如遗尘。英豪未豹变,自古多艰辛。"③ 白居易《哭刘敦质》:"愚者多贵寿,贤者独贱迍。龙亢彼无悔,蠖屈此不伸。哭罢持此辞,吾将诘羲文。"④ 凡此种种,都充分表现出《周易》在诗人心目中并不是一个固化的典籍,而是活生生的能给予其思想自由、精神解脱的一种"依靠",这虽然并不涉及过多的易理思辨与探索,却仍能让人感受到易学的"日常之用",在古代文人的精神世界里产生了延绵不绝的巨大影响。

(三) 近年来易学研究的新成就

近年来,关于《周易》和易学的研究更是取得新的突出的进展。根据闻见,大体说来表现在以下几个方面。

1. 易学文献的整理编纂

北京大学《儒藏》工程是我国一项重大的学术文化项目,陆续出版发行的《儒藏》精华编收入易类著作 34 种。除了中国历史上有影响的著作之外,还择要收录了韩国、日本、越南历史上以汉文写作的易学文献典籍,以及一些出土文献资料,如上海博物馆藏楚竹书《周易》、长沙马王堆汉墓帛书《周易》等。这些著作在编纂过程中一仍底本原貌,进行简要校勘,校记力求规范、精练。

---

① (清) 永瑢等:《四库全书总目·经部·易类一》,中华书局,1965,第 1 页。
② (唐) 陈子昂著,徐鹏校点《陈子昂集》第一卷,中华书局,1960,第 2 页。
③ (唐) 李白著,(清) 王琦注《李太白全集》卷十二,中华书局,2015,第 734 页。
④ (唐) 白居易著,谢思炜校注《白居易诗集校注》卷第一《讽论一》,中华书局,2006,第 39 页。

2013 年国家图书馆出版社出版的由北京师范大学中国易学文化研究院主持的《中国易学文献集成》68 册，收入了元代及以前有代表性的易学文献约 250 种 1000 余卷，均选精刻善本影印，堪称前所未有的易学文献集成。元代之后的易学文献则收入《中国易学文献集成续编》，共 70 册，也已经于 2018 年 5 月由国家图书馆出版社推出，合为完璧。

最近，北京师范大学中国易学文化研究院与国学网合作整理编纂《中华易学全书》，包括《四库全书》经部易类 177 种典籍，1757 卷，2800 多万字，2000 多幅易学图片。目前点校整理工作已基本完成，易图绘制也已顺利结束，计划近期正式出版。《中华易学全书》将按照《易经》六十四卦之数分装 64 册，采用繁体字横排，断以新式标点，特别是用计算机绘图软件重新绘制了 2000 多幅高清易图，将古老的易学经典以全新的面貌呈现出来。

2. 《周易》经传与易学史的研究

近年来，一批学者致力于对《周易》经传与易学史的认真梳理和系统研究，目前已经初步完成对春秋战国、秦汉、魏晋南北朝、隋唐、宋、元、明、清易学史的梳理和探索，并提出了一些颇有创新开拓的论点。比如，关于《易传》的学派归属，有学者认为，把《易传》简单归入儒家或道家都是存在问题的，《易传》是综合百家、超越百家的产物，儒家、道家、墨家、法家、阴阳家、兵家等诸家的思想在《易传》诸篇形成的过程中都有所展现。

又如，以往人们往往专注于历史上的那些易学名家、易学专著，近年的易学史研究则出现了新的特点，就是把易学置于中国整个文化思想的大格局下进行全方位审视，对易学的研究对象重新加以界定，这就大大拓宽了易学的研究范围，能够把许多并非专以易学名家但确与易学有关的人物及思想都囊括进来。正是在这样的背景下，近年来易学研究成果越发丰富，出现了诸如《〈文心雕龙〉与〈易〉卦关系探微》（李长庚）、《经学大语境下的胡瑗易学》（王洪霞）、《张载易学研究》（辛亚民）、《苏轼与〈周易〉》（徐建芳）、《苏轼易学研究》（邢春华）、《蔡元定、蔡沈父子易学思想阐释》（庹永）、《蔡清易学思想研究》（宋野草）、《以易测天——黄道周易学思想研究》（翟奎凤）、《天下归仁——方以智易学思想研究》（刘伟）、《〈易〉理为宗：钱澄之易学思想研究》（陶有浩）、《毛奇龄易学研究》（崔丽丽）、《李光地易学思想研究》（冯静武）、《江永易学思想阐微》（乔宗方）、《康雍乾三朝易学研究》（袁江玉）、《康有为易学思想研究》（张绪峰等）、《孙文革命：〈圣经〉和〈易经〉》（黄宇和）等一批专著，还出现了探讨外国传教士白晋易学的《白晋易学思想研究——以梵蒂冈图书馆见存中文易学资料为基础》（陈欣雨），探讨日本学者川端康成易学的《川端康成与中国易学》（张石）等论著。特别值得关注的是，近年有史怀刚、黄玉顺、刘乐恒三位学者在不同的出版社分别推出了各自的同名论著——《现代新儒家易学思想研究》。这些都反映了近年来易学研究视野和领域的不断开拓，令人兴奋。

3. 国外易学的研究

易学的国外传播与国外学者的相关研究也不断有新的成果推出。《周易》是中国的，也是世界的，是人类文明共同发展的成果。国外易学发展的历史，在一定意义上也可以说是一部中华文化对外传播、中外文化交流互鉴的历史。目前《周易》已先后被译为拉丁文、德文、法文、英文、日文、朝鲜文、俄文、荷兰文等十多种文字。各国纷纷建立从事《周易》和易学研究的学术组织，手段和方法不断创新，相关成果层出不穷，其中更是不乏具有国际视野和全球意识的佳构力作。国外易学已成为易学研究中一个不容忽视的组成部分，成为国内学者从事相关研究的重要的他山之助。

在这中间，《周易》的外文译本发挥着重要作用。20 世纪初，德国学者卫礼贤致力于对中国典籍的德译，曾翻译大量中国文化典籍，其中《易经》译本是卫礼贤花费时间和精力最多的译本，是在卫氏听取了劳乃宣详细而深入的文本解释的基础之上，加上他自己的西学背景翻译而成的。瑞士著名心理学家荣格曾称赞该译本："在西方，它是无与伦比的版本"，"为理解《易经》原文的象征意义尽力开辟道路"[①]。该译本已再版 20 多次，成为西方公认的权威版本，相继被转译成英语、法语、西班牙语、荷兰语、意大

---

① C. G. 荣格，楼格译《〈易经〉英译版前言》，《周易研究》1991 年第 2 期。

利语等多种文字，几乎传遍整个西方世界。2013 年 6 月，岳麓书社出版了汉德对照的卫氏译本（张善文今译）。

国外汉学家在易学领域的耕耘、创获也是令人欣喜的。美国汉学家夏含夷教授早年撰写了博士学位论文《周易的撰著》，利用甲骨文、金文及传世的《诗经》互相比较考证，证明《周易》是公元前 9 世纪的作品。近年则更加注意以最新出土的文献来进行易学研究。比如夏氏认为，上博简《周易》足以表明在不晚于公元前 3 世纪时，这一文献就大体以今本的形式在流传了。著名美籍华人成中英教授作为公认的"第三代新儒家"的代表人物之一，近年特别关注《易经》管理哲学，为易学研究提供了独特的视角和方向。

日本学者池田知久教授，长期研究先秦思想和先秦文献，尤其重视易学研究，撰有《〈周易〉与原始儒学》等文章，并通过对今本《周易》与长沙马王堆帛书《周易》的对比分析，来具体讨论《周易》与原始儒学的关系以及儒学早期发展历史和《周易》哲学诞生等问题。池田知久教授关于上博简《周易》等方面的整理研究成果也受到广泛关注。

4. 出土易学文献的新发现及其考释和研究

如前所述，20 世纪易学研究的新发现，乃是一大批具有重要学术价值的出土易学文献的出现，其中重要的有敦煌卷子《周易》、马王堆帛书《周易》、阜阳汉简《周易》、上海博物馆藏战国楚竹书《周易》等。随着这些文献的公之于世，许多学者又开始了出土易学文献的研究并将其与传世文献相互释证，从而践行并发展了王国维先生倡导的"二重证据法"。

近年来，随着清华简《筮法》《别卦》两篇易类文献的公布及其研究成果不断推出，出土易学文献研究出现了新的热潮。根据有的学者研究，清华简《筮法》当是战国时人总结数字卦占筮方法并开示典型案例的著述，为三《易》之外的术数类卜筮之书。它系统确证了数字卦的真正存在，可归于早期"《易》家候阴阳灾变书"① 之类，孟喜、京房或受到过其影响。

---

① （汉）班固撰，（唐）颜师古注《汉书》卷八十八《儒林传第五十八》，中华书局，1962，第 3599 页。

《筮法》卦图可证四时、五行、八卦相配的情形在先秦已然发生，而不是晚至汉代。就卦名、次序、写法等内容来看，《筮法》确与《归藏》密切相关。这为研究先秦易占筮法问题提供了全新的资料，也为厘清秦汉易学的传承脉络提供了新的思路。

附　录

今日易学何处安身

——张涛教授访谈录

2013 年 6 月 29 日，北京师范大学中国易学文化研究院揭牌成立。与此同时，易学经典研究工程启动。这一新成立的学术机构，将进行易学文献的全面梳理和体系建构，发挥易学对当代经济社会发展的资鉴作用。日前，在青岛举行的首届自然国学会上，记者采访了北京师范大学中国易学文化研究院院长、中国易学文化研究会会长张涛。作为高亨先生、郭沫若先生的再传弟子，张涛学术视野开阔，文史哲兼治互证，代表作之一《秦汉易学思想研究》，被学术界赞为"开拓了易学研究的崭新领域"，"是一次学术思想的解放"。

家乡在临清，张涛谈吐间流露出山东人的温和敦厚，耐心回答记者每一个问题，解读易学在不同时空背景的表情。

（一）群经之首——"宇宙代数学"

记者：在今天的生活中，易学文化的影子随处可见。《周易》的原文在很多重要场合和讲话中被引用。习近平同志曾在中共中央党校开学典礼上讲话："我们的先哲很早就提出'天行健，君子以自强不息'的思想，这是中华民族积极进取、刚健有为、勇往直前的内在动力。"

张涛："天行健，君子以自强不息"，原文出自《周易·乾卦·象传》。

江泽民、胡锦涛、习近平等同志，希拉克、普京、福田康夫等外国政要，都曾以古喻今，在一些重要场合和报告中引述《周易》之语。

《周易》为六经之首，是中国现存最古老的文化经典，是中华文化重要的源头活水。易学思想是中国传统思想文化的主潮、主旋律，对中国传统思想文化的发展影响至深至远，特别是其中的和谐思想、创新精神、包容态度、忧患意识、生态观念等，都已融入了中华民族的人文心理和价值观念之中，成为中国精神、中国智慧的集中体现。

传统上，以《四库全书》为典型代表，人们按四个部类把中国的图书文献作了分类，《周易》类的图书永远是排在最前头的。易学在中国传统社会起着核心价值观的作用，地位极其重要。今天人们越来越重视这样的优秀文化传统，越来越多的人开始在《周易》和易学中汲取智慧、灵感。

记者：《周易》的内容给人神秘感，很抽象，也很难读懂。为什么如此晦涩、抽象的书，却有这样持久的生命力？

张涛：《周易》有符号和文字两套系统，既谈占卜之术，又讲人文哲理。六十四卦、三百八十四爻变化无穷，其中包含着深邃而丰富的思想内涵。因此，冯友兰先生称《周易》为"宇宙代数学"。由于《周易》所具有的极大的神秘性和高度的包容性，使它为历代成功人士所倾倒、所热衷，不断地用自己的理念诠释和解读它，因此产生了大量的易学著作。

尤其在中国传统社会，《周易》和易学是许多思想家、政治家"修身、齐家、治国、平天下"的重要理论渊薮和思想依据。他们甚至将《周易》视为"圣帝明王致太平法"，从中汲取政治智慧，使易学不断结缘于政治理论和实践。

可以说，《周易》承载着民族的文化命脉，中国易学的发展对历代社会政治改革产生了巨大影响。以柳宗元、范仲淹、王安石、张居正、康有为等为代表的改革家们，他们的思想和实践无不闪动着易学的影子，而历代社会政治改革也为易学的不断发展注入了生机和活力，使其始终保持着特有的时代张力。

记者：一般认为，《周易》的形成可以追溯到5000年前，是我国现存成书时间最早的文化经典。这么早写成的一本书，它从一开始就这样包罗万象了吗？

张涛：有人说《周易》的形成和易学的发展相当于滚雪球式的。从出现到成熟，经过历代先贤的相继创作、推演、加工和阐述，内容宏富，思想精深。

"人更三圣，世历三古。"早在传说中的伏羲时代，即六七千年前，出现了八卦；大约三千年前，相传周文王作六十四卦卦爻辞，是为狭义的《易经》；大约到两千五百年前，相传孔子又作了《易传》（"十翼"）。《易传》把易学从占筮之书发展成为人文哲理性的著作。到孔子的时代，书的原文已达两万四千一百多字（或精确到两万四千二百零七个字），成了中国传统社会的重要经典。儒、墨、道、法、阴阳等先秦诸子各家，以及汉魏之后的儒、释、道三教，各取所需，从《易经》或《易传》里吸取营养。各家各派学说从各自的角度发展了易学，所以易学后来是蔚为大观。

我们之前常说中华文明五千年，但一些外国朋友不认同，认为中国有准确纪年的历史连三千年都不到。如果我们真要找历史长达五千年的东西，只能以《周易》做载体。中华文化本来就是不断地包容、消化、融会各家各派的思想，所以易学也不断地变化发展。

（二）"尴尬"处境——易学在教育中何处安身

记者：《周易》中既有形而上的"道"，有系统思维和哲学思想，也有形而下的"器"，有具体的操作手段，有计算、推理的内容，莱布尼茨、玻尔、牛顿等多位西方科学家从中得到重大启示。很多人有一个疑问：易学研究到底属于哪个学科？

张涛：这个问题问得好。毛泽东同志当年曾问过山东大学的高亨教授："你是研究文学的还是研究哲学的？"《周易》属于什么学科？这个问题是100多年前欧风美雨大举进入中国，中国文化融入世界文化潮流之中以后才出现的。

中国传统学术是没有分科的，是个读书人就得读《周易》，只要想跻身上流社会，做个成功人士，必须得懂《周易》。这是必修课。近代意义上的学术分科或者说分科立学、分科治学，是在以分析见长的西方思维方式的影响下产生的，出现于中国则是西学东渐的结果。西方学术传入中国以后，中国学人按照西方学术分科的观念和原则，对中国的学术文化和学校教育进行了分门别类的处理。到了晚清，整个中国教育体制、学科体系开始发生变化，从私塾、书院变成了现代学校，传统教育变成了现代新式教育。在这个过程中，《周易》在社会生活中的地位也发生了变化，从最重要的发展自我、完善自我、成就自我的秘籍、宝典，变成一个大家不理解到后来甚至被矮化、妖魔化的对象。

记者：分科是来自西学的概念，但中国传统的教育观点是整体的。这是不是易学在今天的教育体制中，很难找到落脚点的原因？

张涛：中国传统的思维方式是综合的、普遍联系的。《周易》天人合一的命题正是这种综合思维方式的最高、最完整的体现。以易学为代表的中国传统学术和文化教育，受综合思维方式的影响，带有明显的综合、博通的性质和特点。中国传统学术本来是不分科的，起码文史哲不分。古代的学术分类与现代的学科分类不一样，这是要明确的。在古代学术分类体系里，典籍分为经史子集，而易学又居于经部首位。到了晚清，中国传统学术开始了现代转型，分科立学、分科治学成为趋势。1902 年清政府拟定《钦定学堂章程》，学科分为七科，有政治科、文学科、医术科、格致科等。这个《章程》不久被张之洞主持的《奏定学堂章程》所取代，后者规定大学分为经学科、政法科、文学科、医科、格致科、农科、工科、商科八科。1905 年科举废除之后，大家读经书的热情也下降了。伴随着学术的转型和教育体制的变化，易学逐渐从中国传统教育科目的最尊贵的位置上移出，走下神坛。

在新文化运动以后，教育整个采用西学的模式，借助西方的教育理念和制度，搞了学位学历制度，十二大门类都是西方人分的。民国时期，中国实际上已是新学的体制了，但是还有旧学的老人在，还有私塾在，当时的分科立学并不完全排斥对通才的培养。到中华人民共和国成立以后，尤其是 1952 年院系调整，向苏联学习，学科分得更细了，此后人们更注重对个案的处理和研究，致力于某一学科的某一分支的建设，专门之学的地位越来越突出、越来越显赫，通人之学就更不为时尚所重了。分科立学、分科治学走向极端，使人们对所研究的问题很难有一种整体的、普遍联系的认识和把握，尤其有碍于对中国古代文献、对中国传统文化的研究。因为主要以古代文献为载体的中国传统学术和文化教育是在综合的、普遍联系的思维方式下产生并发展的。所以在现行体系下，易学找不到一个最恰当、安稳的安身之处。似乎放在哪个学科都可以，但是放在哪个学科又都不是最合适的。易学在现行的学科体系下显得无所适从，不接地气。

记者： 某种程度上，现行的教育模式把国学从整体上剥离了、打散了？

张涛： 由此看出教育是多么重要！它可以让一本书高到天上去，也可以让一本书跌到地下。不要认为教育就只是教育界本身的事儿，实际上它影响到千家万户，影响到经济社会发展，影响到社会风尚演变。教育和社会的需求互相影响。就像电影《中国合伙人》里反映出的，出国热、英语热的社会需求，成就了最富有的老师俞敏洪。与英语热截然相反，国学的处境在今天有一些尴尬。

记者： 不能与现行教育体制接轨，振兴国学的想法也许只能沦为空谈？

张涛： 虽然在教育体制中似乎稍显尴尬，但是以易学为代表的中国优秀传统文化一直存在于我们民族的文化基因里。我们的祖先一直在读《周易》，深受易学影响，民族文化里有一个惯性，或者说是历史的延续性。应该说，东西方文化的未来，是借助东方的整体着眼、普遍联系的综合思维方式，同时吸收西方文化的精华，把人类文明的发展推向一个更高的阶段。我国高校的学科建设和发展也应更好地合于这一趋势，自觉地超越现在通行的学科界限，在不断完善现有学科体系的基础上，使各学科之间保持高度开放、相互融通的姿态和趋势，发挥好、运用好中国传统文化讲综合、讲整体概念和普遍联系的优势，促进我国高校的学科建设和发展。

正是因为这个原因，我们学校成立了北京师范大学中国易学文化研究院。就现行教育制度和学科体系而言，易学涉及历史、文学、哲学、艺术、教育、管理以及自然科学中的诸多学科。系统地开展易学文化研究，将整合多个学科领域中的学术力量，培育出易学教育、易学美学、易学艺术、易学管理等多个交叉学科，形成新的学术增长点。我们希望有更多的社会力量支持学校的教育改革和学术创新，推动文教事业的发展。

（三）矮化或神化——认识易学有误区

记者：刚才谈了易学在象牙塔中的处境，回到世俗生活中，人们关注《周易》更多在于其实用性，能占知未来，预测吉凶。这符合易学的本意吗？

张涛：《周易》本身是一本书，后来分流出精英易学和民间易学。一方面我们强调《周易》是中国最古老的经典，必须用严谨的治学态度和实事求是、开拓创新的治学精神来研究它；另外一方面它又是实用的，易学的生活化、社会化、大众化、通俗化，才使易学有着更广泛的生命力，能走进千家万户。

从先秦子学、两汉经学、魏晋玄学、隋唐佛学、宋明理学到清代朴学，易学始终作为各时代思想文化主题的重要内容而存在，各家各派的思想精英无不对其进行挖掘和诠释，由此形成的学术成果体大思精。不同的学者受时代的思想文化氛围和个人的知识和学派背景、价值理想的影响，出现不同的治《易》取向，形成不同的易学流派，有的重象数，有的重义理，有的重训诂，易学史上便有著名的"两派六宗"之说。与此同时，民间的易学研究者也围绕着《周易》，不断地从道德伦理、文化艺术、风俗习惯、民众心理等角度对其进行开拓，从而形成了历史悠久、内涵丰富的民间易学文化。汉代以降，先后出现纳甲筮法、堪舆之术、命理之学等民间易学的各种形式。对于这种流派众多、形式各异的易学形态，我们很难去划出统一的一条线，去判断谁对谁错。应该说，无论是精英易学还是民间易学，都是易学的重要组成部分。所谓"同归而殊涂，一致而百虑"，易学这种巨大的文化包容性和文化感召力，也许正是其数千年来能不断展现其无穷魅力的关键之所在。

近代以后，伴随着西方学术思想的进入，易学也呈现出新的面貌，涌现出史学易、哲学易、科学易等新的学术领域，反映出鲜明的时代特征和精神风貌。比如高亨先生，因为他受到新的学术思潮的影响，解《易》不守《易传》，不重象数，不谈占筮。但如果好多卦摊上，摆着高亨先生的书，那肯定是当事人不明就里。

记者：如今社会的认识存在一些误区，有些人一提易学就联想到算卦，认为是迷信，属于伪科学。您怎么看这样的观点？

张涛：首先，我们应该清楚，易学是分为精英易学和民间易学的。对易学的认识误区在于对易学本身的认识不够，这是我们易学界应该反思的地方。其次，是对民间易学的认识不够，简单地将其与学术研究对立起来，随意贴上迷信的标签。必须承认，近年来，民间易学的突飞猛进、影响激增，已经成为当代"易学热"的重要推手。从一定意义上讲，如果没有民间力量的认同、追慕和推动，易学文化不可能影响如此广泛、如此巨大。我们一直坚定地认为，"易学热""热"在民间，不应将精英易学与民间易学简单地割裂开来、对立起来，学院派与民间派之间应该进一步相互取鉴、相互沟通、相互交流，因为在探求学术真理的道路上，两者是相伴而行、相得益彰、殊途同归的。

对于易学的预测功能是不是迷信的问题，我们也应该以历史的眼光和辩证的态度加以看待。首先，易学在其演变和发展过程中，与中国传统社会生活始终是相伴相随的，易学通过术数等人们喜闻乐见的文化形态，浸透于社会生活的各个领域，融入中华民族人文心理和价值观念之中，其中不少理念甚至成为政府规范民间习俗、整饬社会风尚的思想文化依据。此外，我们在评价易学文化时，不应该再纠缠于科学与迷信的争论，易学文化特别是其中有关术数的内容，例如占筮、命理、堪舆等，在中国一直是传承不绝、世代延续的，对人们的生产、生活产生了较为深远的影响，虽然现代科技目前还无法对其加以具体验证，但它们能依靠自身的实用性在一个长时段内存在和发展，应当自有其合理性，自有其价值和意义。也就是说，我们不能简单地将其归入迷信，应该坚信未来科学能够解释这些东西，因为科学本身也是在不断进步、不断发展的。

总的来看，对易学的矮化、妖魔化是一种误区。

记者：也有另外一种极端，就是对《周易》的预测功能绝对相信，以致过度迷信。

张涛：是的，另外一个误区就是把《周易》说得神乎其神，天花乱坠，有点像吸了鸦片一样，形成过度依赖性。我们还是应该强调易学首先是个大智慧，真正有智慧的人不用老去占卜、算卦。孔子就说过"不占而已矣"，荀子也讲过"善为《易》者不占"。过去许多易学大家都贯彻了这一信条，不以此术博名逐利，始终把《周易》视为"修、齐、治、平"的帝王之学，始终将其作为民族智慧和民族精神的核心代表。应该说，过度地渲染易学的功能，绝对化地宣传易学的作用，本身并不利于易学的发扬和传播，有时甚至会适得其反，造成公众的逆反心理。

记者：在机场的书店里经常见到，命理、堪舆方面的书摆满书架，良莠不齐，真假难辨。更有一些所谓的大师，走江湖，把易学当成一种生意来做。您怎么看这种把易学商业化的现象？

张涛：确实这在古代也是一门技艺，是一种生存之道，一些地方还很重视。例如古代的堪舆之术，被叫作"金饭碗"。在赣南等地，有的民谣就说，干这活儿的给个县官都不换。今天的一些人，也是在推行市场经济之后，把易学当成生意来做，当成谋生的手段。

我认为，不能简单地去做这些事情，应该建立在系统整理和深入研究的基础之上，至少要对《周易》的基本理论、对易学的学科体系有一个充分了解，吸收其合理内核，并加以创造性转换，逐步完成与现代社会生活的对接。现在好多人的做法过度市场化、商业化。

（四）助力中国梦——今天这样看易学

记者：今天研究易学的价值和意义何在？

张涛：21世纪的新易学应当为政府决策提供历史经验、理论依据和学术支持，这是我们在谈《周易》的智慧及其当代价值的时候经常说到的。比如，最早讲"和谐"就来自《周易》，天与人的和谐、人与人的和谐，《周易》实际上就是讲和谐。

每个时代有每个时代的易学，易学是与时俱进、不断发展的，每个时代都有具有时代精神、时代特征的易学家和思想家。

记者：今年五四青年节前，习近平同志在给北大学生的信中提到：中国梦是国家的梦、民族的梦，也是包括广大青年在内的每个中国人的梦。"得其大者可以兼其小。"只有把人生理想融入国家和民族的事业中，才能最终成就一番事业。"得其大者可以兼其小",这句引语出自欧阳修《易或问》,是欧阳修研究易学的心得体会。您怎么看易学与中国梦的结合点?

张涛:中国梦既是国家和民族之梦,同时还可以实现人的自我完善和人生理想。中国传统文化强调事半功倍,追求一种超常规、跨越式发展模式,学习易学、掌握易学智慧能帮助实现个人的自我完善、全面发展,能更好地为自己提供决策指导。

古人常说,"不学《易》不足以为良相,不足以为良医"。通过研读《周易》这样的经典,学习自强不息、厚德载物之道,有发展方向在手,有这两个原则在手,中国梦何愁不能实现呢?

纵观历史,成功人士有一个共同特质,就是把自强不息、厚德载物结合起来实现二者的完美统一。值得注意的是,我们现在似乎过于强调自强不息,对厚德载物讲得太少。领导常常会对下属说:"你只要好好干、好好工作就能事业成功。"但其实并不是这么简单,人生的机遇期、实现自我价值的时间节点是不一样的,有的人少年得志,有的人大器晚成。通过研读《周易》,有了智慧,可以为自己预测,我说的这种预测是广义的预测,是为了更好地把握发展的关节点。《周易》是一种成功的秘籍宝典,在当代社会是能够助力中国梦的实现,助力中华优秀传统文化的传承和发展的。

（记者卞文超、任宇波、娄和军,原载《大众日报》2013 年 7 月 19 日）

文献立新证　易学导预流

——评《秦汉易学思想研究》

张涛教授的新著《秦汉易学思想研究》（中华书局，2005）出版，拜读之余，总的感觉是该著独辟蹊径，展现了易学研究的全新理念和独特视域。

（一）三高潮，五阶段：系统梳理秦汉易学发展史

该书将秦汉易学的发展分作三个高潮、五个阶段。三个高潮是秦汉之际、两汉之际、汉魏之际，五个阶段是秦代、西汉时期、西汉中后期、东汉前中期、东汉后期。在该书看来，三个高潮中，秦汉之际、汉魏之际都是义理之学占主导，两汉之际则是象数之学高歌猛进。而五个阶段的划分，既能客观、清晰地反映秦汉易学的发展脉络，又能与当时经学史、学术思想史和社会政治史的发展阶段相契合。在此基础上，该书对秦汉易学史上极为重要而又往往为人们所忽视的一些问题展开了精微、翔实的论述。例如，在探讨秦代易学时，该书揭示了秦始皇君臣与易学的种种关联，指出秦朝的许多社会政治措施是通过对《周易》的直接取鉴表现出来的，并进而提出，中国思想文化史上，秦始皇焚书坑儒而独不焚《易》的举动，"开始了一个主要以易学为中心而综合、融通、发展诸子百家之学的新时代"。

（二）综合百家，超越百家：准确把握易学在中国思想文化史上的地位

人们一般简单地将《周易》归入儒家经典，既把易学思想看作儒学的一个组成部分，又在研究儒学时囊括易学中的所有问题。该书认为，在先秦时期，易学并没有固定的学派属性，《周易》也不是专属于儒家的经典，

《易传》的形成，更是综合百家、超越百家的结果。该书还致力于阐明秦汉易学思想的无穷魅力和特殊价值，并得出结论："一部秦汉思想史，可以视为秦汉易学思想史的衍扩和伸展，可以视为适应时代需要，以《易传》为内在灵魂和重要源头，以易学研究和运用为重要载体，以易学思想为主潮、主旋律的思想发展史。而秦汉思想对后世思想文化发展的影响，也主要表现在易学思想方面。"余敦康先生在为该书作序时指出："作者的这个观点，可以说是一次学术思想的解放，对秦汉易学乃至整个易学研究都是一种突破性的进展"。"这个看法本身发人深省，既有理论意义，也有十分迫切的现实意义，相信一定会引起学术界的普遍关注"。

（三）二重证据法的正确解读和成功实践：展示易学研究的独特视角

20 世纪初叶，王国维总结自己的治学经验，概括出了著名的二重证据法，即"取地下之实物与纸上之遗文互相释证"，将研究视野扩大到地下出土的新材料，深刻影响了中国学术发展的走向。后来陈寅恪为陈垣《敦煌劫馀录》作序，其中也谈道："一时代之学术，必有其新材料与新问题。取用此材料，以研求问题，则为此时代学术之新潮流。治学之士，得预于此潮流者，谓之预流（借用佛教初果之名）。其未得预者，谓之未入流。此古今学术史之通义，非彼闭门造车之徒所能同喻者也。"这是对二重证据法的进一步发挥、发展。其中"新材料"不应专指出土的各种地下实物材料，还应包括往往不被珍视的传世文献中的某些材料。就陈寅恪本人而言，其主要成就还是用新眼光来看旧史籍，从常见书中读出别人看不出甚至视而不见的重要材料。陈寅恪不因少用出土材料而多读常见书，就不"入流"了。所以说，从常见书中发掘出新材料，同样也是二重证据法的一个应有之义。实际上，就王国维而言，除了甲骨文、金文等，不属于地下出土材料的明清内阁大库档案及其重要价值，也是他推出二重证据法的文献依据和学术动因之一。由此看来，张著就是一部典型的"预流"之作了。书中每每采用诸如马王堆汉墓帛书、郭店楚简等新的出土材料，以补传世文献之不足，并加以释证。而与此同时，传世文献中的常见人物、习见材料也不断从作者笔下涌出新证新义来。应该说，此举体现了二重证据法的真正要义和思想精髓。

（四）资料详赡，精研细琢：扎实的文献基础与卓尔不群的见识共存

该书作者治学严谨，有着扎实的文献功底，对各种材料的考证和诠释做得精审、详备，同时又能够有条不紊、错落有致地阐述自己的宏论和卓见，显示出很好的理论修养和思辨能力。该书为文平实淳朴而又颇有气势，不仅提供了大量具体的知识和资讯，而且在治学态度、学术精神方面使人们得到某种启示和沾溉。该书认定，《易传》是吸收、综合、融会各家之说的产物，并且强调："在人类文明史上，任何思想学说，如果没有吸纳、融摄其他学说的态度和能力，就不可能长期生存并发展壮大。那些真正有生命力的思想学说，都能够做到适应时代发展和社会政治需要，在保持自我、自信的基础上，对其他学说采取宽容和开放的态度，从中吸取各种养料，以丰富和发展自己。"值得注意的是，作者将《易传》的这种综合超越意识引入自己的治学理念和学术实践之中，贯彻到了该书的写作之中，不拘于门户和学派，兼收并蓄，采撷众长，从而成一家之言，走出了一条成功的开拓创新之路。

（作者项永琴、袁法周，原载《东岳论丛》2007年第2期）

中国古典文献学研究的立体化进程

——张涛博士《经学与汉代社会》读后

作为一门历史悠久的传统学科，中国古典文献学（以下简称古文献学）在 20 世纪 20 年代末完成了由校雠学到古文献学这一学科体系的现代化改造，其标志就是郑鹤声、郑鹤春两先生合著的《中国文献学概要》一书的出版。此后 60 多年的时间里，古文献学一直在一种时断时续、不绝如缕的艰苦状态下谋求生存与发展，直至 20 世纪 80 年代，才迎来了发展进程中的第一个高峰：张舜徽先生的《中国文献学》、吴枫先生的《中国古典文献学》、王欣夫先生的《文献学讲义》、罗孟祯先生的《古典文献学》以及洪湛侯先生的《中国文献学新编》等论著相继出版，古文献学的学科理论建设有了长足的进步。与此同时，古文献学学科建设和发展的立体化的进程也拉开了序幕，潘树广先生的《古典文学文献及其检索》、张君炎先生的《中国文学文献学》、单淑卿先生的《中国经济文献学》以及孙立先生的《中国文学批评文献学》等多部新著陆续问世。这里需要说明的是，所谓学科建设和发展的立体化，是指古文献学以其独特的学科理论与研究方法渗入其他学科领域，建构各种专科性文献学体系，使古文献学的学术价值得到全方位、立体化的开发、展现。古文献学研究立体化的实现，除了受整个学术环境的影响之外，主要是由古文献学的两个基本特点所决定的：一是研究内容的综合性，二是学术功能的发散性。也正是这两个特点，决定了古文献学在 21 世纪的发展将呈现这样一种趋势：在古文献学学科本身进一步发展完善的同时，将主要在专科文献学、专题文献学上取得突破性进展。就在 21 世纪刚刚开始的时候，我们满怀欣喜地研读了一部专题文献学新著——《经学与汉代社会》（河北人民出版社，2001），其作者是教授、博士生导师张涛博士。

纵观中国学术演变、发展的历史，孔子以后秦汉以前的古文献学称作"文学"；而秦汉时期的经学其实就是古文献学在当时环境下的特殊形态；自刘向、刘歆父子以后，逐渐有了"校雠学"的称谓；至郑鹤声、郑鹤春两先生的《中国文献学概要》问世，始有"文献学"之名。由于秦汉以前有关"文学"研究的资料保存下来的极少，关于汉代经学研究的文献就成了古文献学研究的最早的资料来源。因此，张涛博士的"经学与汉代社会"研究，这一具有明显的东方文化特色的选题，无疑是紧紧扣住了古文献学的学术源头，由此而结合汉代社会所进行的一系列论述，对其他领域的专科或专题文献学的研究当不无启发意义和参考价值。众所周知，作为一种特殊形态的古文献学，经学涵盖了现在通行的许多学科的内容，诸凡哲学、史学、文学、政治、经济、军事、医药以及科技等各种学术思想无不在其研究视野之内。古文献学研究内容的综合性这一特点，在经学研究方面表现得最为突出，而张涛博士的治学理念和学术路径也恰恰证明了这一点。

张涛博士是改革开放以后成长起来的"新三届"学人，他始终以古文献学为立学之本，并借助古文献学的理论和方法长期进行中国思想文化史、中国学术史特别是经学史的研究探索，出入于文、史、哲等人文社科诸领域，用力甚勤，创获良多。研习文学所应有的创发意识，治史所必备的笃实态度，研究哲学所需要的精微境界，在他身上都有所体现。其著述形式，既有细致缜密的考据文章，又有高屋建瓴的宏观论述，还有颇为精当的古籍整理成果，而《经学与汉代社会》则是他近年来兼集众长、精心结撰的又一部立意新颖的佳构力作。

从整体结构上来看，《经学与汉代社会》一书大体上分两个部分。第一部分（即全书的前三章）主要分析经学产生的缘由，论述经学早期的发展，探求儒家经典的形成原因，评介群经在汉代授受、流传、整理、研究的情况，考论汉代经学各主要学派的形成、发展、消长的过程及其社会政治根源。第二部分（后三章）则以专题讨论的形式重新审视汉代经学与汉代社会的互动关系，集中探讨汉代经学的社会政治功能以及经学与汉代政治制度、经济政策、救灾活动、法律制度、文化教育、士人心态、民间习俗等方面的重大问题。总览全书，无论是内容的剪裁取舍，还是章节的设计安排，处处可见作者的匠心独运，体现出历史线索与逻辑线索、宏观把握与微观剖析、资料释读与理论抽绎之间的有机联系和完美结合，可谓环环相扣，层层递进，观点新颖，立论深刻，从而为学术界提供了一种以古文献学的基本原理、研究方法进行经学研究的崭新视角和成功范式。

从文献运用上来看，《经学与汉代社会》一书至少具有两个突出的特点，一是征引范围非常广博，二是资料分析十分透辟。

《经学与汉代社会》书后所附"主要参考书目"列有作者参考或征引的主要文献资料 168 种（研究专经和汉代社会生活某一具体方面的著作以及散见于各种报刊的论文尚不包括在内），涉及中国学术思想的方方面面。这些文献资料无不具有可资经学研究的文献价值和思想价值，没有一种是赘附其间聊充篇幅的。这 168 种文献中，有 22 种是最近 5 年以来的出版物（不包括再版者），占总数的 13.9%，而结合《经学与汉代社会》中的有关论述来看，作者不仅十分关注学术界同人的最新研究成果，而且能够及时地吸纳在自己的新著中，个人的创见与学界的新说彼此支撑，相互映衬，相得益彰，使人读一书而得众书之精华，其学术价值已经超出了本书所研讨的课题范围的限制。对于具体问题的具体考论，作者始终自觉地坚持王国维先生所主张的二重证据法，尽可能地将传世的纸本文献与出土的金石、简帛文献进行互证。如在推求古代简策的形制时，以《论衡》《后汉书》等与甘肃武威、河北定州、安徽阜阳等地出土的汉简互证（该书第 3 页，下只写页码）；在考索六经并称的时间时，以《庄子》与湖北郭店楚简互证（第 5 页）；在分析易学今古文学派的异同时，以《后汉书》等与熹平石经互证（第 98 页）；在论述经学对汉代建筑的影响时，以《诗经》与江苏瓦窑汉画像石互证（第 323 页）。这样的例子，书中所在多有，不遑多举。用这种实事求是的科学方法研究历史上的学术文化现象，就彻底杜绝了论证过程中的主观臆断，使研究结论具有很强的说服力。

对于传世的古代文献，作者往往在反复研读的基础上，深入挖掘其思想内涵，能够发人所未发，言人所未言，避免人云亦云，浅率立说。《周易》为群经之首，易学研究也一直是经学研究中的重要课题。张涛博士在古文献学与易学这两块学术园地上多年的辛勤耕耘，使其易学研究呈现出一种个性化的优势，那就是文献驾驭的娴熟与文献挖掘的深入。例如，在"经学在汉代社会的流传"一章中，他不仅借助征实可靠的文献资料厘清了易学在汉代的授受源流和发展脉络，而且通过深入分析比较两汉时期各家著述的思想内涵，发现了董仲舒《春秋繁露》等著述与孟喜、京房等人的易学之间在学术思想上前后承继的轨迹，明确指出"董学构成了汉代象数易学的观念背景、思想基础和理论依据"（第92页）。同时，作者还发现身居丞相之职的魏相"在易学领域中首次将易卦与方位、四时相配，并借助政治力量推动易学的改革和发展，从而为其后象数易学的全面兴盛提供了重要契机"（第96页），成为在象数易学兴起过程中的关键人物。诸如此类的新见解、新观点，都是建立在对文献资料深入分析研究的基础之上，充分体现了人文社会科学研究中所应具有的与时俱进的创新精神和宽广厚实的学识涵养。

《经学与汉代社会》一书之胜处，在这篇短文中难以进行全面的评介，只能约举数端，略窥一斑而已。总的说来，此书的结撰与出版，顺应了古文献学研究立体化进程的大趋势，代表了古文献学在21世纪健康发展的新方向，也将引发出更多新的思考和新的探索。最后，在掩卷之际，笔者也想指出，或许是因为篇幅和体例的限制，或许是因为文献资料的阙如而不足征，《经学与汉代社会》一书中关于汉代经学的某些具体问题的论述，还稍嫌简括而言不尽意，或是展开得不够充分，使人略有狐裘羔袖之憾。当然，诚如作者自己已经感受到的，"汉代经学内容繁多，思想庞杂，学派林立，难点可谓多矣"（《后记》）。唯其如此，我们不应也无法苛求于本书的作者。我们有理由相信，在不久的将来，作者能够借助于文献资料的新发现和再探索，将汉代经学的研究推向一个更加完美的境界。

（作者郝桂敏，原载《古籍整理研究学刊》2002 年第 3 期）

张涛教授主撰《钱大昕评传》读后

在清代乾嘉学人中，就学术成就、学术地位、学术影响而言，钱大昕足以与惠栋、戴震等人比肩，在某些领域、某些方面甚至是超迈其上的。张涛教授主撰的《钱大昕评传》（南京大学出版社，2006），意在为钱大昕这样一位博学者立传，不仅展现了其重要的学术成就，还彰显出他独特的学术魅力和人格风范，进而让读者感受到其道德文章所产生的巨大的震撼力和影响力。

（一）"博"的广泛性

钱大昕是一位典型的博学者，在史学、经学、文字学、音韵学、训诂学、目录学、版本学、校勘学、辨伪学、金石学、方志学、天文历算以及诗歌创作等领域都取得了卓越的成就，堪称"通才通儒型、百科全书式的学术宗师"。钱大昕的博学应是建立在经史考证基础之上的"精"与"通"，即学术研究领域和成就是全方位、多方面的，学术思想和体系是有内在联系的整体。所以，较为真实地展示钱大昕的学术成就，在学科日益分化的今天，无疑是一个很大的挑战，当然其价值和意义也是不言而喻的。这必然对作传者的素养和水平有很高的要求。张涛教授对文史哲一贯兼治互证，倡导"以新眼光看旧史籍，从常见书中读出新材料"，并认定"要搞好中国传统学术思想史研究，必须吃透两头，在研究先秦两汉时，应注意清代，而在研究清代时，也应该重视先秦两汉"。因此，只有在为钱大昕作传者自己"博"的基础上，才有可能让钱大昕的"博"得到更好的展现。就此而言，传主与作传者之间似乎存在某种缘分，二者结合的确是恰到好处、相得益彰的。

钱大昕治学之"博"，广泛性中蕴含涵一定的联系性，即充分注意到各个研究领域之间的联系以及学术传承的关系，这是他在各个领域取得重大突破性成就的原因和学术价值之所在。作者敏锐地把握到了这一点，在对钱大昕各个具体领域的成就进行细致分析和系统归纳的同时，从钱大昕所处的时代、所属的群体、所走过的人生历程等大势上进行提纲挈领的论述，充分注意到钱大昕学术的时代价值以及对后世的影响，从而使我们对钱大昕学术价值的认识得到进一步升华。诚如张舜徽先生所言："钱氏独兼通众议，于文字、音韵、训诂、天算、舆地、氏族、官制、典章、金石之学，皆造其微。故证说经史，语多精谛。"因此，钱大昕治学之"博"必然存在一种由广泛的联系性向深刻性过渡的内在逻辑趋向。

（二）"博"的深刻性

唐代刘知幾曾指出："君子以博闻多识为工。"这说明，"博"具有道德判断的价值色彩。

这两者是存在一定联系的，因为只有当一个人的知识背景足以囊括他所接触到的事物，他才能够真正体认到这一事物的价值所在。钱大昕就是这样一位人物，他以广阔的知识背景为基础，在接待人物上始终本着谦虚的情怀，积极奖掖人才，这从他所接触和帮助过的人物的范围和层次就可以看出。正是在这种谦虚情怀的观照下，他能够充分认识到不同学术的价值并辩证地加以批判和吸收，为己所用。对待今古文和对待谶纬文献，"钱大昕表现出来一种实事求是、一分为二的客观态度"。在方志学研究中，面对以戴震为代表的地理派和以章学诚为代表的历史派，"作为与戴、章二氏皆有交往的钱大昕，便是对两者加以兼收并蓄、综合融通并有所发展的代表性人物"。但钱大昕是一个非常博学的人，以我们现在的学科分类，任何一门具体的学科都不能囊括他的学术成果，因而我们对他的理解不可避免地存在一种"合理的偏见"，这也是钱大昕实事求是治学态度的体现。"儒者之学，贵乎阙疑存异，不可专己守残"。作者在研究中始终本着谦虚的情怀和实事求是的治学态度，对于自己无法解决的问题毫不讳言和回避，而是采取积极的态度，提供相应的研究线索，以嘉惠后学。例如，关于秦郡的数量，作者在梳理和分析了众家之说之后指出，"这一问题尚有待于进一步探讨。近年湘西里耶秦简出土，其中涉及秦郡的新材料及相关研究，或许有助于这一问题的解决"。

钱大昕汲汲于对"博"的追求，这就扩大了他认知的积淀和底蕴，从而使他的学术之"真"的色彩至为浓厚。中国学术层面包含极广，就汉宋之争问题而言，当人们过于关注清代汉学的考据精神、方法和成果时，往往会忽略其本身所具有的某种积极的义理内涵。一个真正博学的学者，其学术价值绝不仅仅是"抬轿人"所能体现的，我们更应该关注的是"轿中人"。在一定程度上讲，"轿中人"其实就是学术的社会价值之所在。当然，这些都是在"真"的基础上展开的。"乾嘉学者并不排斥义理，并非没有思想，并没有放弃在义理探索方面的努力，也没有放弃清初顾炎武、黄宗羲等人倡导的学术经世的传统，而且朴学原本就是晚明以来经世思想不断发展的产物。乾嘉朴学家们试图通过文字音训的考证和典籍文本的研究，来发掘和彰显其中蕴涵的原始义理、圣人之道，以取代理学的思想体系和道学系统"。这也是钱大昕"由声音、文字以求训诂，由训诂以寻义理"的内在认知逻辑。这一论点亦越来越受到国内外学者的关注和认同。在此基础上，作者充分意识到学术求真与致用之间的张力，深入分析了"考证所包含的义理"和"思想义理"两个层次，把钱大昕义理归入前者，作出了中允的判断。"钱大昕就是生活在这样一个时代（文献语词训诂的迅速发展和外在的文化高压政策），他不可能摆脱时代因素的制约和影响。所以，从他现在的经学研究成果来看，真正意义上的义理探索毕竟较少，尽管他一再强调义理寓于训诂之中。"

通观《钱大昕评传》所论，我们可以这样概括：第一，这本书是研究钱大昕学术的集大成之作，充分展现了钱大昕"博"的广泛性，这对于研究钱大昕学术的读者来说，有着深刻的启发和直接的帮助；第二，我们完全可以这样认为，这一有关钱大昕的个案研究，不拘囿于一人一书，而反映出了有清一代乃至整个中国传统学术的特质，并为我们开拓了一个宏阔的研究视野和可贵的治学精神，即学者要有实事求是的态度、承担时代责任的勇气和关注社会现实的情怀。

（作者李德锋，原载《中国史研究动态》2008 年第 7 期）

兼收并蓄　旧貌新颜

——简评张涛教授注评本《周易》

"易道广大，无所不包。"两三千年来流传不衰的《周易》一书即是"易道"的物质化结晶。作为"六经"之首，《周易》可谓中国传统文化的源头活水、"精神原动力"，其中的大智慧已成为一种民族记忆，生生不息。秦代以降，易学逐渐分为义理和象数两派，然而其发展则大体经历了汉代象数易学、魏晋玄学易学、宋明理学易学、清代朴学易学以及今日之科学易学，各家各派从不同角度对《周易》解读阐释，与时代政治经济文化思想相与为用，纷繁复杂而博大精深的易学文化可谓历久弥新。

当代易学研究的著名学者张涛教授一直循守"依于易道、游于学林、服务社会"的学术原则，孜孜不倦地发掘易学文化，弘扬传统智慧。在对历代易学理论、著述加以辨析的基础上，张教授指出："易学绝不是空洞的理论说教，也不是简单的术数游戏，它具有很强的实践性、实用性，将易学思想应用于社会实践，实现成功的人生，推动经济社会的可持续发展，是研习易学文化的最终目的和归宿。"

在这一认识的指导下，张涛教授弥纶前代易学众家之言，在注评《周易》（凤凰出版社，2011）的过程中，无论是诠释象数、注解文字，还是疏通文义，皆兼收并蓄，于家法门第一无依违，唯善而从，实事求是。正如《前言》中所称："书中在力破各种学派壁垒的同时，又本着辨章学术、考镜源流的宗旨，于必要之处征引前人旧说。"具体征引书目古有楚竹书、汉简帛等出土文献，王弼、韩康伯《周易注》，陆德明《周易音义》，孔颖达《周易正义》，李鼎祚《周易集解》，朱熹《周易本义》，魏了翁《周易要义》，来知德《周易集注》，王夫之《周易内传》，李光地《周易折中》等，今有高亨《周易古经今注》《周易大传今注》，李镜池《周易通义》，金景芳、吕绍纲《周易全解》，黄寿祺、张善文《周易译注》，余敦康《周易现代解读》等。在兼收并蓄、融会贯通的基础上，结合尚中和谐的现实理念，使《周易》这一古老的文本再一次焕发新颜。本书的注释、导读文字也自有特色，小到个体而言，如《屯卦》导读称："屯难之际，正是君子有为之时，须奋发平治天下。常言所谓'乱世出英雄'，略与此意相通。"（第24页）又如《大有卦》导读称："卦中主要强调以下道理：不可凭借富有与人乱交往；不可过于吝啬，对上司和朋友要有所赠予；处富有之时，还要诚实守信，谦顺静居，居富思危，居安思危。"（第68页）他如《小畜卦》《谦卦》等导读文字，无不给现实生活中的各阶层人士以启悟、导引。大到国家而言，如《临卦》导读称："临卦主张统治者应与民众上下感应，沟通交流，亲近民众，并以高超的智慧监临天下。"（第88页）又如《噬嗑卦》导读称："对犯罪者施以刑罚是必要的，可以根据罪犯的具体情况，当严则严，当猛则猛，不可姑息养奸，而要以刑罚使之迁善改过，遵守社会规章制度。"（第95页）其他不一一举例。

总而言之，张涛教授注评本《周易》不同于某些貌似通俗实则高深玄妙、愈说愈繁的某些学院派专著，更不同于当前某些偏于占卜、吹嘘预知天命而不出"三俗"范围的无知谬说，它实在是一部深入浅出、雅俗共赏的力作，值得读者日夕披阅。

（作者姜嵩，原载《古籍新书报》2011年9月28日）

张涛教授译注本《孔子家语》评介

孔子是中国历史上地位最为重要、影响最为巨大的思想家，其思想学说和行为品格熔铸了中华民族传统思想文化和人文精神灵魂。但是，对孔子及其弟子的研究却素来苦于材料无多。

今本四十四篇的《孔子家语》或简称《家语》，记录了孔子及孔门弟子的思想言行，是《论语》的有益补充，可是却曾长期被目为王肃伪作。1973 年河北定县西汉墓中出土了竹简《儒家者言》，内容与今本《家语》相近，至此《家语》乃伪书的说法被予以匡正。随即，一系列的研究课题纷至沓来，其译注问题也提上议程。张涛教授译注本《孔子家语》（三秦出版社，1998）适应学界及社会各界需要，圆满完成了这一课题。

张涛教授译注本《孔子家语》（三秦出版社，1998）首列《前言》，对《家语》的由来、流传和真伪分歧等如数家珍，继而点明其对孔氏家学研究的重要价值和不容低估的文献价值。

作者考订原文时，遍览诸本，择善而从，自不待言。其注释，首先指明又见于何书何篇，行文中保留王肃注，这是有关明晰《家语》来源及与王肃间关系的资料，便于读者参读和稽考。王注之外的流行旧说，若有不当，尽量订补，亦不为陈士珂《孔子家语疏证》等所囿，时有订删。译文简洁流畅，有很强的可读性和广泛的普及性。

所列三项附录，之二乃王仁俊所辑《家语佚文》，虽仅区区三条，却于纤微之处体现了对佚文问题的极大关注。

总之，张涛教授译注本《孔子家语》是一部高质量的学术著作，对于《家语》、孔子、孔门弟子及古代儒学的研究作出了应有贡献。

（作者项永琴，原载《中国史研究动态》2000 年第 3 期。增订后的张涛教授译注本《孔子家语》已由人民出版社于 2017 年 11 月出版）

图书在版编目（CIP）数据

　易学研究新视野：从综合百家到融通三教／张涛著
．－－北京：社会科学文献出版社，2019.5
　（京师史学书系）
　ISBN 978 - 7 - 5097 - 6130 - 4

　Ⅰ.①易… Ⅱ.①张… Ⅲ.①《周易》- 研究　Ⅳ.
①B221.5

　中国版本图书馆 CIP 数据核字（2018）第 294608 号

京师史学书系
易学研究新视野
　　——从综合百家到融通三教

著　　者／张　涛

出 版 人／谢寿光
责任编辑／张倩郢

出　　版／社会科学文献出版社·人文分社（010）59367215
　　　　　地址：北京市北三环中路甲 29 号院华龙大厦　邮编：100029
　　　　　网址：www.ssap.com.cn
发　　行／市场营销中心（010）59367081　59367083
印　　装／三河市尚艺印装有限公司

规　　格／开　本：787mm × 1092mm　1/16
　　　　　印　张：21.25　字　数：327 千字
版　　次／2019 年 5 月第 1 版　2019 年 5 月第 1 次印刷
书　　号／ISBN 978 - 7 - 5097 - 6130 - 4
定　　价／168.00 元

本书如有印装质量问题，请与读者服务中心（010 - 59367028）联系

▲ 版权所有 翻印必究